직업선택과 개인재무관리

김경섭 · 구기동

도서출판 탐진
www.tamjin.co.kr

머리말

우리는 직업이 필수가 아닌 선택으로 여기는 시대에 살고 있다. 직업을 찾고 있지만 양질의 일자리가 없기 때문에 취업하기 어렵다. 어떤 직업이 청년들에게 적합하고 안정적인 수입을 보장하는지도 구별하기 힘들다. 직업을 실제로 갖는 데 필요한 준비와 필요한 과정을 정확하게 모르는 경우도 있다.

취직 후 벌어들일 급여와 경제적 혜택을 이해하고 그에 따른 노동의 권리를 잘 모른다. 그래서, 받은 급여를 잘 관리하고 합리적으로 소비하는 방법을 알아야 한다. 재산을 효과적으로 관리해야 한다. 처음 선택한 직업은 정년 또는 은퇴할 때까지 계속되기를 기대한다. 한편, 새로 직업을 선택하거나 사업 준비를 잘 모를 때도 있다.

이러한 궁금증을 해결할 수 있도록 최초 취업에서 은퇴시기 까지 직업설계를 정리하였다. 취업 희망자가 직업의 중요성을 이해하고, 직업선택을 통하여 경제적인 혜택을 누릴 수 있도록 도움을 주려고 했다. 근로자로서 직업을 통해서 급여를 받아 경제생활을 영위하는 데 필요한 지식을 제공한다.

국내의 대학들이 이러한 내용을 가르치는 경우는 드물다. 그렇지만 미국의 경우 'Personal Life Planning' 또는 'Personal Finance'에 대한 교과가 개설되어 1학년 때 부터 직업의 선택과 금융관리의 중요성을 지도하고 있다. 본 교재는 회사에 입사할 경우 겪게 되는 인사관리나 급여업무를 중심으로 직장생활에 필요한 내용을 가능한 모두 포함될 수 있도록 정리했다. 그래서, 첫 도입 부분은 경제이론을 일부 포함하고 있다.

전체적인 내용은 직업선택과 부가 혜택, 금융관리 등을 중심으로 주제(장)를 선정하였다. 각 장별은 이론과 사례를 중심으로 학습하면서 심화학습을 위해서 자기 주도 / 문제해결(Flipped 러닝 / PBL)을 지향하고 있다. 내용 중에 많은 부분이 근로기준법 등 관련 법령, 소득세법, 사회보험 관련 규정을 포함하고 있다. 또한 노동시장이나 금융시장의 변화를 반영하고 있다.

일부 최근 정보를 반영하면서 시간이 경과할 경우 수정해야 할 사항들이 발생할 수 있고, 오류나 문제점을 해결해야 할 수 있다. 그럼에도 불구하고 대학생들이 취업의 중요성을 인식하고 합리적인 선택을 하는데 도움을 주고자 한다. 책이 출판되는데 많은 분들이 도움을 주셨지만 개별적으로 인사를 드리지 못하여 이 자리를 빌려 인사를 대신한다.

2021년 8월
저 자 일 동

목 차

PART 1 직업 선택

CHAPTER 1 직업을 가질 것인가? 말 것인가?

CHAPTER 2 직업의 선택

CHAPTER 3 고용형태 선택과 근로 계약

PART 2 급여와 경제생활

CHAPTER 4 급여 · 임금

PART 3 생애관리: 재무관리와 건강관리

CHAPTER 8 생애재무관리

CHAPTER 9 현금관리와 신용관리

CHAPTER 10 저축관리, 위험관리, 연금관리

CHAPTER 11 건강관리와 노화관리

PART 4 경력관리와 비즈니스

CHAPTER 12 연봉계약, 승진, 경력경로, 이직 등

CHAPTER 14 비즈니스 : 창업과 개업

PART 1

직업 선택

Job and Selection Personal Finance

CHAPTER 1

직업을 가질 것인가? 말 것인가?

학습목표

1. 직업의 필요성을 인식한다.
2. 직업 선택의 경제적, 사회적 효과를 파악한다.
3. 경제학에서의 임금 결정이론을 구별한다.
4. 임금수준, 임금체계와 임금 지급의 원칙을 이해한다.

❖ Cinenomics 악마는 프라다를 입는다(The Devil Wears Prada 2006)

악마는 프라다를 입는다는 로렌 와이즈버거의 베스트셀러 원작 소설을 각색한 영화다. 가혹한 근무 환경인 패션계와 패션 잡지사의 편집자들과 비서들에 관한 이야기로 주인공은 실제로 작가 자신이 세계 최고 패션잡지인 <보그>지의 인턴 비서로서 경험했던 내용을 소설로 만들었다.

주인공 앤디(앤 해서웨이 분)는 코넬대를 졸업한 후 기자의 꿈을 접고 1년간만 <런웨이> 패션잡지의 편집장 미란다(메릴 스트립 분)의 보조 비서로 들어가기로 한다. 여기에서 미란다는 1988년 이래로 미국 보그지의 현직 편집장인 안나 윈투어를 극화한 것이다. 미란다는 극 중에서는 너무 일에 몰두하여 가정을 소홀히 했다는 이유로 이혼당할 정도로 패션잡지계 최고의 리더이다.

앤디는 런웨이사에서 여러 가지 모진 경험을 하면서 많은 갈등을 겪는다. 입사한 처음에 앤디는 잡지사의 스태프들 사이에서 잘 어울리지 못했다. 패션에 대한 지식이 전혀 없기 때문이다. 그러나 잡지사의 예술 감독의 도움으로 좀 더 세련되게 입고 일도 능숙하게 하기 시작했으며, 심지어 편집장 미란다의 딸들을 위해 미출판된 해리 포터 소설 원고를 구해달라는 요구까지 들어주었다.

미란다를 둘러싼 여러 음모와 회사 내 정쟁에 염증을 느낀 앤디는 미란다의 신임을 얻었음에도 회사를 박차고 나와서 작가의 인생을 살게 된다.

1. 앤디는 미란다의 신임에도 불구하고 회사를 박차고 나와 정기적인 수입이 없는 작가의 길을 가기로 한다. 당신은 어떻게 생각하는가?
2. 앤디는 화려한 패션업계에서 최고의 패션잡지사의 인턴 비서로 들어가 편집장 미란다의 개인적인 잡일을 돕고 정식 비서인 에밀리의 구박과 다른 직원의 조롱까지 받는다. 당신이라면 이런 일자리를 잘 해나갈 자신이 있는가?

1 직업, 꼭 필요한가?

1.1 실업이 보편적인 세상

정부는 매년 취업률과 실업률 통계를 발표하고 이것들을 정부의 경제정책의 성공 척도로 활용한다. 그동안 직업을 갖는(취업하는) 것이 중요하다는 생각이 널리 공유되었다. 그러나 요즘 사회 추세를 지켜보면 의외로 직업을 갖지 않는 경우가 많이 있다. 그 이유는 다양하지만 몇 가지로 정리할 수 있다.

첫째, 자발적 실업의 증가이다. 직업이 필요한 것인지 의문을 품고 경제적 여유가 있는 부모의 도움으로 소비생활만 하는 청년세대가 늘고 있다. 부모가 여유가 없는 경우에도 국가의 복지정책에 의존하면서 최저 소비만 하고 아르바이트를 해서 생활비를 충당하거나 꼭 사고 싶은 물건을 산다. 직업을 갖게 되면 출퇴근에 시달리며 재미없는 반복적인 업무를 하는 것을 싫어한다. 또한 직장 내 대인관계나 인간관계에 대하여 소극적인 자세를 갖기도 한다.

둘째, 비자발적 실업의 증가이다. 직업은 필요하지만, 직업을 선택하는 방법을 모르거나 취업도전에 실패하고서 의기소침해 질 수 있다. 또는 학창 시절에 즐겁게 놀면 직업 선택에 필요한 준비를 하지 못할 수 있다. 그래서 자격증을 준비하거나 대학에서 전공선택을 잘못한 것 같아 새로운 분야의 기술을 배우기 위해 취업하지 못하고 있다.

셋째, 양질의 직업 선택 기회의 어려움이다. 막상 취업해도 만족스럽지 못한 경우도 많다. 보수가 좋은 직업은 고학력자나 전문자격증 소지자가 차지하고 있다. 공무원은 경쟁률이 몇백 대 일이라서 엄두가 나지 않는다. 고급 직종은 높은 수준의 학습을 요구한다.

넷째, 창업을 준비했지만 경기 침체로 겪는 어려움이다. 창업은 준비하는 과정도 힘들고 성공하기도 어렵다. 또 창업 준비과정을 마치니 경기가 침체하여 사업을 시작하기가 불안하다. 서비스 분야에서 경쟁의 심화와 경기침체로 기존 영업장도 문을 닫는 경우가 많다.

더 많은 이유가 있지만 대부분 자발적 실업과 비자발적 실업으로 분류할 수 있다.

1.2 취업 선택의 이유

1850년 독일의 마르크스(K. Marx)는 사회에서 낙오된 빈민이나 부랑인, 빈곤한 지식인을 가리키는 룸펜 프롤레타리아트(Proletariat) 또는 룸펜(Lumpen)이라는 명칭을 제시했다. 이들은 실업 상태이거나 생산도구나 자본이 없어 장사도 하지 못하는 비자발적 실업계층이다.

이와 반대로 룸펜 부르주아는 부유층에서 놀고먹는 귀족이나 자산가를 의미한다. 베블렌이 <유한계급론(1899년)>에서 묘사한 생산적인 노동을 멀리하고 소유한 재산으로 소비만 하면서 예술, 오락 등에 탐닉하는 계급이다. 즉, 근로에 대한 의욕이 없는 자발적 실업 상태의 사람이다. 19세기는 자발적 실업의 개념이 사회, 경제적으로 용인되지 않았다.

실용적인 시각에서 룸펜 부르주아 생활의 어려움을 말하고 싶다. 50대 이상 중 · 고령자가 생각하는 1인 / 부부의 한 달 생활비는 질병이 없는 경우 165만 원 / 269만 원이다(국민연금연구원, 2020). 통계청이 제시하고 있는 기대 수명(2019년)이 88.3세이므로 40년 생활에 대략 13억 원의 금융자산(이자가 얼마 되지 않아 미고려함)이 필요하다. 집을 보유하고 있는 경우에 팔아서 전세로 옮겨서 생활하거나 금융자산 총액이 13억 원인 가구가 몇 %나 될까?

국세청이 제시한 2019년 1인당 평균 급여가 세전 3,744만 원(월 312만 원)이다. 이것은 전 연령대, 전 산업, 전 직종, 남녀 모두 고려한 평균 급여이다. 결국 식구 중 1명이라도 취업해서 세금을 납부하고 4대 보험을 공제하면(합계 50만 원 내외) 2인 가족의 생활비이다.

실용적인 시각에서 룸펜 프롤레타리아트에도 더욱 절박한 상황이다. 최저 1분위 소득이 기초연금, 근로장려금, 장녀장려금 포함해 1,155만 원(월 88만 원)이고, 일용직 노동자의 평균 소득은 807만 원(월 67.3만 원) 밖에 되지 않는다. 두 금액을 합해도 월 155만 원으로 1인 한 달 생활비 165만 원에 미달한다.

1.3 왜 직업을 가져야만 하는가?

어릴 때는 가족의 보호 안에서 양육되고 점차 성장하면서 자립한다. 부모는 본능적으로 자기의 신체와 정신의 행복을 추구하기도 하지만, 자신과 닮은 자녀를 낳고 그들이 자립할 수 있도록 도와야 한다.

자녀는 일정한 나이가 되면 점차 독립해서 학교와 사회에서 교육을 받는다. 이것은 주로 사회 – 경제적인 원인에 기인하다. 사회적으로 학교 교육과 친구 관계 형성을 통해 사회성을 키워나가 사회에 잘 어울릴 수 있는 성숙한 인간이 된다. 경제적 측면에서 학교를 졸업하여 직업을 갖는 데 필요한 지식과 기술, 태도를 배운다. 직업이 미래에 자신과 배우자의 행복, 그리고 2세의 양육에 결정적인 도움이 된다.

직업은 1차적으로 기업에 자신의 노동을 제공하고 그 대가로 수입을 제공한다. 이 수입으로 현재 자신과 가족의 의식주 생활에 필요한 비용을 충당할 뿐만 아니라 문화 활동 등 고급 소비활동도 가능하며 미래를 위해 자녀교육 비용, 미래 지출을 대비한 저축을 하는 데 필요한 자금이 된다.

직업 선택은 수입 외에도 수입, 신용, 직장 국민연금+퇴직연금(또는 퇴직금) 등을 얻을 수 있다. 또한, 사회적으로 건강증진과 행복, 집단활동의 참여, 인적 네트워크 등을 확장하는데 기여한다.

2 직업의 정의

2.1 어떤 직업이 있는가?

인터넷에서 찾아보면 한국에서 직업 종류가 비공식적으로 2만 개가 넘는다고 한다. 통계청의 한국표준직업분류(7차)는 세세분류 단계까지 직업의 종류를 1,231개로 분류하고 있다. 일반적으로 직장생활을 시작할 때는 전공이나 흥미가 동일할 경우 주된 출발점은 같다. 그러다가 직업 경험과 전문성이 쌓이면 관리자와 전문가로 성장하는 것이 일반적인 경력경로이다.

[표 1-1] 한국표준직업분류 세세분류

대분류	세세분류	대분류	세세분류
고위임직원, 관리자	82	농림어업숙련근로자	29
전문가 및 관련 종사자	463	기능원 및 관련 기능종사자	198
사무종사자	63	장치, 기계조작 및 조립종사자	220
서비스종사자	80	단순 노무 종사자	49
판매종사자	43	군인	4

출처 : 통계청

직업은 사회환경이 전자상거래와 모바일플랫폼이 활성화되면서 비대면 거래, 아파트의 급증, 4차 산업혁명, 마케팅, 보건, 렌털, 공공부문, 금융영업 발달 등의 영향으로 해당 산업의 직업종사자가 급증함에 따라 신설되거나 세분화된 직업 분야가 눈에 띄는데 이를 사유별로 정리하면 [표 1-2]와 같다.

[표 1-2] 최근 직업분류의 변화(2007 ~ 2017)

변 화	추가된 직업 세세분류
주거환경의 변화	공동주택 관리자
4차 산업혁명의 진전	미디어 콘텐츠 창작자, 데이터분석가
공공부문의 발달	대학행정조교, 행정사, 공공행정사무원
소규모 상점의 증가	소규모 상점 경영자, 소규모 상점 일선 관리 종사원
렌털 산업의 발달	대여 제품 방문 점검원
보건 산업의 발달	의료 서비스 상담 종사원
마케팅 산업의 발달	마케팅관리자, 광고 및 홍보관리자, 광고 및 홍보전문가
금융업의 발달	증권사무원, 은행사무원
비대면 상거래 / 택배 산업 발달	통신 관련 판매직

출처 : 통계청

대분류별로 살펴본 2019년 통계청 제시 월 평균 급여를 살펴보자<그림 1-1>. 관리직은 근무연수가 길수록 높은 임금을 받는 연공제의 적용을 받는다. 반대로 서비스직과 단순노무직은 대부분 비정규직으로 수입이 불안정하다.

전 업종 평균, 20대 초반(2 ~ 3년 경력의 고졸, 전문대졸, 4년대졸 여자의 첫해 임금)의 평균 월급은 227만 원이고 관리직, 전문가는 평균 이상이며, 사무직은 평균값이고, 판매직, 단순노무직은 약간 낮다. 20대에 관리자가 되는 경우 벤처기업가, 사업주 승계자나 아주 뛰어난 실적을 보이는 경우이다.

(단위 : 만원)

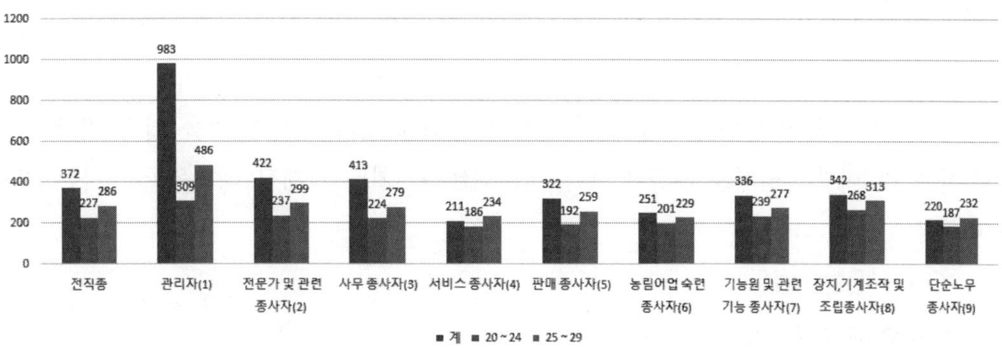

출처 : 한국여성정책연구원

〈그림 1-1〉 직업 대분류별 2019년 월평균 임금

2.2 직업의 선택

직업마다 필요한 직무명세(학력, 경험, 자격증, 신체조건, 외국어 능력 등)가 다르다. 대략 농림어업숙련, 기능원과 관련 기능, 장치 · 기계조작 및 조립 분야 종사자는 특성화 고교나 일반고 졸업자 중에서 기술교육을 받으면 가능하다. 관리자는 10년 이상의 사무직 경력이 필요하고, 전문가는 경력을 쌓거나 관련 자격증을 취득해야 한다. 일부 기업체는 경력직만 뽑거나 인턴십, 현장실습 경험 등을 요구한다.

기초적인 자격증은 사무관련 컴퓨터활용능력이나 전산회계 자격증 등이 필요하다. 신체조건은 주로 외근직에서 해당 산업에서 정한 것을 따른다. 외국어는 외국어 능력 시험, 무역 영어 자격증 등을 준비하면 된다.

2.3 직업의 정의

무보수로 일하는 극소수의 자원봉사자나 재능기부자도 있지만, 직업은 제공한 노동에 대한 보상이다. 직업종사자는 직업을 통해 급여를 받아서 각종 경제생활을 한다. 취직한 직업종사자는 임금을 받아서 소비나 저축(투자)을 할 수 있으며, 부수적으로 사회보험, 복리후생 등의 여러 혜택을 누릴 수 있다. 그 밖에 종업원지주제, 스톡옵션 등은 추가적인 경제적 혜택을 제공한다.

또한, 정기 급여는 담보가치를 높여서 신용을 형성한다. 신용은 필요한 자금을 낮은 이자로 대출받거나 신용카드 등을 사용하여 합리적인 소비생활을 하는데 도움을 준다.

퇴직 후 퇴직금이나 연금을 받아 노후 경제생활에 보탬이 된다. 좋은 회사는 퇴직 후에도 자녀 교육비 지원, 건강보험 연장 등의 특혜를 주기도 한다.

대다수 청년은 일정한 학업을 마치고 직업을 찾는데, 이때 직업 선택의 기준은 가능한 많은 경제적 혜택을 받을 수 있거나 안정적인 직업을 선호한다.

직업은 "자기와 가족의 생계를 위해 적성과 능력에 따라 일정한 일을 일정 기간 계속 종사하는 것"이다. '생계를 위한다'라는 것은 급여와 기타 경제적 혜택을 추구하는 것을 의미한다.

2.4 직업에 대한 용어

직업에 대한 영어단어는 work와 job이 있다. **work**는 단지 '일'이란 뜻이고, job이 '직업'이란 뜻을 갖는다. **job**은 정기적으로 급여를 받고 하는 일을 의미하는 반면, **business**는 생계를 위한 직업의 의미로 주로 자영업자의 직업을 말한다. 결국 이 두 단어는 보수의 형태인 급여 또는 사업소득으로 분류된다.

직업 준비 방법은 세 가지로 구분할 수 있다. 첫째, **career**는 회사에 근무하며 시간이 지날수록 권한과 책임이 커지는 직업이다. 직업 경험을 바탕으로 승진이 가능한 관리직, 사무직, 판매직을 말한다.

둘째, **profession**은 특히 오랜 기간 교육이 필요한 회사 노동자나 전문직이며, **trade**는 손을 많이 사용하고 특별한 훈련과 기술이 필요한 서비스직이나 기능직(농림어업숙련, 기능원과 관련 기능, 장치 · 기계조작 및 조립 분야)이다. 이 분류는 직업의 준비 방법에 기초한다.

셋째, **occupation**은 직업의 공식적인 표현으로 기업 내부의 조직적, 지속적인 분업에 따른 직업이다. **vocation** 또는 **calling**은 천직 또는 소명 의식이 필요한 직업을 의미한다.

사무직 임금노동자는 job, career 그리고 occupation이 알맞은 직업이다. 즉, 정기적으로 임금을 받고 일할 뿐만 아니라, 지속적이고 조직적인 분업이 이루어지는 직장을 말한다. 이 외에도, 성직자나 초 · 중등학교 교사는 vocation, 교수 · 회계사 · 세무사 · 공인노무사 · 컨설턴트 등은 profession, 사업가는 business, 기술자는 trade가 어울리는 표현이다.

직업과 유사한 용어로 일 / 생업(work), 사업(business), 직분 / 천직(vocation) 등이 있다.

[표 1-3] 직업에 해당하는 영어 표현

분 류	구 분	설 명
보수 형태	job	정기적으로 임금을 받고 하는 직업
	business	생계, 벌이를 위한 직업, 자영업
직업 준비	career	직장 경험으로 승진이 가능한 직업
	profession	오랜 기간 직업교육이 필요한 전문 직업
	trade	특별한 훈련과 기술이 필요한 종류의 직업
기 타	occupation	직업의 공식적 표현, 회사와 같이 지속적이고 조직적인 분업
	vocation	천직으로서의 직업
	calling	소명 의식에 의한 직업

3 직업의 역할

3.1 경제의 3주체

경제학에서 처음 국가 경제의 바탕을 이루는 세 가지 경제주체로 가계(household), 기업(business), 정부(government)를 뽑는다. 가계는 국가 경제에서 소비활동의 주체이자 생산활동에 필요한 노동과 (가계에서 저축한) 자본의 공급이다. 기업은 생산활동의 주체이자 생산활동 요소인 (내부에 유보한) 자본의 공급자(잉여금)이다. 정부는 소비활동의 주체이자 가계와 기업에 대한 공공서비스의 공급자이다.

3.2 국가 경제의 순환과정

경제의 순환과정은 가계가 노동력을 공급하고 가계와 기업이 각각 자본을 투자하면 기업에서 생산이 이루어진다. 생산된 물품과 서비스가 가계와 정부에 의해 소비되면서 기업은 부가가치를 얻게 된다. 이 부가가치는 가계에 급여, 이자, 배당, 정부에 세금, 기업의 내부유보 자본으로 배분된다. 이중 가장 중요한 매개는 가계의 노동 공급과 급여 획득, 노동의 재생산을 위한 소비, 납세와 투자이다.

기업의 자본투자도 중요한 역할을 한다. 기업이 가계의 저축을 빌리거나 유보잉여금을 재투자하여 전체 자본을 형성한다. 그 결과 기업은 더 많은 생산능력과 이윤획득 기회를 얻게 되고 가계 노동자에게 취업의 기회도 확대된다. 또한 가계가 투자한 자본에 대한 이자를 지급하고 배당한다.

정부는 가계와 기업에서 세금을 징수하여 이를 재원으로 각종 공공재를 서비스한다. 상호관계를 그림으로 정리하면 <그림 1-2>와 같다.

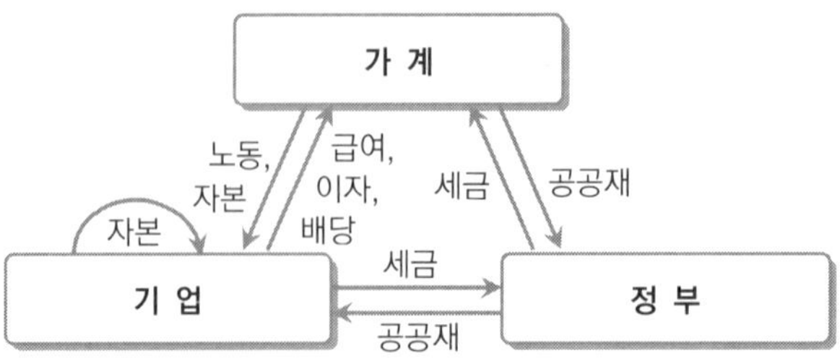

〈그림 1-2〉 경제 3주체의 상호관계

3.3 가계의 역할

가계의 구성은 노동자, 저축자 · 개인투자자, 개인사업자들과 그들의 부양가족이다. 가계는 소비에 따른 소비세를 납부한다. 소비세는 부가가치세, 개별소비세, 주세, 담배소비세, 교통에너지환경세 등으로 정부의 가장 중요한 재정수입원이다. 또한 임금 수입에 정부는 근로소득세를 징수하여 재정 수입을 얻는다.

소비하고 남은 가계의 잉여분(저축)은 금융회사를 통해 기업에 직접 또는 간접적으로 투자된다. 즉, 경제주체가 은행이나 서민금융회사(농협 · 수협 단위조합, 신협, 새마을금고, 저축은행 등) 등에 저축하면 기업 대출이 기업의 운영자금으로 전환된다.

또한 제2금융권(증권, 보험, 투자전문회사 등)은 기업의 주식 발행 또는 회사채 발행을 주선하여 기업의 설비자금의 조달에 기여한다. 모든 금융소득은 이자 · 배당소득세나 (주식)양도소득세를 부과한다.

자영업자는 노동력, 경영 능력, 자본을 투자하여 영업수익(사업소득)을 획득하고 사업소득세를 납부해야 한다.

가계의 수입원 중 가장 큰 것이 급여 또는 임금이다. 노동의 대가로 얻는 소득인 급여(임금)는 보수, 봉급[1]으로도 불리는데, 이 임금(급여)은 보통 월급 형태이며, 기업이 근로자가 부담하는 근로소득세와 지방소득세, 사회보험료를 원천징수한 후 노동자에게 직접 지급한다. 임금(급여)이 가계의 의식주비용, 문화 및 여가비용, 자녀 교육비용의 형태로 소비되는 수익의 원천이다. 결국 기업이 분배하는 부가가치 중 임금(급여)이 다시 기업의 더 큰 부가가치가 되는 것이다. 그밖에 퇴직금과 퇴직연금은 퇴직소득세와 연금소득세를 부담하고 고용관계가 없는 일시적인 노동 제공에 기타소득세를 부담한다.

소득세는 종합소득세(이자소득세 + 배당 + 사업 + 근로 + 연금 + 기타)와 분류소득세(퇴직소득세, 양도소득세) 등 총 8가지가 있다. 종합소득세는 1년을 단위로 계산되며, 퇴직소득과 양도소득은 보통 여러 해에 걸쳐 발생하기 때문에 징수 시기가 다르다.

---

1) **급여**는 임금뿐만 아니라 보험급여, 정부의 이전급여 등 받은 모든 것을 의미한다. 보통 기업에서는 생산노동자 임금을 임금으로, 관리직, 영업직 노동자 임금을 급여로 회계 처리한다. **보수**는 임원이나 영업사원과 같이 실적에 의해 받는 경우이다. **봉급**은 일정 기간마다 받는 임금의 속칭으로 구체적으로 일급, 주급, 격주급, 월급 등이 있다.

[표 1-4] 가계의 생산요소와 수입과 소득세

생산요소	요소 비용(수입)	소득세
노동(고용관계에 의하여 종속적, 계속적)	**임금(급여), 퇴직금 / 퇴직연금**	**근로소득세 / 퇴직소득세 / 연금소득세**
노동(고용관계 없이 독립적, 일시적)	일시적 인적용역의 제공 대가(예: 강연료, 출연료, 자문료 등), 저작권료, 특수 관계인으로부터 얻는 일정한 경제적 이익 중 임금(급여), 배당, 증여가 아닌 것	기타소득세
노동(고용관계 없이 독립적, 계속적), 경영 능력, 자본	이익	사업소득세
운영자본(은행 등에 저축한 자금)	예금이자	이자소득세
설비자본(주식 / 사채를 구입한 자금)	배당 / 사채이자 양도차익	이자 / 배당소득세 양도소득세

3.4 기업과 정부의 역할

기업의 사업소득에 대해서 법인세, 가계의 사업소득에 대해서 사업소득세를 징수한다. 정부는 소비세, 소득세, 법인세 등의 세금과 국공채를 발행하여 다양한 공공서비스(예를 들어, 무상교육과 사회복지, 치안과 국방, 도로, 전기, 수도 등 공공시설 건설 및 관리 등)를 제공한다. 이 과정에서 정부는 공무원의 봉급, 사업비용, 국 · 공채이자 등의 비용을 지급하기도 한다.

3.5 가계의 노동력 제공과 임금

(1) 노동의 제공

산업용 로봇이나 컴퓨터제어(NC) 기계가 100% 공장설비(자본)를 움직이는 기업은 존재하지 않는다. 자동화가 많이 진행된 기업들도 최소한의 운영자, 시설관리자, 보안관리자 등을 고용한다. 사회주의 경제이론을 창안한 카를 마르크스는 기업이 자본투자를 점차 늘려서 기업의 자본장비율이 무한대가 되면, 기업 이윤이 0으로 수렴한다고 주장했다. 자본주의의 근본적인 결함으로 자본주의는 자체 모순에 의해 몰락할 것으로 예언했다. 그러나 산업사회 이후 자본주의 경제는 다른 방식으로 전개되었다. 기업의 투자가 늘어날 때 모든 자본이 설비투자만 하는 것이 아니라 경영자와 기술자, 영업전문가 등에 대한 투자도 실시한다. 또 인간의 욕망이 다양화되면서 기계로 대량생산한 제품보다 디자인, 수공 기술 등이 부가된 다품종 소량의 고급상품이 인기를 얻고 있다. 자동화에도 노동의 중요성은 점점 커지고 있다.

이러한 환경의 변화에 따라 단순노동자가 지식노동자와 서비스노동자로 나뉘게 되었다. 경영자, 기술자 등 지식노동자는 교육을 받고 실무에서 오랜 경험을 쌓거나 국가나 이익단체로부터 면허나 자격을 취득하는 경우도 있다. 경영자와 기술자들은 기업으로부터 높은 수준의 급여나 보수, 주식매수선택권 등을 받아 사회의 중산층에 편입되었다. 전문면허를 취득한 지식노동자들도 개인병원, 변호사, 회계사, 세무사사무실 등을 자영업자 방식으로 운영하고 있다.

서비스노동자는 각종 서비스나 제조 부문 등에 취업한다. 이들은 해당 부문에서 오랜 경험과 경력을 쌓으면 지식노동자로 전환할 수 있다. 또한 노동조합의 결성으로 생산직 노동자도 정년보장과 고임금을 받고 있다.

(2) 노동의 대가, 임금

임금(근로소득)은 사용자가 노동자에게 노동의 대가로써 지급하는 금전이다. 노동자는 경제생활의 원천이 되는 임금을 얻기 위하여 노동을 제공한다. 근로기준법에서 "임금은 사용자(사업주)가 근로의 대가로 근로자에게 임금, 봉급, 그밖에 어떠한 명칭이든지 지급하는 일체의 금품을 말한다."라고 정의하고 있다. 사용자가 근로자에 지급하는 것으로 한정하여 고객이 내는 봉사료(팁)는 임금에 포함되지 않는다.

근로의 대가가 아닌 경조 위문금 등은 임금이 아니지만, 미리 지급조건이 확정되어 있다면 임금에 해당한다. 퇴직금은 노사 간에 미리 지급조건이 확정되어 있고, 사용자에게 강제된 의무사항으로 임금에 해당한다. 그 명칭과 관계없이 상여금, 인센티브, 연차수당 등 법정수당, 가족수당, 통근수당 등 비법정수당도 임금에 해당한다.

4 직업의 경제적, 사회적 혜택

4.1 직업의 경제적 혜택

노동자는 고용주에게 노동을 제공하고 수입을 얻는다. 수입은 급여, 임금, 봉급, 보수 등 다양한 용어를 사용하고 지급주기에 따라 일급, 주급, 월급으로 구분한다. 지급주기를 불문하고 1년간 얻는 소득을 연봉이라고 한다. 연봉으로 2,400만 원이라면 월평균 200만 원을 받는 것이고 이 중 2020년 1인 가구 기준으로 소득세 원천징수액 21,470원(소득세 19,520 + 지방소득세 1,950원), 2020년 근로자 수 150인 미만 기준으로 사회보험료 원천징수액 182,500원(국민연금 90,000 + 건강보험 68,600 + 장기요양보험 7,900 + 고용보험 16,000원)을 공제한다. 연장 근무하거나 기타 법정수당을 받게 되면 금액은 더 늘어난다.

직업은 개인에게 신용을 부여한다. 급여생활자가 아니더라도 금융기관에서 신용을 부여하는 경우도 있다. 신용은 급여생활자의 정기적인 수입을 담보로 해서 주어진다. 신용카드 발급도 원칙적으로 급여생활자에게 한정된다.

또한 퇴직금과 퇴직연금이 있다. 종업원 10인 미만 중소기업은 퇴직 전 3개월 평균임금으로 근무연수 1년에 30일의 퇴직금을 지급해야 한다. 종업원 10인 이상의 기업은 퇴직연금을 적립한다. 근로자와 회사가 절반씩 부담하는 국민연금, 개인적으로 적립한 개인연금도 있다. 퇴직연금과 국민연금은 회사에서 일부 부담하므로 직업생활의 경제적 혜택에 포함된다.

4.2 직업의 사회적 혜택

건강은 일반적인 혜택으로 고려되지 않고 있지만, 건강을 해치거나 안전사고를 당할 때 현실로 다가오게 된다. 직업생활을 하면서 스트레스를 받기도 하고 육체노동자의 경우 안전사고 등 위험한 상황을 겪기도 하지만 건강보험이나 산업재해보상보험, 또는 직장에서 임의로 제공하는 단체상해보험으로 그 피해를 줄일 수 있다.

인적관계는 비즈니스 기회를 창출한다. 물론 직업 선택의 경제적 측면인 수입과 신용이 기회를 얻는 데에 필요조건이 되지만, 직업을 통해 다양한 인맥을 형성한다면 좋은 사업 기회를 가질 수 있다. 직업적으로 친분을 쌓은 상사가 새로 창업하거나 좋은 직장에 추천해 주기도 하고, 직장동료들끼리 모여서 창업을 할 수 있으며, 직업상 만난 사람들이 잠재적인 고객이나 공급자가 될 수도 있다. 직업 선택은 기회 창출에 큰 도움이 되기도 한다.

4.3 직업으로 희생하는 것

직업을 갖게 되면서 부담해야 하는 것으로 시간이 있다. 어떤 직업을 가지든지 급여를 받기 위해 시간을 투자해야 한다. 법으로 정해진 근로시간 외에도 필요한 경우 시간 외 근무를 해야 한다. 갑작스런 업무의 발생으로 약속한 일을 할 수 없는 경우도 있다.

직업은 자신의 생활방식을 강제적으로 변화시킨다. 유연근로시간제를 도입한 회사도 일부 있지만, 대부분 평일 9시부터 6시까지(nine to six) 근무한다. 판매나 서비스직은 오전 10시부터 밤 9시까지(ten to nine) 근무하고, 주말에도 근무를 하는 경우도 있는데, 연장근로수당을 받거나 대체 휴무를 사용하기도 한다. 일부 생산직이나 특수근무(경찰, 소방직, 응급의사, 간호사, 대중교통 근무자 등) 서비스직의 경우 명절이나 새벽에도 근무한다. 어떤 상황이든 자신의 생활방식을 일부 포기해야 한다.

5 임금(결정)이론

임금이론은 임금의 수준이나 변동을 설명하는 요인을 찾는다. 여러 가지 학설이 자본주의의 역사와 더불어 생성했고, 시대의 변화하는 경제 상황을 반영하면서 발전했다.

5.1 임금생존비설

고전파 경제학자인 맬서스와 애덤 스미스가 제시되었고 리카도에 의해 공식화되었다. 임금은 노동자와 그 가족의 생활에 필요한 생활필수품의 양, 즉 생존비에 의해 결정된다는 학설이다. 이 이론은 산업혁명 당시 자본가의 이익을 보호하기 위해 경제적 약자인 노동자들의 임금을 가능한 한 적게 규정하여 자본가의 이윤을 극대화하려는 의도가 숨겨져 있다.

5.2 임금기금설

임금생존비설이 임금 결정 금액을 노동의 공급자 측면에서 설명한 데 비해, 공리주의자인 J.S. 밀은 사회 전체에서 임금 지급에 사용될 수 있는 기금의 크기로 임금을 결정한다. 기금의 크기가 증가하면 임금이 증가한다는 것이다. 이 역시 임금기금의 규모를 키운다는 명분으로 노동자들의 노력을 독려하려는 의도가 담겨 있다.

5.3 임금철칙

임금철칙은 노동자의 생존비에 일치되는 수준에서 임금이 결정되고, 임금을 장기적으로 그 이상 그 이하도 되지 않는다. 독일의 라살((F. Lassalle)에 의하면 임금은 생활비를 중심으로 변동한다. 만일 임금이 생활비 이상이면 노동자의 생활이 개선되어 기혼자가 늘고 출생률이 높아져 노동자가 증가하여 임금이 인하된다. 하지만 생활비 이하가 되면 생활고로 산아제한이나 노동자의 타지역 이주로 노동자 수의 감소로 임금이 상승한다. 자본주의 사회에서 노동자는 이 철칙에서 벗어나지 못하고 삶의 질은 영원히 향상되지 못한다. 노동자가 생활수준을 높이기 위해서 생산협동조합을 운영하는 생산자가 되어야 한다.

5.4 노동가치설

마르크스는 고전파의 생존비설이나 임금기금설을 비판하면서 독창적인 이론을 수립했다. 특히 그는 리카도의 생존비설의 골자가 되는 노동가격이란 개념을 발전시켜 임금은 노동력을 재생산하는데 필요한 생활용품의 가치, 즉 노동력의 가격이라고 했다. 일반적으로 상품가격이 그 상품을 만드는 데 소요된 투하 노동시간으로 결정되는 것처럼, 노동의 대가인 임금은 노동력의 재생산에 필요한 사회적 필요노동시간에 의해 결정되기 때문에 노동시간으로 측정한 생존비가 임금의 크기를 결정하게 된다. 그러나 자본주의 사회에서는 상대적 과잉인구가 산업예비군(실업자)이 되어 임금을 하락시키고, 노동력이 임금보다 더 많이 생산해서 잉여가치를 만들어내면 자본가는 그 이윤을 착취하기 때문에 노동자가 착취를 당한다.

5.5 한계생산력설

클라크는 임금이 최종 고용노동자의 생산액(즉, 한계생산력)과 같다고 주장했다. 자본량이 일정할 때 그것과 결합하는 노동량을 한 단위씩 점차 증가시켜나가면 노동의 한계생산력은 수확체감 법칙에 따라 점차 감소한다. 일정 노동량의 최종 단위인 한계생산력이 임금수준을 결정하게 된다. 이 이론은 자본량 및 노동력 이외의 생산요소 가격이 일정하다는 조건이 필요하다. 이 학설과는 반대로 고임금이 더욱 높은 생산성을 가져올 수 있다.

5.6 임금교섭력설 또는 임금계약설

미국의 노동경제학자 던롭과 로스가 주장한 임금학설이다. 임금은 노동협약에 따라 노사가 대등한 입장에서 결정되는데, 노동조합과 사용자의 상대적인 교섭력에 의해 최종적으로 결정된다는 것이 이 학설의 골자이다. 교섭력의 성격에 대해서 던롭이 노동시장 통제력으로 순경제적인 힘을 생각한 데 비해, 로스는 노동조합이 임금인상 이외의 경제적 · 사회적 · 정치적 목적을 달성하는 조직의 결집체이기 때문에 이것들의 종합적인 힘의 결집이 교섭력이라고 보았다. 이처럼 노동조합의 조직력 · 행동력이 강하고 또한 근대적 노사관계가 확립된 경제사회에서 노동조합의 교섭력은 임금 결정의 중요한 요인이 된다.

5.7 효율적 임금이론

효율적 임금이론은 임금의 높낮이가 노동자의 생산성을 결정하는 요인이다. 노동자가 그만두면 생산성의 감소를 초래하는데, 임금이 높으면 이직률이 줄어들어 높은 수준의 생산성을 유지할 수 있다. 또는 높은 임금을 지급하면 그 직장을 잃지 않으려고 더 열심히 일하기 때문에 생산성이 높아진다. 이처럼 노동자의 생산성을 높이려고 일부러 균형 임금수준보다 더 높여 지급하는 임금을 효율성임금이라고 한다.

6 임금 배분의 공정성

6.1 임금수준과 임금체계

임금 배분의 외부적 공정성의 척도는 임금수준이다. 임금수준은 기업의 지급 능력, 생계비 수준을 고려해 결정된다. 과거 정부나 산업계의 급여가이드라인이 제시되기도 했지만 기본적으로 노동시장의 수요 - 공급에 따라 결정된다. 반면, 임금체계는 일단 결정된 임금수준을 구성하는 각 항목을 말한다.

(1) 임금수준

첫째, 임금수준은 기업의 지급 능력을 상한선으로 결정된다. 그 지급 능력을 측정하는 방법으로 부가가치생산성, 노동의 평균생산성, 손익분기분석, 원가 구성분석 등이 있다. 부가가치생산성이란 가장 많이 사용하는 방법으로, 기업의 부가가치 총액을 노동투입량으로 나눈 금액이다. 이때 부가가치 총액은 매출액에서 제조원가 등을 차감하여 구한다.

둘째, 생계비는 노동자의 생활을 보장하는 임금수준 결정의 하한선으로 최저생계비와 최저임금제를 기준으로 한다. 최저생계비는 사람이 건강하고 문화적인 생활을 유지하는데 필요한 최소한도의 비용을 말한다. 국민기초생활보장법은 가구당 개인소득이 최저생계비 이상이 되도록 규정하고 있다. 소득이 최저생계비에 미치지 못하는 기초생활보장 수급자의 경우 최저생계비에서 부족한 액수만큼 정부가 급여를 보전해 준다. 최저생계비를 기준으로 소득이 120 ~ 150% 이하에 머물 때 차상위계층으로 분류해 국가장학금 등 다양한 복지혜택을 제공한다. 중앙생활보장위원회는 2015년부터 기준 중위소득[2)]과 함께 매년 가구원 수별 최저생계비를 확정한다.

[표 1-5] 가구원 수별 최저생계비(2021)

금액(원 / 월)

구 분	1인	2인	3인	4인	5인	6인	7인
최저생계비 2021년*	731,132	1,235,232	1,593,580	1,950,516	2,302,949	2,651,441	2,998,878

* 8인 이상 가구의 최저생계비 기준 : 1인 증가 때마다 347,438원씩 증가

셋째, 노동시장의 임금수준에 의하여 결정된다. 노동시장에서 수요와 공급이 일치하는 곳에서의 임금이 균형임금(W^*)이다. 이 임금은 산업별 시장의 평균적인 임금수준으로 볼 수 있다. 또 물가나 단체교섭 등이 임금수준에 영향을 미칠 수 있다.

산업별 노동시장에서의 개별기업의 노동의 수요곡선의 수평으로 합한 것을 산업 노동수요곡선이라 한다. <그림 1-3>에서 갑 산업에는 A, B 두 기업만 존재한다고 가정하면 주어진 임금수준에서 각 기업의 노동수요의 수평 합계가 A + B 기업의 노동수요곡선이 갑 산업의 수요곡선(세 번째 그래프)이다.

A, B 기업들이 노동수요를 늘리게 되면($L_0 \Rightarrow L_1$) 필연적으로 생산량이 증대((네 번째 그래프) $S_0 \Rightarrow S_1$) 한다. 생산량 증대는 재화 시장에서의 공급 증대를 초래하고 공급 증대는 재화의 가격을 하락($P_0 \Rightarrow P_1$)시킨다. 그 결과(다섯 번째 그래프) 산업 내 기업들의 노동수요곡선의 수평합($P_0 MP_L^l$)이 하방 이동($P_1.MP_L^l$)한다. 결국 산업의 두 지점을 연결한 노동수요곡선(L_d^l)은 수평합보다 임금에 대해 비탄력적이다.

2) 보건복지부장관이 급여의 기준 등에 활용하기 위하여 중앙생활보장위원회의 심의 · 의결을 거쳐 고시하는 국민 가구소득의 중윗값(2015년부터 기존 최저생계비를 대체하고 있으며, 2021년 생계급여 최저보장 수준에 활용되는 값은 중윗값의 40%로 정했다). 참고로 개인회생을 위한 최저생계비는 중윗값의 60%이다.

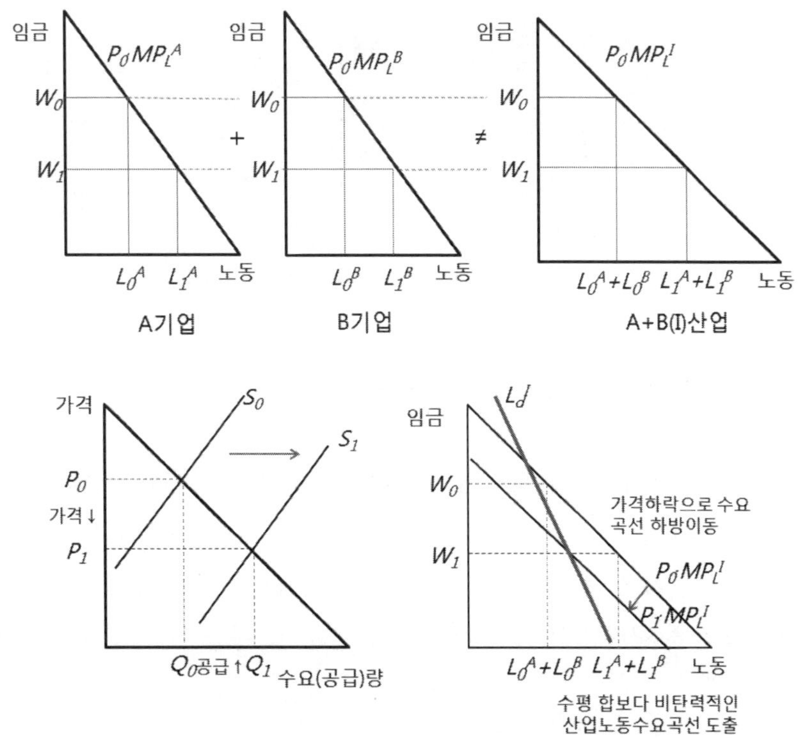

〈그림 1-3〉 갑 산업의 노동수요곡선 도출

반면, 노동시장의 공급곡선은 우상향한다. 시간당 임금을 W, 소득증가로 인한 한계효용을 MU_I, 여가 증가로 인한 한계효용을 MU_Z이라 하자. 노동자는 소득증가로 인한 편익($W \cdot MU_I$)이 여가 포기로 인한 비용(MU_Z)보다 크면 계속 노동을 공급한다.

노동공급시장에서 소득의 한계효용과 여가의 한계비효용이 만나는 균형(L^*)은 $W \cdot MU_I = MU_Z$이다. 즉 $W = MU_Z / MU_I$ 일 때 노동한다(<그림 1-4>의 첫 번째 그래프). 임금(W)이 상승하면 L^*가 우측으로 이동하므로 MU_Z / MU_I 곡선 자체가 우상향하는 노동공급공선(L_s)이 된다. 노동시장의 수요곡선(L_d^I)과 공급곡선이 만나는 점(W^*와 L_I^*)이 노동시장의 균형점이다(두 번째 그래프).

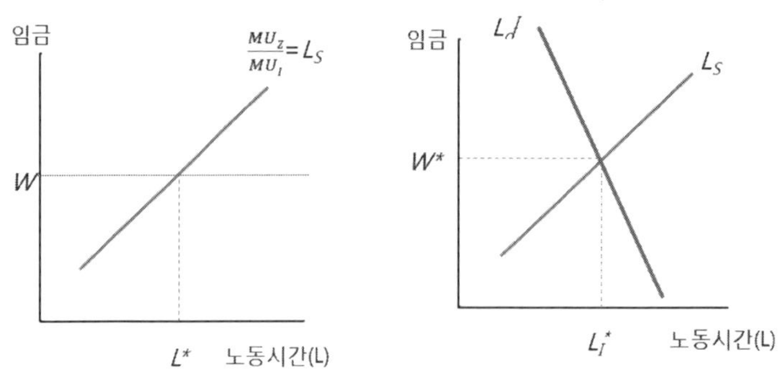

〈그림 1-4〉 산업 노동공급곡선의 도출과 노동시장의 균형

넷째, 교육 수준과 성별, 회사 규모에 의하여 임금수준을 결정한다. 교육 수준에 따른 임금수준은 교육 수준별 별도의 노동시장으로 분리되고 있다. 학력이 높을수록 전문직과 관리직의 비중이 증가하고 평균적인 근무연한도 길어져서 연공제의 영향을 받는다. 교육 수준별 월 평균임금은 학력간 차이가 존재한다. 성별 월 평균임금에도 차이가 있다.

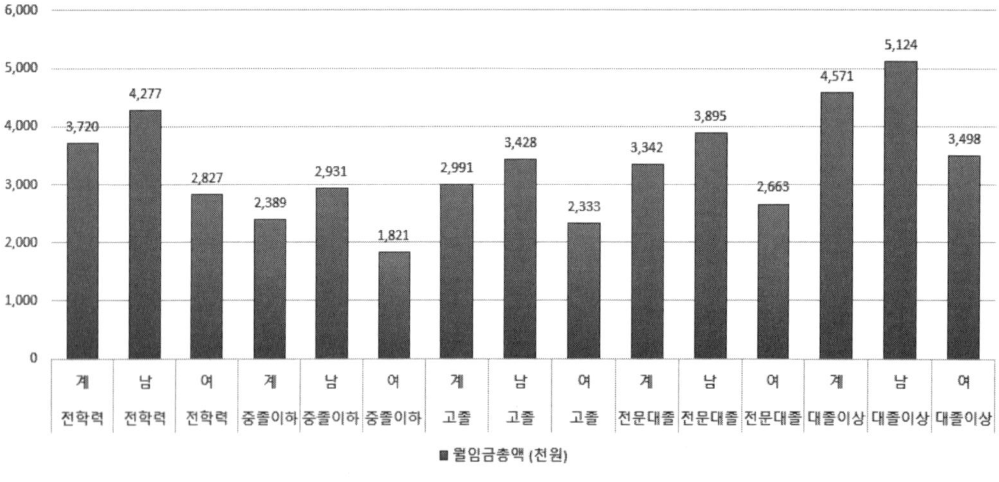

〈그림 1-5〉 교육 수준별/성별 임금수준(2019년 기준)

기업 규모별로 보아도 대기업(보통 300명 이상)과 중소기업의 급여 차이가 존재한다.

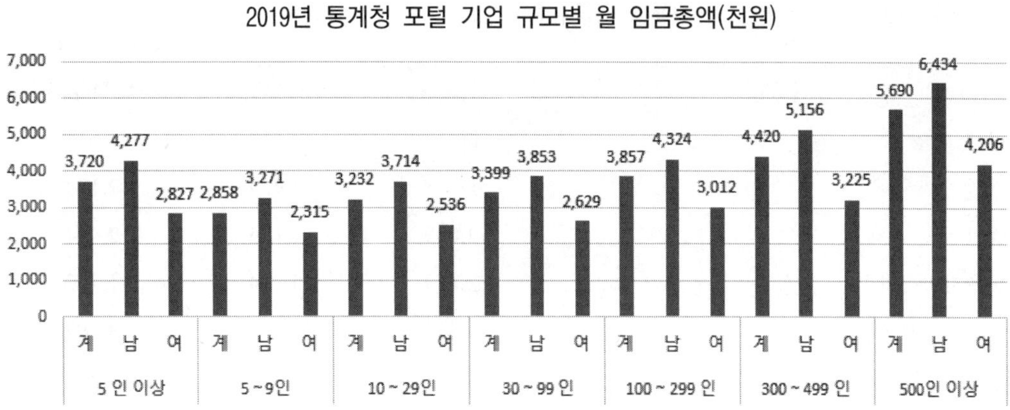

〈그림 1-6〉 기업 규모별/성별 임금수준

다섯째, 근로 형태에 따라서 결정된다. 임금 실태는 정규직이 비정규직보다 2배 이상 높다. 이는 동일 노동 동일 임금의 원칙을 위배하고 있다.

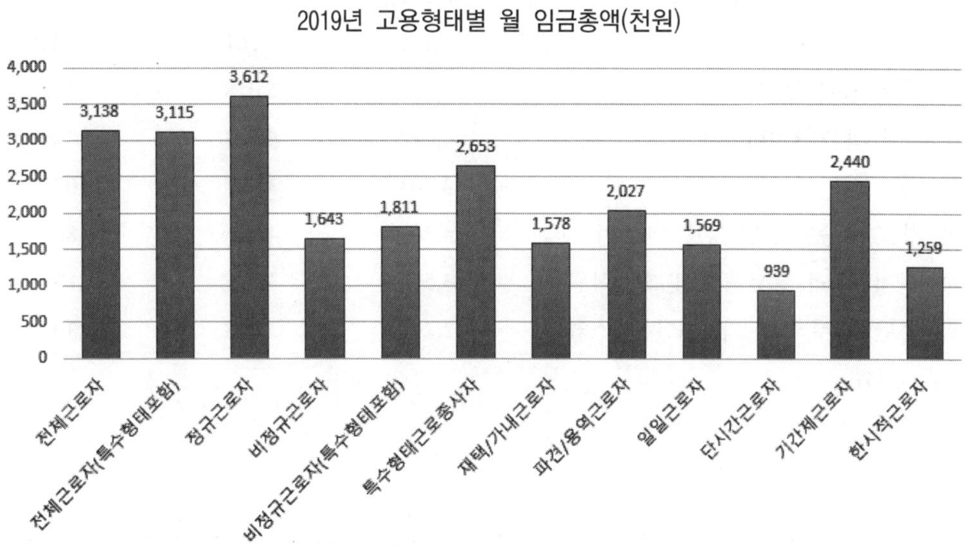

〈그림 1-7〉 고용 형태별 임금수준

여섯째, 산업별 임금 실태를 반영하여 결정된다. 산업별 임금은 매년 변동분이 일정하게 증가하고 있는 산업들도 있지만 전체 경기의 영향을 받거나 해당 산업 경기에 영향을 받기도 한다. 저학력자나 단기계약직, 임시직 등이 상대적으로 많은 서비스 분야나 예능분야의 임금총액은 전체 산업 평균보다 낮다.

[표 1-6] 2019년 산업별/고용 형태별 임금수준

(단위 : 천원 / 월)

구 분	전 체	정규직	비정규직
전체 산업	3,115	3,612	1,811
건설업	2,758	3,357	2,123
광업	4,082	4,185	2,454
교육서비스업	2,857	4,254	1,760
금융 및 보험업	4,811	5,941	3,262
농업, 임업 및 어업	2,951	3,577	1,795
도매 및 소매업	2,835	3,233	1,422
보건업 및 사회복지서비스업	2,605	2,950	1,504
부동산업 및 임대업	2,463	3,224	1,862
사업시설관리 및 사업지원서비스업	2,820	3,133	1,860
숙박 및 음식점업	1,571	2,216	961
예술, 스포츠 및 여가관련서비스업	2,221	2,944	1,642
운수업	3,235	3,361	2,822
전기, 가스, 증기 및 수도사업	5,716	6,018	2,662
전문, 과학 및 기술서비스업	4,427	4,604	2,390
제조업	3,703	3,911	2,075
출판, 영상, 방송통신 및 정보서비스업	4,209	4,506	1,862
하수 · 폐기물처리, 원료재생 및 환경복원업	3,555	3,735	2,191
협회 및 단체, 수리 및 기타개인서비스업	2,242	2,663	1,303

자료출처 : 통계청

(2) 임금체계

임금체계는 임금수준을 구성하는 항목들로 임금 배분의 공정성에 대한 기준이 될 수 있다. 이것은 기준임금, 수당, 상여금으로 이루어진다. 국내의 지배적인 임금체계는 근속연수의 경과에 따라 호봉이 상승하는 연공제였다. 반면 연봉제가 계약제 근로와 함께 빠르게 확산하고 있다.

기준임금(기본급)은 직무급, 연공급, 직능급, 성과급이 있고, 수당과 상여금이 추가된다. 수당은 법정수당과 비법정수당이 있고 상여금은 인센티브라고도 한다. 연봉제는 노동자의 업적 및 성과목표의 달성도를 평가하여, 노동자 임금의 전부 또는 상당 부분을 그에 따라 연간 단위로 책정하는 제도이다.

7 임금 지급의 원칙

7.1 통화 지급의 원칙

임금은 법정통화로 직접 근로자에게 전액을 지급해야 한다. 다만, 법령 또는 단체협약에 특별한 규정이 있는 경우 임금의 일부를 공제(학자금대출 상환 등) 하거나 통화 이외의 것으로 지급할 수 있다. 통화는 강제통용력이 있는 화폐를 말하며, 어음, 수표, 물품이나 용역 제공은 현물급여로 지급이 금지된다.

7.2 직접 지급의 원칙

임금은 근로자 본인에게 직접 지급한다. 근로자가 임금채권을 제삼자나 대리인에게 양도하더라도 사용자는 타인에게 이를 지급할 수 없다. 본래 임금을 대신 받아 중간착취하거나 폭리를 취하는 것을 방지하려는 규정 때문이다. "누구든지 법률에 따르지 아니하고는 영리로 다른 사람의 취업에 개입하거나 중간인으로서 이익을 취득하지 못한다(근로기준법 제9조)."

7.3 전액 지급의 원칙

임금은 법령 또는 단체협약에 특별한 규정이 있는 경우를 제외하고 그 전액을 근로자에게 지급해야 한다. 법령에 따른 경우는 근로소득세, 건강보험료, 국민연금 등의 원천징수 등이 있고 단체협약에 의한 경우는 노동조합비나 상조회비 공제 등이 있다. 직원이 단체협약에 노동조합비에 관한 공제조항이 있더라도 공제를 반대하면 공제할 수 없다.

7.4 매월 1회 이상 일정 기일 지급의 원칙

임금(휴업수당도 해당함)은 매월 1회 이상 일정한 날을 정해 지급해야 한다. 임시로 지급하는 임금, 수당, 그 밖에 이와 비슷한 것 또는 대통령령으로 정하는 임금(1개월 초과하는 기간의 출근 성적에 따라 지급하는 정근수당, 일정 기간을 계속하여 근무하면 지급되는 근속 수당, 기간에 걸친 사유에 따라 산정되는 장려금, 능률 수당 또는 상여금, 그 밖에 부정기적으로 지급되는 모든 수당)은 일정 기일에 지급하지 않아도 된다.

연습문제

1. 직업에 따른 임금의 차이를 다양한 시각에서 그 원인을 조사해 보자.

2. 우리 사회에 성별에 따른 임금수준에 차이가 존재하는가?

3. 동일노동 동일임금원칙을 토의해 보자.

Job Selection and Personal Finance

CHAPTER 2

직업의 선택

학습목표

1. 직업 선택의 과정을 이해한다.
2. 직업을 선택에 필요한 직업 심리 검사를 실시한다.
3. MBTI 검사 결과를 활용하여 적합한 직업을 확인한다.

❖ Cinenomics 굿바이(Departures 2008) 우드잡!(Wood Job! 2014)

굿바이는 2009년 아카데미 외국어영화상 수상작이다. 첼리스트로 일하는 다이고는 갑작스러운 악단의 해체와 1억 원에 달하는 첼로구입자금 빚을 갚기 위해 "연령, 경험 무관! 정규직 보장!"이라는 구인광고를 보고 바로 합격하여 일하게 되었는데 그 일은 바로 시체분장사! 시체를 아름답게 분장하는 이쿠에이에게 배워서 일의 보람을 느끼지만, 주변의 친구와 아내 마키는 적극적으로 반대한다.

우드잡은 일본 소설 <가무사리숲의 느긋한 나날>을 원작으로 한 영화이다. 대학 진학에 실패하고 여자 친구와도 헤어지게 된 히라노 유우키. 어느 날 우연히 본 홍보 전단에서 예쁜 여자의 사진을 보고 충동적으로 1년짜리 산림관리연수생에 지원한다. 휴대전화도 터지지 않는 산골 마을에서 육체적으로 힘든 일을 하게 된다. 탈출을 결심하게 되고 마침 지나가던 오토바이가 역까지 태워줬다, 운전자에게 고맙다고 인사하려 보니 바로 홍보 전단의 모델인 나오키, 산골 초등학교 교사인 그녀는 유우키의 가벼운 행동을 비웃고 떠난다. 왔던 길을 밤새 걸어 다시 숙소로 돌아온 유우끼, 그러나 힘든 일이 계속되자 다시 탈출하다 조장에게 들켜 돌아오기도 했다. 하지만 인간적인 동료들과 교류를 통해 점차 애정을 느끼며 일하게 된다. 나오키도 다시 만나 사랑을 느낀다. 연수 기간이 종료되어 떠나는 기차를 쫓아오며 이별을 하는 나오키의 모습, 바로 유우키가 산림으로 돌아오게 된다.

1. 시체분장사의 직업은 다이고에게 삶의 보람을 주었고 더욱 열심히 일한다. 그러나 사회의 시선을 부담스러워하는 아내가 반대한다. 당신이라면 어떻게 결정하겠는가?
2. 벌목공인 유우키는 육체적인 노동을 한다. 인간적인 교류가 있는 동료와 사랑하는 이성에게 돌아가지 않은 이유는 무엇인가?

1 직업의 선택 방법

1.1 의의와 선택

직업 선택은 일정한 절차를 거쳐 취업 또는 창업을 하게 되는 경우가 일반적이다. 그 절차를 중심으로 취업 또는 창업 결정 방법, 취업할 업종과 직종의 선택(직업 심리검사와 MBTI 검사 활용), 창업할 산업과 사업의 선택을 살펴본다.

직업 선택과정은 <그림 2-1>과 같은 과정을 거치는 것이 좋다. 1단계는 직업을 가질 것인지 아닌지 결정한다. 부모가 큰 부자라서 생업에 관심이 없든지, 건강에 문제가 있어 직업을 가질 수 없든지, 직업보다 철학, 종교나 문학, 예술 등을 추구하고 싶든지, 그 밖에 타당한 이유가 있는 경우에 당분간 직업선택을 미룬다. 2단계는 취업할 것인지 창업할 것인지 결정한다.

1.2 취업 과정

취업을 결정하면 업종과 직종을 선택한다(단계 3-1). 업종과 직종의 선택은 자신의 흥미, 적성, 가치관, 성격 등을 고려하여 결정한다. 잘못된 직업 선택은 흥미의 감소로 시간적, 경제적인 손해를 볼 수 있다. 따라서 업종과 직종 선택은 신중히 해야 한다.

특정한 업종과 직종 분야를 선택한 다음, 취업에 필요한 내용(경력, 학력, 전공 자격증, 정보처리 능력, 외국어 능력, 커뮤니케이션 능력, 공모전 등 포트폴리오)을 조사한다(단계 4-1). 만일 전공 외 분야의 취업을 원한다면 인터넷의 동호회 등을 활용할 수 있다. 조사 후 본인의 능력과 시간이 허용하는지 고려하여 구체적인 취업 준비를 해나간다(단계 5-1).

졸업과 동시에(졸업 학기 방학이 시작할 때부터) 구체적으로 취업할 회사를 확인한다(단계 6-1). 취업 정보를 검색한 후 취업하고자 하는 회사의 취업공고에 맞춰 이력서, 자기소개서, 포트폴리오 등을 제출하고, 면접과 신체검사를 통과하면 취업 과정이 일단락된다(단계 7-1).

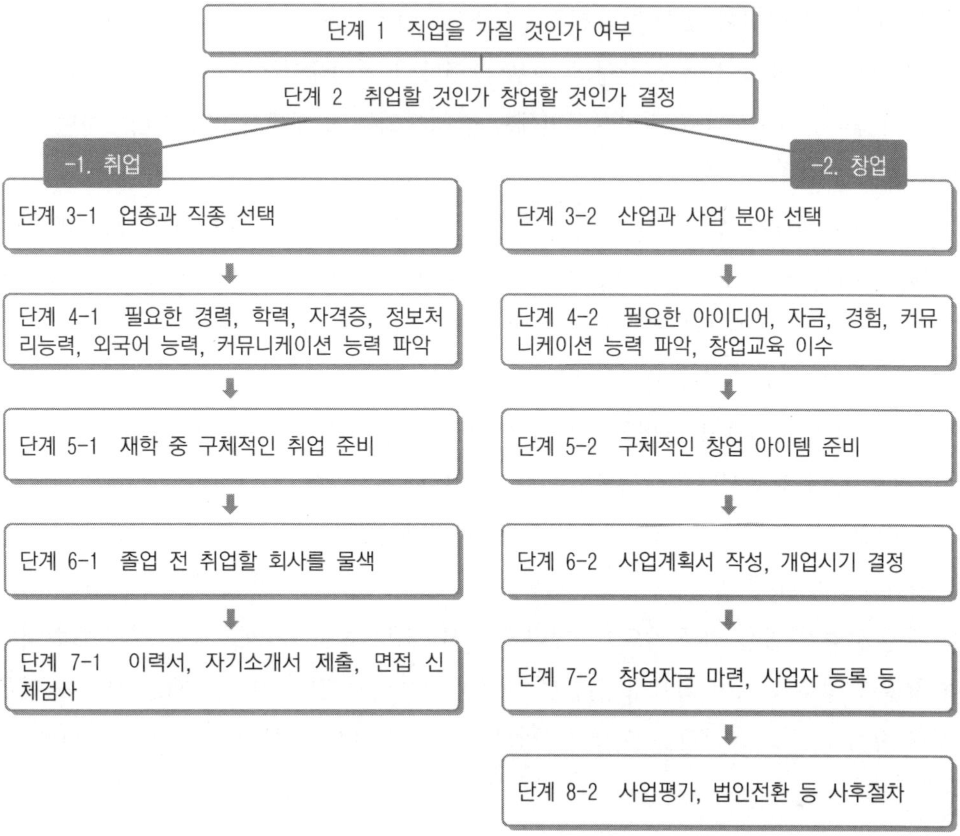

〈그림 2-1〉 직업 선택과정

1.3 창업 과정

단계 2에서 창업을 결정하였으면 어떤 산업과 사업을 선택할 것인가를 결정한다(단계 3-2). 창업할 산업과 사업을 잘못 선택하면 사업실패로 투자금 상실, 채무, 신용하락 등 경제적인 큰 손해를 볼 수 있다. 따라서 산업과 사업 선택을 신중히 해야 한다.

특정 산업에서 특정 형태의 사업을 하기로 결정했다면 – 예를 들어 도 · 소매업에서 전자상거래사업을 선택했다면 – 사업에 필요한 아이디어, 자금, 경험, 창업 교육 이수, 커뮤니케이션 능력을 알아보고 자기 능력의 한계를 보완할 수 있는 창업 동료를 찾는다(단계 4-2). 아이디어는 평소 해당 산업이나 사업에 관한 관심을 바탕으로 새로운 사업방식을 고안하는 것이 가장 효과적이다. 사업방식 고안(아이디어 창출)은 '비즈니스 모델의 탄생 – 상상과 혁신 가능성이 폭발하는 신개념 비즈니스 발상법(오스터왈더, 피그누어, 타임비즈, 2011)'과 '비즈니스 아이디어의 탄생 – 혁신적 아이디어 설계와 테스트, 팀 디자인, 마인드

셋까지 44가지 아이디어 실험법(블랜드 · 오스터, 비즈니스북스, 2020)'이 있다.

경험을 쌓기 위하여 소점포 창업의 경우에 해당 사업체에서 아르바이트를 1년 정도 해 보는 것이 좋다. 가능하다면 잘 되는 업체와 잘 안 되는 업체에서 아르바이트하면 성공과 실패의 경험을 얻을 수 있다.

창업 교육은 비대면 상거래 포털사이트에서 무료로 제공하거나 중소기업부, 지방자치단체, 대학 등에서 무료 교육프로그램을 이용할 수 있다. 커뮤니케이션 능력도 대면과 비대면 사업에 모두 필요하므로 사이버 무료강의를 통하여 쌓을 필요가 있다. 비대면 사업에 필요한 소셜미디어도 익숙해지면 좋다.

구체적인 창업 아이템을 준비한다(단계 5-2). 창업은 멘토로 교수, 창업 선배, 대학 창업 보육센터나 창업 교육센터의 도움을 받아 구체화할 수 있다.

창업 아이템이 구체화하면 사업계획서를 작성하고 창업자금 조달계획을 세우고 개업 시기를 결정한다(단계 6-2). 창업자금을 실제 마련하고 사업자 등록 등 인허가를 마친다(단계 7-2). 이때 대면 사업 창업은 점포 계약, 인테리어 공사, 초도 물품 구매를 함께 진행하며 비대면 사업 창업의 경우 사입처 확보와 컴퓨터, 통신 등 설비를 정비한다. 실제로 사업을 진행한 후 사후 작업으로 창업 과정을 포함한 사업을 평가하고 법인전환 절차를 거친다(단계 8-2).

2 취업 또는 창업의 결정

2.1 인생은 비즈니스

도박은 물론 카드게임도 하지 않는 친구들이 있는데, 그 이유는 단순하다. 위험을 회피하고 안정적으로 결과를 예측할 수 있는 게임을 좋아한다. 직업선택도 동일한 방식이 적용된다. 성공할 확률이 적지만 벤처(모험)기업을 창업하거나 취업을 한다. 전통적인 중소기업에 취업하거나 대기업으로 이직하기를 원한다.

그러나 정년이 보장된 공무원이나 안정적인 직장(교육기관, 의료기관, 공기업 등)이 아니면 평생직장이 될 확률은 거의 없다. 경쟁이 심하면 비정규직의 비중이 커지고 궁극적으로 미국처럼 모든 취업이 계약직만 가능해질 수도 있다.

통계청 경제활동 인구조사(2020년)에 의하면 졸업 후 첫 직장을 얻는데 걸리는 시간이 남자는 평균 1년, 여자는 8개월이고, 첫 직장에서 이직하는 데 걸린 시간도 평균 26개월,

두 번째 이후에도 평균 14개월밖에 근무하지 않는다. 퇴직 사유는 근로 여건 불만족(보수, 근로시간 등) 47.7%, 개인 / 가족적 이유(건강, 육아, 결혼 등) 14.3%, 임시 · 계절적인 일이나 계약기간 완료 12.4%, 전망이 없어서 8.8%, 전공 · 지식 · 기술 · 적성 등의 부적합 7%, 직장휴업 · 폐업 · 파산 등 2.9%, 기타 6.9%였다.

첫 직장을 그만두는 이유로 근로 여건 불만이나 기타 개인적이고 자발적인 이유가 계약기간 종료나 직장 휴폐업 보다 월등히 높았다. 또한, 평균적으로 10번 이상 직장을 옮기고 50대 초반이면 회사에서 퇴직하는 경우도 있다. 만일 40, 50대에 퇴직하면 이전 직장과 동일한 수준의 임금을 지급하는 직장을 얻기는 어렵다.

회사 내 사업 경험이 있는 임직원들이 퇴직 후 납품업체, 외주가공업체, 대리점, 도매점이나 프랜차이저 가맹점 등을 활용하여 도전하기도 한다. 네이버는 삼성SDS에서 분사하여 창업(Spin-off)했고, 아이마켓코리아도 삼성물산의 일부 사업부와 신규 사업을 분리하여 만든 전문회사(Spin-out)이다.

2.2 취업이나 창업의 결정

창업은 취업보다 사전에 많은 작업이 필요하다. 창업 여부는 미리 필요한 사항들을 준비할 수 있다면 가능하다<그림 2-2>.

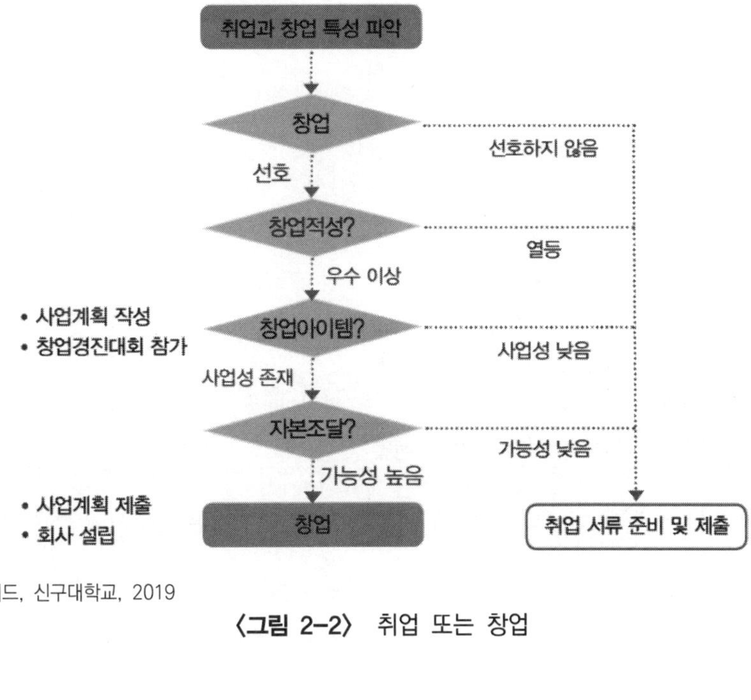

출처: 취창업가이드, 신구대학교, 2019

〈그림 2-2〉 취업 또는 창업

창업의 3요소는 창업자, 창업 아이템, 창업자금이다. 창업자는 첫 번째 창업 선호도, 두 번째 창업적성으로 확인할 수 있다.

창업적성 확인을 위해 두 가지 방법이 있다. 첫 번째는 바움백과 로이어(Baumback & Lawyer)에 의한 창업적성검사 방법이다. 창업적성검사는 다음 [표 2-1]과 같이 간단한 필기로 결정할 수 있다.

[표 2-1] 바움백과 로이어의 창업적성검사

문 항	불일치 (1)	다소 일치 ⟷	완전 일치 (3)
1. 나는 다른 사람과 경쟁하기를 좋아한다.	1	2	3
2. 나는 성공을 위하여 보상에 관계없이 격렬하게 경쟁한다.	1	2	3
3. 나는 다소 조심하여 경쟁하지만 가끔 허세를 부린다.	1	2	3
4. 나는 이득을 얻기 위해서 주저하지 않고 필요한 위험을 무릅쓴다.	1	2	3
5. 나는 업무를 잘 처리하여 확실한 성취감을 얻는다.	1	2	3
6. 나는 하기로 결성한 것이라면 무엇이든 1등이 되고 싶다.	1	2	3
7. 나는 전통에 얽매이지 않는다.	1	2	3
8. 나는 먼저 일을 시작하고 나중에 의논하는 성향이 있다.	1	2	3
9. 나는 칭찬이나 보상보다는 업무의 수행 자체를 중요시한다.	1	2	3
10. 나는 보통 타인의 의견에 구애받지 않고 내 방식대로 한다.	1	2	3
11. 나는 과오나 패배를 잘 인정하지 않는다.	1	2	3
12. 나는 자발적이며 타인의 말을 잘 듣지 않는다.	1	2	3
13. 나는 좀처럼 좌절하지 않는다.	1	2	3
14. 나는 문제가 있으면 스스로 해결책을 찾아낸다.	1	2	3
15. 나는 호기심이 강하다.	1	2	3
16. 나는 남이 방해하는 것을 참지 못한다.	1	2	3
17. 나는 타인의 명령을 듣기 싫어한다.	1	2	3
18. 나는 비판을 받고도 참을 수 있다.	1	2	3
19. 나는 일이 완성되는 것을 보겠다고 다짐한다.	1	2	3
20. 나는 동료나 부하들이 나처럼 열심히 일하기를 바란다.	1	2	3
21. 나는 사업에 관한 지식을 넓히기 위해 독서를 한다.	1	2	3

〈측정방법〉
위의 21가지 질문 중 자신의 실제행동과 일치하지 않으면 1점, 항상 일치하지는 않으나 상황에 따라 일치하면 2점, 완전히 일치하면 3점 배점
〈결과해석〉
총점을 합산하여 63점이면 완벽, 52 ~ 62점이면 우수, 42점 미만이면 다소 열등한 적성으로 판정

[김형로 · 김혜선(2013). 대한민국 창업교과서. 도서출판 정일]

워크넷(work.go.kr)은 직업진로 – 직업심리검사 – 성인에 포함된 창업적성검사를 실시한다. 이 검사는 창업가로서의 역량을 진단하고, 그 역량을 기초로 가장 적합한 업종을 알아보는 검사이다. <그림 2-3>과 같이 104개 문항에 '예, 아니오'로 답변하고 추가로 기타 문항 6개를 답한다.

〈그림 2–3〉 워크넷 창업적성검사 입력 화면

이 검사의 결과로 전반적인 역량이 창업가로서 적합한지 알 수 있을 뿐 아니라, 12가지 역량(사업지향성 / 문제해결 / 효율적 처리 / 주도성 / 자신감 / 목표설정 / 설득력 / 대인관계 / 자기개발노력 / 책임감수 / 업무완결성 / 성실성) 중에서 어떤 것이 충분하고 부족한지도 알 수 있다. 또한 창업하면 어떤 업종(1, 2, 3순위)이 적합한지 확인할 수 있다.

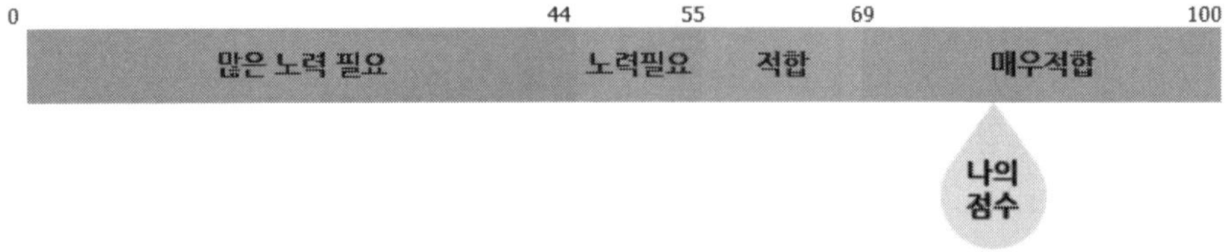

▪ **1순위 창업 적합 업종 : 정보처리 및 기타 컴퓨터 운영 관련업(72)**

컴퓨터시스템 설계 및 자문업,게임 소프트웨어 제작업,기타 소프트웨어 자문, 개발 및 공급업,자료 처리업,컴퓨터시설 관리업,데이터베이스 및 온라인 정보제공업,기타 컴퓨터 운영 관련업

귀하에게 가장 적합한 업종은 정보처리 및 기타 컴퓨터 운영 관련업(72) 입니다.
다음은 제1순위 창업적합업종으로 추천된 업종에서 요구하는 역량수준과 귀하의 점수를 비교한 그래프입니다.
부족한 역량차원이 무엇인지 확인해 보시기 바랍니다.

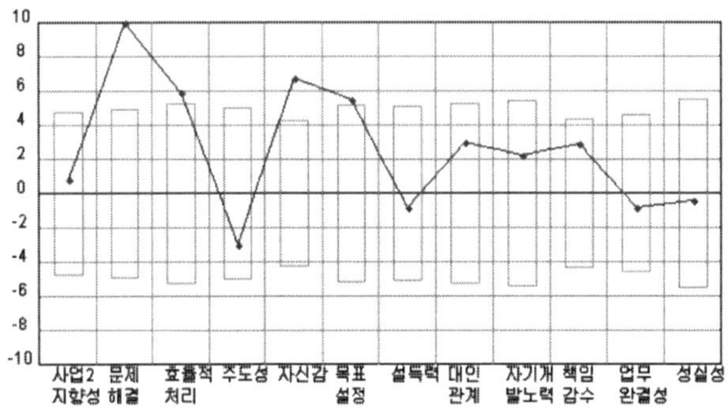

귀하는 정보처리 및 기타 컴퓨터 운영 관련업(72) 창업시 다른 업종에 비하여 성공가능성이 가장 높을 것으로 판정됩니다.

그래프 보는 방법

1. 귀하의 검사결과는 꺾은 선 그래프로 나타나 있습니다.
2. 그래프의 가운데 평균선은 추천된 업종에서 성공한 창업자들의 평균점수입니다.
3. 각 역량 차원에 표시되어 있는 막대모양은 ±1표준편차를 의미하며, 추천된 업종 창업자의 70%가 이 범위 안에 포함됨을 의미합니다.
4. 귀하의 점수가 ±1표준편차 밖에 위치한다면 매우 높거나 낮은 것으로 해석될 수 있습니다.

〈그림 2-4〉 워크넷 창업적성검사 결과 화면

창업적성이 바움백과 로이어 기준으로 우수이상이고 워크넷 기준으로 적합 이상이면, 사업계획서를 작성하고 프레젠테이션(커뮤니케이션) 능력을 배양하는 것이 좋다.

3 창업할 산업과 사업의 선택

창업할 산업은 최소 5년에서 10년 정도의 장기간을 보고 결정해야 한다. 어떤 산업이라도 10년을 넘어 초장기 활황인 경우는 없다. 그 이유는 사회와 경제의 변화, 경쟁업체의 대규모 유입, 사회구성원의 가치공유, 세대교체 등의 영향을 받기 때문이다.

3.1 주거환경의 변화

아파트 보급은 관리사무소 인력, 유지보수 인력의 증가를 가져왔다. 1인가구의 영향으로 아파트는 계속 증가하고 있다. 1인 가구가 이용하는 빨래방, 빨래를 수거해 세탁하고 배달하는 방문세탁업 등이 늘어났다. 간편식, 음식배달업체, 여행 중 반려동물 임시 보호 시설이나 반려동물 보호 · 산책 등의 사업도 증가하고 있다. 방문청소업체나 그림, 식물, 어항 렌탈업체도 필요할 것이다.

3.2 산업의 변화와 신 사업 탐색

4차 산업혁명의 진전, 공공부문의 발달, 소규모 상점 증가, 렌털 산업의 발달, 보건 산업의 발달, 마케팅 산업의 발달, 금융업의 발달, 비대면 상거래 / 택배 산업의 발달도 미래 산업의 변화와 출현할 사업에 영향을 미칠 것이다. 주의할 것은 생활방식의 변화를 잘 살펴보고 실현 가능성을 확인해야 효과적으로 창업 가능한 산업이나, 사업을 찾아낼 수 있다.

3.3 사회환경의 변화

노인인구 증가에 따른 요양병원과 요양원의 증가, 동성애의 확산, 영유아 보육산업의 변화, 코로나 사태의 생활화, 비대면 서비스업의 출현, 출산율 저하, 기후변화, 농업의 전략 산업화, 여성 경제활동의 증가, 외국인 혐오와 해외여행 기피 등 반세계화, 부동산 갭투자와 주식시장 과열 등도 최근 추세의 변화이다.

4 취업할 업종과 직업의 선택

4.1 적성과 능력, 성장산업 선택

취업할 업종과 직종의 선택은 동시에 고려할 수 있지만, 일반적으로 먼저 직종을 선택한다. 모두 전문직, 관리직으로 승격하기 위해 끊임없는 자기계발과 직업윤리가 모든 직종에 필요하다. 또한 주요 직업 기초능력과 여러 가지 전문능력이 필요하다. 이러한 능력은 본인의 적성과 깊이 관련되어 있다.

[표 2-2] 취업 직종과 주요 직업 기초능력 예

취업 분야와 공통 직업 기초능력	세부 취업 직종	주요 기초능력
사무 / 경리 분야 자기개발능력 직업윤리	총무 / 행정사무직 경리회계직 비서사무직 / 인포메이션데스크직 인사노무직 / 교육훈련직 기획사무직 법률 / 감사사무직 전산사무직 / 자료입력원	조직이해능력 수리능력 의사소통능력 자원관리능력 문제해결능력 자원관리능력 정보능력
판매 / 마케팅분야 자기개발능력 직업윤리	영업관리직 판매직 해외영업 / 무역사무직 기술영업직 광고 / 홍보직 고객응대직 / 텔레마케터	문제해결능력 대인관계능력 의사소통능력 대인관계능력 의사소통능력 의사소통능력
생산 / 운영분야 자기개발능력 직업윤리	구매 / 자재관리사무직 생산 / 품질관리사무직 기술관리사무직 서비스운영관리사무직	자원관리능력 수리능력 기술능력 대인관계능력

어느 산업 분야든지 사무직과 관리직이 있고, 고객과 접점에서 판매직이나 서비스직이 존재한다.

한국표준산업분류는 1963년 처음 제정되었고 2017년 10차 개정분류가 이루어졌다. 그 특징은 미래 성장산업, 국가 기간산업, 성장동력을 중심으로 분류를 신설하거나 세분화하

고, 저성장 · 사양산업은 통합되고 있다. 업종의 세세분류(1,196개)는 표준직업분류(1,231개)만큼 다양하다.

[표 2-3] 표준산업분류의 분류 항목 수의 증감

대분류	중분류		소분류		세분류		세세 분류	
	9차	10차	9차	10차	9차	10차	9차	10차
A 농업, 임업 및 어업	3	3	8	8	21	21	34	34
B 광업	4	4	7	7	12	10	17	11
C 제조업	24	25	83	85	180	183	461	477
D 전기, 가스, 증기 및 공기조절 공급업	2	1	4	3	6	5	9	9
E 수도, 하수 및 폐기물 처리, 원료 재생업	3	4	5	6	11	14	15	19
F 건설업	2	2	7	8	14	15	42	45
G 도매 및 소매업	3	3	20	20	58	61	164	184
H 운수 및 창고업	4	4	11	11	20	19	46	48
I 숙박 및 음식점업	2	2	4	4	8	9	24	29
J 정보통신업	6	6	11	11	25	24	42	42
K 금융 및 보험업	3	3	8	8	15	15	33	32
L 부동산업	2	1	6	2	13	4	21	11
M 전문, 과학 및 기술서비스업	4	4	13	14	19	20	50	51
N 사업시설 관리, 사업 지원 및 임대 서비스업	2	3	7	11	13	22	21	32
O 공공행정, 국방 및 사회보장 행정	1	1	5	5	8	8	25	25
P 교육서비스	1	1	7	7	16	17	29	33
Q 보건업 및 사회복지 서비스업	2	2	6	6	9	9	21	25
R 예술, 스포츠 및 여가관련 서비스업	2	2	4	4	17	17	43	43
S 협회 및 단체, 수리 및 기타 개인 서비스업	3	3	8	8	18	18	43	41
T 가구 내 고용활동, 자가소비 생산활동	2	2	3	3	3	3	3	3
U 국제 및 외국기관	1	1	1	1	1	1	2	2
21	76	77	228	232	487	495	1,145	1,196

성장산업은 도소매업, 제조업, 숙박 및 음식점업, 수도, 하수 및 폐기물 처리, 원료 재생업, 보건업 및 사회복지 서비스업, 교육서비스업, 건설업, 운수 및 창고업 등이다. 비대면 상거래, 신종 IT 제품 제조업, 폐기물 등 재생업과 보건, 교육산업 등이 증가하고 있다. 그 밖에 4차 산업혁명, 성장동력산업, 신기술산업 등이 미래의 인기 산업이다.

4.2 워크넷의 직업심리검사의 활용

워크넷(work.or.kr)은 고용노동부와 고용정보원에서 운영하며 공익 직업 포털사이트로 특히 직업심리검사를 무료로 제공하고 있다. 성인용 심리검사는 총 12가지로 이주민, 준고령자, 중장년을 위한 검사 3개를 제외하면 나머지 9개 검사가 일반적인 검사이다.

직업선호도검사 S형	25분	인터넷, 지필	안내	예시보기	검사실시
직업선호도검사 L형	60분	인터넷, 지필	안내	예시보기	검사실시
구직준비도검사	20분	인터넷, 지필	안내	예시보기	검사실시
창업적성검사	20분	인터넷, 지필	안내	예시보기	검사실시
직업가치관검사	20분	인터넷, 지필	안내	예시보기	검사실시
영업직무 기본역량검사	50분	인터넷, 지필	안내	예시보기	검사실시
IT직무 기본역량검사	95분	인터넷, 지필	안내	예시보기	검사실시
준고령자 직업선호도검사	20분	인터넷	안내	예시보기	검사실시
대학생 진로준비도검사	20분	인터넷, 지필	안내	예시보기	검사실시
이주민 취업준비도 검사	60분	인터넷	안내	예시보기	검사실시
중장년 직업역량검사	25분	인터넷	안내	예시보기	검사실시
성인용 직업적성검사	80분	인터넷, 지필	안내	예시보기	검사실시

출처: 워크넷

〈그림 2-5〉 워크넷의 성인심리검사 목록

(1) 직업선호도 검사 Short형

이 검사는 개인의 관심과 흥미 유형에 따른 적합한 직업을 탐색하는 검사인데 다음 [표 2-5]의 여섯 가지 흥미 유형별로 34문제씩 <그림 2-6>의 입력 화면처럼 모두 204개의 3점 척도 방식(좋아함 – 관심없음 – 싫어함)의 문항에 대한 답변을 이용하여 유형별 점수를 계산하여 [표 2-4]처럼 당신의 흥미에 적합한 직업을 추천하는 방식이다.

〈그림 2-6〉 워크넷 직업선호도검사(S형) 입력 화면

[표 2-4] 나에게 적합한 직업 예

나의 직업 흥미 특성과 잘 어울리는 직업
건축자재영업원(인테리어영업원 포함), 경기심판, 경찰관, 금융 및 보험관련 전문가, 기술 및 기능계 강사, 레크레이션강사, 변호사, 병원코디네이터, 보험 대리인 및 중개인, 부동산 컨설턴트(공인중개사), 상품중개인 및 경매사, 상품중개인 및 경매사, 소년보호관 및 교도관, 숙박관련 관리자, 식품영업원, 신문기자, 아나운서 및 리포터, 여행상품개발자, 연예인 및 스포츠 매니저, 영업 및 판매 관련 관리자, 음식서비스 관련 관리자, 의회의원 · 고위공무원 및 공공단체임원, 인쇄 및 광고영업원, 자동차영업원, 장학관 및 연구관, 정부 및 공공행정 전문가, 제약영업원, 증권중개인(증권딜러), 직업상담 및 경력상담원, 청원경찰 / 경호원, 총무 및 인사관리자, 환경, 청소 및 경비 관련 관리자, 회의기획자, 행사, 이벤트 및 전시기획전문가

[표 2-5] 여섯 가지 흥미 유형별 특성

구분	현실형(R)	탐구형(I)	예술형(A)
흥미특성	분명하고 질서정연하고 체계적인 것을 좋아하고 연장이나 기계를 조작하는 활동 내지 기술에 흥미가 있음	관찰적, 상징적, 체계적이며 물리적, 생물학적, 문화적 현상의 창조적인 탐구를 수반하는 활동에 흥미가 있음	예술적 창조와 표현, 변화와 다양성을 선호하고 틀에 박힌 것을 싫어하며 모호하고, 자유롭고, 상징적인 활동에 흥미가 있음
자기평가	사교적 재능보다는 손재능 및 기계적 소질이 있다고 평가	대인관계 능력보다는 학술적 재능이 있다고 평가	사무적 재능보다는 혁신적이고 지적인 재능이 있다고 평가
타인평가	겸손하고 솔직하지만 독단적이고 고집이 센 사람	지적이고 현학적이며 독립적이지만 내성적인 사람	유별나고 혼란스러워 보이며 예민하지만 창조적인 사람
선호활동	기계나 도구 등의조작	자연 및 사회현상의 탐구, 이해, 예측 및 통제	문학, 음악, 미술활동
적성	기계적 능력	학구적 능력	예술적 능력
성격	현실적이고 신중한 성격	분석적이고 지적인 성격	경험에 대해 개방적인 성격
가치	눈에 보이는 성취에 대한 물질적 보상	지식의 개발과 습득	아이디어, 정서, 감정의 창조적 표현
회피활동	타인과의 상호작용	설득 및 영업활동	틀에 박힌 일이나 규칙
대표직업	기술자, 가동기계 및 항공기 조종사, 정비사, 농부, 엔지니어, 전기·기계기사, 군인, 경찰, 소방관, 운동선수 등	언어학자, 심리학자, 시장조사분석가, 과학자, 생물학자, 화학자, 물리학자, 인류학자, 지질학자, 경영분석가 등	예술가, 작곡가, 음악가, 무대감독, 작가, 배우, 소설가, 미술가, 무용가, 디자이너, 광고, 기획자 등

구분	사회형(S)	진취형(E)	관습형(C)
흥미특성	타인의 문제를 듣고, 이해하고 ,도와주고, 치료해주고, 봉사하는 활동 에 흥미가 있음	조직의 목적과 경제적인 이익을 얻기 위해 타인을 지도, 계획, 통제, 관리하는 일과 그 결과로 얻어지는 명예, 인정, 권위에 흥미가 있음	정해진 원칙과 계획에 따라 자료를 기록, 정리, 사무적, 계산적 능력을 발휘하는 활동에 흥미가 있음
자기평가	기계적 능력보다는 대인관계적 소질이 있다고 평가	과학적 능력보다는 설득력 및 영업능력이 있다고 평가	예술적 재능보다는 비즈니즈 실무능력이 있다고 평가
타인평가	이해심 많고 사교적이고 동정적이며 이타적인 사람	열정적이고 외향적이며 모험적이지만 야심이 있는 사람	안정을 추구하고 규율적이지만 유능한 사람
선호활동	상담, 교육, 봉사활동	설득, 지시, 지도활동	규칙을 만들거나 따르는 활동
적성	대인지향적 능력	경영 및 영업능력	사무적 능력
성격	동정심과 참을성이 있는 성격	대담하고 사교적인 성격	현실적이고 성실한 성격
가치	타인의 복지와 사회적 서비스의 제공	경제적 성취와 사회적 지위	금전적 성취와 사회, 사업, 정치영역에서의 권력 획득
회피활동	기계기술적 활동	과학적, 지적, 추상적 주제	명확하지 않은 모호한 과제
대표직업	사회복지사, 교육자, 간호사, 유치원 교사, 종교지도자, 상담가, 임상치료가, 언어치료사 등	기업경영인, 정치가, 판사, 영업사원, 상품구매인, 보험회사원, 판매원, 연출가, 변호사 등	공인회계사, 경제분석가, 세무사, 경리사원, 감사원, 안전관리사, 사서, 법무사, 의무기록사, 은행사무원 등

(2) 직업선호도 검사 Long형

S형 검사에서 조사한 개인의 흥미검사 204문항뿐만 아니라 성격검사 149문항, 생활사 검사 45문항, 응답 신뢰성 확보 17문항에 대한 답변을 측정하여 적합한 직업을 안내한다. 응답의 신뢰성에서 사회적 바람직성은 자신의 성격을 사회적으로 바람직하게 보이려는 정도이다. 사회적 바람직성 점수가 기준점수보다 높은 사람은 성격검사에서 자신의 성격을 무의식적으로 왜곡했을 가능성이 있다. 부주의성은 집중해서 성실하게 응답한 정도이다. 부주의성 점수가 기준점수보다 높은 사람은 성격검사의 문항에 성실하게 답하지 않았을 가능성이 있다.

[표 2-6] S형에 추가되는 검사항목과 문항 수

성격 검사 149문항	외향성		호감성		성실성		정서적 불안정성		경험에 대한 개방성	
	26/26		32/32		35/35		31/31		25/25	
	온정성	5/5	타인 믿음	6/6	유능감	5/5	불안	7/7	상상력	4/4
	사교성	5/5	도덕성	4/4	조직화 능력	5/5	분노	5/5	문화	4/4
	리더십	5/5	타인 배려	6/6	책임감	7/7	우울	5/5	정서	6/6
	적극성	5/5	수용성	6/6	목표 지향성	6/6	자의식	5/5	경험추구	6/6
	긍정성	6/6	겸손	5/5	자기 통제력	6/6	충동성	4/4	지적 호기심	5/5
			휴머니즘	5/5	완벽성	6/6	스트레스 취약성	5/5		

생활사 검사 45문항	대인관계	독립심	야망	학업성취	가족친화	예술성	운동선호	종교성	직무만족
	5/5	5/5	5/5	5/5	5/5	5/5	5/5	5/5	5/5

응답 신뢰성 17문항	사회적 바람직성	부주의성
	13/13	4/4

입력방식은 <그림 2-7>과 같이 S형과 유사하지만 총 문항 수가 415개로 2배이다.

〈그림 2-7〉 워크넷 직업선호도검사(L형)

추가되는 세부 항목별 성격검사, 세부 항목별 생활사검사, 사회적 바람직성, 부주의성의 점수를 계산하여 제시하고 각각의 점수로 강함과 약함을 피검사인이 직접 해석해야 한다.

(3) 구직준비도 검사

실직자가 구직할 준비가 되었는가 확인하는 검사이다. 입력 문항은 <그림 2-8>과 같이 총 67개 문항별 6점 척도로 검사한다. 검사 결과는 항목별로 100분위 점수와 결과를 제시한다.

〈그림 2-8〉 구직준비도 검사 입력 화면

(4) 직업 가치관 검사

직업 가치관 이해 및 적합 직업을 검사한다. 입력 문항은 <그림 2-9>와 같이 총 78개로 문항별로 5점 척도로 검사한다. 검사 결과는 아래 항목별로 100분위 점수와 결과를 제시한다.

〈그림 2-9〉 직업 가치관 검사 입력 화면

[표 2-7] 13개 직업가치 요인

가치 요인	가치 설명	관련 직업
1. 성취	스스로 달성하기 어려운 목표를 세우고 이를 달성하여 성취감을 맛보는 것을 중시하는 가치	대학교수, 연구원, 프로운동선수, 연구가, 관리자 등
2. 봉사	자신의 이익보다는 사회의 이익을 고려하며, 어려운 사람을 돕고, 남을 위해 봉사하는 것을 중시하는 가치	판사, 소방관, 성직자, 경찰관, 사회복지사 등
3. 개별활동	여러 사람과 어울려 일하기 보다 자신만의 시간과 공간을 가지고 혼자 일하는 것을 중시하는 가치	디자이너, 화가, 운전사, 교수, 연주가 등
4. 직업안정	해고나 조기퇴직의 걱정 없이 오랫동안 안정적으로 일하며 안정적인 수입을 중시하는 가치	연주가, 미용사, 교사, 약사, 변호사, 기술자 등
5. 변화지향	일이 반복적이거나 정형화 되어 있지 않으며 다양하고 새로운 것을 경험할 수 있는지를 중시하는 가치	연구원, 컨설턴트, 소프트웨어 개발자, 광고 및 홍보전문가, 메이크업아티스트 등
6. 몸과 마음의 여유	건강을 유지할 수 있으며 스트레스를 적게 받고 마음과 몸의 여유를 가질 수 있는 업무나 직업을 중시하는 가치	레크리에이션 진행자, 교사, 대학교수, 화가, 조경기술자 등

가치 요인	가치 설명	관련 직업
7. 영향력 발휘	타인에게 영향력을 행사하고 일을 자신의 뜻대로 진행할 수 있는지를 중시하는 가치	감독 또는 코치, 관리자, 성직자, 변호사 등
8. 지식추구	일에서 새로운 지식과 기술을 얻을 수 있고 새로운 지식을 발견할 수 있는지를 중시하는 가치	판사, 연구원, 경영컨설턴트, 소프트웨어개발자, 디자이너 등
9. 애국	국가의 장래나 발전을 위하여 기여하는 것을 중시하는 가치	군인, 경찰관, 검사, 소방관, 사회단체활동가 등
10. 자율	다른 사람들에게 지시나 통제를 받지 않고 자율적으로 업무를 해나가는 것을 중시하는 가치	연구원, 자동차영업원, 레크리에이션 진행자, 광고전문가, 예술가 등
11. 금전적 보상	생활하는데 경제적인 어려움이 없고 돈을 많이 벌 수 있는지를 중시하는 가치	프로운동선수, 증권 및 투자중개인, 공인회계사, 금융자산운용가, 기업고위임원 등
12. 인정	자신의 일이 다른 사람들로부터 인정받고 존경 받을 수 있는지를 중시하는 가치	항공기조종사, 판사, 교수, 운동선수, 연주가 등
13. 실내활동	주로 사무실에서 일할 수 있으며 신체활동을 적게 요구하는 업무나 직업을 중시하는 가치	번역사, 관리자, 상담원, 연구원, 법무사 등

이 가치 요인을 고려하여 피검자별로 최선 추천기업 1개를 포함하여 각각 10개 내외의 추천직업을 제시하고, 이 중 최선 추천기업과 피검자가 원하는 희망 직업에 대해 직업의 가치점수와 피검자의 가치점수를 비교 형식으로 제시한다.

(5) 대학생 진로 준비도 검사

대학생 또는 대졸 청년 구직자가 진로 및 취업 선택 지원에 필요한 진로 발달 수준 및 취업 준비 행동 수준을 측정한다. 입력 문항은 <그림 2-10>과 같이 총 88개, 문항별 6점 척도로 검사한다. 검사 결과는 항목별로 100분위 점수와 결과를 제시한다.

〈그림 2-10〉 대학생 직업 준비도 검사 입력 화면

검사 결과는 [표 2-8]과 같은 진로 발달 수준 항목별로 백분율 점수와 높은 H(61점 이상)와 낮은 L(40점 이하)을 제시하고 하위 구성요소 별로 설명한다.

[표 2-8] 진로 발달 수준

진로 성숙도	계획성	자신의 진로방향과 직업결정을 위한 사전준비와 계획
	독립성	자신의 진로에 대한 탐색, 준비, 선택을 스스로 하고 있는 지의 정도
	자기지식(자기이해)	자신의 능력, 흥미, 성격, 가치관 등의 개인특성에 대해 이해하고 있는 정도
진로탐색 행동	진로활동경험	자신의 특성 및 직업정보의 탐색을 위한 다양한 활동경험의 정도
	자기이해 노력	자신의 적성, 흥미, 성격 등의 자기이해를 위한 다양한 활동경험의 정도
	진로수업 경험	자신에게 보다 적합한 진로분야를 알아보기 위한 관련수업의 수강경험의 정도
	사회적 지지자 지원	진로탐색 시 주변의 지지 지원의 정도
진로의사결정		자신과 직업에 대한 정보를 바탕으로 한 진로의사결정의 수준

취업 준비 행동 수준의 검사 결과는 [표 2-9]와 같은 진로 발달 수준 항목별로 백분율 점수와 높은 H(61점 이상)와 낮은 L(40점 이하)을 제시하고 하위 구성요소 별로 설명한다.

[표 2-9] 취업 준비 행동 수준

적극적 직업탐색	직업탐색 및 선택을 위한 보다 직접적이고 확실한 준비행동(이력서보내기, 인터뷰)의 수준
예비적 직업탐색	직업과 관련된 정보를 모으고 직업탐색의 단계를 계획하는 과정 중에서 잠정적 가능성(전공지식, 공통직무능력)을 준비하는 행동 정도
공식적 직업탐색	공식적인 정보소스(신문, 잡지, TV, 인터넷, 각종 설명회나 박람회 등)를 통한 취업준비 행동의 정도
비공식적 직업탐색	비공식적인 정보소스(친구, 가족, 선후배 등)을 통한 취업준비행동의 정보
취업준비노력	취업준비와 탐색의 과정에 적용된 상대적인 노력의 정도
취업준비강도	취업준비를 위해 사용된 시간과 노력의 상대적인 강도

(6) 성인용 직업적성검사

직업 선택 시 중요한 능력과 적성을 토대로 적합한 직업을 선택할 수 있도록 도와주기 위한 검사로 직무적성검사와 유사하다. 구체적인 측정 대상 적성요인과 문항 수는 [표 2-10]과 같다.

[표 2-10] 성인용 직업적성 검사

적성요인(문항수)	하위검사	적성요인(문항수)	하위검사
언어력(43)	어휘력 검사	사물지각력(30)	사물지각력 검사
	문장독해력 검사	상황판단력(45)	상황판단력 검사
수리력(26)	계산능력 검사	기계능력(15)	기계능력 검사
	자료해석력 검사	집중력(45)	집중력 검사
추리력(27)	수열추리력1,2 검사	색채지각력(20)	색혼합 검사
	도형추리력 검사		색구분 검사
공간지각력(25)	조각맞추기 검사	문제해결능력(13)	문제해결능력 검사
	그림맞추기 검사	사고유창력(2)	사고유창력 검사

검사 결과는 [표 2-11]과 같이 추천직업 순위와 11가지 중요 적성요인별 변환점수 등을 공개하고 추천직업과 피검자의 희망 직업별로 11가지 중요 항목에 대한 비교 그래프를 제시한다.

[표 2-11] 성인용 직업적성검사 결과 추천직업과 필요한 중요 적성요인

추천 순위	직 업	세부 직업	중요적성 요인
1	법률 전문가	판사 및 검사, 변호사, 법무사 및 집행관, 변리사	언어력 / 추리력 / 수리력
2	약사 및 한약사	약사 및 한약사	수리력 / 추리력 / 언어력 / 문제해결능력
3	의사	전문의사, 일반의사, 한의사, 치과의사, 수의사	수리력 / 언어력 / 추리력 / 상황판단력
4	회계 · 세무 · 감정평가 전문가	회계사, 세무사, 관세사, 감정평가사, 감정사(예술품 · 보석 · 식품)	수리력 / 추리력 / 언어력
5	중등교사	중등교사	언어력 / 문제해결능력 / 수리력

4.3 MBTI 검사를 활용한 직업의 선택

MBTI검사는 Carl Jung의 이론을 근간으로 만들어진 성격검사 도구이다. 모든 인간에게 공통으로 존재하는 8가지 기본적인 정신적 활동을 활용한다. 세상 사람들과 교제하는 방식, 힘과 에너지의 발휘 방향에 따라 E(외향) - I(내향), 자연적으로 습득하는 정보의 종류에 따라 S(감각) - N(직관), 의사결정 방법에 따라 T(사고) - F(감정), 조직화한 방법으로 살기 원하는 J(판단) - 자율적인 방식으로 살기 원하는 P(인식)의 4가지 척도를 측정하는 검사를 시행하여 각 쌍별 개인이 선호하는 4개의 지표를 알파벳으로 제시한다.

중고등학교 시절이나 대학에서 MBTI 검사를 하였다면 자기의 유형을 알 것이다.

[표 2-12] MBTI 성격에 따른 추천직업 예

구 분	추천 직업
ENFJ(외향 - 직관 - 감정 - 판단형)	광고 기획자, 홍보 전문가, 마케팅관리자, 직업상담원, 비영리단체 관리자, 인력개발 전문가, 공인노무사, 판매원 교육가, 직업소개업자, 여행사 사무원, 중소기업 임원, 영업관리자, 경영컨설턴트, 호텔 및 레스토랑 매니저, 기업 교육 전문가, 재취업 컨설턴트(헤드헌터)
INFJ(내향 - 직관 - 감정 - 판단형)	직업상담원, 의료기관행정가, 인사관리자, 마케팅사무원, 직무분석가, 공인노무사, 고객관리책임자, 상품기획자
ENFP(외향 - 직관 - 감정 - 인식형)	광고 기획자, 홍보 전문가, 마케팅컨설턴트, 광고회사 크리에이티브 책임자, 전략기획자, 직업상담원, 경영컨설턴트, 영업사원, 인사관리자, 인력개발 전문가, 고용개발 전문가, 상품기획자, 레스토랑 주인, 기업 교육전문가, 광고기획자, 홍보전문가, 마케팅 관리자
INFP(내향 - 직관 - 감정 - 인식형)	고용개발 전문가, 인력개발 전문가, 재취업 컨설턴트(헤드헌터), 노무관리자
ENTJ(외향 - 직관 - 사고 - 판단형)	경영자, 임원, 총무부장, 인사담당이사, 판매부장, 마케팅 부장, 신규사업개발자, 물류관리 컨설턴트, 경영 컨설턴트, 마케팅관리자, 무역영업 및 국제마케팅담장자, 프랜차이즈 경영자, 약품영업, 보건의료 행정가, 투자상담가, 기업분석자, 신용조사원, 주식중개인, 증권인수업자, 기업 재정담당변호사, 외환딜러, 창업컨설턴트, 인력개발자, 고용개발자, 노무전문가, 팀워크교육전문가
INTJ(내향 - 직관 - 사고 - 판단형)	경영 컨설턴트, 외환딜러, 투자상담가, 증권인수업자, 전략기획자, 투자 및 경영 분석가, 경영자
ENTP(외향 - 직관 - 사고 - 인식형)	전략 기획자, 인사시스템 개발자, 부동산 중개사, 물류관리 컨설턴트, 재정상담가, 투자은행가, 광고 기획자, 홍보 전문가, 마케팅조사원, 기획사무원, 스포츠마케팅, 국제마케팅, 신규사업개발자, 인터넷마케팅 담담, 창업가, 경영컨설턴트, 벤처기업인, 레스토랑 / 바 지배인, 재취업 컨설턴트
INTP(내향 - 직관 - 사고 - 인식형)	전략 기획자, 신규사업개발자, 경영컨설턴트, 재정상담가, 투자은행가
ESTJ(외향 - 감각 - 사고 - 판단형)	보험 모집인, 영업사원, 스포츠 상품 및 장비 판매원, 약품 판매원, 공인회계사, 은행원, 프로젝트 관리자, 총무부장, 공장 감독, 구매담장자, 신용분석가, 예산분석가, 의료행정, 공보담당, 경영컨설턴트, 물류관리자, 대출담당자, 신용분석가, 상담원, 주식중개인, 기업재정담당변호사
ISTJ(내향 - 감각 - 사고 - 판단형)	회계감사, 총무부장, 공인회계사, 관리자, 능률전문가, 분석가, 보험모집인, 물류관리사 및 공급망 관리자, 공보담당, 부동산중개인, 스포츠 상품 및 장비 판매원, 은행감독관, 조세감독관, 주식중개인, 부동산개발업자, 신용분석가, 예산분석가, 약품영업, 보건의료행정가

구 분	추천 직업
ESFJ(외향 – 감각 – 감정 – 판단형)	공인노무사, 홍보책임자, 판매원, 텔레마케터, 총무부장, 소매점 주인, 경영컨설턴트, 보험대리점 운영, 신용상담원, 상품기획자, 고객서비스대행업, 기금조달자, 여행상품판매자, 부동산중개사, 마케팅책임자, 가정용 보건의료상품판매원, 스포츠 상품 및 장비 판매원, 비서 / 접수계, 사무기기조작원, 타이피스트
ISFJ(내향 – 감각 – 감정 – 판단형)	보건의료행정원, 비서, 고객서비스대행업, 인사행정가, 신용상담원, 가정용 보건의료상품판매원, 소매점 주인, 호텔 운영자, 고객판매관리자, 상품기획자, 부동산중개사
ESTP(외향 – 감각 – 사고 – 인식형)	부동산중개사, 스포츠 상품 및 장비 판매원, 보험사기조사원, 개인투자상담가, 감사, 주식중개인, 은행원, 투자가, 보험모집인, 예산분석가, 여행사 직원, 경매인, 연예기획자, 물류관리사, 창업자, 부동산개발자, 도소매상, 경영컨설턴트, 프랜차이즈사업경영자
ISTP(내향 – 감각 – 사고 – 인식형)	스포츠 상품 및 장비 판매원, 물류관리사, 증권분석가, 구매대행자, 총무부장, 은행원, 경영컨설턴트, 자동차 세일즈
ESFP(외향 – 감각 – 감정 – 인식형)	여행사 직원, 이벤트 코디네이터, 소매업자, 머천다이저, 홍보전문가, 기금조달자, 노무사, 접수계원, 상품기획자, 기업교육전문가, 여행상품판매원, 부동산중개사, 스포츠 상품 및 장비 판매원, 마케팅전문가, 비서
ISFP(내향 – 감각 – 감정 – 인식형)	여행상품판매원, 소매점 점원, 상품기획자, 스포츠 상품 및 장비 판매원, 가정용 보건의료상품판매원, 타이피스트

출처: 폴 타커, 바바라 배런-티거, 나에게 꼭 맞는 직업을 찾는 책, 황금가지, 2002.

5 취업 준비

5.1 취업 회사의 탐색

취업의뢰는 대학의 취업 지원센터로 전달하기 때문에 학과와 대학의 취업 공지를 1주일에 1회 이상 확인한다. 또한 취업 전문 기업이나 포털에 등록하여 무료로 취업 추천을 받거나 취업 정보를 검색할 수 있다. 취업 전문 SNS인 링크트인(LinkedIn)은 이메일로 취업처를 연결해 준다.

www.worknet.go.kr (워크넷, 고용노동부 운영)
www.incruit.com (인크루트)
www.findjob.co.kr (파인드잡)
www.atjob.co.kr (앳잡)
www.jobkorea.co.kr (잡코리아)
www.saramin.co.kr (사람인)

5.2 취업준비

취업자격은 경력, 학력, 자격증, 정보처리 능력, 커뮤니케이션 능력, 외국어 능력, 관련 업무능력 등이 있다.

(1) 경력

기업은 생산성(효율성)을 높이기 위해서 유능한 인재를 선호한다. 현장경험은 체험형 현장실습, 졸업 학기 고용형 인턴십, 취업 업종/직무 분야 아르바이트, 취업 분야와 전공 관련 창업/세미나/공모전 등으로 얻을 수 있다.

(2) 학력과 자격증

학위증서는 취업 자격요건을 의미한다. 회사마다 선발기준이 다르지만 학점은 '성실성'의 평가도구로 활용된다. 전공 관련 자격증은 경력 부족을 보충하거나 신입 채용 시 차별화를 위해 필요하다.

(3) 외국어와 의사소통 능력

외국어 능력은 해외 영업 분야에서 활용도가 크기 때문에 외국어 능력을 중시하는 기업에서 유리하다. 채용 시 어학 점수, 어학연수, 해외 유학, 해외 경험 등은 취업에 유리한 요소이다. 의사소통 능력은 평소 독서와 일기 쓰기 등으로 향상시키면서 폭넓은 친구 관계, 동호회 활동 등을 통해 축적한다.

5.3 이력서 작성

학력은 연도순으로, 경력은 최근순으로 작성한다. 경력직은 최근 경력부터 먼저 적는 게 좋다. 경력 중에 6개월 미만의 직장경력은 조직 부적응 또는 책임감 결여로 보여지거나 실무능력 부족으로 의심될 수 있다. 또 경력 사항이 복잡하면 채용 검토대상에서 제외될 수 있다.

중간에 개인사업을 했거나 다른 부문에서 일했던 내용은 경력의 단절을 의미한다. 이력서에 그 내용이 완전히 빠지면 공백 기간이 생기므로 경력 사항란 밖에 별도 기재하는 게 좋다. 창업경력은 신입직 취업이나 경력직 채용에 유리하게 작용한다.

이력서 사진은 최대한 세련되고 지적으로 보이도록 이미지를 연출하는 게 좋다. 기업문화나 직무에 따라 차이가 있지만 하지만 남녀 구분 없이 정장을 입고 증명사진을 찍는 게 일반적이다.

채용담당자가 면접대상자를 선별할 때 이력서 사진을 많이 고려한다. 비용과 시간을 투자해서 면접용 사진을 준비하면 성공적인 이직에 도움이 된다.

5.4 자기소개서 작성

자기소개서 항목은 '성장배경', '성격의 장단점', '지원동기', '입사 후 포부' 등을 기술한다. 지원자가 자라온 환경, 학창 시절, 특별한 경험, 성향을 파악한다.

(1) 성장배경

작성방법으로 가족, 학교, 동아리 활동, 친구 관계 등 간단하게 적는다. 내용의 핵심은 단체생활에 잘 적응할 수 있는지 판단하는데 도움이 된다. STAR(상황 - 과업 - 행동 - 결과) 기법을 활용하여 정리한다.

(2) 성격의 장단점

성격의 표현은 글머리 표를 활용하고 장점을 적당하게 작성한다. 단점은 장점으로 승화시킬 수 있거나 보완할 수 있는 것을 적는다.

(3) 지원동기

STAR 기법은 채용기업에 관한 관심과 지식을 보여줄 수 있도록 작성한다. 사전에 업체와 산업을 조사했는지 보여줄 수 있는 항목을 포함한다.

(4) 입사 후 포부

회사 발전에 도움이 될 수 있는 분야에서 리더가 될 수 있는지 정리한다. 퇴사나 이직이 전제된 포부를 작성하지 말아야 한다.

[표 2-13] STAR 기법 활용 예(관계지향형, 과제해결형)

관계지향형

상황(S): 제가 군 제대 후 복학하면서 공석이었던 학과대표를 자원해 2년간 봉사했습니다.

과업(T): 저와 함께 복학한 입학 동기와 3살 많은 후배 형이 '대학은 학번이 우선이다. 사회에서는 나이가 중요하다'하며 말다툼을 했습니다. 다툼이 며칠 계속되면서 서로 감정이 많이 상했고 학과 분위기도 험해졌습니다. 반대표로서 제가 화해를 위해 나섰습니다.

행동(A): 우선 대화가 잘 통하는 동기에게 그가 군대에서 나이 많은 후임병으로 겪었던 고생을 떠올리게 하며 우회적으로 설득했고 함께 후배 형에게 가서 먼저 사과하도록 주선했습니다.

결과(R): 그러자 후배 형도 부끄러워하면서 고맙게도 사과했고 우리 셋은 더욱 친해졌습니다. 그 후 학과 일에 우리 셋이 항상 앞장서 봉사했고 저희 동기들은 포기한 경우 없이 모두 학업을 마쳤습니다. 귀사에서 영업 또는 노무관리업무를 진행할 때 참여해 제 경험을 살려 능력을 발휘할 기회를 주시기 바랍니다.

과제해결형

상황(S): 저는 2학년 졸업 학기에 플랫폼마케팅캡스턴디자인 수업을 수강했습니다. 기말 과제로 우리 대학 인근에 있는 모란 전통시장 상인들을 위해 전자상거래사이트 모형을 디자인했습니다.

과업(T): 저와 포함한 조원 3명은 모두 실제 웹사이트 제작 경험이 없어서 교수님과 외부 강사분의 수업을 듣고 나서도 개발에 착수할 자신이 없었습니다. 프로젝트 진행은 지지부진했고 무언가 타개책이 필요했습니다.

행동(A): 먼저 상인을 만났습니다. 그에게 전자상거래로 팔기를 원하며 취급에 적합한 대표상품 3가지에 대한 설명 및 취급 때 주의점을 들었습니다. 다음으로 전자상거래 포털사이트에서 운영자 교육을 조원 모두 수강 했습니다. 그러나 프로젝트 제출 일정이 촉박해서 다른 아이디어가 필요했습니다. 상인을 설득해서 그분들이 스마트폰으로 직접 상품 이미지를 촬영해서 갤러리에서 편집하고 상품설명과 함께 카톡으로 전달받았습니다. 상품 카탈로그가 훌륭했습니다. 덕분에 학기 말까지 시간에 맞춰 상거래 사이트 원형을 제작할 수 있었습니다.

결과(R): 최종 프로젝트 발표 때 우수하다는 평가를 받았고 이 경험을 잘 살려 전자상거래사업에 적극 관심을 두게 되었습니다. 귀사에서 전자상거래 수업을 진행할 때 참여해 제 경험을 활용해 능력을 발휘할 기회가 있었으면 하는 바람입니다.

연습문제

1. 워크넷 직업심리검사(직업 선호도 검사 S형, 대학생 진로 준비도 검사, 창업적성 검사)를 실시해 보자.

2. MBTI 검사에서 나온 성격유형을 찾아 각각의 성격유형에 알맞은 직업을 확인해 보자.

3. 취업준비를 위한 이력서와 자기소개서를 작성해 보자.

[보충자료 2-1]

입사지원서(이력서)

지원부문(   )

<table>
<tr><td colspan="3" rowspan="5">사진</td><td rowspan="3">인
적
사
항</td><td>한 글</td><td colspan="3"></td><td>생년월일</td><td colspan="2">년 월 일</td></tr>
<tr><td>한 자</td><td colspan="3"></td><td>영 문</td><td colspan="2"></td></tr>
<tr><td>성 별</td><td colspan="3">남(男) 여(女)</td><td>나 이</td><td colspan="2">만 세</td></tr>
<tr><td>현 주 소</td><td colspan="7">(우: -)</td></tr>
<tr><td>전화번호</td><td colspan="7">(핸드폰)</td></tr>
<tr><td rowspan="2">신체사항</td><td>신 장</td><td>체 중</td><td>혈액형</td><td>시 력</td><td>주거사항</td><td colspan="2">자택, 전세,
자취, 기타( )</td><td>결 혼
여 부</td><td colspan="2"></td></tr>
<tr><td>cm</td><td>kg</td><td>형</td><td>좌( )
우( )</td><td>가족관계</td><td colspan="2">( )남( )녀 중 ( )째</td><td>종 교</td><td colspan="2"></td></tr>
<tr><td>자격사항
-컴퓨터
-외국어
-기 타</td><td colspan="10"></td></tr>
<tr><td rowspan="4">학
력
사
항</td><td>입학년월</td><td>졸업년월</td><td colspan="8">출신학교 및 전 공</td></tr>
<tr><td></td><td></td><td colspan="8">고등학교 (졸업, 중퇴, 예정, 휴학)</td></tr>
<tr><td></td><td></td><td colspan="8">대학(교) 학과 (졸업, 중퇴, 예정, 휴학)</td></tr>
<tr><td></td><td></td><td colspan="8">대학교 대학원 학과 (졸업, 중퇴, 예정, 휴학)</td></tr>
<tr><td rowspan="2">병
역</td><td>군 별</td><td>계 급</td><td>병 과</td><td>복무기간</td><td>전역사유</td><td rowspan="2">면
제</td><td colspan="4">면제사유</td></tr>
<tr><td></td><td></td><td></td><td>년 월부터
~ 년 월까지
(년 개월)</td><td>만기제대 ( )
의가사제 ( )
기 타 ( )</td><td colspan="4"></td></tr>
<tr><td rowspan="4">경
력
사
항</td><td colspan="2">근무 기간</td><td>직장명 및 부서명</td><td>담당업무</td><td>퇴사시급여</td><td colspan="5">퇴사 사유</td></tr>
<tr><td></td><td></td><td></td><td></td><td></td><td colspan="5"></td></tr>
<tr><td></td><td></td><td></td><td></td><td></td><td colspan="5"></td></tr>
<tr><td></td><td></td><td></td><td></td><td></td><td colspan="5"></td></tr>
<tr><td rowspan="5">가
족
사
항</td><td colspan="2">성 명</td><td>관 계</td><td>나 이</td><td>직 업</td><td colspan="5">주 소</td></tr>
<tr><td colspan="2"></td><td></td><td></td><td></td><td colspan="5"></td></tr>
<tr><td colspan="2"></td><td></td><td></td><td></td><td colspan="5"></td></tr>
<tr><td colspan="2"></td><td></td><td></td><td></td><td colspan="5"></td></tr>
<tr><td colspan="2"></td><td></td><td></td><td></td><td colspan="5"></td></tr>
<tr><td rowspan="3">봉
사</td><td>봉사기관</td><td>봉사지역</td><td colspan="3">봉사내용</td><td colspan="5">봉사기간</td></tr>
<tr><td></td><td></td><td colspan="3"></td><td colspan="5">~ (개월 일)</td></tr>
<tr><td></td><td></td><td colspan="3"></td><td colspan="5">~ (개월 일)</td></tr>
<tr><td rowspan="3">해
외</td><td>대상국가</td><td>연수기관</td><td colspan="3">연수내용</td><td colspan="5">연수기간</td></tr>
<tr><td></td><td></td><td colspan="3"></td><td colspan="5">~ (개월 일)</td></tr>
<tr><td></td><td></td><td colspan="3"></td><td colspan="5">~ (개월 일)</td></tr>
</table>

[보충자료 2-2]

자 기 소 개 서

지원부문(   )

성장과정	중학교 시절 잠시 친구를 잘못 만나서 방황하던 시절도 있었지만, 그 친구가 자퇴한 후 다시 공부에 매진하여 중학교 졸업식 때에는 전교에서 몇 명 받기 힘든 노력상을 수상하였습니다. 비록 우등상은 아니었지만, 그 당시 노력으로 인한 상을 받음으로써 뭐든지 할 수 있다는 자신감이 마음속 깊은 곳에 생겼고, 지금도 그때의 성취감은 잊히지 않습니다. 그 후 원만한 고등학교 생활을 보낸 후 대학교 때에는 남몰래 학점과 체력을 단련하며 ROTC에 합격하게 되었습니다. 그 후 학교생활이 매우 힘들었지만, '젊어서 고생은 사서도 한다.'라는 말을 되뇌고 버티며 생활을 하였습니다. 대학교 4학년 때에는 과 내 단합 증진을 위하여 과 대표로 추대되었고, 서로 단합되지 않던 여러 부류의 그룹을 효과적으로 소통시킴으로써 모두가 만족하는 대표직을 수행하였습니다. 초, 중, 고등학교 생활기록표 상에 저는 한결같이 "정직하고 성실하며 용모 단정하고 교우관계가 원만하며 말을 조리 있게 잘하고 리더로서 자질이 있다"라고 기술되어 있습니다. 저 자신도 몰랐지만, 저의 품성은 한결같았으며 저는 그것이 저의 성격이라고 확실히 단정 지을 수 있습니다. 저를 관찰하신 선생님들께서는 12년간 저를 한결같이 표현해 주셨고 저는 이처럼 한결같은 사람임을 강조하고 싶습니다.
성격 및 장단점	대인관계가 원만하며, 정직하고 성실하게 생활하고 있습니다. 만나는 그룹에서 대부분 주목을 받았습니다. 꼼꼼하고 맡은바 업무에 책임감이 강합니다. 가끔 꼼꼼한 업무 성향 때문에 자신을 괴롭히는 경향이 있습니다.
지원동기	제가 이렇게 △△△△ Korea Sales & Marketing 포지션에 지원하게 된 동기는 새로운 환경에서의 도전과 더불어 제가 맡은 포지션에서 회사의 매출 증대를 위한 기획과 분석을 하고, 제가 여태껏 배우고 느꼈던 이전 회사의 좋은 시스템 등을 제안하고 싶기 때문입니다.
입사 후 포부	회사가 존재하는 가장 큰 목적은 이윤 창출이라고 믿습니다. 그것을 위해서는 이윤 창출이 나오는 현장을 잘 알아야 하고 그곳의 생리를 잘 아는 담당자가 필요하다고 믿습니다. 위에서 보신 바와 같이 저는 ○○○○ 시장에 대한 전문지식이 높으며 이러한 경험들은 △△△△ Korea에 큰 도움을 될 것이라고 확신합니다. 그 과정에서 각 기능부서의 의견을 취합하여 제가 현장에서 경험하였던 업무들을 바탕으로 최선의 방향을 제시함으로써 현장에서의 혼선을 줄이고 소비자들이 좀 더 관심을 가지고 가까이 접근할 수 있게 만듦과 동시에 시장에서의 절대적인 위치를 점할 수 있도록 선두기업의 위치를 구현하고 싶습니다. 현실에 안주한다면 익숙함에 의해서 편안함이란 선물을 얻을 수 있겠지만, 새로운 도전에 의한 발견의 즐거움은 받을 수가 없다는 것을 알고 있습니다. 지금 도전하지 않으면 다음은 없다는 생각으로 이렇게 새로운 포지션에 대해 지원을 합니다.

위 기재 사항은 사실과 틀림없음을 확인합니다.

202 . . .   지원자 :   (서명)

[보충자료 2-1, 2]의 자료출처 : KS컨설팅(헤드헌터)

Job Selection and Personal Finance

CHAPTER 3

고용형태 선택과 근로 계약

학습목표

1. 비정규직 근로의 형태를 파악한다.
2. 대학 재학 중 아르바이트의 수입과 비용을 확인한다.
3. 시용기간, 수습 기간, 채용내정을 각각 구별한다.
4. 직접 근로계약서를 작성해 본다.

❖ Cinenomics 카트(Cart 2014)

2014년 개봉된 상업영화 카트는 한국 영화에서 처음으로 비정규직 노동자 문제를 다뤘다. 대한민국 대형 할인점인 '더 마트'에서 마트의 매출과 고객 만족을 실천하기 위해 온갖 고객의 갑질과 불평, 관리자의 잔소리에도 꿋꿋하게 웃는 얼굴로 '더 마트'의 직원들은 일한다. 그러던 어느 날 정부와 국회에서 계약직 관련 법안을 통과시키자 계약직 계산원과 청소원 42명 모두 회사에서 일방적인 해고 통지를 문자로 받는다.

가난하지만 성실하게 근무한 덕분에 3개월 후 정규직 전환을 눈앞에 둔 선희, 어린이집에서 아이를 시간에 맞춰 데려오기 위해 야근할 수 없는 딱 부러진 싱글맘인 혜미, 수학 여행비를 내기 위해 아들이 편의점에서 아르바이트를 해야 할 정도로 빈곤한 청소원인 순례, 순박한 아줌마인 옥순, 88만 원 세대인 미진은 하루아침에 직장을 잃을 위험에 처한다. 노조를 모르고 살았던 그녀들은 혜미의 주도로 용기를 내어 노조를 결성했다. 노조원 대표로 나선 선희와 순례, 혜미는 회사로부터 대화를 거절당한다. 회사는 전혀 대응하지 않고, 노조가 파업하자 아르바이트생을 고용하여 노조 와해 공작도 서슴지 않았다.

1. 여성 노동자가 남성 노동자와 비교해 비정규직 비율이 높다고 한다. 2020년 8월 전체 비정규직 노동자의 55.1%가 여성이었다. 여성 45%, 남성 29.4%가 비정규직이다. 여성이 비정규직 비율이 높은 이유는 무엇인가?
2. 마트 노동자들은 감정노동자들이다. 비정규직의 노동조합 결성과 그들의 단체행동이 정당하다면 회사가 파업을 무시하는 이유는 무엇인가?

1 고용의 형태

노동자는 근로에 따른 법적 지위를 가질 수 있다. 법적 지위는 근무 기간과 급여 수준을 결정할 수 있다. 고용 형태는 정규직, 무기 계약직, 기간제 계약직, 임시직, 일용직이다. 정규직을 제외한 나머지 형태는 모두 비정규직이다. 무기 계약직은 정규직보다 승진 기회, 급여 수준에서 차별을 받지만 근무 기간 측면에서 정규직으로 보기도 한다.

1.1 정규직

근로계약은 기본적으로 매년 체결한다. 즉, 법률적으로 모든 직원은 계약직이다. 그러나 정규직은 별다른 사정이 없는 한 고용관계가 매년 자동으로 갱신된다.

[표 3-1] 정규직과 비정규직의 구분

정규직	비정규직(2020년 8월, 742.6만 명, 임금근로자의 36.3%).
• 무기한 상용직 근로자	• 계약직 근로자 – 한시적 기간제(상용직)(1년 ~ 2년 미만) • 임시직 근로자 – 한시적 비기간제(임시직)(1개월 ~ 1년 미만)
	• 단시간근로자 – 주당 소정근로시간이 40시간 미만이며 이주 주당 15시간, 월당 60시간 미만이면 초단시간 근로자[3]임
	• 파견직 근로자 – 고용주와 사용자가 불일치 • 용역직 근로자 – 고용주와 사용자가 일치, 타 작업장에서 근무(예: 청소용역, 경비용역) • 특수형태직 – 근로 방법, 근로시간 등은 근로자가 독자적으로 결정하면서, 개인적으로 모집 · 판매 · 배달 · 운송 등의 업무를 통해 고객을 찾거나 맞이하여 상품이나 서비스를 제공하고 그 일을 한 만큼 소득을 얻는 자 • 가정 내 근로자 – 가내하청 등 • 일용직 근로자 – 근로계약을 정하지 않고, 일거리가 생겼을 경우 며칠 또는 몇 주씩 일하는 형태, 일급 / 시급 근로자

1.2 비정규직

비정규직은 일정한 기간만 근로하기로 계약하고, 근로계약을 자동으로 갱신하지 않는다.

3) 초단시간 근로자는 국민연금, 건강보험 가입대상이 아니며 고용보험은 3개월 이상 근로를 제공하는 경우에만 가입대상이고 산재보험은 가입대상이다. 연차휴가와 주휴수당도 대상이 아님. 퇴직금 지급 대상이 아니다. 기간제근로자 보호법 적용도 되지 않는다.

프로선수나 연예인 등 특수한 직업군을 제외하고 모든 노동자는 정규직이었다. 1999년 IMF 외환위기에 다수 정규직 노동자들이 정리해고를 당했고, 2002년 노사정협의회에 따라 비정규직이 인정되기 시작하였다.

통계청의 경제활동 인구조사는 고용 기간을 정할 때 상용직(1년 이상 2년 미만의 계약직), 임시직(1월 이상~1년 미만), 일용직(1월 미만)으로 구분한다. 고용 기간이 경정되지 않은 경우 퇴직금 · 상여금 등을 받고 회사 인사 규정에 따라 채용되었다면 상용직으로 분류하고, 나머지는 임시 · 일용직으로 분류하고 있다.

비정규직은 고용형태에 따라 한시적 근로자, 시간제 근로자, 비전형 근로자로 분류하고 있다. ① 한시적 근로자는 근로계약 기간을 정한 자(기간제 계약직) 또는 정하지 않았으나 비자발적 사유로 계속 근무를 기대할 수 없는 근로자(비기간제 임시직)를 의미한다. ② 시간제 근로자(아르바이트직)는 근로시간이 통상의 근로자에 비해 짧은 파트타임 근로자를 말한다. ③ 비전형 근로자는 파견근로자, 용역근로자, 특수형태근로종사자, 가정 내 근로자(가내수공업 등), 일일(일용직) 근로자를 포함한다.

근로기준법은 상시 5인 이상의 근로자를 사용하는 모든 회사의 사업 또는 사업장에 취업하여 임금을 목적으로 근로를 제공하는 자에게 적용한다. 이때 근로 제공이 사용자에게 종속되어 이루어 진다면 근로계약 기간이 비록 1일에 한정되는 일용직 등의 기간제근로자든, 단시간근로자든, 파견근로자라도 근로기준법을 적용한다.

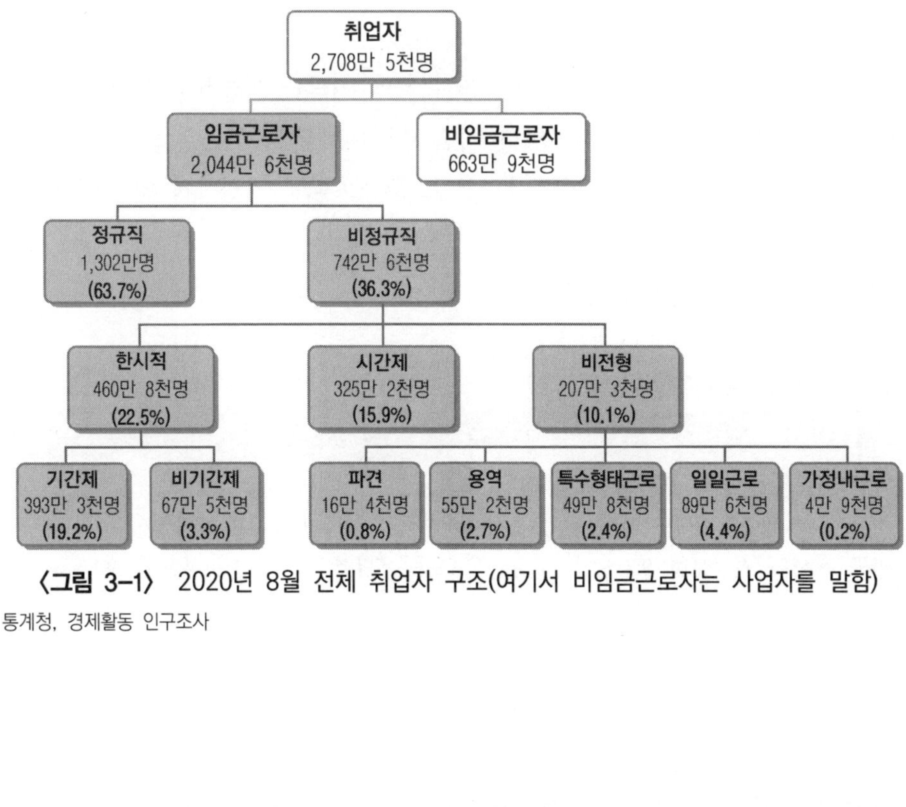

〈그림 3-1〉 2020년 8월 전체 취업자 구조(여기서 비임금근로자는 사업자를 말함)

출처: 통계청, 경제활동 인구조사

2 아르바이트

2.1 의의

대학생들은 아르바이트를 한다. 스스로 학비를 마련하기 위해서, 자신이나 가족의 생활비를 벌기 위해서, 자신의 용돈을 벌기 위해서 한다. 장차 취업하고 싶은 회사나 분야, 업무에 대한 지식과 경력을 얻기 위해서, 가족이나 친지의 사업을 돕기 위해서 하는 경우도 있다. 어느 경우든 직업의 가치를 파악하고 이해하는 데에 큰 도움을 줄 수 있다. 다만 학기 중 아르바이트는 공부를 등한시하게 되는 경우가 많아서 위험이 크다.

2.2 비용 - 효익 분석

일부 학생들은 아르바이트를 하면서 돈 버는 재미에 열심히 일하다가 학업을 게을리하게 되고 그 결과 졸업을 하지 못하거나 좋지 못한 성적으로 졸업한다. 졸업을 제대로 하지 못한 경우에 드는 비용과 아르바이트로 인해 얻게 되는 효익을 바탕으로 비용 - 효익 분석(cost-benefit analysis)이 필요하다.

효익은 아르바이트를 통해 얻는 급여, 4대 보험 혜택, 인맥 및 경험이다. 이 중 인맥과 경험은 비금전적이므로 측정하기 힘들고 단기 아르바이트생에게 그 영향력이 그리 크지 않다.

4대 보험의 경우도 사용자가 급여액의 9% 내외에 이르는 사용자부담분을 부담해야 한다. 아르바이트생은 초단기로 근무(주당 15시간 미만)시키거나 일용직(3개월 미만)으로 근무하고 건강보험(장기요양보험 포함), 국민연금, 고용보험에 가입하지 않는 경우가 많다. 다만 산재보험은 납부해야 한다.

구체적인 비용은 다음 [표 3-2]와 같다.

[표 3-2] 아르바이트의 비용(2021년 기준)

구 분
• 아르바이트 근무처 왕복 교통비, 밥값, 용돈 추가분 • 근로소득세 + 지방소득세(근로자의 월 소득이 106만 원 이상인 경우만 해당함) • 국민연금 4.5% + 건강보험(장기요양 포함) 근로자 부담분 3.63% + 고용보험 0.8%(= 급여의 8.93%)

- 연간 아르바이트 소득이 500만 원 이상인 경우 다음의 각종 세제 혜택에서 배제됨
  - 근로자인 부모나 형제의 부양가족으로서의 기본공제, 추가공제
  - 신용, 체크카드, 현금영수증 사용, 대중교통, 전통시장, 문화공연비 소득공제(나이 제한 없음)
  - 자녀세액공제(만 20세 이하)
  - 보장성보험료세액공제(만 20세 이하)
  - 교육비세액공제(나이 제한 없음)
  - 기부금세액공제(나이 제한 없음)
  - 자녀장려금(만 18세 미만만 해당함)
- 기초생활 수급 대상이면 수급 대상에서 제외되거나 차상위계층으로 재분류

졸업하지 못하는 경우	나쁜 성적으로 졸업하는 경우
• 낸 등록금 및 경비(교과서 대금, 교통비, 식비) • 직장 근무 기간(10년 ~ 40년) 내 고졸자와 대졸자간의 급여 격차(기회비용)	• 추가 학기 등록금 또는 계절학기 등록금 • 직장 근무 기간(10년 ~ 40년) 내 대기업 / 중견기업과 중소기업의 급여 격차(기회비용) • 졸업 · 취업 지연에 따른 급여 상실분(기회비용)

최적의 아르바이트 전략은 방학 기간을 이용하되 그 연간 총급여액이 500만 원(학생이 근로소득자인 부모나 형제의 부양가족으로 공제받기 위한 근로소득 요건 상한액)이 넘지 않도록 한다. 근무시간을 줄이고 만일 넘겨야 할 때 일용직으로 급여를 받는다.

2.3 급여와 원천징수

보통 아르바이트생 급여는 시급, 주급으로 정산하고 가끔 월급으로 주기도 한다. 그 금액은 개별 근로계약마다 다르지만 보통 최저임금을 약간 상회하는 수준에서 결정한다. 2021년 최저임금은 시간당 8,720원(월 182만 원 정도)이다. 아르바이트 소개광고를 월급으로 주 40시간 근무 시 190 ~ 200만 원을 제시하는 경우가 많다. 연장근무나 휴일근무가 있다면 최저임금보다 적게 계산된 금액이다.

급여는 월 106만 원부터 소득세와 지방소득세를 원천징수한다(1,040원 + 100원). 그 밖에 건강보험, 국민연금, 고용보험을 원천징수한다. [표 3-3]에서 아르바이트 월급여액이 50만 원부터 200만 원까지의 공제금액을 계산해 보았다.

[표 3-3] 아르바이트의 급여와 공제액(2021년 기준)

구 분 급여액	근로 + 지방소득세 원천징수액	국민연금	건강보험 + 장기요양	고용보험 (직원 150 미만)	공제금액합계
50만 원	0	22,500	19,120	4,000	45,620원
100만 원	0	45,000	38,250	8,000	91,250원
150만 원	8,920 + 890	67,500	57,370	12,000	146,680원
200만 원	19,520 + 1,950	90,000	76,500	16,000	203,970원

일용직 근로자는 일 급여액 중 근로소득공제 15만 원을 제외한 금액에 지방소득세 포함 6% 소득세가 붙는다. 대체로 일용직 아르바이트생의 일당이 15만 원을 넘기 어려우므로 소득세 원천징수 대상에서 제외된다. 일용직 근로소득세는 분리과세하고 연말정산 절차도 없다. 또한 분리과세 되므로 부양가족 소득 기준에도 반영되지 않는다. 또한 근로소득세액공제(산출세액의 55%)를 공제한 원천징수세액이 1,000원 미만(일당 187,000원에 해당함)이면 소액으로 부징수한다.

원천징수세액은 소득세원천징수세액의 10%인 지방소득세와 합산하고 근무한 일수를 곱해 결정세액을 징수한다.

결정세액 = [(일 급여액 - 15만 원) × 6% × (1 - 근로소득세액공제 55%)] × 1.1

일용직 근로자는 국민연금, 건강보험, 고용보험의 가입대상이 아니다. 따라서, 일 급여 18.7만 원 이하인 일용직은 공제금액이 전혀 없다. 다만 월 60시간 미만 근무하더라도 3개월 이상 동일 사용자를 위해 근무하는 경우 고용보험을 내야 하며 산업재해보상보험을 반드시 가입해야 한다.

2.4 부모 형제의 소득 및 세액공제에 대한 영향

나이가 만 20세를 초과(부양가족 연령요건은 장애인, 기초생활보장 수급자는 제외) 하거나 연간 소득금액이 100만 원(근로소득만 있는 경우 500만 원)이 넘게 되면 근로소득자인 가족의 부양가족(배우자, 직계 비속, 형제자매)으로서 기본공제, 추가공제, 자녀세액공제, 보장성 보험료세액공제를 받을 수 없다. 그러나, 신용카드 등 소득공제, 교육비세액공제, 기부금세액공제는 나이와 관계없이 받을 수 있다. 의료비 세액공제는 나이와 소득요건과 관계없이 받을 수 있다.

연간 소득금액 100만 원에 합산되는 연간소득에는 비과세소득, 과세제외 소득, 분리과세소득, 필요경비 등을 제외한 종합소득(이자, 배당, 사업, 근로, 연금, 기타)과 분류소득(양도, 퇴직) 금액의 합계가 100만 원을 넘지 말아야 한다. 만일 만 20세 이하 대학생 자녀, 형제자매가 소득이 100만 원이 넘는다든지, 아르바이트로 총급여가 500만 원(다른 소득이 있다면 2 / 3로 감소함)이 넘게 되면 종합소득 100만 원 이상과 같이 취급되어 소득자의 부양가족이 될 수 없다. 이자, 배당소득이 2,000만 원 이상으로 분리과세 되지 않고 종합 과세에 해당 되어도 마찬가지이다.

만일 소득요건을 넘기면 만 20세 이하 자녀나 형제자매는 부모나 다른 형제자매의 부양가족으로 받는 [표 3-4]와 같은 세제 혜택을 받을 수 없다.

[표 3-4] 아르바이트의 소득 및 세액공제에 대한 영향

나이 제한 만 20세 이하 요건에 해당하면
기본소득공제 : 150만 원 × 한계세율 추가소득공제 : 장애인 200만 원 × 한계세율, 한부모공제 100만 원 × 한계세율 자녀세액공제 : 형제 수 합계가 1 ~ 2인 15만 원, 형제 수 합계가 3인 이상이면 추가 30만 원씩 보험료세액공제(장애인별도) : 연간 100만 원까지 13.2%(+ 16.5%) 자녀장려금(만 18세 미만) : 30 ~ 50만 원
나이와 관계없이
신용카드, 체크카드, 현금영수증, 대중교통, 전통시장, 문화공연비사용 소득공제 : 사용금액 × (15, 30 또는 40%) × 한계세율 교육비세액공제(장애인별도) : 연간 등록금 900만 원까지 × 16.5% 기부금세액공제 : 16.5% 또는 33%(기부금 1천만 원 초과 시)

주) 한계세율: 부모 등의 근로소득 과세표준이 1,200만 원 초과 4,600만 원 이하인 경우는 16.5%, 4,600만 원 초과 8,800만 원 이하는 26.4%

부모가 사업소득이 있는(조세특례법상 성실 사업자) 경우에도 자녀의 아르바이트 소득이 500만 원을 넘으면 부양가족의 소득 요건상 배제되므로 기본소득 + 추가소득 공제와 자녀세액, 교육비와 기부금세액공제, 자녀장려금을 못 받을 수도 있다(보험료 세액공제와 신용카드 소득공제는 본래 근로소득자에게만 허용됨).

3 특수형태근로종사자

3.1 의의

산업구조가 변화하여 서비스업이 발달함에 따라 노동시장은 '전통적 종속근로자' 개념을 벗어나서 근로자와 자영업자의 중간에 해당하는 새로운 노무 제공 영역이 생기고 있다. 이러한 유형의 노무 제공자를 '유사근로자', '준근로자' 등의 이름으로 부르기도 하지만 노사정위원회에서 '특수형태근로종사자'라는 명칭을 공식적으로 사용한다.

3.2 직종

특수형태근로종사자는 계약의 형식과 관계없이 상품이나 서비스를 직접 제공하고 실적에 따라 소득(수수료, 봉사료, 수당 등)을 얻으며, 근로 제공 방법, 근로시간 등은 본인이 알아서 결정하는 형태로 일한다. 근로기준법 등 노동관계법이 적용되지 않고 대통령령으로 정하는 직종에 한정한다. 이 중 보험설계사 등 [표 3-5]에서 밑줄 친 종사자는 2008년 이후 산업재해보상보험이 적용되고 있다.

직전 년도 수입금액 7,500만 원 미만의 간편장부대상자인 보험모집인(설계사), 방문판매원, 음료품배달원의 사업소득은 연말정산(다음연도 2월 말)도 실행한다. 이들에게 연말정산이 되는 사업소득 외에 다른 소득이 없는 경우 종합소득 확정신고 의무를 면제한다.

[표 3-5] 특수형태근로종사자

화물운송차주(수출입 컨테이너 기사, 시멘트, 철강재, 위험물질만 해당)	수도검침원	방송사 구성작가
덤프종사자	시청료 징수원	애니메이션 작가
전속 퀵서비스 기사	보험설계사	영화산업 스태프
전속 대리운전자	신문판매 및 광고외근원	컴퓨터 프로그래머 프리랜서
건설기계조정사(콘크리트 믹서트럭 자차기사 포함)	화장품 방문판매원	오케스트라 단원
택배기사	백화점 · 할인점 판촉원	학원강사
가전제품 설치기사	음료 · 식품판매원	방문강사, 학습지교사
A/S기사, 탁송기사	신용카드 모집인	문화예술인
철도매점판매원	대출 모집인	헤어 디자이너
자동차 판매원	방문판매직	간병인
	텔레마케터	프로야구 선수
	대여제품 방문점검원	골프장 캐디
	화장품 판매원	

4 근로계약 체결

4.1 근로기준법

근로를 제공하기 위해 모든 근로자와 사용자(회사)는 근로계약을 체결해야 한다. 근로기준법은 상시 5명 이상의 근로자를 사용하는 모든 사업 또는 사업장에 적용한다. 다만, 동거하는 친족만을 사용하는 사업 또는 사업장과 가사사용인에게 적용하지 않는다. 상시 4명 이하의 근로자를 사용하는 사업 또는 사업장은 대통령령에 따라 이 법의 일부 규정을 적용 제외할 수 있다.

[표 3-6] 상시 4명 이하의 근로자 사업장의 근로기준법 적용제외대상 규정

구 분	적용제외규정
제1장 총칙	법령과 취업규칙 게시, 기숙사 규칙 게시
제2장 근로계약	근로계약 위반시 근로자의 손해배상청구 및 해제권, 해제시 근로자에게 귀향여비지급, 부당해고제한, 경영상 이유에 의한 해고 제한, 해고 근로자의 우선 재고용, 해고사유의 서면통지, 부당해고 구제신청, 구제신청에 대한 조사, 구제명령, 그의 확정 및 효력, 이행강제금
제3장 임금	휴업수당
제4장 근로시간과 휴식	근로시간, 탄력적 근로시간제, 선택적 근로시간제, 연장근로의 제한, 연장 · 야간 · 휴일근로가산수당, 보상휴가제, 근로시간 계산의 특례, 근로시간 및 휴게시간의 특례, 연차유급휴가, 연차휴가의 사용촉진, 유급휴가의 대체
제5장 여성과 소년	임산부 아닌 18세 이상 여성의 유해 · 위험한 일 사용 금지, 18세 이상 여성 야근 · 휴일근로 시 동의, 생리휴가, 태아검진시간의 허용, 육아시간
제7장 기능 습득	양성공 · 수습 등 기능 습득목적 근로자의 혹사, 가사 및 관계없는 업무 종사 금지
기 타	제9장 취업규칙, 제10장 기숙사

4.2 근로계약 체결 방법

근로계약은 근로자가 사용자에게 근로를 제공하고 사용자는 이에 대하여 임금을 지급함

을 목적으로 체결된 계약을 말한다. 즉, 근로자가 사용자의 지시에 따라 일하고 이에 대한 대가로 회사가 임금을 지급하기로 하는 계약이다.

근로계약의 체결형식은 특별한 형식을 요구하지 않아서 구두 합의만으로도 성립할 수 있다. 나중에 당사자 사이의 분쟁을 예방하기 위하여 계약을 서면으로 체결해서 근로계약 내용을 명확하게 하는 것이 좋다.

미성년자는 스스로 친권자나 후견인의 동의를 얻어 근로계약을 체결하며 친권자 등의 대리행위는 인정되지 않는다. 15세 미만인 자는 근로계약을 체결할 수 없으나 고용노동부 장관의 인허가를 받으면 취업할 수 있다.

4.3 근로기준법 기준 위반의 근로계약

근로기준법이 정한 기준에 도달하지 못하는 근로조건을 정한 근로계약은 그 부분만 무효로 하고, 무효 된 부분은 근로기준법에 정한 기준에 의한다. 근로기준법 위반 단체협약의 효력은 근로기준법을 위반한 해당 부분이 무효로 될 뿐 아니라 근로기준법에서 정한 기준에 달하지 못하는 근로조건의 단체협약 부분도 무효이다.

4.4 특수한 근로계약

(1) 채용내정

채용내정은 회사가 정한 전형 절차에 의해 합격이 결정되고 정식으로 입사하기 전의 상태를 말한다. 학교 졸업예정자에 대하여 '졸업'이라는 일정한 요건이 충족되면 채용할 것을 약정하는 것과 같은 불확정적인 고용계약이다. 본 채용 때까지 사용종속관계의 근로가 제공되지 않는다.

근로 제공이 이루어지고 있지 않은 상태이기 때문에 사용자가 임금을 지급할 의무가 없다. 그러나 채용내정 시 해제조건으로 규정한 일자가 도래한 이후에 내정자가 종업원의 지위를 자동 취득하기 때문에 임금청구권을 가진다. 채용내정의 취소도 해고에 해당하고 객관적으로 합리적이라고 인정할 만한 사회 통념상의 상당성이 있는 때 정당성을 인정받을 수 있다.

(2) 시용기간

시용(시험 고용)기간은 본채용 또는 확정적 근로계약을 체결하기 전에, 일정 기간 내의 근무상황 등을 고려하여 근로자의 직업적성과 업무능력 등을 판단하는 기간이다. 확정적인 근로계약을 체결하기 전의 고용관계지만 시용기간은 사용종속관계에서 근로가 이루어진다. 실무에서 '인턴사원'이라는 용어를 사용한다.

시용 시 채용거부는 근로기준법 제23조(해고 등의 제한)에 해당하는데, 본채용 거부의 정당한 이유의 범위는 정식근로자의 해고 사유보다 넓게 인정될 수 있지만, 합리적이고 상당한 해제 이유가 없다면 무효이다. 그 이유는 앞으로 맡게 될 임무의 적격성 판단에서 객관적이고 합리적인 이유로 사회 통념상 상당하다고 인정되어야 한다.

수습근로자는 정식채용된 이후에 기업의 필요에 따라 교육훈련이나 연수를 받는다. 수습근로자는 완전한 근로계약이 체결된 근로자이고 시용기간 중의 근로자보다 사용자가 해고하는데 재량이 인정되지 않는다. 그러나 근로기준법 23조 수습근로자로서 3개월 미만인 자는 정당한 이유가 있으면 해고예고수당 지급대상에 해당하지 않는다.

4.5 기간을 정한 근로계약

(1) 기간을 정한 근로계약의 의미

근로계약은 기간의 정함이 없는 것 외에 보통 1년 이하 단위로 근로계약을 맺는다. 1년을 초과하는 근로계약을 체결하였다 하더라도 그 계약기간 자체는 유효하므로 약정기간 범위에서 사용자가 1년 경과하였음을 이유로 근로관계의 종료를 주장할 수 없다. 다만 근로자는 1년이 지난 후에 언제든지 근로계약을 해지할 수 있다.

(2) 계약기간 약정의 효과

계약기간을 정하여 임용된 근로자는 임용의 근거가 된 법령 등의 규정이나 임용계약 등에서 만료된 근로자를 다시 임용할 의무를 지우거나 그 요건 등에 관한 근거 규정을 두지 않는 한 계약기간의 만료로 근로자의 신분은 종료된다.

기간제 및 단시간근로자 보호 등에 관한 법률은 상시 5인 이상의 근로자를 사용하는 모든 사업 또는 사업장에서는 사용자는 2년을 초과하지 아니하는 범위 안에서(기간제 근로계약의 반복 갱신 등의 경우에는 그 계속 근로한 총기간이 2년을 초과하지 아니하는 범위 안에서) 기간제근로자를 사용할 수 있다. 2년을 초과하여 기간제근로자로 사용할 때는 그 기간제근로자는 기간의 정함이 없는 근로계약을 체결한 근로자로 본다.

2년을 초과하는 기간제근로자의 채용은 사업/업무 완료에 필요한 기간, 휴직 · 파견 등 결원 발생 시 해당 근로자가 복귀할 때까지 그 업무를 대신할 필요한 기간, 근로자가 학업, 직업훈련 등의 이수에 필요한 기간, 고령자와 근로계약 체결, 전문적 지식 · 기술의 활용 필요와 정부의 복지정책 · 실업 대책 등에 따른 일자리 제공, 그 밖에 준하는 합리적인 사유가 있다.

(3) 일정한 사업 완료에 필요한 기간을 정한 근로계약

일정한 사업 완료에 필요한 기간을 정한 경우에 근로계약 기간이 1년을 초과할 수 있다. 이 경우 근로자를 장기간 인신구속 하는 일이 발생하지 않기 때문이다. 사업이 완료되면 해고예고 등 별도의 조치 없이 자동으로 근로관계가 종료되며, 그 기간에 행한 사용자의 일방적 계약해지는 근로기준법의 부당해고가 된다.

(4) 연봉제와 근로계약 기간

연봉제는 임금 결정 및 지급 형태에 대한 계약으로 근로계약 기간을 정한 것이 아니기 때문에 연봉제 근로자의 근로계약 기간이 모두 1년이 되는 것은 아니다.

(5) 근로계약의 반복 갱신

묵시적인 계약 갱신은 근로계약 기간 만료 후에 노무를 계속 제공하고 사용자가 상당기간 이의를 제기하지 않으면 근로계약이 동일 조건으로 갱신된 것이다. 그렇지만, 합의에 따른 갱신은 1년 이하의 근로계약 기간이 종료되는 경우, 연장계약을 새로이 체결하거나, 미리 자동갱신계약을 체결해 놓았으면 그 계약은 유효하다. 계약기간 반복 갱신의 효과로 단기의 근로계약도 장기간 반복하여 갱신되면서 그 정한 기간이 단지 형식에 불과하게 사실상 기한이 없는 근로자와 같게 된다.

(6) 계약기간을 정하지 않은 근로계약

계약기간을 정하지 않은 근로계약은 근로계약 기간을 근로자와 사용자 사이에 약정하지 않은 경우이다. 이 경우 근로자는 언제든지 근로계약을 해지할 수 있으나 사용자는 근로기준법 제23조에 의거 정당한 이유 없이 근로계약을 해지할 수 없다. 따라서 통상 기간을 정하지 않은 근로계약은 정년제 근로계약으로 이해된다.

근로자는 민법 660조에 의하여 언제든지 근로관계를 종료시킬 수 있는 계약해지권이 있으며, 사용자가 사표를 수리하지 않거나 수리를 지연할 경우에도 사표를 제출한 날부터 1월이 경과하면 근로계약 해지의 효력이 발생한다. 기간으로 보수를 정한 때에는 민법에 의하여 계약해지 통고를 한 후 당기 후의 1기를 경과함으로써 해지의 효력이 생긴다.

5 사용자의 의무

5.1 근로계약 시 근로조건 명시

사용자가 근로자를 모집할 때 유리한 조건을 제시하고 채용 후 불리한 조건으로 근로를 시키는 폐단을 방지하기 위하여 근로기준법에 근로조건 명시 의무를 부여하고 있다. 사용자가 근로계약을 체결할 때 근로자에게 계약기간, 근무 장소, 업무의 내용뿐만 아니라 임금(상여금, 기타수당, 임금지급일과 방법), 소정근로시간, 근무일 / 휴일, 연차유급휴가, 사회보험 적용 여부, 그 밖의 근로조건을 명시해야 한다. 특히 임금의 구성항목, 계산 방법 및 지불 방법, 소정근로시간, 휴일, 연차유급휴가에 관한 사항에 대하여는 서면으로 명시한다.

근로조건의 명시는 구두로 해도 무방하지만, 서면으로 하는 것이 향후 분쟁을 줄일 수 있다. 일반적으로 미리 작성된 취업규칙을 제시하고 특별한 사항에 대하여 계약서에 명시한다. 근로계약 체결 시 근로조건을 명시하였다면 그 내용대로 근로계약은 성립되며, 근로자는 그 내용을 몰랐더라도 근로계약의 무효를 주장할 수 없다. 근로조건이 명시되지 아니하더라도 당해 근로자의 근로조건은 단체협약 또는 취업규칙이 정하는 바에 의하여 정해지기 때문에 근로계약 자체는 유효하다.

5.2 근로조건 명시 의무위반과 구제

근로조건 위반은 근로계약의 체결 시에 사용자가 명시한 근로조건과 근로관계가 개시된 이후의 근로조건이 다른 경우를 가리킨다. 어느 정도 근로관계가 계속된 이후 근로기준법이나 단체협약 또는 취업규칙에서 정한 근로조건을 사용자가 어기는 것은 채무불이행이다.

취업 후 근로자가 명시된 근로조건과 사실이 상위하다는 것을 알게 되면 근로조건 위반에 따른 손해배상청구권과 즉시해약권을 부여하고, 동시에 근로자가 근로계약해지 후 타 직장에 취업할 목적으로 귀향하는 경우 사용자가 귀향여비를 지급해야 한다.

근로계약의 해제와 손해배상청구권은 근로자 보호차원에서 사용자의 근로조건 위반할 경우에 근로자가 즉시 계약을 해제할 수 있도록 하고 있다. 사용자가 명시한 근로조건이 사실과 다른 경우에 근로자는 그 위반으로 입게 된 손해에 대하여 손해배상을 노동위원회에 청구할 수 있다.

5.3 근로계약 체결 시 사용자 금지사항

(1) 위약금(손해배상금) 예정 금지

사용자는 근로계약 불이행에 대한 위약금 또는 손해배상액을 예정하는 계약을 체결하지 못한다. 근로자가 근무 도중에 사용자에게 피해를 줄 것을 대비하여 실제 발생한 손해액과 관계없이 일정액을 미리 정하여 근로자에게 배상케 하는 근로계약을 체결하거나 동 배상액을 사용자가 일방적으로 임금 또는 퇴직금과 상계하는 것을 금지한다.

근로계약을 체결하면서 근로자가 근로계약을 이행하지 않을 때, 사용자가 손해 발생 여부 · 실제 손해액과 관계없이 일정한 손해배상액이나 위약금액을 청구할 수 있도록 미리 정하여 근로자가 자유의사에 반하는 강제 근로를 하는 것을 방지한다.

금지되는 계약 내용으로 첫째, 위약금의 예정이다. 위약금은 채무불이행의 경우에 채무자가 채권자에게 일정액을 지급할 것을 미리 약정하는 금액이다.

둘째, 손해배상액의 예정이다. 채무불이행의 경우에 채무자가 지급해야 할 손해배상액을 실제 손해와 관계없이 당사자 사이에서 미리 계약으로 정하는 것을 말한다. 그러나 근로자의 불법행위 등으로 사용자에게 손해를 발생시켰을 때 실제 손해액의 일부를 청구할 수 있도록 노 · 사가 합의하여 단체협약에 정한 것은 위약 예정의 금지에 위반되지 않는다.

신원보증계약은 근로자가 근무 중에 고의, 과실 또는 의무 불이행으로 사용자에게 손해를 발생시킬 때를 대비하여 사용자가 신원보증인과 단독으로 또는 신원보증인과 근로자를 연대채무자로 체결하는 계약이다. 신원보증계약은 위약예정금지 위반이 아니다. 근로기준법은 근로자에 대한 신원보증계약 자체를 금지하는 것은 아니다.

(2) 전차금 등 상쇄의 금지

사용자는 전차금 등의 전대채권과 임금을 상쇄하지 못한다. '전차금'은 취업한 후에 임금에서 갚을 것을 예정하여 근로계약 체결 시에 사용자가 근로자 또는 채권자에게 빌려주는 금전이다. '전대채권'은 근로할 것을 조건으로 근로자 또는 그 친권자 등에게 지급되는 금전이다.

전차금 등은 근로자를 사용자에게 장기간 구속하여 사실상 강제 근로를 강요하는 폐단을 발생시킬 수가 있다. 근로기준법에 근로자가 앞으로 받을 임금에서 갚을 것을 조건으로 사용자로부터 빌린 돈(전차금)이 있더라도, 이것을 임금에서 공제한다는 계약을 체결할 수 없도록 규정하고 있다.

(3) 강제저축의 금지

사용자는 근로계약에 부수하여 강제저축 또는 저축금의 관리를 규정하는 계약을 체결하지 못한다. 근로자의 위탁으로 저축을 관리할 때에도 법 규정의 일정 사항을 준수 해야 한다. 강제저축은 근로자의 임금 중 일부를 근로자의 의사에 반하여 저축하도록 강요하는 것이고, 저축금의 관리는 사용자 스스로가 근로자의 저축금을 관리하거나 은행 기타 금융기관에 예금시키고 그 통장과 인감을 사용자가 보관하는 경우를 가리킨다.

근로자가 임금의 일정액을 사업장 또는 사용자가 지시하는 은행에 강제로 저금하게 하고 그 반환을 어렵게 하는 경우 근로자를 사업장에 구속하는 결과를 가져온다. 또한 사용자가 저축금을 사업자금에 유용하거나 금융회사의 지불정지, 압류 등으로 사업경영이 악화할 경우에 그 반환이 어렵게 될 우려가 있다. 근로기준법은 사용자가 근로계약에 부수하여 강제저축 또는 저축금의 관리를 규정하는 계약을 체결하지 못하도록 하고 있다.

연습문제

1. 개인별로 단시간근로자 표준근로계약서 또는 표준근로계약서를 작성해 보자.

2. 아르바이트 시 원천징수가 계산되는 과정을 설명하시오.

3. 근로계약기간의 이름을 설명하시오.

[보충자료 3-1]

표준근로계약서(기간의 정함이 있는 경우)

_____________(이하 "사업주"라 함)과(와) __________(이하 "근로자"라 함)은 다음과 같이 근로계약을 체결한다.

1. 근로계약기간[4] : 년 월 일부터 년 월 일까지
2. 근 무 장 소 :
3. 업무의 내용 :
4. 소정근로시간 : ___시___분부터 ___시___분까지 (휴게시간 : 시 분~시 분)
5. 근무일 / 휴일 : 매주 __일(또는 매일단위)근무, 주휴일 매주 __요일
6. 임 금
   - 월(일, 시간)급 : _________________원
   - 상여금 : 있음 ( ) ______________________원, 없음 ( )
   - 기타급여(제수당 등) : 있음 ( ), 없음 ( )
     · ______________________원, ______________________원
     · ______________________원, ______________________원
   - 임금지급일 : 매월(매주 또는 매일) _____일(휴일의 경우는 전일 지급)
   - 지급방법 : 근로자에게 직접지급( ), 근로자 명의 예금통장 = 입금( )
7. 연차유급휴가
   - 연차유급휴가는 근로기준법에서 정하는 바에 따라 부여함
8. 사회보험 적용여부(해당란에 체크)
   □ 고용보험 □ 산재보험 □ 국민연금 □ 건강보험
9. 근로계약서 교부
   - 사업주는 근로계약을 체결함과 동시에 본 계약서를 사본하여 근로자의 교부요구와 관계없이 근로자에게 교부함(근로기준법 제17조 이행)
10. 근로계약, 취업규칙 등의 성실한 이행의무
    - 사업주와 근로자는 각자가 근로계약, 취업규칙, 단체협약을 지키고 성실하게 이행 해야 함
11. 기 타
    - 이 계약에 정함이 없는 사항은 근로기준법령에 의함

년 월 일

(사업주) 사업체명 : (전화 :)
주 소 :
대 표 자 : (서명)

(근로자) 주 소 :
연 락 처 :
성 명 : (서명)

---

4) 기간의 정함이 없는 경우는 근로개시일만 기재함.

[보충자료 3-2]

단시간근로자 표준근로계약서

_____________(이하 "사업주"라 함)과(와) __________(이하 "근로자"라 함)은 다음과 같이 근로계약을 체결한다.

1. 근로개시일 : 　년 　월 　일부터
   ※ 근로계약기간을 정하는 경우에는 " 　년 　월 　일부터 　년 　월 　일까지" 등으로 기재
2. 근 무 장 소 :
3. 업무의 내용 :
4. 근로일 및 근로일별 근로시간

	(　)요일	(　)요일	(　)요일	(　)요일	(　)요일	(　)요일
근로시간	시간	시간	시간	시간	시간	시간
시업	시 분	시 분	시 분	시 분	시 분	시 분
종업	시 분	시 분	시 분	시 분	시 분	시 분
휴게 시간	시 분 ~ 시 분	시 분 ~ 시 분	시 분 ~ 시 분	시 분 ~ 시 분	시 분 ~ 시 분	시 분 ~ 시 분

ㅇ 주휴일 : 매주 　요일

5. 임 금
   - 시간(일, 월)급 : __________________원(해당사항에 ㅇ표)
   - 상여금 : 있음 (　) ________________________원, 없음 (　)
   - 기타급여(제수당 등) : 있음 : ___________원(내역별 기재), 없음 (　),
   - 초과근로에 대한 가산임금률:________ %
     ※ 단시간근로자와 사용자 사이에 근로하기로 정한 시간을 초과하여 근로하면 법정 근로시간 내라도 통상임금의 100분의 50%이상의 가산임금 지급('14.9.19. 시행)
   - 임금지급일 : 매월(매주 또는 매일) _____일(휴일의 경우는 전일 지급)
   - 지급방법 : 근로자에게 직접지급(　), 근로자 명의 예금통장에 입금(　)
6. 연차유급휴가: 통상근로자의 근로시간에 비례하여 연차유급휴가 부여
7. 사회보험 적용여부(해당란에 체크)
   □ 고용보험 □ 산재보험 □ 국민연금 □ 건강보험
8. 근로계약서 교부
   - "사업주"는 근로계약을 체결함과 동시에 본 계약서를 사본하여 "근로자"의 교부요구와 관계없이 "근로자"에게 교부함(근로기준법 제17조 이행)
9. 근로계약, 취업규칙 등의 성실한 이행의무
   - 사업주와 근로자는 각자가 근로계약, 취업규칙, 단체협약을 지키고 성실하게 이행 해야 함
10. 기 타
   - 이 계약에 정함이 없는 사항은 근로기준법령에 의함

년 　월 　일

(사업주) 사업체명 : 　(전화 : 　)
주 　소 :
대 표 자 : 　(서명)
(근로자) 주 　소 :
연 락 처 :
성 　명 : 　(서명)

[보충자료 3-3]

표준취업규칙(2019. 10. 14) - 일반근로자용

◈ 이 자료는 주40시간제(주5일제)가 적용되는 제조업체를 가정하여 작성한 것이므로 동 자료를 참고하여 사업장의 취업규칙을 작성, 변경할 때는 근로기준법 등 노동관계법령에 위배되지 않는 범위 내에서 사업장의 규모나 업무의 특성에 맞게 수정 · 활용 해야 합니다.

◈ 또한, 이 자료는 현재까지 개정된 노동관계법령을 반영하였으므로 그 이후의 법령 제 · 개정에 대해서는 각 사업장에서 제 · 개정 내용을 확인하여 그 기준에 맞게 취업규칙에 반영 해야 합니다.

◈ 이 자료에 기재된 필수 근로조건은 관계 법령에 따른 최저기준을 반영한 것이므로, 사업장 상황에 따라 근로자에게 그 이상을 보장할 수 있습니다.

◈ 취업규칙은 근로자가 자유롭게 열람할 수 있는 장소에 항상 게시하거나 갖추어 두어 근로자에게 널리 알려야 하며, 취업규칙을 작성, 변경할 때에는 반드시 근로자 과반수(과반수 노동조합이 있는 경우는 그 노동조합)의 의견을 청취(불이익 변경 시에는 동의) 해야 합니다.

취업규칙(안)	취업규칙(안)
제1장 총 칙 제2장 채용 및 근로계약 제3장 복 무 제4장 인사 제1절 인사위원회 제2절 배치 · 전직 및 승진 제3절 휴직 및 복직 제5장 근로시간 제6장 휴일 · 휴가 제7장 모성보호 및 일 · 가정 양립 지원 제8장 임 금	제9장 퇴직 · 해고 등 제10장 퇴직급여 제11장 표창 및 징계 제12장 교육 제13장 직장 내 괴롭힘의 금지 제14장 직장 내 성희롱의 금지 및 예방 제15장 안전보건 제16장 재해보상 제17장 보칙

Job Selection and Personal Finance

PART 2

급여와 경제생활

Job and Selection Personal Finance

CHAPTER 4

급여 · 임금

학습목표

1. 평균임금과 통상임금의 차이를 파악한다.
2. 임금체계를 파악한다.
3. 우리사주제도와 주식매수선택권의 차이를 파악한다.

❖ Cinenomics 열정 같은 소리 하고 있네(You call it Passion 2015)

'열정 같은 소리 하고 있네'는 신문사 수습기자에 대해 코믹하지만, 사회비판 경향이 있는 상업영화다.

대학 신방과를 졸업하고 상경한 도라희(발음에 주의할 것!)은 취업만 하면 인생 제대로 즐기리라 야무진 꿈을 꾸는 풋내기 연예부 수습기자이다. 출근 첫날 몸에 딱 맞는 정장에 하이힐을 신고 완벽하게 맵시 있는 커리어우먼의 모양으로 출근했다. 이 모든 환상은 출근하자마자 몇 분 만에 깨졌다.

기본급 90만 원(2014년 최저임금 월급이 109만 원인데…. 아마 수습사원이라고 최저임금의 80%만 지급), 월차(월차휴가 없다는 이야기고) 없고, 법정수당(이것 안 주면 근로기준법 위반 아닌가?) 없고, 휴가(연차휴가는 있겠지, 여름 휴가는 없어도) 없고, 상여금(이 부서가 구조조정 대상이라던데) 없고…

1. 2014년부터 2021년까지 최저임금제의 변동 추이를 파악하시오. 또한 수습사원에 대한 최저임금이 얼마인지 확인하시오.
2. 월차휴가가 없어진 이유를 조사하고 기본금, 수당과 상여금의 관계를 확인하시오.

1 급여(임금)의 개념

1.1 의의

급여는 일반관리업무와 판매 및 영업업무에 종사하는 근로자의 임금이다. 임금은 생산현장의 근로자에 대한 보수를 말하며, 잡급은 일용직 근로자의 일당이다. 근로기준법은 임금으로 용어를 통일하고 있다. 사용자가 근로의 대가로 근로자에게 임금, 봉급, 그 밖에 어떠한 명칭이던지 지급하는 모든 금품을 말한다.

1.2 근로의 대가성

임금은 근로에 대한 대가이며, 사용자의 지휘 · 감독하에 제공하는 종속 노동관계의 근로에 대한 대가이다. 따라서 근로의 대가가 아닌 호의적, 은혜적, 실비변상적 급여는 임금이 아니다. 즉, 경조금이나 장려금과 같은 호의적, 은혜적인 급여와 영업활동비나 출장비와 같은 실비변상적 급여는 임금이 아니다. 만일 사용자와 고용관계가 종속되지 않았으면 근로소득이 아니라 사업소득이나 기타소득이 된다.

1.3 사용자가 지급하는 금품

임금은 사용자가 지급하는 금품이므로 사용자에게 지급 의무가 인정되고, 사용자가 근로자에게 직접 개별적으로 지급하는 금품이어야 한다. 지급 의무의 발생 근거가 단체협약이나 취업규칙, 급여 규정, 근로계약 등 어느 것에 의한 것인지, 사용자의 방침이나 관행에 따라 계속 이루어진 것인지 상관없다.

1.4 명칭 불문

임금은 그 명칭을 수당으로 하거나 수수료라고 하더라도 근로의 대가로서 사용자가 지급 의무에 근거하여 지급한다. 음식의 제공과 같은 현물급여도 취업규칙 또는 단체협약에 규정되면 임금으로 간주하며, 손님에게 받은 봉사료(팁)를 주수익원으로 할 때 사용자의 영업 설비를 이용하여 얻는 이익 자체를 임금으로 볼 수도 있다.

2 평균임금과 통상임금

2.1 평균임금

근로자가 정상적인 근로를 하지 않거나 퇴직을 하는 경우 근로자의 정상적인 생활을 보장하기 위하여 지급되는 통상적인 생활임금의 기준액을 말한다. 통상적인 근로를 할 수 없을 때도 가능한 한 실제 받았던 통상적인 생활임금에 따라 근로자의 생활을 보장하려는 데 제도적 취지가 있다. 평균임금은 연차휴가수당, 휴업보상 등 각종 재해보상금, 퇴직금의 산정과 감급제한의 기준, 구직급여 계산의 기초가 된다.

(1) 평균임금 산정원칙

산정 해야 할 사유가 발생한 날 이전 3개월 동안에 그 근로자에게 실제로 지급된 임금의 총액을 그 기간의 총일수로 나눈 금액을 말하며, 근로자가 취업한 후 3개월 미만은 그 기간만을 대상으로 한다. 최종적으로 일급의 형태로 산출된다. 산출된 평균임금이 그 근로자의 통상임금보다 적으면 그 통상임금액을 평균임금으로 한다.

(2) 계산 기간

'평균임금 산정 사유 발생일 이전 3개월간'은 사유가 발생한 날의 전일부터 소급하는 달력상의 3월을 말하며, 사유가 발생한 당일은 포함되지 않는다(5월 1일 퇴직한 경우, 4월 30일까지 3개월간이므로 2월 1일부터 4월 30일까지를 말한다. 달의 크기와 관련 없다).

평균임금 산정 기간에서 수습 사용 중인 기간, 사용자의 귀책 사유로 휴업한 기간, 출산전후휴가 기간, 업무상 부상 또는 질병으로 요양하기 위하여 휴업한 기간, 육아휴직 기간, 쟁의행위 기간, 병역, 예비군, 민방위 등 의무를 이행하기 위하여 휴직하거나 근로하지 못한 기간(다만, 그 기간 중 임금을 받으면 제외함), 업무 외 부상이나 질병, 그 밖의 사유로 사용자의 승인을 받아 휴업한 기간을 제외한다. 그 기간에 지급된 임금은 평균임금 산정 기준이 되는 총 기간과 임금의 총액에서 각각 공제한다.

(3) 임금의 총액

평균임금의 산정에 있어서 '지급된 임금의 총액'은 실제로 지급된 임금뿐만 아니라, 지급이 되지 않았다 하더라도 사유 발생일에 이미 채권으로 확정된 임금이 있으면 이를 포함해야 한다. 그러나 평균임금 산정을 위한 임금총액에 임시로 지불된 임금 및 수당과 통화 외의 것으로 지불된 임금 등은 산입하지 않는다. 다만, 고용노동부장관이 정하는 것에 대해서는 그렇지 않다. 이와 같은 임금을 평균임금 산정에서 제외하는 이유는 평균임금 산정에 현저한 차이가 발생하지 않도록 하기 위한 것이다.

2.2 통상임금

통상의 근로일이나 근로시간에 대해 지급되는 임금이다. 근로자에게 고정 · 정기 · 일률적으로 소정 근로 또는 총 근로에 대하여 지급하는 시간급 · 일급 · 주급 · 월급 금액 또는 도급 금액을 말한다.

(1) 통상임금 산정원칙

근로의 양 또는 질에 대하여 지급하는 임금은 실제 근무 일수나 수령액에 구애되지 않고 정기적, 일률적으로 임금산정 기간에 지급하는 고정급 임금이다. 실제 받은 임금이 아니라 고정적이고 평균적으로 지급되는 일반임금이다. 통상임금은 연장근로수당 등 각종 연장근로가산수당, 휴업수당, 해고예고수당, 법정수당 등을 계산하는 기준이다.

[표 4-1] 통상임금과 평균임금이 계산의 기초가 되는 수당

통상임금을 기준으로 하는 급여	평균임금을 기준으로 하는 급여
• 해고예고수당 – 통상임금 30일분 • 연차휴가수당 • 연장 · 야간 · 휴일근로가산수당 – 통상임금의 50% • 출산전후휴가급여, 출산휴가수당, 육아휴직급여 등 기타 법에 유급 표시 수당 • 휴업수당(평균임금의 70%보다 작을 때)	• 퇴직금 • 연차휴가수당 • 휴업 · 장애 · 유족 · 일시보상, 장례비 등 각종 재해보상금 • 감급의 제한(평균임금의 1/2) • 구직급여 • 휴업수당(평균임금의 70% 이상)

(2) 일률적인 지급

일률적인 지급은 모든 근로자에게 지급되는 것 뿐 아니라 일정한 조건 또는 기준에 달한 모든 근로자에게 지급되는 것도 포함된다. 일정한 조건은 고정적이고 평균적인 임금을 산정하려는 통상임금의 개념에서 고정적인 조건이어야 한다.

(3) 시간급 통상임금 사례

시간급 통상임금은 1주의 통상임금 산정 기준시간에 1년간의 평균 주 수를 곱한 시간을 12로 나눈 시간이다. 기준시간은 1주 소정근로시간 40시간 + 유급 주휴일 8시간 = 48시간이며, 1년간 평균 주 수는 365.25일 ÷ 7일 = 52.2주이므로 48시간 × 52.2주 ÷ 12개월 ≒ 209시간이다.

월급여가 209만 원인 경우 그 금액을 월 통상임금 산정기준시간수 209시간으로 나눈 금액인 (시간당 통상임금 1만 원 1일 소정근로시간수 8시간)을 곱하면 일당 통상임금이 8만 원이고, 해고예고수당의 경우 30일분 × 일당 통상임금이 8만 원 = 240만 원을 지급해야 한다.

3 최저임금제 특례

3.1 적용제외

최저임금제는 근로자를 사용하는 모든 사업 또는 사업장에 적용한다. 국가(최저임금위원회)가 노동자들의 생활 안정을 위해 임금의 최저수준을 정하여 사용자에게 그 수준 이상의 임금을 지급하도록 법으로 강제하는 제도이다. 적용대상은 1인 이상 근로자가 있는 모든 사업장이다. 근로자가 받는 임금이 최저임금액 이하로 결정되어 받을 때는 사업장 관할 지방 노동관서의 근로감독과에 신고해 권리구제를 요청할 수 있다. 다만, 동거하는 친족만을 사용하는 사업과 가사(家事) 사용인은 적용하지 아니한다(최저임금법 제3조 제1항).

3.2 최저임금 특례

수습사원은 수습 사용한 날부터 3개월 이내로 시간급 최저임금액에서 100분의 10을 뺀 금액을 그 근로자의 시간급 최저임금액으로 한다.

감시 또는 단속 근로자는 사용자가 고용노동부장관의 승인을 받은 사람에 대해서 시간급 최저임금액에서 100분의 10을 뺀 금액을 시간급 최저임금액으로 한다.

도급제 근로자는 임금이 도급제나 그 밖에 이와 비슷한 형태로 근로시간을 파악하기 어렵거나 최저임금액을 정하는 것이 적합하지 않을 때 해당 근로자의 생산고 또는 업적의 일정 단위에 의하여 최저임금액을 정한다.

3.3 최저 임금의 범위

[표 4-2] 최저임금 불산입 임금

구 분	임금의 범위
매월 1회 이상 정기적으로 지급하는 임금 외의 임금	1. 1개월을 초과하는 기간의 출근 성적에 따라 지급하는 정근수당 2. 1개월을 초과하는 일정 기간의 계속 근무에 대하여 지급하는 근속수당 3. 1개월을 초과하는 기간에 걸친 해당 사유에 따라 산정하는 장려가급(奬勵加給) · 능률수당 또는 상여금 4. 그 밖에 결혼수당 · 월동수당 · 김장수당 또는 체력단련비 등 임시 또는 돌발적인 사유에 따라 지급하는 임금 · 수당이나, 지급조건이 사전에 정해진 경우라도 그 사유의 발생일이 확정되지 않거나 불규칙한 임금 · 수당
소정의 근로시간 또는 소정의 근로일에 대하여 지급하는 임금 외의 임금	1. 연차휴가 근로수당, 유급휴가 근로수당, 유급휴일 근로수당 2. 연장시간근로 · 휴일근로에 대한 임금 및 가산임금 3. 야간근로에 대한 가산임금 4. 일직 · 숙직수당 5. 그 밖에 명칭에 관계없이 소정근로에 대하여 지급하는 임금이라고 인정할 수 없는 것
그 밖에 최저임금액에 산입하는 것이 적당하지 않은 임금	가족수당 · 급식수당 · 주택수당 · 통근수당 등 근로자의 생활을 보조하는 수당 또는 식사, 기숙사 · 주택 제공, 통근차운행 등 현물이나 이와 유사한 형태로 지급되는 급여 등 근로자의 복리후생을 위한 성질의 것

[표 4-3] 최저임금 산입 임금

구 분	임금의 범위
공통요건	1. 단체협약 · 취업규칙 또는 근로계약에 임금 항목으로서 지급 근거가 명시되어 있거나 관례에 따라 지급하는 임금 또는 수당 2. 미리 정해진 지급조건과 지급률에 따라 소정근로(도급제의 경우에는 총근로를 말한다)에 대하여 매월 1회 이상 정기적 · 일률적으로 지급하는 임금 또는 수당
개별적인 임금 · 수당의 판단기준	위의 공통요건에 해당하는 것으로 별표 1에 따른 임금 · 수당 외에 다음 각 호의 어느 하나에 해당하는 임금 또는 수당 1. 직무수당 · 직책수당 등 미리 정해진 지급조건에 따라 담당하는 업무와 직책의 경중에 따라 지급하는 수당 2. 물가수당 · 조정수당 등 물가변동이나 직급 간의 임금격차 등을 조정하기 위하여 지급하는 수당 3. 기술수당 · 면허수당 · 특수작업수당 · 위험작업수당 등 기술이나 자격증 · 면허증 소지나 특수작업종사 등에 따라 지급하는 수당 4. 벽지수당 · 한냉지근무수당 등 특수지역에서 근무하는 사람에게 일률적으로 지급하는 수당 5. 승무수당 · 항공수당 · 항해수당 등 버스, 택시, 화물자동차, 선박, 항공기 등에 승무하여 운행 · 조정 · 항해 · 항공 등의 업무에 종사하는 사람에게 매월 일정한 금액을 지급하는 수당 6. 생산장려수당 등 생산기술과 능률을 향상시킬 목적으로 매월 일정한 금액을 지급하는 수당 7. 그 밖에 제1호부터 제6호까지의 규정에 준하는 것으로서 공통요건에 해당하는 것이 명백하다고 인정되는 임금 또는 수당

4 임금체계

임금체계는 결정된 임금수준을 구성하는 항목들이다. 기업 내부에서 임금 배분의 공정성에 대한 기준이 될 수 있다. 기준임금, 수당, 상여금으로 이루어진다.

4.1 기준임금(기본급)

기준임금은 다시 직무급, 연공급, 직능급, 성과급으로 구성된다. 이에 대한 설명은 다음 [표 4-4]와 같다.

[표 4-4] 기준임금

구 분	내 용	사 례
직무급	기업 내 각 직무를 평가하여 상대적인 가치에 따라 임금을 결정한다. 구미 각국의 기업에서 주로 사용된다,	직책수당, 영업수당
연공급	근로자의 근속연수를 기준으로 임금을 차별화하는 제도로 한국, 일본에서 많이 사용된다.	호봉제, 정근수당
직능급	근로자의 직무수행 능력을 기준으로 임금을 결정한다. 일본에서 평생직장과 승진 정체에 따른 보완으로 사용되었다. 근속연수가 길지만, 승진이 힘든 생산직이나 기술직에서 많이 사용된다.	자격수당, 기술수당
성과급	근로자가 달성한 성과를 기준으로 임금액을 결정한다. 개인성과급과 집단성과급이 있다.	성과급, 인센티브

(1) 직책수당

사장, 팀장, 부장, 과장과 같이 단위조직의 책임자로 업무목표 달성을 위해 부하직원을 다수 관리하고, 관혼상제나 부하와의 인간관계를 형성, 유지하는 데 필요 불가결한 지출이 많다. 또한 관리자는 시간외근무를 많이 하면서 수당을 받지 못하는 경우가 일반적이므로 이에 대한 보상 차원에서 지급한다.

(2) 영업수당

영업사원의 주요 근무지는 사내가 아니라 고객이나 거래처가 있는 곳이다. 또한 고객과 관계를 형성하는 데 많은 어려움이 따른다. 이에 대한 보상 차원에서 지급한다.

(3) 호봉제

매년 호봉이 1호봉씩 증가하여 연공 효과를 준다. 호봉별로 기본급이 차등설정되고 매년 물가상승률 등을 반영하여 증액된다. 입사 후 최초 호봉은 경력이나 학력에 따라 다를 수 있다. 공무원들은 호봉제에 의한 기준임금을 받는다.

(4) 정근수당

기본급을 높게 설정하기 힘든 경우 보완방식으로 정근수당을 추가한다.

(5) 자격수당/기술수당

사회적으로 널리 인정된 특정 면허, 자격이나 기술을 가진 사원에게 지급된다.

(6) 성과급(인센티브)

조직구성원이나 집단이 달성한 성과에 따라 보상을 차등적으로 제공하는 보수 제도를 말한다. 즉 개인이나 집단이 수행한 작업성과나 능률을 평가해 그 결과에 따라 지급하는 보수로, 생산성을 높이려는데 주된 목적이 있다. 성과급 제도가 성공하기 위해서는 성과의 객관적 측정이 가능해야 한다.

다카하시 노부오는 그의 저서 '성과주의의 허상'에서 일이 금전을 얻기 위한 수단으로 변해버린다고 지적했다. 돈을 위해 일하다 보면 다하지 않을 뿐만 아니라 단기 목표만 집중하게 되어 본질적인 경쟁력이 떨어진다고 경고했다. 제프리 페퍼는 성과급제도 때문에 단기적인 성과에는 높은 관심을 보이지만 장기적인 회사의 경영계획에 무관심해진다고 주장했다.

상여금 또는 보너스는 급여 중 그 금액이 명시되거나 기본급의 몇 % 식으로 명확히 명시되어 법적인 구속력을 갖는다. 일한 기간만큼 일할 계산되어 반드시 지급되어야 하며 성과급처럼 성과나 이익 창출 등 조건도 붙지 않는다.

4.2 수당

수당은 기준임금 이외에 정기 또는 수시로 지급되는 금액을 말하며 크게 법정수당과 비법정수당으로 나뉜다.

[표 4-5] 수당의 종류

구 분	내 용
법정수당	근로기준법 등에 의해 법령에 따라 지급이 강제되는 수당으로 시간외근로 가산수당(연장, 야간, 휴일), 연차수당, 모성보호 수당(생리, 출산휴가), 휴업수당 등이 있다.
비법정수당	기업 내 단체협약이나 취업규칙에서 지급을 규정한 것으로 가족수당, 통근수당, 주택수당 등 그 형태가 다양하다.

(1) 법정수당

첫째, 시간외근로 가산 수당으로 연장 / 야간 / 휴일근로 가산수당이 있으며 [표 4-6]과 같다. 5인 이하 사업장은 적용되지 않는다.

[표 4-6] 시간외근로 가산 수당

구 분	적 용	지급방법
연장근로 가산수당	1일 8시간 이상 또는 1주 40시간 이상 연장 근로하는 경우 가산함	각각 시간당 통상 임금의 50%를 가산하여 지급
야간근로 가산수당	밤 10시부터 다음날 오전 6시 사이에 근무하는 경우. 야간에 연장 근로하였으므로 가산함	
휴일근로 가산수당	휴일(공휴일 기타)에 근로할 때 가산함	

둘째, 연차수당으로 회사는 근무조건을 충족하였을 때 연차휴가를 제공해야 하며 만일 휴가를 사용하지 않은 경우, 월 통상임금 × (8 / 209 시간) × 미사용 연차일수 만큼 지급한다. 1년 이상 근무 시 2년마다 1일씩 증가하며 최대 25일까지이다. 연차수당의 지급은 휴가 청구권이 소멸한 직후에 지급 하지만 근로계약 등에 따라서 소멸일 이후 첫 임금지급일에 지급할 수 있다.

[표 4-7] 연차휴가일

1년 미만	1년 이상	2년 ~	3년 ~	4년 ~	5년 ~	10년 ~	15년 ~	20년 ~	21년 ~
1개월당 1일	15일	15일	16일	16일	17일	19일	22일	24일	25일

셋째, 모성보호수당으로 여성인 근로자가 청구하는 경우 매월 1일의 무급으로 생리휴가(상시 4인 이하 사업장 미적용)를 제공한다. 취업규칙이나 단체협약으로 유급으로 정한 경우 1일급의 급여가 공제되지 않지만 그렇지 않은 경우 통상임금 1일분이 공제된다. 출산전후 휴가수당은 통상임금 기준 휴일을 포함해 90일간 유급휴가를 주어야 한다. 이 중 45일은 반드시 출산 후 배치한다. 모성보호수당은 휴가를 이용하는 것을 기본으로 사용하지 않는다고 추가로 수당이 지급되는 것은 아니다.

넷째, 휴업수당으로 사용자의 귀책 사유로 인하여 근로자가 근로를 제공할 수 없게 된 경우 휴업 기간 중 평균임금의 100분의 70 이상의 수당(이미 지급받은 임금을 뺀 금액)을 지급한다. 평균임금의 100분의 70에 해당하는 금액이 통상임금을 초과하는 경우 통상임금을 휴업수당으로 지급할 수 있다. 지급 시기는 특별한 규정은 없으나 일반임금에 대신하는 급여로 일반임금의 지급기일에 매월 1회 이상 지급해야 한다.

다섯째, 해고예고수당으로 사용자는 근로자를 해고(경영상 이유에 의한 해고를 포함한다)하려면 적어도 30일 전에 예고해야 하고, 30일 전에 예고하지 아니하였을 때는 30일분 이상의 통상임금을 지급한다. 사용자는 근로자를 해고하려면 해고 사유와 해고시기를 서면으로 통지해야 한다. 해고예고는 일용근로자로서 3개월을 계속 근무하지 아니한 자, 2개월 이내의 기간을 정하여 사용된 자, 월급근로자로서 6개월이 되지 못한 자(위헌판결받음), 계절적 업무에 6개월 이내의 기간을 정하여 사용된 자, 수습사원의 경우 적용하지 않는다.

여섯째, 청구권의 소멸시효로 법정수당 미지급 시 사용자는 처벌받게 되며, 임금채권과 마찬가지로 법정수당 청구권의 소멸시효가 3년이므로 사유 발생일로부터 3년 내 언제든지 청구할 수 있다.

(2) 비법정수당

비법정수당은 법적으로 강제되지 않지만, 단체협약이나 취업규칙 등에서 지급하도록 규정한 수당을 말한다.

[표 4-8] 비법정수당의 예

구 분	내 용
가족수당	결혼과 출산으로 늘어나는 부양가족의 생계를 지원하기 위한 것으로 부양가족별로 다른 금액을 지급하거나 동일한 금액을 가족 수에 따라 지급하기도 한다.
주택수당	근로자의 주거비용을 지원하기 위한 것으로 전세, 월세 자금의 일부를 지급하거나 무이자, 낮은 이자로 대여하기도 한다. 사택을 제공할 때는 따로 지급하지 않는다.
통근수당	통근에 필요한 비용을 지급한다. 매월 일정액을 통근보조비로 지급하거나 통근비용의 일부를 부담한다. 정기승차권을 무료로 제공하거나 통근버스를 제공하기도 한다.
식대	점심 식사 비용을 지급한다. 매월 일정액을 지급하거나 구내식당 등에서 무료로 제공하기도 한다.

구 분	내 용
지역(물가 보상) 수당	근무지별로 다른 물가로 인한 생활비의 차이를 지원한다.
정근 · 개근수당	결근, 지각, 조퇴, 개인적 외출이 적거나 없는 경우 지급한다.
벽지(단신 부임) 수당	전근을 명받았을 때 근무지가 지방에 위치하여 교육, 부모부양, 주택 등의 문제로 근로자 혼자 이사한 경우 생활비가 많이 들게 되므로 지원한다.
특수작업(위험) 소당	오염, 위험, 불쾌함 등을 수반하는 작업을 하는 직종에 대한 보상이다.

4.3 상여금

상여금은 매월 지급하는 임금 이외의 일정 기간별 또는 특정한 때에 사용자가 일시금으로 근로자에게 지급하는 금품이며, 명칭과 지급 방법도 다양하다.

4.4 급여명세서와 공제금액

월 근로를 한 경우 보통 매월 20일~말일 사이의 일정 시기에 급여를 받는다(그 시기가 토요일이나 휴일인 경우 전일에 지급). 급여에 기본급과 기본급을 보완하는 직책수당, 자격수당, 정근(근속)수당, 기타 비법정수당과 상여, 성과급, 시간외수당, 복리후생 차원의 급여(식대, 교통보조금)와 노사가 합의한 기타 지급항목이 포함된다.

급여의 원천징수항목은 근로소득세, 근로소득세의 10%인 지방소득세, 3대 보험 근로자 부담분, 기타 사내 공제금액, 가불(임시지급금), 재형저축 및 학자금대출 상환액, 기부금 등을 공제한다. 지급총액에서 공제총액을 차감한 금액(순지급액)이 급여통장에 입금된다.

202×년 **×월 급여(상여)명세서**

부서: 사번: 성명:

기본급	시간외수당	직책수당	자격수당	근속수당	가족수당	기타수당
상여	인센티브	식대	교통보조금	기타지급	지급총액	
근로소득세	지방소득세	재형저축	국민연금	건강보험	고용보험	복지기금
동호회비	가지급금	학자금대출상황	기부금	기타공제	공제총액	
순지급액						

○○주식회사

〈그림 4-1〉 급여명세서

4.5 비상시(지급기일 전의) 임금지급

근로자가 출산, 질병, 재해 등으로 비용에 충당하기 위하여 임금 지급을 청구하면 사용자는 지급기일 전이라도 이미 제공한 근로에 대한 임금을 지급해야 한다.

근로자나 그의 수입으로 생계를 유지하는 자가 출산하거나 질병에 걸리거나 재해를 당한 경우, 혼인 또는 사망한 경우, 부득이한 사유로 1주일 이상 귀향하게 되는 경우에도 지급된다.

5 복리후생

5.1 의의

기업이 근로자 또는 근로자 가족의 소비생활을 신체적, 정신적 또는 경제적으로 직접 지원하여 복지를 향상하는 모든 행위이다. 복리후생(fringe benefits)은 사용자의 온정적 정책에서 기업의 사회적 책임에 따라 사용자나 근로자단체가 주관하는 인적자원관리의 요소가 되었다.

임금이 통상 화폐에 의해 지급되기 때문에 근로자의 자기 소비 욕망을 충족하는 것인데 반해, 복리후생은 기업 측에서 소비 내용을 결정하는 경우가 대부분이다. 가령 사택이나 기숙사와 같은 주거시설은 회사 측의 주거정책에 의존하여 복리후생 혜택을 받게 된다. 또 임금은 기본적인 근로자 개별임금이며, 복리후생은 부가적인 집단임금이다.

5.2 내용

생활 지원 분야는 사택, 기숙사 등의 거주 설비와 급식, 샤워 · 목욕시설, 미용실 · 이발소, 매점, 세탁 등 여러 시설, 근로자 본인 또는 자녀 교육비 지원이다. 의료 지원 분야는 의무실 · 병원 · 구급실이다. 문화 오락 시설은 사내학교, 도서관, 독서실, 사보 등 문화시설, 동호회 지원, 오락실 · 영사실 · 운동장 등이다.

금융 지원 분야는 저축, 단체보험, 저리 대부금 등이다. 안전 위생 지원 분야는 휴식 설비, 탈의실 · 화장실, 조명 · 환기, 난방 · 냉방 등의 설비, 화재방지시설, 안전장치시설, 보호구이다. 경제 지원 분야는 공제제도이다. 기타 복리시설은 질병 및 재해수당 등의 보완적 복지, 심리 상담제도이다.

카페테리아 복리후생은 여러 가지 복리후생제도를 준비해 놓고 근로자들이 각자의 필요에 따라 일정 한도 내에서 선택적으로 이용한다.

5.3 효과

근로자는 사기 진작, 불만 원인 감소, 노사관계 개선, 고용안정 및 수입 증가, 기업의 경영방침에 대한 이해 증진 등에 효과적이다. 사용자는 생산성 향상, 원가절감, 사내 팀워크 개선, 인간관계 개선, 결근, 지각, 사고, 불만 및 노동 이동의 감소로 효율성을 제고할 수 있다.

6 임금피크제

6.1 의의

근로자의 정년보장이나 계속 고용을 위해 일정 나이를 기준으로 임금을 조정(보통 감축)하고 일정 기간의 고용을 보장 또는 연장하는 제도이다. 일자리 나누기인 워크셰어링(wok sharing)의 한 형태이다. 워크셰어링의 본래 개념은 노동자들의 시간당 임금을 삭감하지 않으면서 고용을 유지하는 대신 근무시간을 줄여 동료의 일자리를 창출한다.

6.2 유형

정년보장형은 현재의 정년을 보장하되 정년 이전부터 임금을 조정한다. 정년연장형은 현재의 정년을 연장하되 정년 이전부터 임금을 조정한다. 그리고, 고용연장형은 정년퇴직자를 계약직으로 재고용하되 정년 이전부터 임금을 조정한다.

6.3 효과

기존의 연공급제(호봉 승진제)는 고령자로 갈수록 급여와 퇴직금이 많아져 기업에서는 인건비 부담이 크다. 이에 따라 조기 퇴출과 같은 인사정책은 많은 경험을 가진 중장년 실업자를 양산하고 있다. 따라서 임금피크제가 인건비 부담 경감, 인사 적체 해소, 고용안정 등을 위해 도입되었다. 국내에서 2001년 신용보증기금을 시작으로 유사한 제도를 도입해 운용하고 있다.

임금피크제 도입 시 일정 나이에 도달하면 임금이 가장 높고 이후에 임금 인상률 둔화, 임금 단순 삭감, 변동급 삭감, 호봉승급 중단, 임금체계 변경 등을 활용하면서 감소한다.

임금피크제를 시행하면 50대 이상 계층의 실업을 어느 정도 완화할 수 있고, 기업 측에서도 인건비 부담을 줄일 수 있다. 또한 한 직종에서 평생을 보낸 고령층의 풍부한 경험과 노하우를 살린다는 장점도 있다. 하지만 고용주가 임금수준을 낮추는 편법으로 이용될 수 있고, 공기업에서 정년퇴직 고령자 구제 수단으로 악용될 수도 있다.

6.4 정년연장과의 관련성

'고용상 연령차별 금지 및 고령자 고용 촉진에 관한 법률'은 권고조항이던 정년을 의무조항으로 바꿔 60세로 연장하고, 2016년 1월 1일부터 공기업, 공공기관, 지방공기업, 상시근로자 300인 이상 사업장에 적용하며, 2017년 1월 1일부터 국가 및 지방자치단체, 상시근로자 300인 미만 사업장에도 적용하고 있다.

임금피크제 연계도 "노사 양측이 임금체계 개편 등 필요한 조치를 취해야 한다."로 의무화하고, 60세에 도달하지 않은 근로자를 특별한 사유 없이 해고할 경우 부당해고로 간주해 해당 사업주가 법적 처벌을 받도록 했다. 임금체계를 개편하는 과정에서 노사 간 의견이 일치하지 않아서 분쟁이 발생할 경우에 노동위원회의 조정을 받을 수 있다.

7 밀린(체불) 임금 받는 방법

7.1 임금채권

(1) 임금 등 금품 정산

사용자는 근로자가 사망 또는 퇴직한 경우에 그 지급 사유가 발생한 때부터 14일 이내에 임금, 보상금, 그 밖에 모두 금품을 지급 해야 한다. 다만, 특별한 사정이 있을 경우에는 당사자 사이의 합의에 따라 기일을 연장할 수 있다. 이 법에 따른 임금채권은 3년간 행사하지 않으면 소멸한다.

(2) 미지급 임금에 대한 지연이자

사용자가 지급할 임금 및 퇴직급여의 전부 또는 일부를 그 지급 사유가 발생한 날부터 14일 이내에 지급하지 않은 경우, 그 다음 날부터 지급하는 날까지 지연 일수에 대하여 연 20%(14일간은 10%)의 지연이자를 지급해야 한다. 사용자가 천재 · 사변, 그 밖에 법령으로 정하는 사유에 따라 임금 지급을 지연될 경우 그 사유가 존속하는 기간은 적용하지 않는다.

(3) 임금채권의 우선변제

우선변제 순위로 1순위는 최종 3개월분의 임금, 최종 3년간의 퇴직금과 재해보상금(최우선 변제권)이다. 2순위는 담보권에 우선하는 조세 · 공과금(당해 세금)이다. 3순위는 질권(質權) · 저당권 또는 담보권에 따라 담보된 채권(주로 금융회사 대출금)이다. 4순위는 3개월 초과 임금, 퇴직금 그 밖에 근로관계로 인한 채권(우선 변제권)이다. 그리고, 5순위는 조세 · 공과금 및 다른 채권이다.

7.2 고용노동부 지방고용노동관서 이용

(1) 진정 · 고소

사업장 소재지 관할 지방고용노동관서에 제기한다. 진정은 밀린 임금을 받을 수 있도록 해달라는 요구이고, 고소는 사용자를 근로기준법 위반으로 처벌해달라는 요구이다. 고발은 진정 · 고소인 외에 제3자가 처벌을 요구하는 것으로 지방고용노동관서나 기타 단체가 맡는다.

임금체불 사업주는 3년 이하의 징역 또는 2,000만 원 이하의 벌금형을 받을 수 있다. 반의사불벌[5]로 고소를 취하하는 경우 사업주 처벌은 하지 않으며, 추후 재신고(진정, 고소 · 고발)는 불가능하다. 사업주가 임금을 지급하지 않으면 근로자는 민사소송을 제기할 수도 있다.

5) 피해자가 가해자의 처벌을 원하지 않는다는 의사를 표시하면 처벌할 수 없는 범죄

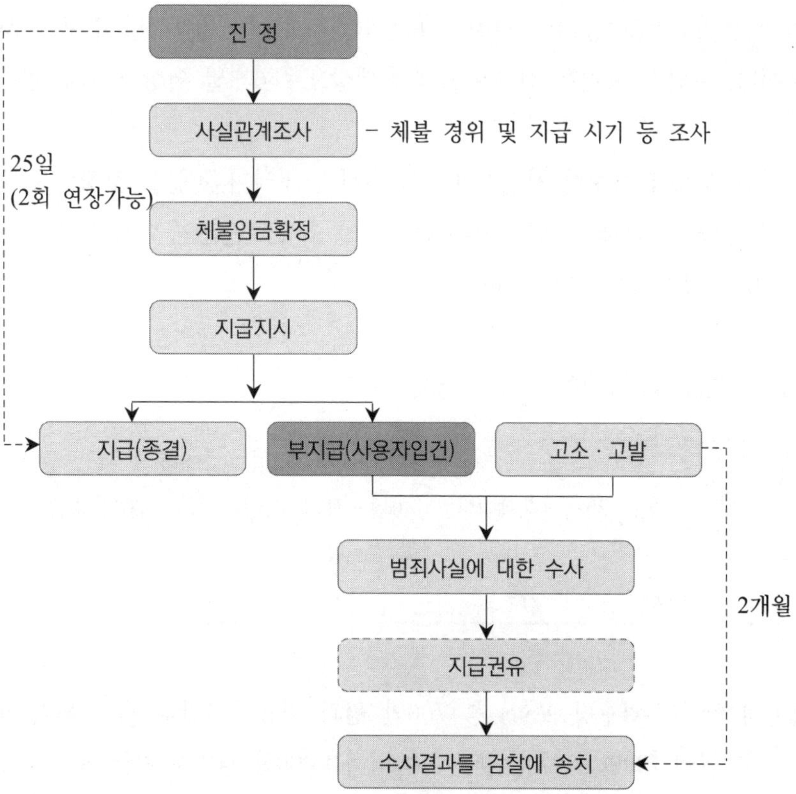

〈그림 4-2〉 진정, 고소 절차

(2) 체당금 신청

회사가 도산한 경우에 이용가능하다.

7.3 임금채권보전제도

기업이 도산하여 임금 · 휴업수당 및 퇴직금을 받지 못할 때 퇴직한 근로자에게 국가가 사업주를 대신하여 체불금품 중 일정 금액의 체당금(임금 · 휴업수당 및 퇴직금)을 지급한다. 국가는 근로자에게 지급한 체당금의 범위 내에서 근로자가 사업주에게 가지고 있던 미지급 임금 등의 청구권을 행사한다. 근로자가 퇴직한 날의 다음 날부터 1년 이내에 지방고용노동관서에 신청해야 한다.

기업이 법원에서 채무자 회생 및 파산에 관한 법률에 따른 파산의 선고, 회생절차 개시의 결정을 받았거나(재판상 도산), 300인 이하 사업주가 경영 악화 등으로 사실상 도산상태에 빠져 있다는 사실을 지방고용노동관서에서 확인받은 경우(사실상 도산)이다.

근로자 요건은 파산선고 등이나 사실상 도산인정 신청일 기준 1년 전부터 3년 이내에 퇴직한 경우이다. 사업주 요건은 산재보험 적용대상으로 6개월 이상 사업을 한 후 도산한 경우이다.

체당금의 지급 사유가 발생한 사업장에서 퇴직한 근로자가 지급을 보장받을 수 있는 임금채권의 범위는 '최종 3월분의 임금 · 휴업수당 및 최종 3년간의 퇴직금 중 미지급 금액'으로 나이에 따라 상한액이 설정된다.

[표 4-9] 체당금 지급 월정상한액

(단위 : 만원)

연 령 / 체당금	퇴직당시 연령				
	30세 미만	30세~40세 미만	40세~50세 미만	50세~60세 미만	60세 이상
임금, 퇴직금	각 220	310	350	330	230
휴업수당	154	217	245	231	161

최종 3월분의 임금(휴업수당 포함) 중 700만 원과 최종 3년간의 법정 퇴직금(90일분의 평균임금) 중 미지급액 700만 원이다. 합산하여 최대 1,000만 원까지 지급한다. 기업의 도산인정일(파산선고 등) 2년 이내에 관할 지방고용노동관서장에게 청구한다. 체당금 지급 대상 근로자 범위에 해당하는 경우에 근로복지공단에서 체당금을 근로자의 계좌에 입금한다.

7.4 민사소송 이용

체불임금에 대한 진정 · 고소해도 사업자가 임금을 지불하지 않는 경우나 임금채권보전제도가 적용되지 않는 경우 이용한다. 체불임금 구제에 필요한 정보를 수집한 다음, 무료 법률구조지원을 받아 사용자재산에 가압류를 신청하고 소액사건심판이나 민사소송으로 권리를 구제받을 수 있다. 민사소송에서 승소한 경우 강제집행을 통해 체불임금을 받는다.

〈그림 4-3〉 민사소송 절차

[표 4-10] 체불임금 구제에 필요한 정보

사업주 관련	밀린 임금액
- 성명(법인명 및 법인대표자) - 주소(주민등록번호), 전화(휴대전화)번호 - 사업장소재지, 상시근로자 수, 사업 종류 (생산제품)	- 임금 지급명세서(임금 봉투) - 임금 지급받은 예금통장(사본) 등
재산보유현황(민사소송에만 필요)	**기타 유용한 자료**
- 회사 제품의 납품처 등 - 사업주 소유부동산의 등기부등본 등	- 근로계약서 - 취업규칙 - 단체협약서

무료법률구조지원은 체불 당시 최종 3개월분의 월평균 임금이 400만 원 미만인 근로자를 대상으로 한다. 임금체불 근로자들이 사업주를 상대로 민사소송 절차를 통해 임금채권을 확보할 수 있도록 대한법률구조공단에서 임금 및 퇴직금 등의 소송을 무료로 지원한다.

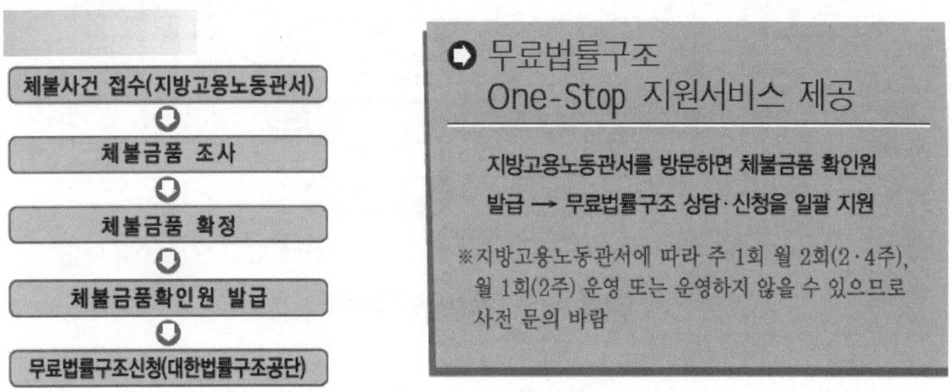

〈그림 4-4〉 무료법률구조지원

소액사건심판제도는 관할 지방법원 · 지원, 시 · 군법원에 제기한다. 소송비용이 저렴하고 대부분 1회의 변론으로 심리를 마치고 즉시 선고된다. 소송가액이 2,000만 원을 초과하지 않는 금전 등의 지급을 청구하는 사건이다. 소장(구술, 서면)이 접수되면, 2주일 이내의 기간을 정하여 이행권고 결정을 하거나 변론기일을 지정한다.

8 우리사주제도

8.1 의의

우리사주제도는 근로자로 하여금 우리사주조합을 통해 자기 회사의 주식을 취득 · 보유하도록 하는 제도로서 기업과 근로자의 이해관계 조화 및 공동발전에 기여하고 있다. 종업원주식소유제도(Employee Stock Ownership Plan: ESOP), 종업원지주제도 또는 종업원주식제도(Employee Share Scheme: ESS)라고 한다.

8.2 제도의 개요

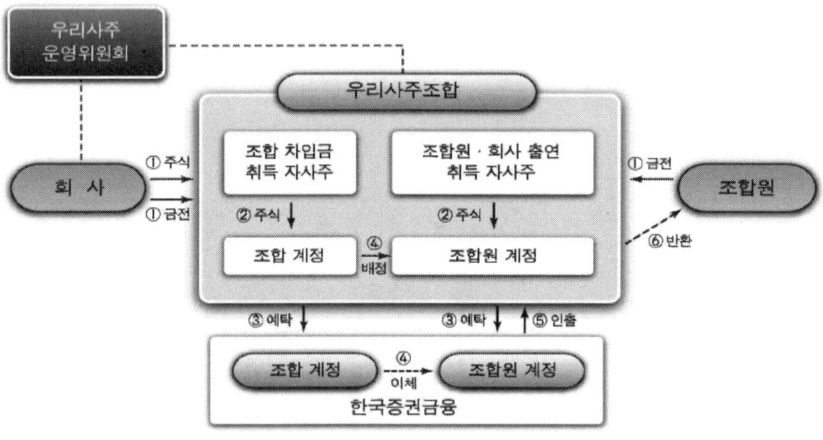

〈그림 4-5〉 우리사주조합제도

우리사주조합 설립 시 조합원은 회사의 모든 근로자 및 일정 요건의 지배 관계회사, 수급관계회사의 소속 근로자가 해당된다. 우선 배정주식의 청약(모집 · 매출 주식의 20% 한도), 우리사주매수선택권의 행사, 차입, 무상출연, 시장매입 등에 의해 취득한다. 조합은 취득한 우리사주를 일괄하여 취득 기준일로부터 1개월 이내에 수탁기관인 한국증권금융에 의무 예탁한다(1 ~ 8년).

우리사주 조합원이 보유하고 있는 우리사주는 조합해산 사유 발생, 의무예탁 기간 만료, 퇴직 시 인출한다. 우리사주조합은 조합원의 소득공제 및 소득세 비과세, 회사의 손비인정 등의 혜택이 있다.

8.3 도입 효과

조합원은 보유 주식에 대한 배당소득과 주식가치 상승으로 자본이득이 발생하여 임금소득 이외의 자본소득 증가로 재산형성에 도움을 받는다. 내부 감시자로써 건실한 기업 성장을 유인할 수 있고, 이를 통해 고용안정을 도모할 수 있다. 분사, 상속인의 기업 경영 포기 시 근로자의 기업 인수를 촉진하여 근로자의 일자리 보전에 기여한다.

회사 측면에서 우수 근로자의 유치 · 보존, 근로자에 대한 동기부여, 근로자의 주인의식과 애사심 고취 등으로 생산성 및 경쟁력 제고가 가능하다. 노사분규 예방 등의 협력적인 노사관계 형성에도 기여한다. 임금교섭의 탄력성 확보, 근로자에 대한 성과급으로 보유 중인 자사주를 활용 지급하여 자금 운용의 탄력성을 제고한다. 근로자의 주식 소유로 근로자가 내부감시자의 역할을 수행하여 지배구조 개선 효과를 가진다. 기업은 근로자 보유 주식을 우호 지분으로 활용하여 적대적 인수 · 합병(M&A)의 방지, 경영권 안정을 도모할 수 있다. 근로자가 신주를 인수하는 경우 기업의 자금조달에 기여할 수 있다.

한편, 비상장회사의 주주에게 주식의 환금성을 지원할 수 있는 내부 유통시장을 제공한다.

9 주식매수선택권

9.1 의의

기업이 근로의욕을 고취하기 위해 임직원들에게 일정 기간이 지난 후 회사의 자사 주식을 일정부분 매입 혹은 처분할 수 있도록 부여하는 권한으로, 스톡옵션(stock option)이라 한다.

주식매수선택권은 정관이 정하는 바에 따라 주주총회의 특별결의로 해당 법인의 설립 · 경영 · 해외 영업 또는 기술혁신 등에 기여하거나 기여할 수 있는 해당 법인 또는 해당 법인의 관계회사의 임직원에게 미리 정한 가격으로 해당 법인의 주식을 매수할 수 있도록 부여한 권리이다. 향후 기업가치가 상승하면 이에 기여한 임직원에게 기업가치의 증가분을 분배하기 위한 미래지향적 보상 수단이다.

9.2 부여 방식

주식매수선택권 부여 방식은 신주발행 교부, 자기주식 교부, 차액(시가 – 행사가격)의 현금 지급 또는 차액만큼 자기주식 교부 등 4가지가 있다. 부여 한도는 상장법인의 경우 발행주식총수의 10%(주주총회 특별결의로 부여할 경우) 이내이다. 행사가격은 시가와 액면가 중에서 높은 금액 이상으로 부여 주최가 결정할 수 있다. 행사 기간은 정관에서 정하는 기간으로서 부여일로부터 2년 이상 재임 · 재직한 경우에만 행사할 수 있다.

9.3 행사방식

장래에 사업이 성공했을 경우 주식을 액면가 또는 시세보다 훨씬 낮게 살 수 있는 권리를 미리 부여한다. 회사의 임직원은 자기회사 주식을 현 시가나 액면가에 구입해 향후 주가 변동에 따라 차익을 획득할 수 있다. 예를 들면, 2년 뒤 주식 1만 주를 현재 시세인 1만 원에 살 수 있는 스톡옵션을 받은 경우, 회사 경영이 잘 되서 2년 뒤 주가가 2만 원이라면 스톡옵션 행사로 1만 주를 1만 원에 사서 2만 원에 팔 수 있다. 주가가 1만 원 이하로 떨어지면 스톡옵션을 행사할 필요가 없다.

9.4 우리사주조합제도와의 비교

스톡옵션 제도는 직급이나 근속연수에 따라 부여하는 우리사주조합제도와 달리 철저히 능력 중심으로 근로의욕을 북돋워 기업을 활성화하는 인센티브 제도이다.

[표 4–11] 우리사주제와 주식매수선택권제의 비교

구 분	우리사주제(ESOP)	주식매수선택권제(Stock Option)
목적	• 근로자 재산 형성의 지원 • 근로자의 주인의식 함양과 동기부여	업적 연동하여 인센티브 제공
근거법	증권거래법, 소득세법 등	상법, 증권거래법, 조세감면규제법
시행가능사	상장법인, 비상장법인	상장법인, 비상장 / 일반법인, 벤처기업
대상	임원제외 모든 종업원, 관계회사 종업원	임원, 기술자, 영업사원

구 분	우리사주제(ESOP)	주식매수선택권제(Stock Option)
주식취득방법	• 조합결성 후 주식취득, 신주발행시 우선 배정 • 근속연수 기준 취득 가능 수량 결정	• 신주발행 교부 등 4가지 • 능력과 회사기여도에 따라 결정(주주총회 특별결의 – 회사와 임직원과의 약정 체결) • 옵션행사는 상법상 최소 2년 근무 후 행사
주식취득한도	모집 주식의 20%	• 상장 · 등록 : 발행주식총수의 20% • 비상장 · 일반 : 10% • 벤처기업 : 50% • 1인당 한도 : 10%(세제지원 요건일뿐)
취득주식처분 제한	1년간 증권금융에 의무 예탁	• 취득주식 처분에는 제한없음 • 조세감면특별법상 세제지원을 받기 위해 최소 3년 후(퇴직 후 3개월 이내) 행사
세제지원	시가와 취득가액 차액 비과세	양도소득세 • 상장 : 비과세 • 비상장 : 20%(중소기업 10%) 취득가액과 행사가액 차액 비과세

9.5 관련 규정과 세제

스톡옵션은 그동안 발행주식 총수의 10% 안에서 주주총회의 특별결의나 총 발행 주식의 1%~3% 범위까지 이사회 결의만으로 부여할 수 있다. 스톡옵션은 주주총회 혹은 이사회의 부여 결의 후 2년 이상 재직해야 이를 행사할 수 있으며, 사망 시 상속 이외는 타인에게 양도할 수 없다.

재직 중 스톡옵션을 행사한 경우 근로소득세로 종합소득세율(지방소득세 포함 6.6~49.5%)을 적용받고 퇴직 후 행사한 경우 기타소득세율(지방소득세 포함 22%)을 적용받는다. 이때 필요경비는 인정되지 않는다.

연습문제

1. 평균임금과 통상임금을 비교하여 설명하시오.

2. 기준임금의 종류와 그 특성을 설명하시오.

3. 임금피크제의 효과를 설명하시오.

CHAPTER 5 근로시간, 가산임금, 휴가, 모성보호제

학습목표

1. 여러 종류의 시간외근로 가산수당을 구별한다.
2. 탄력적 근로시간제와 간주근로시간제의 차이를 파악한다.
3. 휴게시간, 휴일과 휴가의 차이를 구별하여 파악한다.
4. 출산휴가, 배우자 출산휴가, 육아휴가를 구별하여 파악한다.

❖ Cinenomics 나는 나를 해고하지 않는다(I don't fire myself 2020)

'나는 나를 해고하지 않는다'는 제21회 전주국제영화제 배우상 수상작이다. 우리 시대에 가장 뜨거운 담론인 여성 근로자 보호와 정리해고의 비인간성 등의 메시지를 전하는 영화이다.

회사의 우수사원 이었음에도 권고사직 대상자로 하청업체 파견근로자가 된 정은의 상황은 노동자에 대한 우리 사회의 씁쓸한 단면을 보여준다. 그럼에도 굴하지 않고 자신의 자리를 지키기 위해 맞서는 정은과 그녀와 연대하는 막내를 통해 인간의 존엄을 확인할 수 있다.

영화의 배경은 정리해고가 만연하던 2010년대지만 청년 실업, 비정규직 등 고용불안은 오늘날도 지속되고 있다.

1. 정은은 여성 근로자임에도 지방 현장의 하청업체에 파견되어 고압선 전신주에서 위험한 작업을 하고 있다. 임신 중 또는 출산 후 1년 내의 여성 근로자가 아닐 경우에 여성근로자의 위험한 작업금지에 대한 규제를 확인하시오.
2. 직원의 자진 사퇴를 유도하기 위해 지방 전출, 파견근무, 위험업무 배정 등을 활용하는 인사관리행위는 정당한가?

1 근로시간

1.1 의의

근로자가 사용자의 지휘 · 감독 아래 근로계약상의 근로를 제공하는 시간을 말한다. 근로시간은 작업 개시부터 종료까지 휴게시간을 제외한 실근로시간을 의미한다. 그러나 근로시간은 사용자가 근로자의 노동력을 경제적 목적을 위하여 사용하였느냐 여부는 문제되지 않는다. 사용자의 지휘 · 감독하에 있는 시간을 기준으로 근로자가 그의 노동력을 사용자의 처분 하에 둔 시간이면 모두 근로시간이 된다.

2011년~2019년까지 국내에서 상용근로자 1인 이상 고용하는 전체 사업체의 월 평균 근로일수와 근로시간이다. 근로일수는 전반적으로 계속 감소하는 추세이고 월 20일의 주 5일 근무제가 보편화되었다. 근로시간은 월 163시간까지 감소했는데 2020년에 코로나사태의 영향과 주 12시간까지만 연장근로를 허용하면서 더욱 감소할 것으로 예상된다.

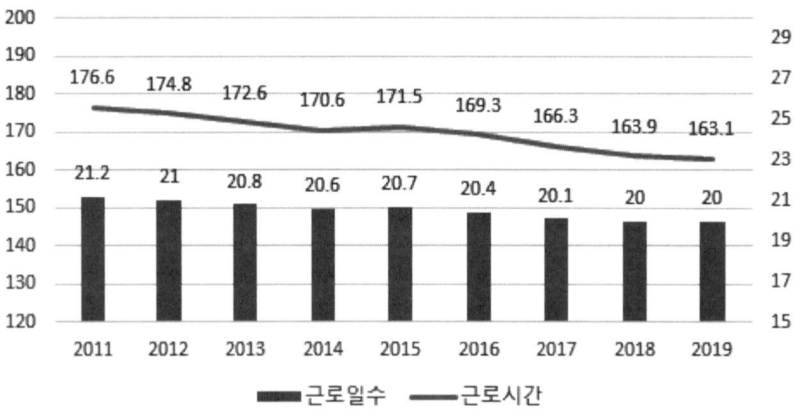

출처 : 고용노동부「사업체노동력조사」

〈그림 5-1〉 국내 전체 상용근로자의 월평균 근무 일수, 근무시간

1.2 근로시간 여부의 구체적 판단

(1) 실제 근로에 부수된 작업 및 활동

실제 근로에 부수된 작업이 단체협약 · 취업규칙 등에 의무화되어 있으면 이에 소요되는 시간도 근로시간이다.

(2) 대기시간

근로자가 근로시간에 작업에 종사하지 않은 대기시간이나 휴식 · 수면시간 등의 경우 휴게시간으로 근로자에게 자유로운 이용이 보장된 것이 아니다. 사용자의 지휘 · 감독하에 놓여 있는 시간이라면 근로시간에 포함해야 한다. 대법원의 기아자동차 판례에서 작업 중 10분 ~ 15분 대기시간은 근로시간으로 인정했다.

(3) 교육시간

교육이 소정근로시간 내외를 불문하고 사용자의 지시 · 명령에 따라 이루어지고, 그러한 지시 · 명령을 근로자가 거부할 수 없다면 근로시간이다. 그러나 운전면허증 소지자가 소양교육을 받아야 하는 것과 같이 개인적인 사유로 인한 교육은 근로시간에 포함되지 않는다.

1.3 근로조건 명시 방법

근로조건의 명시는 구두로 하여도 무방하지만, 서면으로 하는 것이 향후 분쟁을 줄일 수 있다. 일반적으로 미리 작성된 취업규칙에 특별한 사항만 근로계약서에 명시하는 방법을 택한다. 근로조건 중 임금뿐만 아니라 소정근로시간, 휴일, 연차유급휴가 등에 관한 사항도 서면으로 명시해야 한다.

근로계약 체결 시 근로조건을 명시하였다면 그 내용대로 근로계약이 성립되며 근로자가 그 내용을 몰랐더라도 근로계약의 무효를 주장할 수 없다.

근로조건이 명시되지 않았어도 근로자의 근로조건은 단체협약 또는 취업규칙에 의하여 정해지기 때문에 근로계약 자체는 유효하다.

1.4 법정기준근로시간

근로기준법에 따른 주 단위 및 1일 단위로 최저 근로조건의 기준근로시간이다. 1주간 기준근로시간은 휴게시간을 제하고 40시간을 초과할 수 없으며, 1일 근로시간은 휴게시간을 제하고 8시간을 초과할 수 없다.

'1주간'이라 함은 '달력상의 7일'을 의미하며 7일은 취업규칙 등에서 별도의 규정이 없는 한 특정일로부터 7일간이다. '1일'은 통상적으로 0시부터 24시까지를 의미하나 계속근로가 2일에 걸친 경우 날짜를 달리하더라도 하나의 근로로 보아야 한다. 이튿날 업무 시작 시각 이후의 근로는 전일 근로의 연장으로 볼 수 없다.

1주일 중 소정 근로일이 5일(통상 월~금요일)인 경우 근로기준법상 유급휴일은 1일(통상 일요일)이고, 나머지 1일(통상 토요일)은 노사가 별도로 정하지 않는 이상 무급휴무일이다.

특수한 기준근로시간으로 연소근로자(15세 이상 18세 미만인 자)의 근로시간은 1일 7시간, 1주일 40시간을 초과하지 못한다. 유해 · 위험작업으로 잠함 · 잠수작업 등의 고기압하에서 행하는 작업은 1일 6시간, 1주 34시간을 초과하여 근로할 수 없다(산업안전보건법 제46조, 동시행령 제33조).

기준근로시간 위반의 효과로 노사 간의 소정근로시간은 법정기준근로시간을 초과할 수 없으며, 소정근로시간이 법정기준근로시간을 위반한 경우에 그 위반된 부분은 무효가 되며, 사용자는 근로자에게 연장근로에 따른 가산임금을 지급해야 한다.

연장 가능 시간으로 여성을 포함한 일반 근로자는 1주당 12시간까지 연장근로가 가능하지만, 연소근로자는 1일 1시간, 1주 6시간까지 연장 근로시킬 수 있다. 임신 중인 근로자와 유해, 위험작업근로자는 연장근로를 금지하고있다. 산후 1년 미만 근로자는 [표 5-1]과 같이 일, 주, 연 단위로 연장 가능 시간에 제한이 있다.

야간, 휴일근로의 가능 시간은 기준 근로와 연장근로 가능 시간 내에서 결정된다. 유해, 위험작업근로자를 제외한 모든 근로자는 야간근로와 휴일근로가 가능하지만, 인정 여부는 남성 일반근로자를 제외하면 요건이 다 다르다.

[표 5-1] 법정기준근로시간

구 분	기준근로시간		연장 가능 시간	야간, 휴일근로
	1일	1주		
일반근로자	8시간	40시간	1주 12시간	제한 없음
연소근로자 (15세 이상~18세 미만)	7시간	40시간	1일 1시간 1주 6시간	본인의 동의+고용노동부장관의 인가
산후 1년 미만 여성 근로자	8시간	40시간	1일 2시간 1주 6시간 1년 150시간	본인의 동의+고용노동부장관의 인가
임신 중인 근로자	8시간	40시간	불가	본인의 명시적 청구+고용노동부장관의 인가
여성 근로자	8시간	40시간	1주 12시간	근로자의 동의
유해, 위험작업근로자	6시간	34시간	불가	

1.5 휴게시간

휴게시간은 근로자가 자유로이 활용할 수 있는 시간으로 실제 근로시간에 포함되지 않고, 임금도 지급되지 않으며 근로시간에서 제외된다. 작업상 대기하는 대기시간과 다르다. 휴게시간은 식사시간으로 사용하여도 무방하다.

근로시간이 4시간인 경우에 30분 이상, 8시간인 경우에 1시간 이상의 휴게시간을 근로시간 중에 주어야 한다.

휴게시간 중에 노동조합 활동을 하는 것이 제한을 받지 않는다. 다만, 다른 근로자의 휴게를 방해하거나 사용자의 시설관리권을 침해해서는 안된다.

1.6 연장근로

연장근로는 기준근로시간을 초과하는 근로를 말한다. 당사자 간에 합의하면 1주일에 12시간을 한도로 근로시간(탄력적 근로시간제의 주당근로시간 한계 2주 이내 48시간 / 3개월 이내 52시간)을 연장할 수 있고, 선택적 근로시간제의 정산 기간을 평균하여 1주일에 12시간을 초과하지 않는 범위에서 근로시간(주당 40시간, 일당 8시간 제한)을 연장할 수 있다.

사용자는 특별한 사정이 있으면 고용노동부 장관의 인가와 근로자의 동의를 받아서 근로시간을 연장할 수 있다. 다만, 사태가 급박하여 고용노동부 장관의 인가를 받을 시간이 없는 경우 사후에 지체 없이 승인을 받아야 한다. 고용노동부장관은 급박한 근로시간의 연장이 부적당하다고 인정하면 그 후 연장시간에 상당하는 휴게시간이나 휴일을 줄 것을 명할 수 있다.

상시 30명 미만의 근로자를 사용하는 사용자는 근로자대표와 서면으로 합의한 경우 연장된 근로시간에 더하여 1주일에 8시간을 초과하지 않는 범위에서 근로시간을 연장할 수 있다. 15세 이상 18세 미만의 근로자는 적용되지 않는다.

기준근로시간 이외의 근로라는 점에서 시간외근로라고 부른다. 연장근로는 통상임금의 100분의 50 이상 가산하여 할증임금을 지급한다. 사용자는 근로자대표와 서면합의로 연장근로에 대한 임금을 지급하는 것과 동일한 보상 휴가를 부여할 수 있다.

선택적 보상휴가제는 근로자대표와 서면합의가 있어야 하며, 이 요건을 갖추지 못하면 효력이 없다. 근로자대표는 근로자 과반수로 조직된 노동조합이나 근로자 과반수를 대표하는 근로자를 말한다.

보상휴가 부여 기준은 연장 · 야간 · 휴일근로에 대한 임금과 동등한 가치가 있어야 하므로 근로기준법의 가산임금까지 고려해야 한다. 따라서 휴일근로를 2시간 한 경우 가산임금을 포함하면 총 3시간분의 임금으로 3시간의 휴가가 발생한다. 연장 · 휴일 · 야간근로가 중복되었으면 각각의 가산임금을 포함하여 산정된 임금에 해당하는 휴가가 발생한다.

보상휴가제의 적용대상을 연장근로 등에 대한 가산임금을 포함한 전체 임금으로 할지, 가산임금 부분만 할지 노사의 서면합의로 정한다. 다만, 소정근로시간 중에 발생한 야간근로에 적용하는 것은 적절하지 않다.

휴가 부여 방법으로 소정근로시간 중에 부여되어야 한다. 휴가를 '시간' 단위로 부여할지 일단위로 부여할지 노사서면합의로 정한다. 부여되는 휴가는 유급으로 처리(월급에서 공제하지 않음)한다.

휴가를 사용하지 않을 경우 임금을 지급할 의무가 있다. 근로자가 휴가를 사용하지 않으면 그에 대한 임금이 지급되어야 한다. 연차유급휴가와 달리 사용자가 휴가사용 촉진조치를 통해 임금지급의무를 면제받을 수 없다. 임금청구권은 휴가를 사용할 수 없게 확정된 날의 다음 날부터 행사할 수 있다. 휴가를 전부 사용하지 못하고 퇴직하면 14일 이내에 잔여 휴가 분에 대한 임금을 청산해야 한다.

근로자와 사용자 간의 합의로 기준근로시간을 초과하여 하는 근로를 말한다. 당사자간의 합의가 있더라도 1주일에 12시간을 초과할 수 없다. 연소근로자는 1일 1시간, 1주에 6시간을 한도로 연장근로할 수 있다. 산후 1년 미만의 여성은 1일 2시간, 1주일에 6시간, 1년에 150시간을 초과하는 연장근로를 시키지 못한다.

근로기준법 기준근로시간 범위 안에서 사용자와 근로자 사이의 약정 근로시간을 초과하는 근로는 할증임금을 지급할 필요가 없다.

1.7 야간, 휴일근로

야간근로는 저녁 10시부터 다음날 아침 6시까지 사이의 근로를 말한다. 야간근로는 통상적인 시간(주간)의 근로에 비하여 근로자에게 피로를 가중하므로, 근로기준법은 야간근로에 대하여 통상의 근로보다 법정 할증률 만큼의 임금을 가산하여 지급하고 있다.

휴일근로는 근로자가 근로기준법이나 단체협약 또는 취업규칙과 근로계약상 휴일로 하게 되어 있는 날에 사용자가 근로를 시키는 것을 말한다. 근로자가 근로의무가 없는 날에 근로하기 때문에 통상의 근로보다 법정 할증률 만큼의 임금을 가산하여 지급하고 있다.

임산부와 연소근로자의 야간 · 휴일근로를 제한한다. 18세 미만의 연소근로자와 임산부는 원칙적으로 야간근로와 휴일근로를 시키지 못한다. 임신 중인 여성의 명시적인 청구가 있으면 야간근로와 휴일근로가 가능하다. 그러나 18세 이상의 일반여성은 본인의 동의만 있으면 야간근로와 휴일근로가 가능하다.

2 연장 · 야간 · 휴일근로 가산수당

2.1 법정 할증임금 지급

사용자는 연장근로와 야간근로, 휴일근로에 대하여 통상임금의 100분의 50 이상[6]을 가산해서 지급한다. 사용자는 근로자대표와 서면합의에 따라 연장근로 · 야간근로 및 휴일근로에 대하여 임금을 지급하는 것과 동일한 보상 휴가를 부여할 수 있다.

2.2 가산수당 사례

평일 연장근로는 평일 정상 근무시간 9시 ~ 오후 6시(중간 휴게 1시간 포함)라고 가정한 경우이다.

평일 연장근로(오후 6시 ~ 10시) =
통상임금(4시간 × 시간급) + 50%(연장근로 가산수당)

평일 야간근로(오후 10시 ~ 12시) =
통상임금(2시간 × 시간급) + 50%(연장근로 가산수당) + 50%(야간근로가산금)

토요일이 무급휴무인 경우 통상의 근로에 해당하므로 휴일근로수당은 해당 없다. 다만, 주 40시간 초과 시 연장근로수당을 지급해야 하며, 연장근로는 주 12시간으로 제한된다.

6) 8시간을 초과하는 휴일근로는 100분의 100을 가산하여 지급해야 함.

[표 5-2] 토요일(무급휴무인 경우) 근로에 대한 가산수당 정리

주중에 40시간을 근무한 경우	주중에 36시간을 근무한 경우
토요일 8시간 근로(9시 ~ 오후 6시) : 연장근로수당 = 통상임금(8시간 × 시간급) + 연장근로 가산수당(통상임금의 50%)	토요일 8시간 근로(9시 ~ 오후 6시)했을 때 : 임금 미지급분(4시간), 연장근로수당 = 통상임금(4시간 × 시간급) + 연장근로 가산수당(통상임금의 50%)
토요일 연장근로(오후 6시 ~ 10시) : 연장근로수당 = 통상임금(4시간 × 시간급) + 연장근로 가산수당(통상임금의 50%)	토요일 연장근로(오후 6시 ~ 10시) : 연장근로수당 = 통상임금(4시간 × 시간급) + 연장근로 가산수당(통상임금의 50%)
주 12시간 연장근로 제한	토요일 야간근로(오후 10시 ~ 12시) : 연장 + 야간근로수당 = 통상임금(2시간 × 시간급) + 연장근로 가산수당(통상임금의 50%) + 야간근로 가산수당(통상임금의 50%)

토요일은 무급휴무가 원칙이지만, 근무 제공 시 휴일근로 가산수당을 추가로 지급해야 한다. 일반근로자의 연장근로는 주당 12시간으로 제한되지만, 야간 · 휴일근무 시간의 제한이 없다.

[표 5-3] 토요일(무급휴일인 경우)과 일요일(유급휴일) 근로에 대한 가산수당 정리

토요일(휴일) 근로 (오전 9시 ~ 오후 10시)	휴일근로수당 = 통상임금(12시간 × 시간급) + 연장근로 가산수당(통상임금의 50%) + 휴일근로 가산수당(8시간은 통상임금의 50%, 추가 4시간은 통상임금의 100%)
토요일(휴일) 야간근로 (오후 10시 ~ 12시)	휴일, 야간근로수당 = 통상임금(2시간 × 시간급) + 연장근로 가산수당(통상임금의 50%) + 휴일근로 가산수당(8시간은 통상임금의 50%, 추가 4시간은 통상임금의 100%) + 야간근로 가산수당(2시간분 통상임금의 50%)

일요일은 유급휴일이므로 근로 미제공시도 유급 100%를 지급한다(월급에 포함됨). 근무로 근로제공 시 추가로 [표 5-3]과 같이 휴일근로수당을 지급해야 한다.

[표 5-4] 토요일과 일요일(주휴일인 경우) 근로에 대한 가산수당 총정리

토요일	일요일	근로 미제공시	근로제공시(오전 9시 ~ 오후 12시)
무급휴무*	–	무급(0%)	(오전 9 ~ 오후 6시) 8시간 통상 100% + 연장근로 50% (오후 6 ~ 10시) 4시간 통상 + 연장근로 50% (오후 10 ~ 12시) 2시간 통상 + 연장근로 50% + 야간근로 50%
무급휴일	–	무급(0%)	(오전 9 ~ 오후 6시) 8시간 통상 100% + 휴일근로 50% (오후 6 ~ 10시) 4시간 통상 + 휴일근로 100% + 연장근로 50% (오후 10 ~ 12시) 2시간 통상 + 휴일근로 100% + 연장근로 50% + 야간근로 50%
–	유급휴일	유급 (100%)	(오전 9 ~ 오후 6시) 유급, 8시간 통상 100% + 휴일근로 50% (오후 6 ~ 10시) 유급, 4시간 통상 + 휴일근로 100% + 연장근로 50% (오후 10 ~ 12시) 유급, 2시간 통상 + 휴일근로 100% + 연장근로 50% + 야간근로 50%

*무급휴무인 경유 휴일근무 가산수당은 해당 없음

2.3 포괄산정임금제

근로계약을 체결하면서 사용자는 근로자의 기본급을 결정하고 이를 기초로 연장, 휴일, 야간근로 등에 대한 임금 또는 가산수당을 합산하여 지급한다. 그러나 기본임금에 연장근로수당 등 제 수당을 포함하거나 매월 일정액을 제 수당으로 지급하는 내용의 계약을 체결해도 근로자가 불리하지 않다고 인정될 때 유효한 계약이다.

근로형태나 업무의 성질상 근로시간과 휴게시간이 불규칙하거나 근로자가 근로시간을 재량으로 결정할 수 있어 근로시간의 측정이 곤란하거나, 근로시간의 측정이 가능하더라도 근로 형태상 연장 · 야간근로 등이 당연히 포함된 경우에 포괄산정임금제를 적용할 수 있다.

사용자는 근로시간의 측정이 가능하더라도 계산의 편의와 근무 의욕 고취를 목적으로 근로자에게 연장근로 가산수당 등 제 수당을 일정액으로 지급할 수 있다. 미리 정한 일수 이상을 근로한 자는 연장, 야간 및 휴일근로로 인정하여 직급별로 일정한 금액을 지급하고, 정해진 근로일수보다 미달한 일수가 있으면 비례하여 해당 금액을 감하는 '근무수당'이 포괄임금제에 해당한다.

포괄산정임금제는 근로계약서, 취업규칙, 단체협약 또는 기타 '별도의 합의서'에 포괄산정 내역을 구체적으로 명시해야 한다. 단체협약이나 취업규칙에 연장근로 가산수당 등의 지급에 관한 규정이 있다면, 근로계약서나 별도합의서에 명시하더라도 포괄임금제도를 부

여하기 어렵다.

실근로시간의 측정이 어려워 당사자 합의로 포괄임금제를 도입한 경우, 근로자는 별도로 연장 · 야간 등의 가산수당을 청구할 수 없다. 포괄산정 임금이 실제로 근로한 시간에 대한 임금보다 적어도 사용자는 그 차액을 지급하지 않을 수 있다. 포괄임금제도는 그 요건이 충족되면 행정관청의 승인 · 허가 절차는 거치지 않아도 된다.

연장근로수당을 실제 근로시간 수와 관계없이 일정액을 지급하더라도 법정 근로조건의 적용을 배제할 수 없다. 따라서 일정액으로 지급되는 금액이 1주 단위로 12시간분의 연장근로 임금 및 가산수당에 해당하는 금액을 초과하거나 실제로 1주에 12시간을 초과하여 연장 근로하면 근로기준법을 위반하게 된다.

3 근로시간제 특례

3.1 탄력적 근로시간제

일정 단위 기간 내에 소정근로시간을 평균하여 주간 법정근로시간을 초과하지 않는 범위 내에서 단위 기간 내의 특정일 또는 특정주의 소정근로시간이 1일 또는 1주의 법정근로시간을 초과하더라도 그 초과 부분을 연장근로로 취급하지 않고 그에 대한 가산수당을 지급하지 않는다.

2주 이내 단위 탄력적 근로시간제는 2주간 이내의 일정한 단위 기간을 평균하여 1주일 근로시간이 40시간을 초과하지 않는 범위에서 특정주에 40시간, 특정일에 8시간을 초과하여 근로할 수 있다. 다만, 특정주의 근로시간이 48시간을 초과할 수 없다.

3월 단위 탄력적 근로시간제를 사용하려면 3월 이내의 단위 기간을 평균하여 1주간의 근로시간이 40시간을 초과하지 않는 범위에서 특정주 40시간, 특정일 8시간을 초과하여 근로할 수 있다. 다만, 특정주의 근로시간 52시간, 특정일의 근로시간 12시간을 초과할 수 없다. 사용자와 근로자대표가 필요한 사항에 대하여 서면합의를 해야 하며, 대상 근로자의 범위, 단위 기간(3월 이내의 일정한 기간), 단위 기간의 근로일 및 당해 근로일별 근로시간, 서면합의의 유효기간 등을 정해야 한다.

6월 단위 탄력적 근로시간제는 6개월 내 단위 기간의 주별 근로시간을 정하고 근로일 종료 후 다음 근로일 개시 전까지 근로자에게 연속하여 11시간 이상의 휴식 시간을 주어야 한다(천재지변 등 불가피한 사유가 있는 경우 근로자대표와 서면합의에 따른다).

사용자는 각 주의 근로일이 시작되기 2주 전까지 근로자에게 해당주의 근로일별 근로시간을 통보해야 한다.

3.2 선택적 근로시간제

일정 기간의 총 근로시간(계약 시간)을 정하고, 근로자가 그 범위 내에서 각 일의 시업·종업 시각을 스스로 결정하여 근로하는 제도이다. 근로자의 편의에 따라 근로시간을 배치하는 점에서 사용자의 편의를 위한 탄력적 근로시간제와 구별된다.

사용자는 취업규칙에 의하여 시업 및 종업시각을 근로자의 결정에 맡기기로 근로자대표와 서면합의하여 1월 이내(신상품 또는 신기술의 연구개발 업무의 경우에는 3개월로 함)의 정산 기간을 평균하여 1주일 근로시간이 40시간을 초과하지 않는 범위에서 1주일 40시간, 1일 8시간을 초과하여 근로할 수 있다. 선택적 근로시간제를 도입하는 경우에 사용자와 근로자대표는 대상 근로자의 범위, 정산기간, 정산기간의 총근로시간, 반드시 근로할 시간대를 정하는 경우 그 개시 및 종료시각, 근로자가 근로시간대를 정하는 경우에 그 개시 및 종료시각, 표준근로시간 등을 서면으로 합의해야 한다.

정산 기간이 1개월을 초과하는 경우 근로일 종료 후 다음 근로일 시작 전까지 근로자에게 연속하여 11시간 이상의 휴식 시간을 준다(천재지변 등 불가피한 사유가 있는 경우 근로자대표와 서면합의). 또한 1개월마다 평균하여 1주간의 근로시간이 40시간을 초과한 시간은 통상임금의 100분의 50 이상을 가산하여 근로자에게 지급한다.

선택적 근로시간제는 근로기준법 법정기준 근로시간을 적용하지 않는다. 시간외근로는 정산 기간에서 총 법정근로시간을 초과하여 근로한 시간이다.

[표 5-5] 탄력적 근로시간제와 선택적 근로시간제의 비교

구 분	탄력적 근로시간제	선택적 근로시간제
내용	단위 기간 내에 평균 근로시간이 법정근로시간 범위 내에서 단위 기간 내의 특정일/주의 근로시간이 1일/주의 법정근로시간을 초과하더라도 그 초과 부분을 연장근로로 취급하지 않음. 사용자의 편의 도모	일정 기간의 총 근로시간 내에서 근로자가 각 일의 시업·종업시각을 스스로 결정하여 근로하는 제도 근로자의 편의에 따라 근로시간을 배치함

구 분	탄력적 근로시간제	선택적 근로시간제
방법	• 2주 단위 : 취업규칙 • 3개월, 6개월 단위 : 근로자대표와의 서면합의	1월 이내의 단위 : 취업규칙에 의하여 정한 근로자에 대하여 근로자대표와의 서면합의에 의하여 1월 이내의 단위로 실시 3월 이내 단위 : 신상품 또는 신기술의 연구개발 업무의 경우로 위와 동일
최장 근로	• 2주 단위 : 1주 48시간 • 3, 6개월 단위 : 1일 12시간, 1주 52시간	제한 없음(1주 평균 40시간)
휴식 시간 부여	• 6개월 단위인 경우 근로일 종료 후 다음 근로일 개시 전까지 근로자에게 연속하여 11시간 이상의 휴식 시간을 부여	• 1개월 초과 3개월 단위였으면 근로일 종료 후 다음 근로일 개시 전까지 근로자에게 연속하여 11시간 이상의 휴식 시간을 부여
적용 제외	• 연소근로자(15세 이상 ~ 18세 미만) • 임신 중인 여성 근로자	연소근로자(15세 이상 ~ 18세 미만)
공통점	• 단위 기간 내에 평균 근로시간이 특정일 / 주의 근로시간이 1일 / 주의 기준근로시간을 초과하여 근로 • 기준근로시간 초과분에 대해 사용자의 가산임금 지급 의무 없음	

3.3 간주근로시간제

근로자가 출장 기타의 사유로 근로시간의 전부 또는 일부를 사업장 밖에서 근로하여 근로시간을 산정하기 어려운 때에 소정근로시간을 근로한 것으로 본다. 다만, 당해 업무를 수행하기 위하여 통상적으로 소정근로시간을 초과하여 근로할 필요가 있으면 그 업무의 수행에 필요한 시간을 근로한 것으로 본다. 또한 당해 업무에 관하여 근로자대표와 서면합의가 있는 때에 그 합의에서 정하는 시간을 그 업무의 수행에 필요한 시간으로 본다.

재량근로에 대한 간주근로시간은 그 수행 방법을 근로자의 재량에 맡길 필요가 있는 업무에 대하여 사용자가 근로자대표와 합의한 시간을 소정근로시간으로 보는 것을 말한다. 고도의 전문적 · 재량적 업무에 종사하는 자는 근로시간을 일률적으로 정하는 것보다 일정한 근로시간만을 근로한 것으로 보아 근로의 품질이나 성과로 보수를 정한다. 소정의 업무에서 노사 간 서면합의를 한 경우 근로자가 근로를 했을 때 그 합의에서 정한 시간을 근로시간으로 본다. 다만, 휴게 · 시간외 · 휴일근로 및 야간근로는 근로기준법을 그대로 적용한다.

사업장 밖의 근로에 대한 간주근로시간과 재량근로에 대한 간주근로시간은 사용자가 근로자대표와 합의한 시간을 그 근로시간으로 본다. 근로자대표는 당해 사업 또는 사업장에 근로자의 과반수로 조직된 노동조합이나 근로자의 과반수를 대표하는 근로자를 말한다.

3.4 공익근로사업의 특례

운수업, 의료업 등 공익성 사업에 대해 사용자가 근로자대표와 서면합의를 한때에 주 12시간을 초과하여 연장근로를 하거나 휴게시간을 변경할 수 있다. 공중의 편의나 업무의 특수성에서 주 12시간 연장근로를 획일적으로 적용하기 어려운 경우 최소한의 범위에서 일시적으로 연장근로와 휴게시간 변경을 허용한다. 근로일 종료 후 다음 근로일 개시 전까지 연속하여 11시간 이상의 휴식 시간을 주어야 한다.

대상 사업은 육상운송업(노선 여객 자동차 운송업 제외) 및 파이프라인 운송업, 수상운송업, 항공운송업, 기타 운송 관련 서비스업, 그리고 보건업이다.

근로시간을 연장하고 휴게시간의 변경은 근로자대표와 서면합의를 해야 한다. 근로자대표는 당해 사업 또는 사업장에 근로자 과반수로 조직된 노동조합이나 근로자 과반수를 대표하는 근로자이다.

특례의 적용으로 연장근로 한도가 적용 배제되어 12시간 연장근로 제한이 적용되지 않아서 12시간을 초과하여 연장근로 할 수 있다. 다만 가산임금은 지급해야 한다.

특례를 적용하더라도 연장근로 가산임금, 야간근로 가산임금, 휴일, 휴가 관련 근로기준법 관련 조항들은 유효하다.

4 휴일

4.1 의의

휴일은 계속적인 근로관계에서 법이나 단체협약 또는 취업규칙이 정하는 바에 따라 근로 제공 의무가 없는 날이다. 휴일은 사용자의 모든 지휘 · 감독에서 이탈되는 점에 휴가와 유사하다. 휴가는 본래 근무일인데도 불구하고 근로 제공 의무가 면제되지만 휴일은 처음부터 근로 제공 의무가 없다. 본래 근무일이 아니라는 점에서 휴무일과도 다르다. 휴일은 노동법에서 정하고 있는 법정휴일과 단체협약이나 취업규칙, 근로계약에서 정하고 있는 약정휴일이 있다.

4.2 법정휴일(주휴일)

법정휴일은 근로기준법상의 주휴일, 법정공휴일과 근로자의 날 제정에 관한 법률에 따른 근로자의 날이 있다. 사용자는 근로자에 대하여 1주일에 평균 1회 이상의 유급휴일을 주어야 한다. 주 1회의 유급휴일을 가질 수 있는 자는 1주간의 소정의 근로일수를 개근한 자에 한한다. 주휴일은 반드시 일요일에 줄 필요는 없으며 매주 일정한 요일에만 주면 된다. 단체협약이나 취업규칙에서 정한 경우 특정된 주휴일도 근로자의 사전 동의에 의해 다른 날로 대체할 수 있다. 주휴일에서 1일은 오전 0시부터 오후 12시까지의 1일 만이 아니고 계속 24시간만 확보되면 무방하다고 본다.

토요일은 노사 간의 약정에 의해 유급으로 정할 수도 있고 휴일로 정할 수도 있다. 다른 규정이 없으면 토요일은 무급휴무일로 본다.

4.3 약정휴일

사용자는 근로자에게 법정휴일 이외에 단체협약이나 취업규칙 등에서 별도의 휴일을 부여할 수 있다. 그 휴일이 유급 또는 무급인지는 노사당사자의 약정에 따른다.

4.4 휴일 근무

휴일은 근로 제공 의무가 없는 날이기 때문에 사용자는 임의로 이를 변경하거나 폐지할 수 없다. 근로자의 동의가 없는 한 사용자는 휴일근로를 시킬 수 없다. 휴일근로에 대하여는 100분의 50 이상의 가산임금을 지급해야 한다.

5 휴가

본래 근로의무가 있는 날이지만 근로자의 휴가 청구에 의해 근로의무가 면제된 날이다. 휴가는 근로기준법에서 정하고 있는 법정휴가와 단체협약, 취업규칙, 근로계약에서 약정한 약정휴가가 있다.

5.1 약정휴가

약정휴가는 노사 간에 단체협약, 취업규칙 등으로 약정한 휴가를 말한다. 통상적으로 경조사 휴가가 이에 해당한다. 이러한 약정휴가를 어떤 것들로 구성할 것인가, 유급 또는 무급으로 할 것인가 등의 문제는 노사 간 약정결과에 따른다.

5.2 법정휴가

법정휴가는 근로기준법의 규정에 따른 휴가로서 연차휴가, 생리휴가, 산전 · 후 휴가 등을 말한다. 사업 또는 사업장에서 무급 생리휴가를 노사 간에 약정하거나 월차휴가를 약정한 경우에 약정휴가가 된다.

5.3 유급휴가의 대체

사용자와 근로자대표의 서면합의에 의하여 연차유급휴가일은 특정 근로일에 근로자를 휴무시킬 수 있다.

5.4 연차유급휴가

근로자가 1년간 일정비율 이상 출근한 경우에 일정 기간 근로의무를 면제하며 건강을 유지하고 사회적 · 문화적 시민 생활을 누리도록 인정하는 휴가이다. 근로기준법은 연차휴가를 보장하고 그 벌칙 규정을 두어 이행을 강제하고 있다.

연차유급휴가는 1년간 8할 이상 출근한 근로자에 대하여 15일의 유급휴가를 주어야 하며, 계속근로연수가 1년 미만인 근로자는 1월간 개근 시 1일의 유급휴가를 주어야 한다. 근로자의 최초 1년간 근로에 대하여 유급휴가를 주는 경우에 매월 개근 시 1일의 연차휴가를 포함하여 15일로 하고, 근로자가 매월 개근 시 발생한 연차휴가를 사용한 경우에 그 사용한 휴가 일수를 15일에서 공제한다.

3년 이상 계속 근로한 근로자는 매년 8할 이상 출근하여 발생한 연차휴가일수에 최초 1년을 초과하는 계속근로연수 매 2년마다 1일을 가산한 유급휴가를 주어야 한다. 이 경우 가산휴가를 포함한 총 휴가일수는 25일을 한도로 한다. 근로자가 업무상의 부상 또는 질병으로 휴업한 기간과 산전 · 산후의 휴가기간은 출근으로 인정한다.

[표 5-6] 연차휴가일

1년 미만	1 ~ 2년	3 ~ 4	5 ~ 6	7 ~ 8	9 ~ 10	11 ~ 12	13 ~ 14	15 ~ 16	17 ~ 18	19 ~ 20	21 ~
1개월당 1일	15일	16일	17일	18일	19일	20일	21일	22일	23일	24일	25일

연차휴가의 시기 지정권과 시기 변경권은 근로자의 청구가 있는 시기에 주어야 하며, 그 기간은 취업규칙이나 그 밖의 정하는 통상임금 또는 평균임금을 지급한다. 다만, 근로자가 청구한 시기에 휴가를 주는 것이 사업 운영에 막대한 지장이 있는 경우에 그 시기를 변경할 수 있다.

연차휴가는 1년간 행사하지 않을 때는 소멸한다. 사용자의 귀책사유로 사용하지 못한 경우에는 소멸하지 않는다. 일정한 경우에는 미사용한 연차휴가가 보상도 없이 소멸할 수 있다.

연차 유급휴가의 사용을 촉진하기 위하여 연차휴가가 끝나기 6개월 전 기준으로 10일 이내에 사용자가 근로자별로 미사용 휴가일수를 알려준다. 근로자는 그 사용 시기를 정하여 촉구 받은 날로부터 10일 이내에 미사용 휴가의 전부 또는 일부의 사용 시기를 정하여 통보한다. 연차휴가 끝나기 2개월 전까지 사용자는 미사용휴가의 사용 시기를 정하여 근로자에게 서면으로 통보해야 한다. 그래도 근로자가 사용하지 아니하여 소멸한 경우, 사용자는 그 미사용휴가에 대하여 보상할 의무가 없으며, 사용자의 귀책 사유에 해당하지 않는다.

6 여성 근로자 보호

6.1 임신 · 출산여성 보호

(1) 생리휴가

사용자는 여성인 근로자가 청구하는 때에 월 1일의 생리휴가를 주어야 한다. 생리휴가의 사용 시기는 월중 생리현상이 있는 시기에 1일을 사용한다. 생리휴가일은 사실상의 생리 여부에 따라 부여되는바, 실제 생리 기간이 아닌 날에 사용할 수 없다. 사용 시는 사용자에게 사전 통보해야 한다.

생리휴가는 사실상의 생리현상에 따라 부여하는 것이므로 월차유급휴가 등과 달리 합산 · 분할하여 사용할 수 없다. 사용자가 생리휴가를 사용하도록 적극적으로 권고하였음에도 근로자가 자유의사로 사용하지 아니한 경우 휴가사용권은 소멸한다.

사용자는 근로자의 자유로운 생리휴가 사용을 보장하고, 사전 휴가계 제출 의무화, 생리휴가 가능 요일의 지정, 특정일에 대체 휴무시키는 행위 등을 할 수 없다. 만약 위반 시 500만 원 이하의 벌금을 부과한다.

(2) 임산부 보호

사업주가 임신근로자의 통보, 체형의 변화, 건강진단, 고충 처리 중의 인지 등으로 근로자의 임신 사실을 알게 된 때부터 임산부 보호 규정 준수 여부를 판단한다.

임산부가 도덕상 또는 보건상 유해, 위험한 사업에 노출되면 여성의 모체뿐 아니라 태아에게 치명적 해를 끼칠 수 있고, 수유를 통하여 신생아 건강에 나쁜 영향을 미칠 수 있는 직종은 취업을 금지하고 있다. 산후 1년이 경과되지 아니한 여성과 임산부가 아닌 18세 이상의 여성도 규정을 적용한다.

임산부는 시간외 근로를 제한한다. 과중한 근로는 산모 및 태아의 신체적, 정신적, 부담을 줄 수 있으므로 시간외 근로를 시킬 수 없다. 산후 1년이 경과되지 않은 여성은 2시간 / 일, 6시간 / 주, 150시간 / 연 한도 이내에서 시간외근로가 가능하다. 일반여성의 시간외 근로는 일반남성근로자와 동일하게 12시간 / 주 한도 이내에서 가능하다.

임산부는 야간 · 휴일 근로를 원칙적으로 금지하고, 요건을 갖춘 경우에만 예외적으로 허용된다. 야간 · 휴일근로는 생체주기를 깨뜨려 임산부의 건강 및 태아에게 부정적 영향을 줄 수 있으므로 꼭 필요한 업무에 한하여 고용노동부장관의 인가를 받아야 시킬 수 있다. 예외적으로 임신 중인 여성은 '근로자의 명시적인 청구 + 근로자대표와의 협의 + 고용노동부장관의 인가'를 받으면 가능하다. 산후 1년이 지나지 않은 여성은 근로자의 '동의 + 근로자대표와의 협의 + 고용노동부장관의 인가'에 의하여 가능하다. 개별 근로자의 선택권을 박탈하지 않은 상태에서 당해 사업장에 근로자의 과반수로 조직된 노동조합이나 집단의사 결정 방식에 의한 회의, 기타 이에 준하는 방법에 따라 해당 근로자 과반수의 동의로 하는 것도 가능하다.

임산부가 요청하면 하던 업무를 가벼운 일로 전환할 수 있다. 임신으로 통상하던 작업을 수행하기 어려운 경우에 업무 강도 조절을 사업주에게 요청할 수 있다. 사업주는 특별한 사유가 없는 한 가벼운 일로 전환해 주어야 한다. 근로자가 요구하지 않은 경우 사용자가 종래의 업무에 그대로 근무하는 것은 위법이 아니다.

(3) 태아검진시간

사용자는 임신한 여성 근로자가 '모자보건법' 따른 임산부 정기건강진단을 받는 데 필요한 시간을 청구하는 경우 이를 허용해야 한다. 사용자는 '근로기준법'에 따른 건강진단 시간을 사용할 때 그 근로자의 임금을 삭감해서는 안된다.

(4) 출산전후 보호

출산 전 태아의 순조로운 발육과 출산 후 소모된 모체의 회복을 위하여 90일간(다태아는 120일)의 휴가가 부여되며 임신한 여성 근로자는 정규직, 단시간근로자 등 비정규직 근로자, 근속기간에 상관없이 사용할 수 있다. 출산 후 45일(다태아는 60일) 이상이 되도록 배정, 분할 사용한다. 출산 후에 받는 휴가가 45일(다태아는 60일) 이상이 되도록 날짜를 배정해야 한다. 해당자는 분할 사용할 수 있다.

출산전후 휴가기간 중 근로자의 소득보전을 위하여 60일분은 사업주가, 30일분은 고용보험에 출산전후휴가 급여를 신청하면 급여를 지급한다. 단, 우선 지원대상기업은 고용보험에서 90일분을 지급한다(60일간 매월 135만 원 한도 + 30일간 월 135만 원). 근로자의 통상임금이 이 금액을 초과했을 때 초과분은 사업주가 지급한다.

모든 여성 근로자가 출산전후휴가를 사용할 수 있으나, 출산전후휴가 급여대상자는 휴가가 끝난 날 이전에 피보험단위기간(고용보험에서 보수 지급의 기초가 된 날을 의미)이 통산하여 180일 이상이어야 한다. 피보험단위기간은 현 사업장뿐만 아니라 이전 사업장 경력을 통산하여 계산한다. 구직급여를 수급한 적이 있는 경우에 그 이후부터 계산한다. 또한 근로자의 피보험단위기간이 부족하여 고용센터에서 급여를 받지 못할 때 사업주가 2개월간 임금을 지급해야 한다.

출산전후 휴가기간과 그 후 30일간은 해고할 수 없다. 결혼, 임신 또는 출산을 퇴직 사유로 예정하는 근로계약을 할 수 없다. 결혼, 임신, 출산이 해고 사유 또는 퇴직 사유가 될 수 없다. 근로자가 출산전후휴가를 신청한 경우 반드시 휴가를 부여해야 한다. 이를 위반하면 2년 이하의 징역 또는 1천만 원 이하의 벌금이 부과된다.

(5) 유산 · 사산휴가

원칙적으로 자연유산인 경우에만 임신기간에 따라 차등 부여된다. 인공임신중절인 경우 모자보건법에 의하여 허용되는 경우만 보호 휴가의 부여대상이고, 나머지는 휴가 부여대상에서 제외된다.

근로기준법상 1인 이상 근로자를 사용하는 사업장에 종사하는 여성 근로자는 근로계약의 형태(정규직, 비정규직 등)와 관계없이 누구든지 청구하여 사용할 수 있다.

휴가 일수는 임신기간에 따른 건강회복 정도의 차이에 따라 단계별로 보호 휴가를 부여한다. 휴가기간은 유산 또는 사산한 날부터 기산하므로 근로자가 유산 또는 사산한 날 이후 일정한 기간이 지나서 청구하면 그 기간만큼 휴가기간이 단축된다.

유산 · 사산휴가는 근로자의 명시적 청구가 있는 경우에 한하여 부여하되, 사용자가 보호 휴가를 부여하지 않을 경우에 출산전후휴가 벌칙규정과 동일하게 적용된다(2년 이하의 징역, 1,000만 원 이하의 벌금). 근로자가 유산 · 사산한 사실을 의료기관의 진단서에 의해 입증해야 한다. 의료기관이 아닌 곳에서 유산 또는 사산한 경우라도 의료기관의 진단서가 필요하며, 진단서를 첨부하지 못할 경우 사업주가 유산 · 사산휴가를 부여할 의무는 없다.

유산 · 사산휴가 시 급여는 출산전후 휴가와 동일한 기준에 의하여 지급한다. 우선지원 대상기업은 휴가 기간 90일 모두 고용보험에서 급여를 지급하므로 사용자 부담 없다. 다만, 통상임금이 135만 원을 초과하는 경우 유급휴가 기간(최초 60일)에 그 차액을 지급한다. 휴가 기간 중 최초 60일은 사용자, 60일을 초과하는 30일은 고용보험에서 지급한다.

(6) 수유희망여성 보호

생후 1년 미만의 유아를 가진 여성 근로자에게 1일 2회 각 30분 이상의 유급 수유 시간을 부여한다. 영아의 건전한 발육을 위하여 수유가 필요한 여성은 휴게시간과 별도로 수유 시간이 보장된다.

노사가 합의하여 근무시간 중 또는 출퇴근 시간을 조정할 수 있다. 노사당사자의 합의가 있다면 나누어서 활용하거나 1일 1회 1시간을 사용할 수 있다.

(7) 육아기 보호

만 8세 이하 또는 초등학교 2학년 이하의 자녀를 가진 남녀 근로자를 보호하기 위한 것이다. 육아휴직은 최고 1년까지 부여된다. 육아 문제로 퇴직하는 것을 방지하고 근로자 신분을 유지하면서 휴직할 수 있도록 남녀 근로자에게 육아휴직이 보장된다.

육아휴직 기간 동안에 필요한 최소한의 경비가 지급된다. 육아휴직 기간은 무급이지만, 월 통상임금의 40%(상한액 100만 원 하한액 50만 원)의 육아휴직급여를 지급하고 있다. 육아휴직급여와는 별도로 사업주에게도 육아휴직부여장려금(월 10~20만 원) 및 출산육아기 대체인력지원금(월 30~60만 원)이 지급된다.

육아휴직을 실시하더라도 신분상 불이익은 없다. 육아휴직 후 복직이 보장되며, 사업주는 육아휴직을 이유로 해고, 정직, 배치전환, 승급정지, 전보 등 불이익한 처우를 할 수 없다.

(8) 배우자 출산휴가

배우자의 출산 시 남성근로자가 사용할 수 있는 휴가제도이다. 배우자 출산휴가는 3~5일 사용이 가능하다. 사업주는 최소한 3일 이상 배우자 출산휴가를 주어야 한다. 근로자가 사업주에게 출산한 날부터 30일 이내에 신청해야 한다. 출산일 이후에 사용하는 것이 일반적이지만 배우자 출산휴가 기간에 출산일이 포함된다면 출산일 전에 시작하는 것도 가능하다. 원칙적으로 연속하여 사용해야 한다. 배우자 출산휴가는 휴일도 사용일수에 포함된다. 따라서 금요일에 3일을 신청하면, 금 / 토 / 일 3일이 부여된다. 근로자는 출산일로부터 30일 이내에 배우자 출산휴가를 신청할 수 있다.

배우자 출산휴가 기간 중 최초 3일은 유급이다. 근로자가 휴가를 사용하지 않은 경우 유급 3일에 대하여 별도의 보상은 없다.

사업주는 근로자가 배우자 출산휴가를 신청한 경우 거부할 수 없으며, 이를 위반한 경우 500만 원 이하의 과태료가 부과된다.

6.2 육아여성 보호

(1) 육아휴직급여

육아휴직급여는 육아휴직을 30일 이상 부여받은 근로자에게 지급한다. 육아휴직은 만 8세 이하 또는 초등학교 2학년 이하의 자녀가 있는 경우 최대 1년 동안 사용할 수 있다. 육아휴직 전 통상임금의 40%를 지급하되(상한액 100만 원, 하한액 50만 원), 육아휴직급여의 25%는 직장 복귀 6개월 후에 지급한다.

육아휴직급여를 받기 위해서 연속적으로 30일 이상의 육아휴직을 해야 하고 고용보험 피보험 단위 기간이 180일 이상이어야 한다. 엄마가 육아휴직을 사용한 후에 같은 자녀에 대해 아빠가 육아휴직을 사용하면, 아빠의 첫 3개월 육아휴직 급여는 통상임금의 100%(최대 150만 원)를 지원한다. 육아휴직급여 신청은 육아휴직 개시예정일 30일 전까지 해야 한다.

육아휴직기간 중에 회사를 퇴사 · 이직한 경우 그 전일 까지만 육아휴직급여를 지급한다. 사업주에게 육아휴직에 따른 금품을 받은 경우 급여를 감액하여 지급한다. 육아휴직급여를 거짓 혹은 부정한 방법으로 받았거나 받으려고 한 경우 육아휴직급여를 지급하지 않는다. 단, 그 이후 새로이 육아휴직급여 요건을 갖춘 경우 새로운 요건에 의하여 육아휴직급여를 지급한다.

(2) 육아기 근로시간 단축제도

육아기 근로시간 단축제는 전일제 육아휴직 대신에 주15 ~ 30시간 근무할 수 있다. 육아기 근로시간 단축은 만 8세 이하 또는 초등학교 2학년 이하의 자녀에 대해서 가능하며 최대기간은 2년이다. 육아휴직과 육아기 근로시간 단축을 합하여 1년을 초과할 수 없다.

[표 5-7] 전일제 육아휴직과 육아기 근로시간 단축제의 비교

구 분	전일제 육아휴직	육아기 근로시간 단축제
대 상	만 8세 이하 또는 초등학교 2학년 이하의 자녀가 있는 근로자가 신청	
급 여	육아휴직 전 통상임금의 40%를 지급(상한액 100만 원, 하한액 50만 원) 하되, 급여 중 일부(15%)는 직장 복귀 6개월 후에 지급단, 실수령액이 월 50만 원 미만이면 50만 원 지급	통상임금의 60%(150만 원 상한) × 근로시간 단축비율
지원금	• 육아휴직 · 육아기근로시간단축 장려금 지급 • 신규로 대체인력을 채용한 경우 대체인력채용장려금 지급	
거부시	5백만 원 이하 벌금	5백만 원 이하 과태료
보호규정	• 불리한 처우 및 해고 금지 (징역 3년, 2천만 원 벌금) • 종료 후 원직복귀(5백만 원 벌금) 평균임금 계산 시 제외	• 불리한 처우 및 근로조건 저하 금지(징역 3년, 2천만 원 벌금) • 종료 후 원직복귀(5백만 원 벌금) • 평균임금 계산 시 제외 • 근로조건 서면규정(5백만 원 과태료) • 연장근로 제한(1천만 원 벌금)

전일제 육아휴직의 1회 분할사용, 육아기 근로시간 단축의 1회 분할사용 혹은 육아휴직과 육아기 근로시간의 혼합사용을 할 수 있다. 육아휴직급여는 육아휴직을 한 번에 30일 이상을 해야 지급한다. 사용방식으로 전일제 + 전일제, 단축제 + 단축제, 전일제 + 단축제, 단축제 + 전일제 등이다.

6.3 일과 가정 양립 여성 보호

가족돌봄휴직은 가족(부모, 자녀, 배우자, 배우자의 부모)이 질병, 사고, 노령으로 돌봄이 필요한 경우에 사용할 수 있다. 사업주가 거부할 수 있는 사유에 해당하지 않아야 한다.

사용 기간은 연 90일을 사용할 수 있으며, 1회 사용 시 최소 30일 이상을 사용 해야 한다. 1년에 90일을 사용하였더라도 다음 해에 또 90일 사용할 수 있다. 1년 기준은 입사일, 회계연도 등 회사 사정에 따라 정할 수 있으나, 특별한 규정이 없으면 근로자의 입사일을 기준으로 한다.

거부 사유는 근로자의 계속 근로기간이 1년 미만, 근로자 외에 다른 가족이 돌봄이 필요한 가족을 돌볼 수 있는 경우, 사업주가 대체인력을 채용하지 못한 경우(단, 정당한 이유 없이 2회 이상 채용을 거부한 경우 인정하지 않음), 가족돌봄휴직이 정상적인 사업 운영에 중대한 지장을 초래하는 경우에 사업주가 증명 할 때이다. 특별한 사유가 없는 한 부여해야 하고, 이를 위반한 경우 500만 원 이하의 과태료를 물린다.

돌봄이 필요한 가족을 돌볼 수 있는 '다른 가족'은 돌봄이 필요한 가족을 기준으로 부모, 자녀, 배우자, 배우자의 부모가 해당된다. 휴직 중이므로 사업주는 임금을 지급하지 않아도 된다. 가족돌봄휴직 기간은 근속기간에 포함되므로 승진, 승급, 퇴직금 산정, 연차휴가일수 가산을 할 때 가족돌봄 휴직 기간도 포함된다.

연차휴가 계산은 육아휴직과 마찬가지로 계산되며, 연차유급휴가의 발생요건인 출근율을 계산하면서 가족돌봄 휴직기간을 제외한 나머지 소정근로일수(근로자와 사용자가 근로하기로 정한 날)의 출근율을 가지고 산정한다. 연차유급휴가일수는 가족돌봄휴직기간을 제외한 나머지 소정근로일수와 연간 총소정근로일수의 비율에 따라 산정한다.

연습문제

1. 회사에서 휴일근무지원자가 적어 주말 근로 희망자에게 휴일 근무에 따른 가산임금을 제시했다. 휴일 근로는 근로계약서에 이미 포괄산정임금제로 평일근로와 대체하도록 되어 있다. 이 경우 휴일근로에 따른 가산수당을 받을 수 있는가?

2. 주말에 종교활동, 가족 방문, 취미활동하는데 휴일근로를 해야 한다면 어떻게 할 것인가?

3. 김신구는 상시 종업원 300명, 월 통상임금이 200만 원을 받고 있다. 김신구가 출산전후휴가를 90일 사용하고 급여를 신청하려고 한다. 회사와 근로복지공단에 각각 얼마씩 청구할 수 있는가?

Job and Selection Personal Finance

CHAPTER 6

근로소득, 원천징수, 연말정산, 장려금

학습목표

1. 비과세되는 근로소득을 파악한다.
2. 간이세액표에 의한 근로소득 원천징수를 이해한다.
3. 근로소득 연말정산에서 소득공제와 세액공제를 구별한다.
4. 근로장려금과 자녀장려금의 의미를 이해한다.

❖ Cinenomics 쇼생크 탈출(The Shawshank Redemption 1994)

최대의 영화 포털인 IMDB에서 Top Movies 1위를 달리고 있는 '쇼생크 탈출'은 인기도 많지만 예술성이 높은 작품으로 알려져 있다. 이 작품은 탈옥 영화이지만 주인공인 앤디가 은행가(Banker)이고 세법을 잘 알고 있다. 그의 감옥생활과 탈옥에 큰 도움이 된 세금으로 시네노믹스 대상을 선정했다.

앤디는 아내를 살해한 죄목으로 종신형을 선고받고 미국 메인주 쇼생크 감옥에 수용된다. 상류층 생활을 했기에 감옥에서 악당의 동성애 표적이 되어 많은 고충을 겪는다. 감옥에서 담배 등 금지 물품을 암거래하는 레드와 친해지면서 점차 감옥생활에 익숙해지고 동료들도 사귀게 된다.

옥상 방수작업에 동원되었다가 우연히 듣게 된 폭력적인 간수장의 상속세 문제를 상담해 주면서 그 대가로 맥주를 선물하여 동료 죄수들의 신임을 받는다. 간수 와 교도소장, 이웃 교도소 간수들의 소득세 등의 세금 상담자로 자리 잡는다. 교도소장 전임 회계사로 일하면서 뇌물수수와 가공의 인물을 이용한 돈세탁을 담당한다. 새로 이감된 죄수 토비가 앤디 아내의 진범 살인자를 만났다는 사실을 알게 되었다. 교도소장에게 재심 신청을 요청했지만 교도소장과 간수장은 앤디를 계속 이용하기 위해 토비를 살해한다.

분노한 앤디는 20년간 준비했던 탈출을 감행하고 레드에게 자신을 만나러 올 수 있는 힌트를 준다. 40년 만에 가석방된 레드는 탈옥한 앤디를 태평양 연안 멕시코에서 재회한다.

1. 앤디는 가공의 인물을 만들어 교도소장이 받은 뇌물을 세탁하여 예금하고 탈옥 후 인출하여 멕시코로 도망갔다. 이 경우 앤디의 범죄는 무엇인가?
2. 교소도 간수들은 모두 세금 문제로 고통을 받다 앤디의 도움으로 소득세 신고와 면제(공제) 혜택을 받는다. 직장에서 원천징수와 소득세 신고 절차를 확인하시오.

1 근로소득

1.1 의의

근로소득은 고용관계 또는 근로를 제공하고 받는 봉급 · 상여 · 수당 등의 모든 대가를 말한다. 근로를 제공하고 받는 급여 · 상여 · 수당 등은 상여로 받는 소득, 법인세법에 따라 상여로 처분된 금액(인정상여), 임원 퇴직금 한도 초과액(손금불산입액), 임원의 퇴직소득 중 근로소득으로 간주하는 금액이다.

근로소득에서 제외되는 주요 항목은 연 70만 원 이하의 단체 순수 보장성 보험료(또는 단체환급 보장성 보험료), 사내근로복지기금에서 받는 용도 사업 범위 내의 금품, 비출자 임원과 사용인이 사택을 제공 받아서 얻은 이익, 타당한 범위 내의 경조금, 퇴직급여로 적립되는 급여 등이다.

1.2 고용관계 및 계속성 여부

고용관계는 근로제공자가 업무나 작업 거부, 시간적 · 장소적 제약, 업무수행과정의 구체적인 지시, 복무규정의 준수 의무 등을 종합하여 구분한다.

[표 6-1] 고용관계에 따른 소득 구분

소득 종류	주 요 특 징
근로소득	고용관계에 의하여 종속적
기타소득	고용관계 없이 독립적, 일시적
사업소득	고용관계 없이 독립적, 계속적

근로자가 법원의 판결 · 화해 등으로 부당 해고 기간의 급여를 일시에 받는 경우에 해고기간의 소득으로 연말정산에 반영한다. 법원의 판결 · 화해가 당해 과세기간 경과 후에 있는 경우 판결일의 다음 달 말일까지 원천징수하여 그 다음 달 10일까지 신고 · 납부한다.

[표 6-2] 거주자의 주식매수선택권의 행사 시 소득 구분

구 분	소득 종류
근무 기간 중 부여받아 행사	근로소득
근무기간 중 부여받아 퇴직 후 행사, 고용관계 없이 주식매수선택권을 부여받아 행사	기타소득

1.3 일용직 근로자

동일한 고용주에게 3월 이상 고용되어 있지 않은 일용근로자는 급여지급 시 원천징수하고 연말정산을 하지 않는다. 일용근로소득 원천징수세액은 일용근로자 별로 매일의 일 급여액에서 근로소득공제를 차감한 근로소득금액에 원천징수세율(6%)과 근로소득세액공제를 적용하여 계산한다. 원천징수세액이 1천 원 미만(일 급여액 137,000원 : 999원)이면 징수하지 않는다(소액부징수).

[표 6-3] 원천징수의무자의 일용근로소득 지급명세서 제출 시기

지급월	1 ~ 3월	4 ~ 6월	7 ~ 9월	10 ~ 12월*
제출시기	4월 말일	7월 말일	10월 말일	다음해 2월 말일

* 해당연도 소득을 12.31까지 지급하지 못한 경우에도 다음연도 2월 말까지 제출

[{(일용근로소득 – 비과세소득) – 근로소득공제(1일 15만 원)} ×
세율(6%)] – 근로세액공제(산출세액의 55%)

1.4 근로소득 귀속년도와 과세

수입 시기에 의하여 근로소득 귀속년도가 결정된다. 급여는 근로를 제공한 날, 잉여금처분에 의한 상여는 잉여금 처분결의일이다. 인정상여는 당해 사업연도 중의 근로를 제공한 날이다. 기타의 경우 세부적으로 분류하여 부과한다.

[표 6-4] 기타 근로소득 귀속년도

구 분	귀속 시
매출액 등 계량적 요소에 따라 성과급 지급	계량적 요소가 확정되는 날이 속하는 연도
계량 · 비계량 요소를 평가하여 그 결과에 따라 성과급 차등 지급	개인별 지급액이 확정되는 연도
퇴직 후 받는 성과급	개인별 지급액이 확정되는 연도
연말정산 이후 급여 소급인상	근로 제공일이 속하는 연 · 월
부당해고 기간의 급여를 일시에 받는 경우	해고 기간의 근로를 제공한 날
연차휴가 수당	소정의 근로일수를 개근한 연도의 다음연도
연봉 외에 선지급하는 사이닝보너스	계약조건에 따른 근로 제공 기간
주식매수선택권을 행사함으로써 얻는 이익	당해 주식매수선택권을 행사한 날
성과급으로 받은 양도가 제한된 권리 제한부 주식	당해 주식을 부여받은 날
인수 · 합병에 따른 노사합의로 받는 위로금	지급 의무가 확정되는 날이 속하는 연도

회사에 근무하면서 받는 금전적 대가 중 특정 요건을 만족하는 경우 소득세를 과세하지 않는다. 비과세소득은 일 · 숙직비, 식대, 4대 보험, 회사부담금, 자가운전, 보조금, 여비, 자녀보육수당, 육아휴직수당, 실업급여 등, 비과세 학자금, 근로장학금, 연구활동비, 생산직 근로자 야간 · 연장 · 휴일근무수당, 국외근로소득, 처우개선비, 취재수당, 벽지수당, 이주수당, 퇴직급여적립금 등이다.

[표 6-5] 소득세율

과세표준	기본세율	기본세율(쉬운 계산)
1,200만 원 이하	과세표준의 100분의 6	과세표준 × 6%
1,200만 원 초과 4,600만 원 이하	72만 원 + (1,200만 원 초과 금액의 100분의 15)	(과세표준 × 15%) − 108만 원
4,600만 원 초과 8,800만 원 이하	582만 원 + (4,600만 원 초과 금액의 100분의 24)	(과세표준 × 24%) − 522만 원
8,800만 원 초과 1.5억 원 이하	1,590만 원 + (8,800만 원 초과 금액의 100분의 35)	(과세표준 × 35%) − 1,490만 원
1.5억 원 초과 3억 원 이하	3,760만 원 + (1.5억 원을 초과하는 금액의 100분의 38)	(과세표준 × 38%) − 1,940만 원

과세표준	기본세율	기본세율(쉬운 계산)
3억 원 초과 5억 원 이하	9,460만 원 + (3억 원을 초과하는 금액의 100분의 40)	(과세표준 × 40%) − 2,540만 원
5억 원 초과 10억 원 이하	17,060만 원 + (5억 원을 초과하는 금액의 100분의 42)	(과세표준 × 42%) − 3,540만 원
10억 원 초과	38,460만 원 + (10억 원을 초과하는 금액의 100분의 45)	(과세표준 × 45%) − 6,540만 원

2 근로소득 원천징수

2.1 의의

매월 급여지급 시 근로소득세와 지방소득세(근로소득세의 10%)를 원천징수한다. 이때 근로소득세는 국세청의 간이세액표에 의하여 소득세를 미리 계산한다. 이는 매월 급여(상여금 포함) 지급 시 정확한 세금을 계산하기 어렵다. 소득세 원천징수회사는 매월 근로자의 월급을 지급할 때 근로소득 간이세액표를 기준으로 근로소득세와 근로소득세의 10% 지방소득세를 원천징수한다.

간이세액표는 매월 급여를 지급할 때에 원천징수해야 하는 세액을 급여 수준 및 공제대상 가족 수별로 산정한 표이다. 간이세액표는 근로소득공제, 기본공제, 다자녀추가공제, 특별공제(단, 실제 금액이 아닌 일정 금액을 일률 공제), 연금보험료공제 및 근로소득세액공제를 반영하여 미리 계산된 것이다. 급여담당자는 단순히 급여 수준과 공제대상 가족 수, 근로자의 선택에 따른 공제율(80%, 120%)만 고려하여 공제한다.

2.2 방법

매월 원천징수한 세액의 합계가 결정세액보다 큰 경우 연말정산 시 그 차액을 환급받고. 작은 경우 연말정산 시 그 차액을 추가 납부한다.

[표 6-6] 근로소득세 간이세액표(2020년 2월 개정)

월급여액(천 원) [비과세 및 학자금 제외]		공제대상 가족의 수										
		1	2	3	4	5	6	7	8	9	10	11
이상	미만											
1,055	1,060	–	–	–	–	–	–	–	–	–	–	–
1,060	1,065	1,040	–	–	–	–	–	–	–	–	–	–
1,500	1,510	8,920	4,420	–	–	–	–	–	–	–	–	–
2,000	2,010	19,520	14,750	6,600	3,220	–	–	–	–	–	–	–
2,500	2,510	41,630	28,600	16,530	13,150	9,780	6,400	3,030	–	–	–	–
3,000	3,020	84,850	67,350	32,490	26,690	21,440	17,100	13,730	10,350	6,980	3,600	–
4,000	4,020	210,960	182,950	124,590	105,840	89,050	75,920	62,800	49,670	36,550	28,320	23,070
5,000	5,020	350,470	321,710	252,850	234,100	215,350	196,600	177,850	159,100	140,350	121,600	102,850
10,000천 원		1,552,400	1,476,570	1,245,840	1,215,840	1,185,840	1,155,840	1,125,840	1,095,840	1,065,840	1,035,840	1,005,840
10,000천 원 초과 14,000천 원 이하		(1천만 원인 경우의 해당 세액)+(1천만 원을 초과하는 금액 중 98퍼센트를 곱한 금액의 35퍼센트 상당액)										
14,000천 원 초과 28,000천 원 이하		(1천만 원인 경우의 해당세액)+(1,372,000원)+(14,000천 원을 초과하는 금액 중 98퍼센트를 곱한 금액의 38퍼센트 상당액)										
28,000천 원 초과 30,000천 원 이하		(1천만 원인 경우의 해당세액)+(6,585,600원)+(28,000,000원을 초과하는 금액 중 98퍼센트를 곱한 금액의 40퍼센트 상당액)										
30,000천 원 초과 45,000천 원 이하		(1천만 원인 경우의 해당세액)+(7,385,600원)+(30,000,000원을 초과하는 금액의 40퍼센트 상당액)										
45,000천 원 초과		(1천만 원인 경우의 해당세액)+(13,385,600원)+(45,000,000원을 초과하는 금액의 42퍼센트 상당액)										

간이세액표 국세청 홈페이지(http://www.nts.go.kr)>《조회 · 계산》>《근로소득간이세액표》나 근로소득 간이세액표 책자에서 조회할 수 있다.

공제대상 가족의 수는 기본공제대상자에 해당하는 가족이다. 본인은 소득에 상관없이 기본공제된다. 배우자는 연간 소득금액 합계액 100만 원 이하이고, 부양가족은 20세 이하, 60세 이상이고 연간 소득금액 합계액 100만 원 이하일 때 해당된다.

자녀 수 적용 방법(공제대상 가족 중 20세 이하 자녀가 있는 경우)

자녀 수 참작한 간이세액 적용 시 공제대상 가족의 수 = 실제 공제대상 가족의 수 + 20세 이하 자녀 수

〈적용사례〉

- 실제 공제대상 가족의 수가 3명(20세 이하 자녀가 1명)인 경우에는 "4"의 세액을 적용
- 실제 공제대상 가족의 수가 4명(20세 이하 자녀가 2명)인 경우에는 "6"의 세액을 적용
- 실제 공제대상 가족의 수가 5명(20세 이하 자녀가 3명)인 경우에는 "8"의 세액을 적용

급여(비과세와 학자금 제외)가 300만 원인 근로자의 간이세액표를 살펴보면 4인 가족

(20세 이하 자녀 2명)인 경우 공제대상 가족 수는 6명이다. 따라서 근로소득세 17,100원, 지방소득세 1,710원, 합계 18,810원을 급여지급 시 원천징수한다.

2.3 상여금이 있는 경우 원천징수세액 계산

지급대상 기간이 있는 상여 등을 지급하는 때 소득세를 원천징수한다. 지급대상 기간이 1년을 초과할 경우 1년으로 보고, 1월 미만의 끝수가 있는 경우 1개월로 본다. 지급대상 기간의 마지막 달이 아닌 달에 지급되는 상여 등은 지급대상 기간이 없는 상여 등으로 본다. 지급대상 기간이 서로 다른 상여 등이 같은 달에 지급되는 경우 지급대상 기간을 다음과 같이 계산한다.

$$\text{지급대상 기간} = \frac{\text{같은 달에 지급받은 상여 등의 지급대상 기간의 합계}}{\text{같은 달에 지급받은 상여 등의 개수}}$$

(① × ②) − ③

① $\left(\frac{\text{상여 등의 금액} + \text{지급대상 기간의 상여 등 외의 급여의 합계액}}{\text{지급대상 기간의 월수}}\right)$ 에 대한 간이세액표의 해당 세액

② 지급대상 기간의 월수

③ 지급대상 기간의 상여 등 외의 급여에 대해 기 원천징수 납부세액(가산세액 제외)

지급대상 기간이 없는 상여 등을 지급하는 때의 원천징수하는 소득세를 계산한다. 그 상여 등을 받은 과세기간의 1월 1일부터 그 상여 등의 지급일이 속하는 달까지 지급대상 기간으로 계산한다. 이 경우 과세기간에 2회 이상의 상여 등을 받았을 때 지급받은 날이 속하는 달의 다음 달부터 그 후에 상여 등을 지급받은 날이 속하는 달까지 지급대상 기간으로 세액을 계산한다.

상여 등의 금액과 그 지급대상 기간이 사전에 정해진 경우 근로소득 간이세액표에 의한 매월분 세액을 징수할 수 있다. 잉여금처분에 의한 상여 등을 지급하는 때에 원천징수하는 세액은 그 상여 등의 금액에 소득세법에 의한 기본세율을 곱하여 계산한다.

근로자가 본인의 연간 세 부담 수준에 맞게 원천징수세액을 근로소득간이세액표에 따른

세액의 80% 또는 120%로 선택할 수 있다(선택하지 않은 경우 100% 적용). 원천징수방식을 전환하려는 달의 근로소득 지급일 전일까지 '소득세 원천징수세액 조정신청서'를 원천징수의무자에게 제출한다.

3 연말정산

법령에서 정한 특별소득공제 및 그 밖의 소득공제 등을 반영하여 최종적으로 정확한 세액을 계산하여 이미 납부한 세액과 정산하여 2월 급여분에 가감한다.

3.1 대상자

근로소득이 있는 거주자(전체) 및 비거주자(선택)를 대상으로 일용근로자와 근로소득이 없는 거주자는 제외한다. 매월 근로소득세가 원천징수되는 경우 해당된다.

3.2 시기

연도 중에 퇴직하는 경우 퇴직하는 달의 급여를 지급하는 때 회사는 퇴직근로자에 대해 연말정산하고 원천징수영수증을 교부해야 한다. 또는 계속 근로자는 다음 해 2월분 급여를 지급할 때 실시한다. 근로자는 해당 연도에 지출한 비용 중 공제대상 금액과 인적공제 사항을 기재한 소득 · 세액공제신고서와 해당 소득 · 세액공제 증명서류 등을 회사에 제출한다.

3.3 절차

연말정산 정보(다음 해 1월 초)는 국세청 홈페이지 및 회사 연말 정산시스템에서 확인할 수 있다. 소득 · 세액공제 증명서류는 연말정산 간소화 서비스를 이용한다(다음 해 1.15일경 개설).

「편리한 연말정산」을 이용하여 소득 · 세액공제신고서 작성, 예상 세액 계산 및 온라인 간편제출로 갈음한다(다음 해 2월). '연말정산 간소화'는 공제자료를 선택하고 이를 반영한 소득 · 세액공제신고서를 작성한 후 회사에 온라인으로 제출한다.

- 연말정산간소화(www.hometax.go.kr → 조회 / 발급 → 연말정산간소화)에서 소득 · 세액공제 증명자료 적정 여부 확인
- 연말정산간소화에서 의료비 자료가 조회되지 않는 경우 1월15일부터 1월 20일까지 해당 의료기관에 자료 제출을 요청하거나, 홈택스(신청 / 제출 → 연말정산간소화 → 조회되지 않는 의료비 신고센터)를 통해 신고할 수 있음
- 1.15~1. 21.까지 소득 · 세액공제 증명자료 제출기관의 자료 제출 수정 기간이므로 되도록 1 · 22 · 이후 연말정산 간소화에서 소득 · 세액공제 증명서류 발급받아야 함
- 일부 영수증 발급기관이 국세청에 제출하지 않은 자료가 있는 경우에는 연말정산 간소화에서 확인되지 않으므로 해당 기관에서 직접 증명서류를 발급받아야 함

회사는 연말정산 소득 · 세액공제 내역을 확정하여 세액을 계산하고 연말정산을 완료한다. 2월분 급여 지급 시까지 확정된 세액을 정산한다. 근로소득자 소득 · 세액공제신고서 및 소득 · 세액공제 증명서류는 회사에서 5년간 보관한다.

연말정산에서 환급받는 근로자는 회사 지급 일정에 따라 환급금을 수령한다. 환급금 및 납부세액은 회사에서 발행한 '근로소득 원천징수영수증'에서 확인한다.

근로소득은 매월 발생하므로 매월 소득세를 근로소득 간이세액표에 의해 원천징수하고 다음 해 2월에 실제세액을 정산한다.

연말정산에서 추가세금이 10만 원을 초과하는 경우 회사에 신청하면 2월분부터 4월분의 급여를 받을 때 나누어 낼 수 있으며, 또한 소득 · 세액 공제신고서에 기재하여 신청할 수도 있다.

3.4 연말정산 증빙 서류 등

연말정산은 소득 · 세액공제신고서를 포함한다. '의료비지급명세서', '기부금명세서', '신용카드 소득공제 신청서' 등을 제출한다.

소득 · 세액공제신고서 및 소득 · 세액공제 증명서류를 제출하지 않으면, 근로자 본인에 대한 인적공제 및 표준세액공제만 적용한다. 퇴직연금 · 연금저축 세액공제, 주택마련저축 · 장기집합투자증권저축 소득공제는 부속서류인 '연금 · 저축 등 소득 · 세액공제 명세서'를 제출한다. 월세액 및 거주자 간 주택임차차입금 원리금 상환액 공제는 '월세액 · 거주자간 주택임차차입금 원리금 상환액 소득 · 세액공제 명세서'를 반드시 제출해야한다.

소득 · 세액공제가 가능한 해당 지출 비용은 국세청 연말정산간소화 서비스의 증명서류

또는 영수증 발급기관의 소득 · 세액공제용 영수증을 제출한다.

'종이 없는 연말정산'을 실시하는 회사의 근로자는 연말정산간소화 서비스의 소득 · 세액공제 증명서류를 전자문서로 저장하여 회사에 제출한다. '편리한 연말정산'의 간편제출 서비스를 이용하는 회사는 홈택스에서 연말정산간소화자료 또는 전산작성한 공제신고서를 제출한다.

주민등록표등본은 인적공제, 주소 등에 대한 변동사항이 없으면 매년 추가로 제출할 필요 없으나, 주택자금공제의 공제항목에 따라 증명서류에 해당하는 경우 제출해야 한다. 또한 가족관계가 확인되지 아니한 경우 가족관계증명서 등을 제출해야 한다.

[표 6-7] 연말정산 간소화 서비스에서 제공하는 소득 · 세액공제 자료

구 분	공제항목
보험료	일반보장성보험료, 장애인전용보장성보험료
의료비	의료기관에 지출한 의료비
	약국에 지출한 의약품(한약 포함) 구입 비용
	노인장기요양보험법에 따라 지출한 본인 일부 부담금
	시력보정용 안경구입 비용
	보청기장애인보장구 · 의료용구 구입(임차) 비용
교육비	초 · 중 · 고, 대학(원)교육비, 직업능력개발훈련비용
	유치원 교육비
	취학전 아동의 보육시설 · 학원 · 체육시설 교육비
	장애인특수교육비 납입금액
	중 · 고등학생 교복구입 비용
신용카드 등 사용내역	신용카드, 직불카드, 기명식선불카드 및 현금영수증 사용금액 (전통시장 사용액, 대중교통 이용분 구분 표시)
주택자금, 월세액	주택임차차입금 원리금상환액, 장기주택저당차입금 이자상환액, 월세액
주택마련 저축	주택청약저축, 근로자주택마련저축, 주택청약종합저축
연 금	개인연금저축, 연금저축계좌, 퇴직연금계좌
기타	소기업 / 소상공인 공제부담금납입금액, 벤처기업투자신탁
	장기집합투자증권저축 납입액, 기부금

주) 영수증 발급기관에서 국세청에 서류를 제출하지 않은 경우에는 근로자 본인이 직접 소득 · 세액공제 증명서류를 발급받아 회사에 제출해야 함

3.5 종합소득세 과세표준과 세액 계산

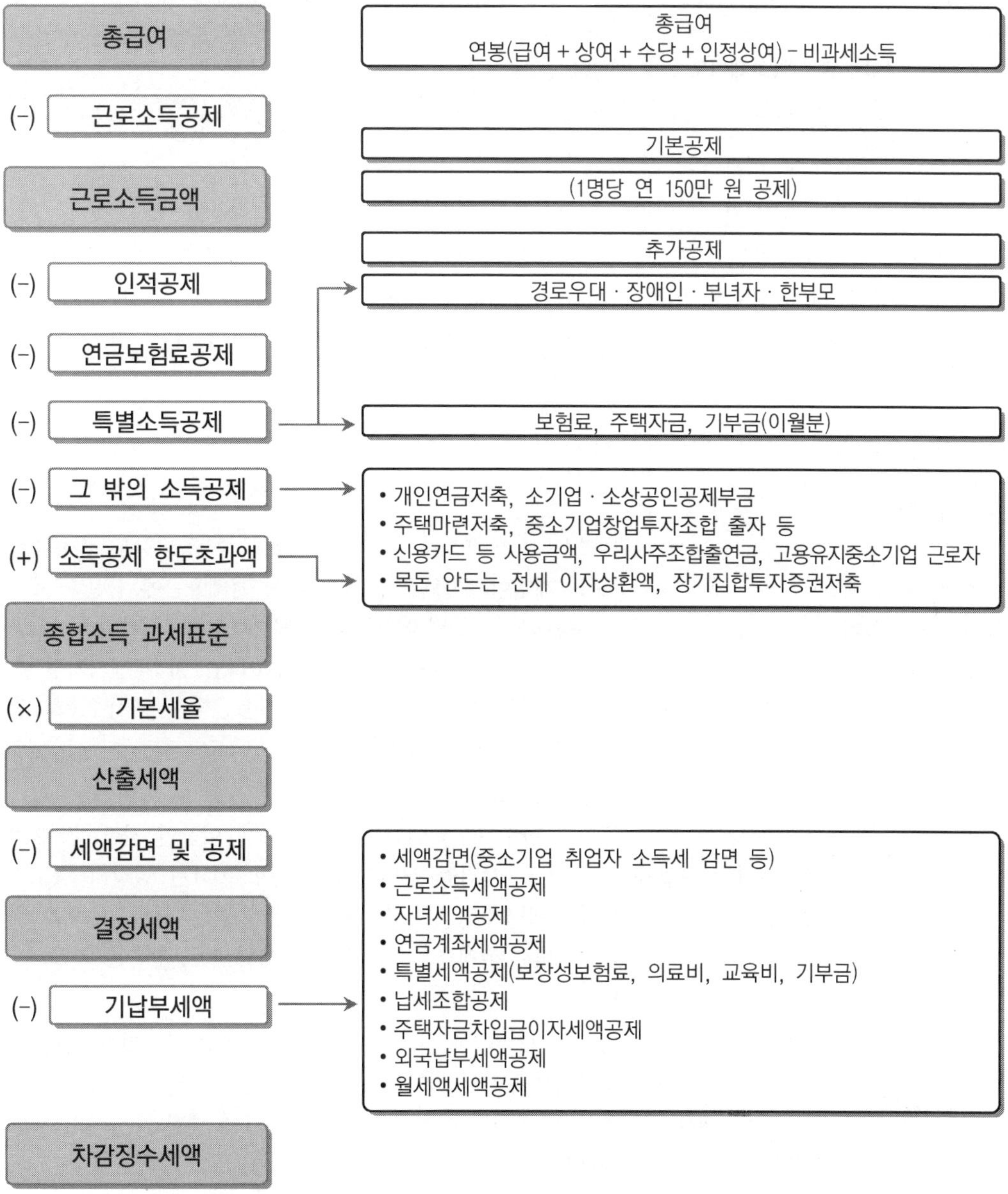

〈그림 6-1〉 종합소득세 과세표준과 세액 계산구조

소득금액은 총수입금액에서 필요경비를 차감하여 산출하지만, 근로소득은 수입에 대응되는 필요경비를 입증하는 증명서류를 갖추기 어려워 근로소득공제 형식으로 필요경비를 인정한다.

근로소득금액 = 총급여액(= 연봉 - 비과세 근로소득) - 근로소득공제

[표 6-8] 근로소득공제(공제한도 : 2,000만 원)

총급여액	근로소득공제금액
500만 원 이하	총급여액의 70%
500만 원 초과 1,500만 원 이하	350만 원+(총급여액 - 500만 원) × 40%
1,500만 원 초과 4,500만 원 이하	750만 원+(총급여액 - 1,500만 원) × 15%
4,500만 원 초과 1억 원 이하	1,200만 원+(총급여액 - 4,500만 원) × 5%
1억 원 초과	1,475만 원+(총급여액 - 1억 원) × 2%

[표 6-9] 소득공제 종합한도 초과액과 세액감면

항 목	구 분	공 제 요 건
소득세 소득공제 종합한도 초과액 (2,500만 원 한도)		특별소득공제 및 그 밖의 소득공제 중 종합한도 적용대상 소득공제액이 2천5백만 원 초과 시 과세표준에 합산 - 적용대상 : 주택자금공제, 주택마련저축, 소기업 · 소상공인 공제부금, 투자조합출자 등(2014년 이후 벤처기업 직접 투자분 제외), 신용카드 등 사용금액, 우리사주조합 출자금, 장기집합투자증권저축
세액감면	중소기업 취업자 세액감면	근로계약 체결일 현재 연령이 15세 이상 34세(병역근무기간 제외 : 한도 6년) 이하인 사람, 60세 이상인 사람, 장애인, 동종 업종 재취업 경력단절 여성이 2021년 말까지 중소기업에 취업하는 경우 중소기업체에서 받는 근로소득세를 취업일부터 3년(청년은 5년)간 소득세의 50%(청년은 90%) 세액감면
	성과공유 중소기업이 지급하는 경영성과급에 대한 세액감면	총급여 7천만 원 이하 특수관계인이 아닌 근로자가 해당 중소기업으로부터 2021년 말까지 일정한 요건을 충족하는 경영성과급을 받는 경우 그 경영성과급에 대한 소득세의 50% 세액감면
	중소기업 청년 근로자 및 핵심 인력 성과보상기금 수령액에 대한 소득세 감면 등	중소기업 청년 근로자 및 핵심 인력 성과보상기금의 공제사업에 2021년 12월 말까지 가입한 중소기업 또는 중견기업 근로자가 공제납입금을 5년 이상 납입하고 그 성과보상 기금으로부터 공제금을 수령하는 경우 근로소득으로 보아 소득세를 부과하되, 소득세의 50%(중견기업 근로자 경우에는 30%) 세액 감면한

[표 6-10] 세액공제

<table>
<tr><th>항 목</th><th colspan="4">구 분</th><th colspan="4">공제금액 · 한도</th></tr>
<tr><td rowspan="14">세액
공제</td><td colspan="4">근로소득 세액공제</td><td colspan="4">연 50만 원(66만 원, 74만 원) 한도</td></tr>
<tr><td rowspan="2">자녀
세액공제</td><td colspan="3">기본공제대상자녀</td><td colspan="4"></td></tr>
<tr><td colspan="3">출생 · 입양</td><td colspan="4"></td></tr>
<tr><td rowspan="5">연금
계좌
세액
공제</td><td colspan="3">과학기술인</td><td colspan="4">연금계좌 납입액</td></tr>
<tr><td colspan="3" rowspan="2">퇴직연금</td><td>종합소득금액
(총급여액)</td><td>50세 미만
(퇴직연금 포함)</td><td>50세 이상
(퇴직연금 포함)</td><td>공제율</td></tr>
<tr><td>4천만 원 이하
(5.5천만 원)</td><td rowspan="2">400만 원
(700만 원)</td><td rowspan="2">600만 원
(900만 원)</td><td>15%</td></tr>
<tr><td colspan="3" rowspan="2">연금저축</td><td>1억 원 이하
(1.2억 원)</td><td rowspan="2">12%</td></tr>
<tr><td>1억 원 초과
(1.2억 원)</td><td>300만 원
(700만 원)</td><td>300만 원
(700만 원)</td></tr>
<tr><td rowspan="6">특별
세액
공제</td><td colspan="3">보장성 보험료</td><td colspan="4">보험료 납입액(연 각각 100만 원 한도) × 12%(15%)</td></tr>
<tr><td rowspan="5">의
료
비</td><td colspan="2">㉮ 본인</td><td colspan="4" rowspan="5">의료비 공제대상 금액* × 15%
* 의료비 공제대상 금액
• 본인, 65세 이상, 장애인, 난임시술비 : 한도 없음
• 그 외 부양가족 : 연 700만 원</td></tr>
<tr><td colspan="2">㉯ 65세 이상</td></tr>
<tr><td colspan="2">㉰ 장애인, 건강보험 산정 특례자</td></tr>
<tr><td colspan="2">㉱ 난임시술비</td></tr>
<tr><td colspan="2">㉲ 그 외 부양가족</td></tr>
<tr><td rowspan="12">세액
공제</td><td rowspan="12">특별
세액
공제</td><td rowspan="5">교
육
비</td><td colspan="2">취학 전 아동</td><td colspan="4" rowspan="3">교육비 공제대상 금액* × 15%
* 교육비 공제대상 금액
• 취학전아동, 초 · 중 · 고생 : 1명당 300만 원 한도
• 대학생 : 1명당 900만 원 한도</td></tr>
<tr><td colspan="2">초등학생중 · 고생</td></tr>
<tr><td colspan="2">대학생</td></tr>
<tr><td colspan="2">근로자 본인</td><td colspan="4" rowspan="2">• 본인, 장애인 : 한도 없음</td></tr>
<tr><td colspan="2">장애인 특수 교육비</td></tr>
<tr><td rowspan="6">기
부
금</td><td rowspan="2">① 정치
자금
기부금</td><td>10만 원
이하</td><td colspan="4">기부금의 100/110</td></tr>
<tr><td>10만 원
초과</td><td colspan="4">• 3천만 원 이하 : 기부금의 15%
• 3천만 원 초과 : 기부금의 25%
※ 공제한도 : 소득금액의 100%</td></tr>
<tr><td colspan="2">② 법정기부금</td><td colspan="4" rowspan="4">• 1천만 원 이하 : 기부금의 15%
• 1천만 원 초과 : 기부금의 30%
※ 공제한도
• 법정기부금 : (근로소득금액 − ①)의 100%
• 우리사주조합기부금 : (근로소득금액 − ① − ②)의 30%
• 지정(종교단체 외) : (근로소득금액 − ① − ② − ③)의 30%
• 지정(종교단체) : [근로소득금액 − ① − ② − ③] × 10% + [(근로소득금액 − ① − ② − ③)의 20%와 종교단체 외에 지급한 금액* 중 적은 금액]</td></tr>
<tr><td colspan="2">③ 우리사주조합기부금</td></tr>
<tr><td colspan="2">지정기부금
(종교단체 외)</td></tr>
<tr><td colspan="2">지정 기부금
(종교단체)</td></tr>
<tr><td colspan="3">표준세액공제</td><td colspan="4">연 13만 원</td></tr>
<tr><td rowspan="4">세액
공제</td><td colspan="4">납세조합공제</td><td colspan="4">납세조합 원천징수 세액의 5%</td></tr>
<tr><td colspan="4">주택차입금 이자상환액 세액공제</td><td colspan="4">이자상환액의 30%</td></tr>
<tr><td colspan="4">외국납부 세액공제</td><td colspan="4">외국납부세액</td></tr>
<tr><td colspan="4">월세액 세액공제</td><td colspan="4">월세액 지급액(750만 원 한도)의 10%(총급여 5천5백만 원 이하는 12%)</td></tr>
</table>

3.6 맞벌이 부부의 연말정산

부부가 모두 근로소득금액이 100만 원(총급여 500만 원)을 초과하는 경우이다.

[표 6-11] 맞벌이 부부의 소득 및 세액공제

공제항목	맞벌이 배우자	배우자 외 부양가족
기본공제	총급여 500만 원(소득금액 100만 원)을 초과하는 맞벌이 부부는 서로에 대해 기본공제 불가능	직계존속 · 직계비속 · 형제자매 등을 부양하는 경우 부부 중 1인이 공제 가능(맞벌이 부부가 중복하여 공제 불가능)
추가공제	기본공제 대상이 아닌 배우자는 추가공제 불가능	부양가족에 대해 기본공제를 신청한 근로자가 추가공제를 적용받음
자녀 세액공제		본인이 기본공제를 받는 자녀(입양자, 위탁아동 포함)에 대해서 배우자가 자녀세액공제 불가능
보험료 세액공제	본인이 계약자이며 피보험자가 배우자인 경우 서로 기본공제 대상자에 해당하지 않으므로 부부 모두 공제 불가능 * 다만, 근로자 본인이 계약자이고 피보험자가 부부공동인 보장성보험의 보험료는 근로자 본인이 공제 가능	본인이 기본공제 받는 자녀의 보험료를 배우자가 지급하는 경우 부부 모두 보험료공제 불가능
의료비 세액공제	소득이 있는 배우자를 위하여 지출한 의료비는 지출한 본인이 공제 가능	부부 중 부양가족을 기본공제 받는 근로자가 부양가족을 위해 지출한 금액 공제
교육비 세액공제	본인이 배우자를 위하여 지출한 교육비는 공제 불가능	
기부금 세액공제	본인이 지출한 기부금은 배우자가 공제 불가능	부양가족에 대한 기본공제를 받는 근로자가 해당 부양가족이 지출한 기부금 공제
신용카드 소득공제	가족카드를 사용한 맞벌이 부부는 카드 사용자 기준으로 각각 공제(결제자 기준이 아님)	부양가족에 대한 기본공제를 받는 근로자가 해당 부양가족의 신용카드 사용금액 공제

일반적으로 부양가족 공제는 부부 중 근로소득금액이 높은 쪽이 유리하다. 소득세는 누진세율 구조이므로 부부가 과세표준이 비슷하거나 한계세율 근처에 있는 경우 인적공제를 적절하게 배분하는 경우 절세가 가능하다. 최저사용금액이 있는 의료비(총급여액 3%), 신용카드 등(총급여액 25%)의 경우 근로소득이 적은 배우자가 지출할 경우 절세할 수 있다.

3.7 중도퇴사자의 연말정산

근로자가 중도에 퇴직하는 경우 퇴직하는 달의 근로소득을 지급하는 때에 연말정산을 실시한다.

[표 6-12] 중도퇴사자의 연말정산 개요(기중에 파악할 수 있는 소득/세액공제)

구분	내용
총급여액	근로기간 동안의 총급여액 (총급여액 = 전체 급여 - 비과세 급여)
근로소득공제	근로기간 동안 안분하여 계산하지 않음
인적공제	기본공제, 추가공제 시 월할 계산하지 않고 인별 요건 충족 시 공제
연금보험료	근로를 제공하는 기간 동안 지출한 비용뿐만 아니라 근로제공기간 외 해당 과세기간에 지출한 비용 공제 가능
건강보험료 등, 주택자금공제, 주택마련저축, 신용카드, 우리사주조합 출연금, 장기집합투자증권저축	근로제공기간 동안 지출한 비용
상기 외 '그 밖의 소득공제'	근로제공기간 외 해당 과세기간에 지출한 비용 공제 가능
근로소득세액공제	근로기간 동안 안분하여 계산하지 않음
자녀세액공제	월할 계산하지 않고 인별 요건 충족 시 공제
연금계좌 세액공제, 기부금세액공제	근로를 제공하는 기간동안 지출한 비용뿐만 아니라 근로제공기간 외 해당 과세기간에 지출한 비용 공제 가능
상기 외 '특별세액공제'	근로제공기간 동안 지출한 비용

퇴직하는 달의 급여를 분할하여 지급하는 때는 그 급여를 처음 지급하는 때에 연말정산을 실시한다. 연도 중 퇴직하여 다른 근무지에 입사한 경우 새로운 직장에서 종(전)근무지 소득을 합산하여 실시한다. 퇴직 시 연말정산에서 공제받지 못한 금액은 다음 해 5월에 종합소득세 확정신고 시 추가로 공제 가능(국세청 홈택스(www.hometax.go.kr)에서 전자신고 가능)하다. 연말정산을 한 후 퇴직한 직원에게 상여금을 추가로 지급하면 연말정산을 다시 해야 한다.

3.8 빠뜨린 소득공제 추가로 받기

종합소득세 확정신고는 매년 5월 1일 ~ 5월 31일이다. 연말정산에서 소득공제를 누락한 경우 종합소득 확정신고를 통해 추가로 공제할 수 있다. 당해 연도 귀속 근로소득에 대한 연말정산을 못하였거나, 연말정산 기간에 소득공제를 누락한 경우, 종합소득과세표준 확정신고를 통해서 할 수 있다. 제출서류는 종합소득세 과세표준 확정신고서 및 자진납부계산서, (당초)근로소득원천징수영수증, (당초)소득 · 세액공제신고서, 관련증명서류 등이다.

연말정산 시 소득공제를 누락한 경우, 세액 납부기한 경과 후 5년 이내에 주소지 관할 세무서장에게 경정청구 할 수 있다.

4 과외소득

현재 직장의 급여가 충분하지 못한 경우 추가적으로 다른 일을 모색하는 경향이 있다.

4.1 주된 근로소득과 종된 근로소득

주된 근로소득(먼저 취업한 직장)이 일어나는 직장에서 다른 회사에 취업할 때 주된 직장의 동의가 필요하다. 겸직은 먼저 취업한 직장에서 취업규칙이나 근로계약서 등에 다른 직업을 갖는 것을 금지하는 겸직금지조항이 있는 경우 불가능하다. 겸직으로 근로계약을 불성실하게 이행하거나 경영 질서를 해칠 수 있고, 기업의 대외적 이미지를 손상시킬 수 있다.

겸직이 가능한 경우 주된 직장과 종된 직장에서 모두 소득세 원천징수와 연말정산, 건강보험료, 국민연금, 산업재해보상보험 업무를 할 수 있지만, 고용보험은 주된 직장에서만 처리가 이루어진다.

소득세 연말정산은 종된 직장에서 원천징수영수증을 받아 주된 직장에 신고하는 방법과 양쪽 직장에서 원천징수영수증을 받아 다음 해 5월에 종합소득 확정신고를 하는 방법이 있다.

소득세와 건강보험료, 국민연금은 두 직장에서 소득의 합계액에 따라 정산 납부한다. 건강보험료, 국민연금은 소득 상한이 넘는 경우에 부담이 증가하지 않는다. 2021년 국민연금의 소득 상한은 기준소득월액은 503만 원이고, 건강보험은 직장가입자 보수월액 99,615,293원이다. 산업재해보상보험은 주된 직장과 종된 직장에서 각각 납부해야 하며, 사업자만 부담하므로 근로자는 고려할 필요가 없다.

4.2 근로소득과 사업소득

근로소득자가 인터넷쇼핑몰 등을 경영하거나 부동산임대업을 하는 경우이다. 이 경우도 취업규칙 등의 겸직금지나 상법상의 경업금지 조항이 적용될 수 있다. 근로소득과 연말정산이 되는 사업소득 외의 사업소득은 다음 해 5월에 종합소득신고를 해야 한다.

건강보험, 국민연금, 산업재해보상보험, 고용보험은 주된 근로소득과 종된 근로소득이 동일하다.

연말정산이 되는 사업소득은 보험모집인, 방문판매인, 음료배달인이 지급받는 사업소득으로서 간편장부대상자(신규사업자 또는 직전연도 수입 7,500만 원 미만)가 받는 일부 사업소득에 한하여 원천징수의무자가 사업소득에 대한 연말정산으로 납세의무를 종결한다.

사업소득금액은 보험모집인등의 연간수입금액 × 연말정산사업소득의 소득률로, 보험모집수당은 4천만 원 이하 분(22.4%), 4천만 원 초과분(31.4%)이고, 방문판매수당은 4천만 원 이하 분(25.0%), 4천만 원 초과분(35.0%)이며, 그리고, 음료배달인은 4천만 원 이하 분(20.0%), 4천만 원 초과분(28.0%)이다.

4.3 근로소득과 다른 소득

양도소득이나 퇴직소득은 분류과세에 따른 별도 신고납부로 겸직금지 조항에도 관련이 없다. 금융, 기타, 연금소득의도 겸직금지 조항의 문제점이 없다. 종합소득과세 대상인 금융소득이나 기타소득은 다음 해 5월에 종합소득신고해야 된다.

연간 1,200만 원 이상 사적연금이나 위약금, 300만 원 이상 기타소득, 무조건 종합과세 기타소득(계약금을 위약금 · 배상금으로 대체, 뇌물 · 알선수재 금품)은 다음 해 5월에 종합소득확정신고하면 된다.

5 근로장려금

5.1 의의

열심히 일은 하지만 소득과 재산이 적어 생활이 어려운 근로자, 종교인 또는 사업자(전문직 제외) 가구에 대하여 가구원 구성과 총급여액 등에 따라 산정된 근로장려금을 지급한다. 일하지 않고 장려금만 받는 것을 방지하기 위해 일정 소득까지 근로장려금이 증가하고, 수평구간을 거쳐서 소득이 점차 높아지면 근로장려금이 감소한다.

근로장려금은 거주자를 포함한 1세대의 가구원 구성에 따라 정한 부부합산 총급여액 등을 기준으로 연간 150만 원에서 최대 300만 원까지 지급된다.

[표 6-13] 가구원 구성에 따른 총 급여액 등 및 근로장려금 지급액

가구원 구성	총급여액 등	근로장려금 지급액
단독가구	400만 원 미만	총급여액 등 × 150/400
	400만 원 이상 ~ 900만 원 미만	150만 원
	900만 원 이상 ~ 2,000만 원 미만	150만 원 – (총급여액 등 – 900만 원) × 150/1,100
홑벌이 가족 가구	700만 원 미만	총급여액 등 × 700분의 260
	700만 원 이상 ~ 1,400만 원 미만	260만 원
	1,400만 원 이상 ~ 3,000만 원 미만	260만 원 – (총급여액 등 – 1,400만 원) × 260/1,600
맞벌이 가족 가구	800만 원 미만	총급여액 등 × 300/800
	800만 원 이상 ~ 1,700만 원 미만	300만 원
	1,700만 원 이상 ~ 3,600만 원 미만	300만 원 – (총급여액 등 – 1,700만 원) × 300/1,900

주 1) 단독 가구 : 배우자와 부양자녀, 70세 이상 직계존속이 없는 가구
2) 홑벌이가구 : 배우자의 총급여액 등이 3백만 원 미만인 가구 배우자 또는 부양자녀 또는 70세 이상 직계존속이 있는 가구
3) 맞벌이 가구 : 배우자의 총급여액 등이 3백만 원 이상인 가구 신청인과 배우자 각각의 총급여액등이 3백만 원 이상인 가구

* 총급여액 등 = 근로소득의 총급여액 + (사업소득 총수입금액 × 업종별 조정률)

[표 6-14] 업종별 조정률

	업종 구분	조정률
가	도매업	20%
나	소매업, 자동차 · 부품판매업, 부동산매매업, 농 · 임 · 어업, 광업	30%
다	음식점업, 제조업, 건설업, 전기 · 가스 · 증기 · 수도사업	45%
라	숙박업, 운수업, 금융 · 보험업, 상품중개업, 출판 · 영상 · 방송통신 · 정보서비스업, 하수 · 폐기물처리 · 원료재생 · 환경복원업	60%
마	서비스업(부동산, 전문과학기술, 사업시설관리, 사업지원, 교육, 보건, 사회복지, 예술, 스포츠, 여가, 수리 수선, 기타)	75%
바	부동산 임대업, 기타 임대업, 인적용역, 개인 가사서비스	90%

근로자와 자영업자뿐만 아니라 종교인도 근로장려금(EITC)을 최대 300만 원까지 받을 수 있다. 또한 부양자녀 1인당 최대 70만 원의 자녀장려금(CTC)을 받을 수 있다. 근로소득 또는 사업소득(전문직 제외), 종교인소득이 있는 가구가 요건을 모두 충족하는 경우에 신청할 수 있다.

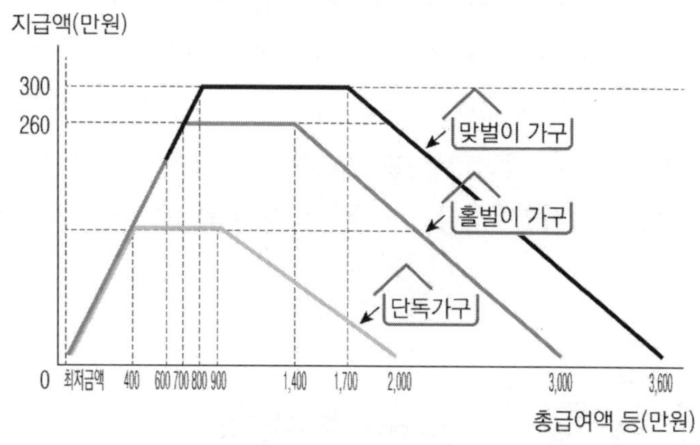

〈그림 6-2〉 가구별 구간별 근로장려금 지급액

5.2 신청 방법과 자격

정기신청 기간은 20××.05.01. ~ 06.01., 기한 후 신청 기간은 20××.06.02. ~ 12.01.이다. 소득세 확정신고 의무가 있는 신청자(배우자 포함)는 소득세를 신고해야 한다. ARS(1544-9944), 모바일 손택스, 인터넷 홈택스에서 전자 신청 안내문을 받지 못한 경우 홈텍스 또는 세무서를 방문하여 서면 신청, 우편 신청을 할 수 있다.

근로소득 또는 사업소득(전문직 제외)이 있는 가구는 요건을 모두 충족하는 경우에 신청할 수 있다. 20××.12.31일 현재 근로 · 사업 · 종교인 소득이 있는 거주자이다.

[표 6-15] 가구원 요건

가구 명칭	가구 구분	가구원 구성
단독가구		배우자[1]와 부양자녀[2], 70세 이상 직계존속[3]이 없는 가구
홑벌이가구	배우자의 총급여액 등이 3백만 원 미만인 가구	배우자, 부양자녀 또는 70세 이상 직계존속이 있는 가구
맞벌이 가구	배우자의 총급여액 등이 3백만 원 이상인 가구	신청인과 배우자 각각의 총급여액 등이 3백만 원 이상인 가구

주 1) 배우자 : 법률상 배우자(사실혼 제외)
2) 부양자녀 : 18세 미만(2001.01.02. 이후 출생)이고 연간소득금액이 100만 원 이하, 동일 주소 거주하는 중증장애인(연령제한 없음)이고 연간소득금액이 100만 원 이하
3) 직계존속 : 70세 이상(1949.12.31. 이전 출생) 직계존속 각각 연간소득금액 100만 원 이하이고 주민등록 동거

가구원 구성에 따라 연간 부부합산 총소득금액이 기준금액(단독 2천만 원, 홑벌이 3천만 원, 맞벌이 3천 6백만 원) 미만이어야 하며, 총급여액 등에 의하여 장려금을 산정한다. 총소득금액은 신청인과 배우자의 소득을 모두 합한 금액으로 근로소득(총급여액), 사업소득(사업수입금액 × 업종별 조정률), 종교인소득(총수입금액), 이자 · 배당 · 연금(총수입금액), 기타소득(총수입금액 – 필요경비)을 포함한다. 총급여액 등(거주자 + 배우자)은 근로소득(총급여액), 사업소득(사업수입금액 × 업종별 조정률), 종교인소득(총수입금액)을 합산한 금액이다.

[표 6-16] 소득 요건

가구원 구성		연간) 총급여액 등	지급액
단독가구		4 ~ 2,000만 원	3 ~ 150만 원
홑벌이가구	근로장려금	4 ~ 3,000만 원	3 ~ 260만 원
	지녀 장려금	4 ~ 4,000만 원	50 ~ 70만 원(자녀 1인당)
맞벌이가구	근로장려금	600 ~ 3,600만 원	3 ~ 300만 원
	지녀 장려금	600 ~ 4,000만 원	50 ~ 70만 원(자녀 1인당)

※ 장려금 지급액은 총급여액 등에 의해 산정

가구원 모두가 소유하고 있는 재산합계액이 2억 원 미만이어야 한다. 재산합계액은 거주자 또는 그 배우자의 주소 또는 거소의 소유자가 직계존비속인 경우, 그 해당 직계존비속을 가구원에 포함하여 합산하는데 부채는 차감하지 않는다. 해당재산은 주택 · 토지 · 건축물(시가표준액), 승용자동차(시가표준액, 영업용제외), 전세금, 금융자산 · 유가증권, 회원권, 부동산을 취득할 수 있는 권리 등이다. 주택은 간주전세금(기준시가 × 55%)과 실제전세금 중 적은 금액, 상가는 실제 전세금으로만 평가한다.

장려금을 신청할 수 없는 경우는 20××.12.31. 현재 대한민국 국적을 보유하지 않은 자, 20××년 중 다른 거주자의 부양자녀인 자, 거주자(배우자 포함)가 전문직 사업을 영위하고 있는 자이다. 장려금 심사 및 지급은 정기지급의 경우 9월 말까지이며, 기한 후 지급은 신청한 달부터 4개월 이내이다.

5.3 지급액 감액 및 체납 충당

가구원 재산합계액이 1억 4천만 원 이상 2억 원 미만은 해당 장려금의 50%를 감액 지급된다. 기한 후 신청 시 해당 장려금의 10%가 감액되어 지급한다. 소득세 자녀세액공제와 자녀장려금을 중복 신청한 경우 지급액에서 자녀세액공제 세액을 차감한다. 국세 체납액이 있는 경우 지급액의 30% 한도로 체납 충당한다.

6 자녀장려금

6.1 의의

임신과 출산을 장려하고 저소득 가구의 자녀양육 부담을 경감하기 위해 총소득(부부합산) 4,000만 원 미만이면서 부양자녀(18세 미만)가 있는 경우 자녀장려금을 지급한다. 자녀장려금은 부양자녀 1명당 최대 70만 원을 지급한다.

6.2 산정 방법과 자격

자녀장려금은 총급여액 등을 기준으로 가구원 구성에 따라 계산하며, 총급여액 등을 구간별로 작성한 자녀장려금 산정표를 적용한다. 다만, 기초생활보장법에 의한 생계급여를

3월 중에 받은 경우 자녀장려금을 지급하지 않는다.

[표 6-17] 가구원 구성에 따른 총급여액 등 및 자녀장려금 지급액

구 분	총급여액 등	자녀장려금
홑벌이 가족가구	2천100만 원 미만	부양자녀 수 × 70만 원
	2천100만 원 이상 ~ 4천만 원 미만	부양자녀 수 × [70만 원 - (총급여액 등 - 2,100만 원) × 20/1,900]
맞벌이 가족가구	2천500만 원 미만	부양자녀 수 × 70만 원
	2천500만 원 이상 ~ 4천만 원 미만	부양자녀 수 × [70만 원 - (총급여액 등 - 2,500만 원) × 20/1,500]

주 1) 홑벌이 가족가구 : 부양자녀가 있는 가구로서 맞벌이 가족가구가 아닌 가구
2) 맞벌이 가족가구 : 전년도 연간 거주자와 배우자 각각의 총급여액 등이 3백만 원 이상인 가구

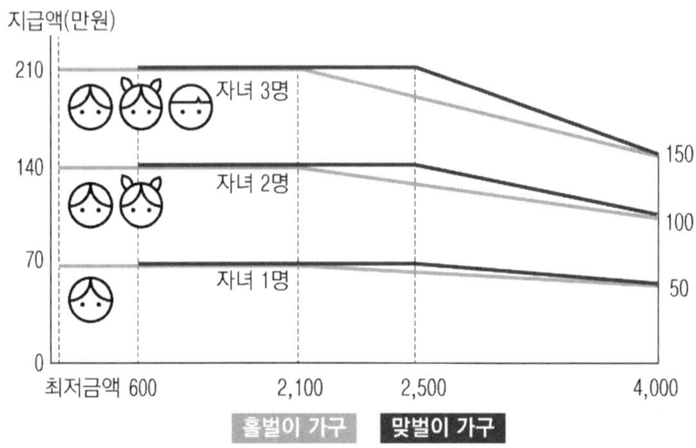

〈그림 6-3〉 가구별 구간별 자녀장려금 지급액

부양자녀가 있고 근로소득 또는 사업소득(전문직 제외)이 있는 가구는 요건을 모두 충족하는 경우에 신청할 수 있다. 부양자녀 요건은 18세 미만(20××.1.2. 이후 출생, 중증장애인은 연령제한 없음)이면서 연간 소득금액 1백만 원 이하의 부양자녀가 있어야 한다. 총소득 요건은 홑벌이, 맞벌이 모두 2019년 부부합산 연간 총소득이 4,000만 원 미만이어야 한다. 그리고, 주택 요건, 재산 요건, 신청제외자의 경우 근로장려금과 동일하다.

장려금 지급시기는 9월 말까지로 기한 후 지급은 신청한 달부터 4개월 이내이다.

6.3 지급액 감액 및 체납 충당

가구원 재산합계액이 1억 4천만 원 이상 2억 원 미만은 해당 장려금의 50% 감액 지급되며, 기한 후 신청한 경우는 해당 장려금의 10%가 감액 지급된다. 소득세 자녀세액공제와 자녀장려금을 중복 신청한 경우 지급액에서 자녀세액공제에 해당하는 세액을 차감한다. 국세 체납액이 있는 경우에는 지급액의 30%를 한도로 체납 충당한다.

연습문제

1. 다음 자료를 바탕으로 신용카드 등 사용금액에 대한 소득공제액을 계산해 보시오.

• 2021년 신용카드 등 사용금액 내역(총 2,600만 원 사용)

구 분	사용금액(공제율)
신용카드 사용금액(전통시장 · 대중교통비 제외)	1,000만 원(15%)
현금영수증, 직불카드 · 선불카드(전통시장 · 대중교통비 제외)	1,000만 원(30%)
도서 · 공연비 · 박물관 · 미술관(총 급여 7천만 원 이하 자만 적용)	100만 원(30%)
전통시장사용분(신용카드, 직불 · 선불카드, 현금영수증)	300만 원(40%)
대중교통이용분(신용카드, 직불 · 선불카드, 현금영수증)	200만 원(40%)

2. 총급여액 4,800만 원인 경우 신용카드 등의 소득공제액은 얼마인가?

3. 연말정산의 과정을 설명하시오.

CHAPTER 7

고용상의 4대 보험

학습목표

1. 국민연금과 다른 사회보험의 특성의 차이를 파악한다.
2. 고용보험의 실업급여 급여기준을 파악한다.
3. 건강보험의 필요성을 파악한다.

❖ Cinenomics 존 큐(John Q 2002) 식코(Sicko 2007)

평범한 가정의 존 큐(덴젤 워싱턴)의 아들인 마이크가 야구 경기 도중 쓰러졌고, 병원에서 당장 심장 이식 수술을 하지 않으면 살아날 가망이 없다는 진단을 받았다. 하지만 보험이 없어 수술하지 못하는 절망스러운 상황을 헤쳐나가는 영화이다. '존 큐'는 건강보험 혜택은 물론 정부 지원도 기대할 수 없게 되자, 죽어가는 아들을 버린 미국의 건강보험에 분노한 아버지이다. 그는 아들을 살리기 위한 마지막 수단으로 아들의 수술을 진행할 병원을 점거하고 내건 요구 사항은 아들의 이름을 심장 수술 대기자 명단에 올리는 것이었다. 하지만 경찰이 그의 요구를 무시하고 베테랑 협상가 프랭크(로버트 듀발)를 투입하면서 존 큐의 인질극이 세상에 알려졌다. 언론은 이 특별한 인질극을 생방송으로 보도하고 특별 기동대 SWAT가 동원되어 존 큐를 사살하라는 명령이 내려진다.

'식코'는 마이클 무어의 다큐멘터리 영화로 미국의 민간 의료 보험 조직인 건강관리기구(HMO)의 부조리적 폐해의 폭로와 비판을 서슴지 않는다. 수익 논리에 사로잡혀 이윤을 극대화하기 위해 꼭 필요한 헬스 케어 서비스도 생략한다. 미국의 의료보험제도는 돈 없고 병력이 있는 환자를 의료제도의 사각지대에서 죽음으로 몰고 있었다. 미국 사회의 의료시스템은 캐나다, 프랑스, 영국, 쿠바 등의 국가 의료보장제도와 비교하면 많은 문제점을 가지고 있다.

1. 인구 고령화와 노인 요양산업의 변화가 장기요양보험에 어떤 영향을 미치는지 조사해보자.
2. 한국의 우수한 건강보험제도를 이용하려는 외국인의 건강보험 이용실태와 재외교포들의 이용실태를 찾아보자.

1 건강보험

1.1 건강보험의 목적

의료보장제도는 사회보험(Social Health Insurance)과 국민보건서비스(National Health Service)로 나눌 수 있다. 사회보험(SHI)은 국가가 의료보장의 책임을 지면서 국민이 의료비에 대한 자기 책임을 일정 부분 인정한다. 보험자가 보험료를 통해 재원을 마련하여 의료를 보장하는 방식으로 프랑스, 독일 등에서 시행하고 있다.

국민보건서비스(NHS)는 정부가 일반조세로 재원을 마련하고 국민에게 무상으로 의료를 제공한다. 이 경우 의료기관의 상당 부분이 사회화 내지 국유화되어 있으며, 영국, 스웨덴, 이탈리아 등에서 활용되고 있다.

국민건강보험(National Health Insurance)은 사회보험을 취하면서 전국민을 대상으로 단일한 보험자가 운영하는 시스템으로 한국과 대만에서 시행하고 있다.

첫째, 의료보장 기능이다. 건강보험은 피보험대상자 모두에게 필요한 기본적 의료를 적정한 수준까지 보장하여 의료문제를 해결하고 누구에게나 균등하게 적정수준의 급여를 제공한다.

둘째, 사회연대 기능이다. 건강보험은 사회보험으로서 건강에 대한 사회공동의 책임을 강조하여 비용(보험료)부담은 소득과 능력에 따라 부담하고 가입자 모두에게 균등한 급여를 제공하여 사회적 연대를 강화하고 사회통합을 이룰 수 있다.

셋째, 소득재분배 기능이다. 질병은 개인의 경제생활에 지장을 주어 소득을 떨어뜨리고 다시 건강을 악화시키는 악순환을 초래한다. 각 개인의 경제적 능력에 따른 부담으로 재원을 조성하고, 필요에 따라 균등한 급여를 제공하여 질병의 치료 부담을 경감시킨다.

국민의 질병 · 부상에 대한 예방 · 진단 · 치료 · 재활과 출산 · 사망 및 건강증진에 대하여 보험급여가 국민 보건을 향상시키고 사회보장을 증진한다. 근로자는 근로의 대가로 보수를 받아 생활하는 사람(법인의 이사, 기타 임원을 포함)으로서 공무원과 교직원을 제외한 상용근로자, 일용근로자, 시간제근로자가 있다.

사용자는 근로자가 소속되어 있는 사업장의 사업주이다. 피부양자는 직장 가입자의 배우자, 직계존 · 비속(배우자의 직계존 · 비속 포함) 및 직계비속의 배우자, 형제 · 자매 중 그 직장가입자에 의하여 주로 생계를 의존하는 자로서 보수 또는 소득이 없는 자이다.

보수는 근로의 대가로 받은 봉급 · 급료 · 보수 · 세비 · 임금 · 상여 · 수당 등이다. 이와 유사한 성질의 금품 중에서 퇴직금, 현상금 · 번역료 및 원고료, 비과세 근로소득을 제외한다. 다만, 비과세되는 소득, 직급보조비 또는 이와 유사한 성질의 금품 등은 보수에 포함한다.

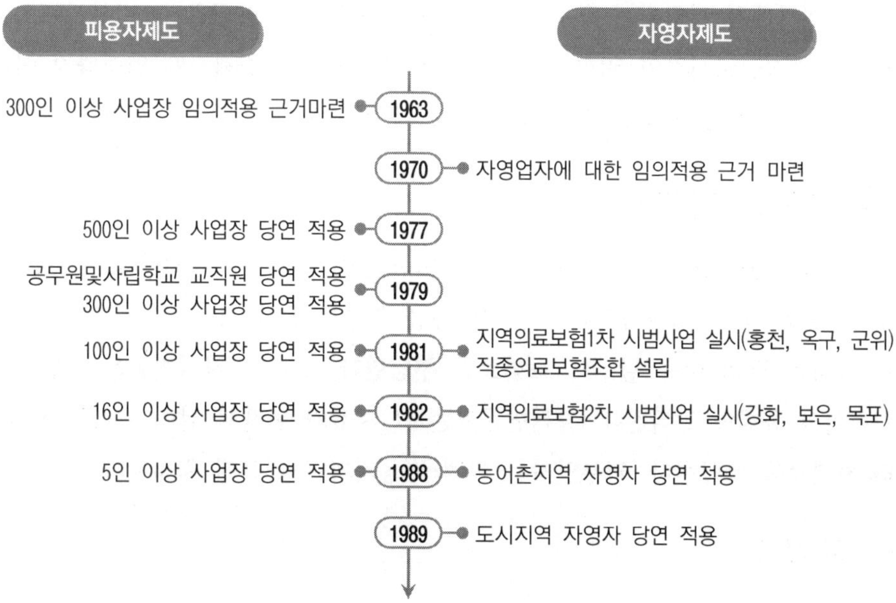

〈그림 7-1〉 건강보험제도의 발전과정

1.2 건강보험 적용대상

직장보험은 근로를 제공하고 지급받는 임금소득에 의하여 주로 생계를 유지하는 임금소득자와 그 가족이 대상이다. 직장가입자는 근로자와 사용자, 공무원 · 군인 · 사립학교 교직원이며, 피부양자는 근로자 · 사용자 · 공무원 · 교직원의 배우자 등 가족이다. 법인사업장은 대표자 1인만 있어도 의무가입대상이다.

대상은 국내에 거주하는 국민의 가입자 또는 피부양자이다. 직장가입자와 피부양자는 주민등록이 말소되었더라도 국내에 거주하고 있는 경우에 해당한다.

1.3 직장가입자

(1) 적용대상

국세청에서 사업자등록번호 또는 고유번호를 부여받은 사업소나 사무소를 가지고 있거나 법인사업장은 대표자 1인만 있어도 의무가입대상이다.

직장가입자에서 제외되는 경우는 1월 미만 고용되는 일용근로자, 비상근근로자 또는 1개월간의 소정근로시간이 60시간 미만인 단시간 근로자, 소재지가 일정하지 아니한 사업장의 근로자와 사용자, 근로자가 없거나 일용근로자만을 고용하는 사업장 사업주이다.

(2) 자격의 취득(변동)

자격취득(변동) 신고는 사용자가 자격 취득(변동, 즉 적용 사업장에 고용된 날)일부터 14일 이내에 직장가입자자격취득신고서 등을 제출한다. 자격취득자는 그 사유가 발생한 날이 속하는 달의 다음 달부터 보험료를 부담한다. 그리고 자격변동은 가입자의 자격은 유지하면서 종류만 달라진다. 자격변동자는 그 사유가 발생한 날이 속하는 달의 다음 달부터 보험료를 부담한다. 피부양자는 자격 변동자와 동일하게 처리된다.

(3) 자격상실

자격상실 시기는 사망한 날의 다음 날, 국적을 잃은 날의 다음 날, 의료급여수급권자가 된 날, 적용 사업장에서 퇴직 · 퇴사한 날의 다음 날이다. 자격상실 신고시 신고 의무자는 사용자이다. 신고기한은 자격상실일부터 14일 이내로 직장가입자자격상실신고서 등의 서류를 제출한다. 자격상실자는 그 사유가 발생한 날이 속하는 달까지 보험료를 부담한다.

(4) 임의계속 가입자

사용 관계가 종료되어 지역가입자로 자격이 변경된 사람 중에서 실업 전 해당 사업장에서 1년 이상 계속하여 직장가입자 자격을 유지한 사람이다. 개인사업장의 대표자였던 직장가입자(개인대표자)는 임의계속가입대상이 아니다.

신청한 자가 최초로 고지한 보험료를 그 납부기한부터 2개월이 지난날까지 납부하지 않는 경우 임의계속가입자 자격이 취소되어 지역가입자로 변동된다. 적용기간은 퇴직일의 다음 날부터 24개월이지만 24개월 이전에 임의계속탈퇴 신청으로 제외할 수 있다. 신청기간은 지역가입자가 된 이후 최초 지역보험료 납부기한에서 2개월이 지나기 이전까지이다.

신고서류는 임의계속(가입 / 탈퇴)신청서를 제출한다.

> 보험료 = 퇴직 월을 제외한 직전 3개월간의 보수월액(퇴직정산으로 확정된 최종 보수월액)의 평균 × 연도별 직장가입자 보험료율 + 소득월액보험료

보험료는 산정된 보험료에 50% 경감 후 부과(전액 본인 부담)되며, 매월 가입자 주민등록 주소지로 고지된다.

1.4 피부양자

부양자는 직장가입자의 배우자, 직계존속(배우자의 직계존속 포함), 직계비속(배우자의 직계비속 포함) 및 그 배우자, 형제 · 자매 중에 직장가입자의 소득으로 생계를 유지하는 보수 또는 소득이 없는 자이다.

[표 7-1] 건강보험의 피부양자 인정요건

부과체계 개편으로 변경된 피부양자 인정 기준
• 부양요건 – 형제자매 : 불인정(다만, 65세 이상, 30세 미만, 장애인, 국가유공 · 보훈보상 상이자는 소득 · 재산요건 충족 시 인정) – 이혼 · 사별한 형제자매 및 자녀 · 손자녀 · 배우자의 직계비속 : 미혼 인정 – 배우자의 계부모 : 피부양자 인정
• 소득요건 – 모든 소득(사업소득 포함)을 합하여 합산소득 3천 4백만 원 이하 ※사업소득이 없거나, 사업자등록이 없고 사업소득이 연 500만 원 이하인 자는 현행 유지
• 재산요건 – 재산 5.4억 원 이하이거나 재산 5.4억 원 초과하면서 9억 원 이하이고 연간소득 1천만 원 이하인 자는 인정 ※재산 9억 원 이하인 자는 현행 유지 – 장애인, 국가유공 · 보훈보상 상이자 : 재산요건 충족해야 인정 – 형제자매 : 재산 1.8억 원 이하

자격취득은 신생아의 경우에 출생한 날, 직장가입자의 자격취득일이나 가입자의 자격변동일부터 90일 이내에 피부양자의 자격취득 신고를 한 경우에 직장가입자의 자격취득일

또는 가입자의 자격변동일, 직장가입자의 자격취득일 또는 가입자의 자격변동일부터 90일을 초과하여 피부양자의 자격취득 신고할 경우 국민건강보험공단에 피부양자자격취득신고서를 제출한 날이다. 다만, 공단이 정하는 본인의 책임이 없는 부득이한 사유로 90일을 초과하여 피부양자 자격취득 신고를 한 경우에 직장가입자의 자격취득일 또는 가입자의 자격변동일이다.

자격취득 신고는 직장가입자(사용자 경유 가능)로 피부양자 인정요건에 해당하게 된 때 지체없이 신고해야 한다. 신고서류는 가입자와 동시신고 시 직장가입자자격취득신고서(피부양자 있는 경우), 가입자와 별도신고 시 피부양자자격취득 · 상실신고서를 제출한다.

자격상실 시기는 사망한 날의 다음 날, 의료급여수급권자가 된 날, 유공자등 의료보호대상자가 된 경우 건강보험의 적용배제신청을 한 날의 다음 날, 직장가입자 또는 다른 직장가입자의 피부양자자격취득일, 대한민국의 국적을 잃은 날의 다음 날, 피부양자인정기준에 해당하지 않음을 확인한 날의 다음 날, 국내에 거주하지 아니하게 된 날의 다음 날, 피부양자자격을 취득한 자가 본인의 신고로 피부양자 자격상실 신고한 날의 다음 날, 직장가입자가 자격을 상실한 날이다.

자격상실의 신고의무자는 직장 가입자(사용자 경유 가능)이며, 피부양자 인정요건에서 제외된 때 지체 없이 신고[7]해야 한다.

1.5 보험료

건강보험료 = 보수월액 × 보험료율

보수월액(월평균보수)은 연간 보수총액 ÷ 근무월수, 보험료율은 6.86%이다.

---

7) 신고서류
- 피부양자자격취득 · 상실신고서
- 사망 사실이 기록된 가족관계등록부의 증명서, 사망진단서 / 사체검안서 중 1부

[표 7-2] 건강보험료율

(단위 : %)

구 분	계	가입자 부담	사용자 부담	국가부담
근로자	6.86(100)	3.43(50)	3.43(50)	–
공무원	6.86(100)	3.43(50)	–	3.43(50)
사립학교 교원	6.86(100)	3.43(50)	2.058(30)	1.372(20)
군 인	6.86(100)	3.43(50)	–	3.43(50)

주) 괄호 안의 수치는 부담률임

건강보험료 = 가입자부담 50% + 사용자부담 50%(10원 미만 단수 미계상)

[표 7-3] 보수월액 범위와 적용

(단위 : %)

보수월액 범위 (2020년 기준)	건강보험료율 (2021년 기준)	월 보험료 산정 (가입자 + 사용자)
279,160원 미만	3.43%	9,570 + 9,570원
279,160원 ~ 99,615,293원	3.43%	보수월액 × 3.43% + 보수월액 × 3.43%
99,615,293원 초과	3.43%	3,416,800원 + 3,416,800원

보수월액이 상 · 하한선에 속하지 아니한 가입자는 실제 보수월액을 기준으로 보험료를 산정한다.

기타 가입자부담 건강보험료 결정기준으로 직장가입자가 2인 이상 건강보험적용사업장에서 보수를 받고 있는 경우에는 각 사업장에서 받고 있는 보수를 기준으로 사업장별로 보수월액을 결정한다. 섬 · 벽지에 근무하거나 거주하는 가입자는 보험료의 50%를 경감하며, 국외(개성공업지구를 제외한 북한지역 포함)에 1월 이상 체류할 경우 보험료를 면제한다. 그렇지만, 피부양자가 국내에 거주하는 경우에는 50%를 부과하고, 귀국하여 1월 이상 국내에 거주하거나, 1월 미만 거주자가 보험급여를 받은 경우 보험료를 부과한다. 군입대자(보충역 · 상근예비역의 교육소집 기간 포함), 시설수용자는 급여정지에 의해 해당 기간 보험료를 면제한다.

장기요양보험료 = 건강보험료 × 장기요양보험료율

장기요양보험료는 해당 가입자의 건강보험료에 장기요양보험료율을 곱하여 얻은 금액이다. 장기요양보험료율은 11.52%(2021년)로 장기요양위원회에서 결정한다. 건강보험 보험료율이 변경될 경우에 장기요양보험료도 연동하여 변경된다.

장기요양보험료의 30% 경감은 직장가입자와 피부양자 중 장애인 또는 이와 유사한 가입자가 있는 경우(단 직장가입자와 피부양자 중 노인장기요양보험법 제10조에 의한 수급자가 있는 경우 경감 제외)이다. 장애인의 감면대상 질환(6종)은 지방산 대사장애, 글리코사미노글라이칸대사장애, 유전성 운동실조, 척수성 근 위축 및 관련 증후군, 다발성 경화증, 근육의 일차성 장애이다.

1.6 보험료 경감과 보수월액

경감 대상은 휴직 기간이 1개월 이상인 직장가입자이다. 경감률은 휴직 기간 지급받은 보수 등을 감안하여 최대 50%까지 차등 경감, 육아휴직은 60%를 경감한다. 무보수 휴직자는 휴직 전월 보수월액 기준으로 산정한 보험료의 100분의 50을 경감한다.

건강보험의 보수는 근로소득에서 비과세소득(일부 포함)을 공제하고 국외 근로소득 등을 추가하여 계산한다. 비과세소득의 경우 소득세법상에서 열거된 내용만을 적용한다. 국외 근로소득은 원양어업 선박, 외국항행 선박 · 항공기 및 북한지역 근로 등을 포함한다. 소득세법에 월 300만 원 한도 내에서 비과세 처리되더라도 전액 보수에 포함된다.

1.7 보험료의 정산

보험료 부과의 기초가 되는 당해 연도의 보수월액은 사실상 전년도 보험료 정산결과에 따라 산출된 것으로 당해 연도 보수월액은 결국 회계연도가 종료되어야 알 수 있다. 정산 신고 의무자는 사용자이며, 정산의 종류는 수시정산, 퇴직정산, 연말정산으로 구분한다.

수시정산은 당해 사업장 소속 직장가입자의 자격 또는 보수 등이 변동되었을 때 이를 공단에 신청해야 한다. 신청이 지연되었을 경우 가입자의 보험료를 다시 산정하여 기부와 보험료의 차액을 추가징수 또는 반환한다.

퇴직정산은 연도 중 퇴직할 경우 당해 연도 보수총액을 근무월수로 나눈 보수월액으로 기 납부한 보험료와 당해 연도 퇴직 시까지 납부할 보험료 간의 정산을 실시한다. 신고서 제출 시기는 사유 발생일로부터 14일 이내이다. 사용자는 근로자 퇴직 시 근로자와 보험료를 정산한 후 공단과 정산절차를 거쳐야 한다.

직장가입자의 건강보험료는 당해 연도 소득에 의해 부과되어야 하나, 연도 중에는 소득이 확정되지 않으므로 전년도 소득을 기준으로 우선 부과한다. 다음 해 2월(개인대표자는 5월) 사업장은 확정된 소득으로 전년도 보험료를 다시 산정하여 기 납부한 보험료와 정산하여 4월분(개인대표자는 6월) 보험료에 부과(추가징수, 반환)한다.

2 국민연금

2.1 의의

국민연금은 혼자 대비하기 어려운 생활의 위험을 모든 국민이 사회적으로 연대하여 대처하기 위한 제도이다. 소득이 있을 때 일정액의 보험료를 납부하도록 하고, 일정한 사유(노령, 장애, 사망)로 소득이 줄거나 없어졌을 때 연금을 지급하여 최소한의 소득을 보장한다.

소득은 근로를 제공하여 얻은 수입에서 소득세법에서 정하는 비과세금액을 제외한 금액(근로소득)이다. 개인사업장 사용자는 사업 및 자산을 운영하여 얻는 수입에서 필요경비를 제외한 금액(사업소득금액)이다.

기준소득의 월액은 연금보험료와 급여를 산정하기 위하여 가입자의 소득월액을 기준으로 '국민연금법 시행령'에서 정한다. 사업장 가입자는 사업장에 고용된 근로자 및 사용자로서 국민연금에 가입된 자이다.

사업장 가입자는 1인 이상의 근로자를 고용하고 있는 사업장의 사업주와 근로자이다. 지역 가입자는 사업장에 근무하지 않는 자영업자, 농어업인들이다. 납부예외자는 사업장(지역) 가입자 중에서 소득이 없는 국민이다.

적용제외자는 전업주부, 학생, 타 공적연금 가입자 등이 있다. 임의(계속)가입자는 적용제외자 또는 60세 이상 국민 중에서 희망에 의하여 가입한다.

[표 7-4] 사업장 가입자의 국민연금 공단신고 사항

신고 사유	신고 서식	비고 및 유의사항
근로자 채용	자격취득신고서(외국인 포함)	
근로자 퇴사	자격상실신고서	
무보수 휴직한 경우	납부예외신청서	납부예외 신청이 없으면 납부의사가 있는 것으로 봄

2.2 사업장 가입자 자격취득 신고

(1) 신고대상

18세 이상 60세 미만인 사용자 및 근로자이다. 18세 미만 근로자는 사업장 가입자로 적용하지만, 본인의 신청에 의해 적용제외 가능하다. 단시간 근로자로 1개월 이상, 월 60시간(주 15시간) 이상 일하는 사람, 조기노령연금 수급권자로서 연금지급이 정지된 사람, 일용근로자 및 1개월 미만의 기한 근로자 중 1개월 이상 계속 사용되면서, 1개월간 근로일수가 8일 이상 또는 근로시간 60시간 이상인 자, 월 60시간 미만인 단시간 근로자 중 3개월 이상 근로한 대학 강사 또는 사용자 동의를 받아 근로자로 적용 희망하는 자[8] 등도 해당된다.

(2) 자격취득 시기

사업장이 1인 이상의 근로자를 사용하게 된 때, 국민연금 적용사업장에 근로자 또는 사용자로 종사하게 된 때, 단시간 근로자가 당연직용 사업장에 사용된 때 또는 근로자로 된 때, 일용근로자가 1개월 이상 계속 근로하고, 1개월간 근로일수가 8일 이상 또는 근로시간이 월 60시간 이상으로 된 때, 국민연금 가입사업장의 월 60시간 미만 단시간 근로자 중 3개월 이상 근로를 제공하는 사람(대학 강사 제외)의 가입신청이 수리된 때, 둘 이상의 사업장에서 1개월 소정근로시간의 합이 60시간 이상이 되는 단시간 근로자의 가입신청이 수리된 때이다.

8) 둘 이상의 사업장에서 1개월 소정근로시간의 합이 60시간 이상이 되는 단시간 근로자는 본인이 희망하여 신청하는 경우는 사업장 가입자가 될 수 있음

2.3 사업장 가입자 자격상실 신고

신고대상은 사용 관계 종료(퇴직), 국외 이주 또는 국적상실, 60세 도달, 사망, 60세 미만 특수직종 근로자가 노령연금수급권을 취득한 자, 60세 미만자로서 조기노령연금 수급권을 취득한(지급정지가 해제된) 때, 다른 공적연금 가입, 근로자에서 제외된 때에 해당된다. 자격상실 시기와 제출서류는 '사용관계 종료(퇴사)일, 60세에 달한 때, 근로자에서 제외된 날의 다음날'이며 사업장 가입자 자격상실신고서 1부를 제출한다.

2.4 연금보험료 납부예외 및 납부재개

납부예외는 휴직, 산전후휴가 · 육아휴직, 산재요양시 해당된다. 제출서류는 연금보험료(납부예외신청, 납부재개신고)서류, 휴직발령서 등 납부예외신청 사유를 입증할 수 있는 서류이다. 납부예외자가 복직하였을 경우 복직일을 '납부재개일'로 기재하여 납부재개신고서를 제출한다. 납부예외자가 휴직(납부예외) 기간에 퇴사하였을 경우 '사업장가입자 자격상실신고서'를 제출한다.

'납부예외일'은 납부예외 사유가 발생한 날이다(예시 : 휴직일). 휴직기간이 정해진 경우에는 '납부재개예정일'란에 복직예정일을 기재한다. 휴직자가 복직하였을 때 복직일이 속하는 달의 다음 달부터 연금보험료를 납부한다. 다만, 복직일이 초일인 경우와 복직하는 달의 보험료 납부를 희망하는 경우, 해당 월보험료를 납부한다. 해외파견근로자는 납부예외신청 대상이 아니다.

2.5 둘 이상 적용 사업장가입자

사업장가입자가 둘 이상의 국민연금에 가입된 사업장에 종사하는 경우를 말한다. 하나의 사업장에서 근로자이면서 다른 사업장의 사용자인 경우도 포함된다. 둘 이상 적용 사업장 가입자로 확인된 경우, 각각의 사업장에서 받는 소득월액으로 기준소득월액을 결정한다. 합산한 소득이 최고 기준소득월액을 넘는 경우 소득 비율로 조정 후 부과한다.

2.6 기준소득월액 결정

기준소득월액은 연금보험료와 급여를 산정하기 위하여 가입자의 소득월액을 기준으로 정하는 금액이다. 근로자의 경우 사용자가 근로자에게 근로의 대가로 지급되는 임금 중 소득세법상 비과세 근로소득을 제외한 금액이다. 사용자는 사업 및 자산을 운영하여 얻는 수입에서 필요경비를 제외한 금액을 기초로 최저 기준소득월액부터 최고 기준소득월액까지의 범위 내에서 정한다. 상한액과 하한액은 국민연금 사업장가입자와 지역가입자 전원의 평균소득월액의 3년간 평균액이 변동하는 비율을 반영하여 매년 3월 말까지 보건복지부 장관이 고시한다.

소득의 범위는 사용자(법인이 아닌 사업장의 사용자에 한함)의 경우 농업 · 임업 · 어업소득 및 '소득세법'에 따른 사업소득(부동산임대소득 포함)이다. 근로자의 경우 '소득세법'에 따른 근로소득에서 비과세소득을 차감한 소득, 국외근로 비과세소득 및 조세특례제한법에 의거한 비과세소득은 포함한다.

사업장에 입사(복직)한 근로자의 소득월액은 사용자가 근로자에게 지급하기로 약정하였던 금액으로, 입사(복직) 당시 지급이 예측 가능한 모든 근로소득을 포함한다.

[표 7-5] 급여 항목별 입사(복직) 시 소득월액 포함 여부

구 분	포함해야 하는 소득	포함하지 않는 소득
판단 기준	입사(복직) 당시 근로계약서, 보수규정 등에서 지급하기로 확정된 모든 과세소득	소득세법 상 비과세소득, 입사(복직) 당시 지급 여부 및 지급 금액이 확정되지 않은 소득
급여 항목	기본급, 직책수당, 직급보조비, 정기(명절)상여금, 기본 성과급, 휴가비, 교통비, 고정시간외 근무수당, 복지연금, 기타 각종 수당 등	비과세소득(월 10만 원 이하 식사대, 출산이나 6세 이하 보육수당 월 10만 원 이내 등), 실적에 따라 지급 여부 및 지급금액이 결정되는 실적급 등

예를 들어 A사에 2015년 3월 5일, 월급제로 입사한 김철수의 급여 내역이다. 기본급(1,000,000원), 교통비(월 100,000원), 고정 시간외 수당(월 200,000원), 분기별 상여금의 경우 기본급의 100%(1, 4, 7, 10월 지급)이며, 하계휴가비(매년 7월 지급, 500,000원)이다.

산정식	{(1,000,000 + 100,000 + 200,000) × 12 + (1,000,000 × 4) + 500,000} ÷ 365 × 30
신고소득월액	1,652,055원 (국민연금에 신고해야 할 소득월액)

2.7 기준보수월액의 결정 및 적용

전년도 중 해당 사업장에서 종사한 기간에 받은 소득액을 그 기간의 총근무일수로 나눈 금액의 30배에 해당하는 금액(천 원 미만 절사)을 소득월액으로 결정한다. 사업장에서 신고기한까지 소득총액을 신고하지 않을 경우에 가입자의 전년도 기준소득월액을 평균소득월액의 변동률을 기준으로 조정한 금액으로 결정한다. 해당연도 7월부터 다음연도 6월까지 적용한다.

2.8 징수관리

각종 연금급여의 지급 등 국민연금사업에 소요되는 비용에 충당하기 위하여 가입자의 소득에 비례하여 일정비율의 연금보험료를 징수한다. 사회보험 징수통합에 따라 건강보험공단이 징수한다.

연금보험료는 가입자 자격취득 시의 신고 또는 정기결정에 의한 기준소득월액을 기준으로 '연금보험료율'에 의하여 부과한다.

연금보험료 = 가입자의 기준소득월액 × 연금보험료율

[표 7-6] 국민연금보험료율

구 분		99년 4월 이후
사업장 가입자	계	9.0%
	사용자 부담금	4.5%
	근로자 기여금	4.5%
사업장 임의계속가입자		9.0%

주) 10원 미만 절사함

사업장 사용자는 근로자가 부담하는 기여금 및 사업장 사용자 본인이 부담하는 부담금을 합산하여 납부한다. 납부기한은 해당월의 다음 달 10일이며, 10일이 공휴일인 경우 그 다음 날까지 납부 가능하다. 단, 토요일은 그 다음날의 다음 날까지 가능하다.

2.9 연금보험료 지원제도와 실업크레딧제도

연금보험료 지원제도는 국민연금 사업장가입자 중에서 사용자(법인 대표이사 포함)를 제외한 근로자가 10명 미만인 사업장의 고시 소득(2021년 220만 원) 미만인 근로자로 재산 및 종합소득 요건(재산세 과세표준 6억 원 미만이고 종합소득 3,800만 원 미만) 충족자이자 신규가입자(지원신청일 직전 1년간 국민연금 사업장 가입 이력이 없는 자)이다. 지원금액은 사용자 및 근로자 보험료의 각 80%를 근로자별 36개월간 지원한다.

실업크래딧제도는 국민연금 가입자 또는 가입자였던 사람 중 18세 이상 60세 미만의 구직급여 수급자가 연금보험료 납부를 희망하는 경우 구직급여 수급기간(3 ~ 8개월)으로 하되, 최대 1년(12개월)까지 지원보험료의 75%를 지원하고 그 기간을 가입기간으로 추가 산입한다.

2.10 급여의 종류

[표 7-7] 국민연금 급여의 종류

<table>
<tr><th colspan="2">연금 급여(매월 지급)</th><th colspan="2">일시금 급여</th></tr>
<tr><td>노령연금</td><td>노후 소득보장을 위한 급여(국민연금의 기초가 되는 급여)</td><td>반 환
일시금</td><td>연금을 받지 못하거나 더 이상 가입할 수 없는 경우 청산적 성격으로 지급하는 급여</td></tr>
<tr><td>장애연금</td><td>장애로 인한 소득감소에 대비한 급여</td><td rowspan="2">사 망
일시금</td><td rowspan="2">유족연금 및 반환일시금을 받지 못할 경우 장제비적 성격으로 지급하는 급여</td></tr>
<tr><td>유족연금</td><td>가입자의 사망으로 인한 유족의 생계 보호를 위한 급여</td></tr>
</table>

(1) 노령연금

[표 7-8] 노령연금을 받을 수 있는 요건

구 분	요 건	급여수준
노령연금(기본)	• 가입기간 10년 이상, 60세에 도달한 자[9]	가입기간이 10년 이상 20년 미만인 경우 – 기본연금액 50% + 부양가족연금액 * 10년 초과 1년당 기본연금액의 5% 증액

9) 노령연금수급권자가 65세 전에 소득이 있는 업무에 종사하는 경우에는 초과 소득월액에 따라 구간별로 연금액이 감액됨. 근로소득공제 또는 필요경비 공제 후의 월평균소득액이 전체 사업장가입자 및 지역가입자의 평균 소득(A값) 이하인 경우 감액 없음

구 분	요 건	급여수준
조기노령연금	• 가입기간이 10년, 55세인 경우인 자가 소득 없이 청구한 경우	– 기본연금액 50% × 연령별지급률 70% + 부양가족연금액 * 가입기간 1년 증가 시 마다 기본연금액 지급률 5%씩 증가 * 수급개시연령 1개월 지날 때 마다 연령별 지급률 0.5%(1세 지날 시 6%)씩 가산
분할연금	• 가입기간 중 혼인 기간이 5년 이상인 노령연금수급권자의 이혼한 배우자가 60세가 된 경우	배우자이었던 자의 노령연금액(부양가족연금액 제외)중 가입기간 중 혼인기간(5년 이상)에 해당하는 연금액의 1/2

(2) 장애연금

질병이나 부상의 초진일 당시 일정한 가입기간이 있고 완치된 후에도 신체 또는 정신상 장애가 남아 장애연금 지급대상이 되는 경우 장애 정도(1급 ~ 4급)에 따라 급여를 지급한다.

(3) 유족연금

국민연금 가입자나 연금을 지급받던 사람이 사망할 경우 그에 의해 생계를 유지하던 유족에게 급여를 지급하여 안정된 삶을 살아갈 수 있도록 하기 위한 급여이다.

(4) 반환일시금

지급연령(60 ~ 65세)이 되었을 때 연금급여를 받을 수 있는 요건을 충족하지 못하였거나 국외이주 등으로 더 이상 국민연금 가입대상이 아닌 경우 납부한 연금보험료에 이자를 더해 일시에 지급하는 급여이다. 반환일시금을 지급받은 경우 가입기간이 소멸되므로 다른 연금을 받을 수 없다. 다만, 다시 국민연금가입자가 된 경우 일정한 이자를 더하여 반납하고 가입기간을 복원할 수 있다.

(5) 사망일시금

가입자 또는 가입자이었던 사람이 사망하였으나 유족연금 또는 반환일시금을 지급받을 수 있는 유족 범위에 해당하는 자가 없는 경우 배우자 · 자녀 · 부모 · 손자녀 · 조부모 · 형제자매 또는 4촌 이내의 방계혈족 중 최우선 순위자에게 장제부조적 · 보상적 성격으로 지급한다.

2.11 연금지급액

연금지급액은 기본연금액과 부양가족연금액으로 구성된다. 기본연금액은 고소득자와 저소득자 간 급여 수준 격차를 줄여주며, 물가변동률과 임금상승률을 반영하여 항상 실질가치를 보장해 주는 특징이 있다. 부양가족연금액은 수급권자(유족연금의 경우 가입자 또는 가입자였던 자)의 배우자, 자녀, 부모로서 수급권자에 의하여 생계를 유지하고 있는 자에 대하여 지급하는 일종의 가족수당 성격의 부가급여이다.

[표 7-9] 부양가족연금액

지급대상	요 건	
배우자	(사실혼 포함)	연 261,760원
자녀〈배우자가 혼인 전에 얻은 자녀(계자녀) 포함〉	19세 미만 또는 장애등급 2급 이상에 해당하는 자녀	연 174,460원 / 1인당
부모〈부 또는 모의 배우자(계부모), 배우자의 부모 포함〉	60세 이상 또는 장애등급 2급 이상에 해당하는 부모	

주) 2020년 1월 ~ 2020년 12월까지 적용되는 부양가족연금액이며 매년 물가변동률에 따라 조정(2020년 0.4% 인상조정)

3 고용보험

3.1 의의

근로자에게 실업급여와 능력개발비용, 사업주에게 고용유지 조치 또는 교육훈련 비용을 지원하는 제도이다.

(1) 의무가입자

제조업, 도소매업, 음식업 등(계속사업) 중 근로자를 고용하는 모든 사업장, 건설공사 중 건설사업자가 시공하는 원도급공사, 건설사업자가 아닌 자가 시공하는 건설공사 중 총공사금액 2천만 원 이상 또는 건축(대수선) 연면적 100㎡(200㎡) 초과하면서 총공사금액 2천만 원 이상에 해당하는 업체이다. 일용직 또는 아르바이트(3개월이상)를 사용한 경우에도 당연히 고용 및 산재보험에 가입한다.

(2) 적용 제외

고용보험 가입 제외대상 근로자는 65세 이후에 고용되거나 자영업을 개시한 사람이다. 실업급여 적용제외(고용안정 · 직업능력개발 사업은 적용)는 소정근로시간이 대통령령으로 정하는 시간 미만인 자와 월간 소정근로시간이 60시간 미만인 자(1주간 소정근로시간이 15시간 미만인 자 포함)이다. 공무원(별정직 및 임기제 공무원의 경우 본인의 의사에 따라 고용보험(실업급여에 한함)에 가입할 수 있음), 사립학교교직원, 별정우체국직원, 외국인근로자 중 일부이다.

(3) 자영업자 고용보험 임의가입 가능

본인 명의의 사업자등록증을 보유하고 있으며, 근로자를 사용하지 아니하거나 50인 미만의 근로자를 사용하는 자영업자도 가입할 수 있다. 고용노동부장관이 매년 고시하는 '기준보수'중에서 본인이 선택한다. 임금근로자와 동일하게 고용보험법에서 적용이 제외되는 사업(가사서비스업)과 부동산임대업자는 가입이 제외된다.

보험료 = 선택한 기준보수 × 보험료율(실업급여 2%, 고용안정 · 직업능력개발 0.25%)
실업급여 = 선택한 기준보수 × 50%

[표 7-10] 자영업자 고용보험 산정의 기초가 되는 월 보수액

(단위 : 원)

구 분	1등급	2등급	3등급	4등급	5등급	6등급	7등급
월보수액	1,820,000	2,080.000	2,340,000	2,600,000	2,860,000	3,120,000	3,380,000

3.2 보험료 납부 및 보수총액 신고

[표 7-11] 현행 고용보험 보험료율

구 분	'99. 1. 1. 이후		'03. 1. 1. 이후		'06. 1. 1. 이후		'11. 4. 1. 이후		'13. 7. 1. 이후		'19. 10. 1. 이후	
	근로자	사업주	근로자	사업주	근로자	사업주	근로자	사업주	근로자	사업주	근로자	사업주
실업급여	0.5%	0.5%	0.45%	0.45%	0.45%	0.45%	0.55%	0.55%	0.65%	0.65%	0.80%	0.80%
고용안정		0.3%		0.15%		×		×		×		×

구 분		'99. 1. 1. 이후		'03. 1. 1. 이후		'06. 1. 1. 이후		'11. 4. 1. 이후		'13. 7. 1. 이후		'19. 10. 1. 이후	
		근로자	사업주	근로자	사업주	근로자	사업주	근로자	사업주	근로자	사업주	근로자	사업주
고용안정·직업능력개발사업	150명 미만 기업		0.1%		0.1%		0.25%		0.25%		0.25%		0.25%
	150명 이상 (우선 지원대상기업)		0.3%		0.3%		0.45%		0.45%		0.45%		0.45%
	150명 이상 ~ 1000미만 기업		0.5%		0.5%		0.65%		0.65%		0.65%		0.65%
	1000명 이상 기업, 국가·지방자치단체		0.7%		0.7%		0.85%		0.85%		0.85%		0.85%

주) '06. 1. 1.부터 고용안정사업과 직업능력개발사업을 통합하여 고용안정·직업능력개발사업으로 운영

사업주는 매년 3월 15일까지 전년도 전체근로자에게 지급한 보수총액 자료를 근로복지공단에 신고해야 한다. 사업주는 근로복지공단이 매월 산정·부과하여 건강보험공단에서 고지하는 월별보험료를 매월 10일까지 납부해야 한다. 근로자가 부담하는 보험료(2019.7.1. 이후 : 0.8%)는 사업주가 보수 지급 시 원천공제한다. 다만, 만 65세 이후에 고용된 자는 실업급여보험료를 부과·징수하지 않는다. 보수총액신고, 개산보험료 및 확정보험료를 신고하지 않거나 허위신고하는 경우에 300만 원 이하의 과태료가 부과될 수 있다. 건설업 및 벌목업의 경우 매년 3월 말까지 전년도 확정보험료와 당해 연도 개산보험료를 근로복지공단에 신고·납부해야 한다(보험연도 중에 보험관계가 성립한 경우 그 성립일로부터 70일 이내에 신고·납부).

보험료 산정시 확정보험료는 전년도에 근로자에게 지급한 보수총액에 해당 보험료율을 곱하여 산정한다. 개산보험료는 당해 연도에 근로자에게 지급할 보수총액의 추정액에 해당 보험료율을 곱한다. 개산보험료는 일시납부하거나 분기별로 4회 분할납부할 수 있으며, 일시납부한 경우에 개산보험료의 3%를 할인한다.

3.3 고용보험료 지원

고용보험은 10인 미만 사업장의 저임금근로자(월 보수 2021년 220만 원 미만, 재산 및 종합소득 요건(재산세 과세표준 6억 원 미만이고 종합소득 3,800만 원 미만) 충족자) 및 사업주에게 보험료를 지원한다. 지원수준은 고용보험료의 신규가입자에게 5인 미만 90%(5인 ~ 10인 미만 80%), 기존가입자에게 30%를 지원한다.

[표 7-12] 실업급여 및 유아휴직급여

구 분		지 원 요 건
실업급여		고용보험 적용사업장에서 이직일 이전 18개월간 피보험단위기간이 통산하여 180일 이상이고, 회사의 경영사정 등 부득이하게 이직한 경우 근로의사와 능력을 가지고 적극적으로 재취업활동을 해야 함 ※ 일용근로자는 신청 전 1개월간 10일 미만 근로요망
연장급여	훈련연장급여	고용센터의 직업능력개발훈련 지시에 의하여 훈련을 수강하는 경우
	개별연장급여	취업이 특히 곤란하고 생활이 어려운 수급자격자로서 고용센터에서 인정하는 자
취업촉진수당	조기재취업수당	대기기간(실업신고일부터 7일)이 지난 후 안정된 직업에 6개월 이상 계속하여 고용된(사업한) 경우로서 잔여 급여일수가 30일 이상인 경우(사업한 경우에는 1회 이상 자영업 준비활동으로 실업 인정을 받아야 함) 모의 계산 : 근로복지공단 홈페이지 회원가입 후 가능
	직업능력개발수당	고용센터에서 지시한 직업능력개발훈련을 받을 때
	광역구직활동비	고용센터의 소개로 거주지에서 50km 이상 떨어진 회사에 구직활동을 할 때
	지원금액	취업하거나 고용센터에서 지시한 직업능력개발훈련을 받기 위하여 이사를 할 때
육아휴직급여 등	육아휴직급여	육아휴직 시작일 이전 피보험단위기간이 통산하여 180일 이상이고, 육아휴직을 30일 이상 부여받은 경우
	육아기 근로시간 단축급여	육아기 근로시간 단축 시작일 이전 피보험단위 기간이 통산하여 180일 이전이고, 육아기 근로시간 단축을 30일 이상 실시한 경우
	출산전후(유산 · 사산) 휴가급여	휴가가 끝난 날 이전 피보험단위기간이 통산하여 180일 이상이고, 근로기준법 제74조에 따른 출산전후(유산 · 사산) 휴가 등을 부여받은 경우

주: 모의계산 - https://www.ei.go.kr/ei/eih/eg/pb/pbPersonBnef/retrievePb0201Info.do

4 재해보상과 산업재해보상보험

4.1 요양보상

근로자가 업무상 부상 또는 질병에 걸리면 사용자는 그 비용으로 필요한 요양을 행하거나 요양비를 부담해야 한다. 업무상 질병과 요양의 범위 및 요양보상의 시기는 대통령령(매월 1회 이상)으로 정한다.

4.2 휴업보상

사용자는 요양중인 근로자에게 평균임금의 100분의 60의 휴업보상을 지급해야 한다. 휴업보상을 받을 기간에 그 보상을 받을 자가 임금의 일부를 지급받은 경우에는 사용자는 평균임금에서 그 지급받은 금액을 뺀 금액의 100분의 60의 휴업보상을 지급해야 한다. 휴업보상의 시기는 대통령령(매월 1회 이상)으로 정한다.

4.3 장해보상

근로자가 업무상 부상 또는 질병에 걸리고, 완치된 후 신체에 장해가 있으면 사용자는 그 장해 정도에 따라 평균임금에 별표에서 정한 일수를 곱한 금액의 장해보상을 해야 한다. 이미 신체에 장해가 있는 자가 부상 또는 질병으로 같은 부위에 장해가 더 심해진 경우에, 그 장해보상 금액은 장해 정도가 더 심해진 장해등급에 해당하는 장해보상의 일수에서 기존의 장해등급에 해당하는 장해보상의 일수를 뺀 일수에 보상청구사유 발생 당시의 평균임금을 곱하여 산정한다. 장해보상에서 신체장해 등급의 결정 기준과 장해보상의 시기는 대통령령으로 정한다.

4.4 유족보상

근로자가 업무상 사망한 경우에 사용자는 근로자가 사망한 후 지체 없이 그 유족에게 평균임금 1,000일분의 유족보상을 해야 한다. 유족의 범위, 유족보상의 순위 및 보상을 받기로 확정된 자가 사망한 경우에 유족보상의 순위는 ① 부양 배우자, 자녀, 부모, 손 및 조부모, ② 미부양 배우자, 자녀, 부모, 손 및 조부모, ③ 부양 형제자매, ④ 미부양 형제자매 순이다.

4.5 기타

근로자가 중대한 과실로 업무상 부상 또는 질병에 걸리고 또한 사용자가 그 과실에 대하여 노동위원회의 인정을 받으면 휴업보상이나 장해보상을 하지 않아도 된다. 근로자가 업무상 사망한 경우에 사용자는 근로자가 사망한 후 지체 없이 평균임금 90일분의 장의비를 지급해야 한다. 보상을 받는 근로자가 요양을 시작한 지 2년이 지나도 부상 또는 질병이 완치되지 않으면 사용자는 그 근로자에게 평균임금 1,340일분의 일시보상으로 그 후의 모든 보상책임을 면할 수 있다.

사용자는 지급 능력이 있는 것을 증명하고 보상을 받는 자의 동의를 받으면 보상금을 1년에 걸쳐 분할보상을 할 수 있다. 보상을 받을 권리는 퇴직으로 변경되지 아니하고, 양도나 압류하지 못한다. 보상을 받게 될 자가 동일한 사유에 대하여 '민법'이나 그 밖의 법령에 따라 이 법의 재해보상에 상당한 금품을 받으면 그 가액(價額)의 한도에서 사용자는 보상의 책임을 면한다.

4.6 산업재해보상보험

(1) 의의

산업재해보상보험은 산업재해를 당한 근로자에게 신속한 보상을 하고, 사업주에게 재해 발생 시 보상에 따른 경제적 부담을 덜어 주기위한 사회보험이다. 국가(근로복지공단)는 근로자를 사용하는 사업주로부터 보험료를 징수하여 산업재해로 부상 또는 사망한 근로자와 그 가족에게 보험급여를 지급하며, 이때 지급하는 보험급여는 요양급여, 휴업급여, 상병보상연금, 장해급여, 장의비, 유족급여, 간병급여 등이다.

산재보험은 원칙적으로 근로자를 사용하는 모든 사업 또는 사업장에 적용하되, 위험률, 규모, 장소를 고려하여 법령으로 정하는 사업은 적용을 제외한다. 부상, 질병의 경우 4일 이상의 요양을 필요로 한다.

산재 관련 요양으로 인한 미취업, 치료종결 또는 사망 등 보험급여 지급 사유 발생 시 청구가 가능하다. 근로복지공단 각 지사에서 보험급여 지급 결정과 동시에 신청인 개인계좌로 즉시 지급한다. 보험료, 기타 징수금을 징수하거나 그 반환을 받을 권리 및 보험급여를 받을 권리는 3년간 행사하지 않으면 보험급여를 지급하지 않으므로 3년 이내에 공단에 청구해야 한다. 다만 보험급여를 청구하면 소멸시효가 중단된다.

(2) 적용대상

근로자를 사용하는 모든 사업 또는 사업장은 원칙적으로 산재보험의 적용대상 사업장이 된다. 다만, 다른 법률에 의하여 재해보상이 보장되는 경우 또는 법령에 의하여 사업의 위험률, 규모 및 사업장소 등을 참작하여 산재보험 적용을 제외하고 있는 사업장은 다음과 같다. 다만, 법적용제외 사업장이라 하더라도 승인을 얻어 임의가입할 수 있다.

- 공무원연금법 또는 군인연금법에 따라 재해보상이 되는 사업
- 선원법, 어선원 및 어선 재해보상보험법, 사립학교교직원 연금법 등에 따라 재해보상이 되는 사업
- 농업, 임업(벌목업은 제외한다), 어업 및 수렵업 중에서 법인이 아닌 자의 사업으로서 상시 근로자 수가 5명 미만인 사업(상시근로자 수의 산정은 노동부령으로 정함) 임의 가입 가능

(3) 보험의 가입

산재보험 적용 대상 사업의 사업주는 보험가입자가 되며 보험료의 납부 의무를 부담한다. 산재보험의 가입 절차는 산재보험 가입 대상이 된 날부터 14일 이내 근로복지공단 관할 지역본부(지사)에 사업주가 보험관계성립신고서를 제출해야 한다. 종전사업장 보험업무 담당자는 4대 사회보험 정보연계시스템의 구축으로 4대 기관 중 1개만 방문하여 통합된 사업장 적용 신고 서식을 작성해서 제출하면 된다.

(4) 보험료의 산정과 납부

보험료 = 당해연도 근로자에게 지급한 월 단위 보수액 × 보험료율(매년 고용노동부장관이 고시하는 업종별 산재보험요율)

건설공사 또는 벌목업 = 총공사금액 × 노무비율 × 보험료율

보험가입자는 매년 1월1일(보험관계 성립일)부터 3월31일까지(보험연도 중에 보험관계가 성립한 경우에 그 보험관계의 성립일부터 70일) 근로복지공단에 개산보험료(연간지급한 것으로 추정되는 임금총액 × 보험요율)를 선납으로 자진신고하고 은행에 보험료를 납부해야 한다.

(5) 다른 보상과의 관계

수급권자가 산업재해보상보험법에 의한 보험급여를 받았거나 받을 수 있는 경우에 보험가입자는 근로기준법에 의한 재해보상책임이 면제된다. 수급권자가 동일한 사유로 보험급여를 받은 경우에 보험가입자는 그 금액의 한도 안에서 손해배상책임이 면제된다. 이 경우 장해보상연금 · 유족보상연금을 받고 있을 경우 장해보상일시금 또는 유족보상일시금을 받은 것으로 간주한다.

수급권자가 동일 사유로 보험급여에 상당한 금품을 받은 때에 받은 금품을 손해배상액 산정 시의 평균임금으로 나눈 일수에 해당하는 보험급여의 한도 안에서 보험급여를 지급하지 않는다. 다만 장해보상일시금 · 유족보상일시금에 해당하는 연금액은 그렇지 않다.

이중으로 배상받는 것은 금지되어 있고, 산재보험이 강제 적용되는 사업장에서 근로기준법상의 재해보상을 청구할 수 없다. 피해 근로자는 산업재해보상보험법에 의한 보험급여를 1차적으로 수령하고 민사배상과의 차액이 있으면 민사소송을 제기하는 것이 유리하다.

[표 7-13] 4대 사회보험의 적용 자격비교

<table>
<tr><th colspan="2">구 분</th><th>국민연금</th><th>건강보험</th><th>고용보험</th><th>산재보험</th></tr>
<tr><td colspan="2">적용대상</td><td>(사업장)
상시1인 이상의 근로자를 사용하는 사업장의 18세 이상 60세 미만의 사용자 및 근로자
(지역)
사업장가입자가 아닌 자로서 18세 이상 60세 미만의 자. 다만 27세 미만으로서 소득이 없는 자는 제외(연금보험료를 납부한 사실이 있는 자 제외)</td><td>(사업장)
상시1인 이상의 근로자를 사용하는 사업장 및 공무원 및 교직원을 임용 또는 채용한 사업장
※ 법인사업장은 대표자 1인만 있어도 의무가입대상임
(지역)
직장가입자와 그 피부양자를 제외한 자</td><td>① 근로자를 사용하는 모든 사업 또는 사업장
② 건설사업자가 시공하는 원도급공사, 건설사업자가 아닌 자가 시공하는 건설공사 중 ㉠ 총공사금액 2천만 원 이상 ㉡ 건축(대수선) 연면적 100㎡(200㎡)초과하면서 총공사금액 2천만 원 이상
③ 개인이 운영하는 농 · 임 · 어업의 상시 5명 미만 사업은 임의가입 가능</td><td>① 근로자를 사용하는 모든 사업 또는 사업장
② 모든 건설공사
③ 개인이 운영하는 농 · 임(벌목업 제외) · 어업의 상시 5명 미만 사업은 임의가입 가능</td></tr>
<tr><td rowspan="3">적용 제외</td><td>일용직</td><td>1개월 미만</td><td>1월 미만</td><td>해당 없음</td><td>해당 없음</td></tr>
<tr><td>기한부</td><td>1개월 미만</td><td>해당 없음</td><td>해당 없음</td><td>해당 없음</td></tr>
<tr><td>계절적 일시적</td><td>1개월간의 근로시간이 60시간 미만 단시간 근로자</td><td>비상근근로자(교직원) 또는 1월간의 소정근로시간이 60시간 미만인 시간제근로자 · 공무원 및 교직원</td><td>해당 없음</td><td>해당 없음</td></tr>
<tr><td colspan="2">관리단위</td><td>개인</td><td>개인(세대주)</td><td>사업(장)
(실업급여는 개인단위가입)</td><td>사업(장)</td></tr>
<tr><td colspan="2">당연적용 연령</td><td>18세 이상
60세 미만</td><td>제한 없음</td><td>65세 미만
(고용안정 · 직업능력개발사업은 65세 이상자도 해당)</td><td>제한 없음</td></tr>
<tr><td colspan="2">둘이상 사업장</td><td>각 사업장에서 적용</td><td>각 사업장에서 적용</td><td>주된 사업장에서 관리</td><td>각 사업장에서 적용</td></tr>
<tr><td colspan="2">사용자 적용 여부</td><td>근로자와
동일한가입자로 관리</td><td>직장가입자로 관리</td><td>50인 미만 또는
근로자 없는 자영업자 임의가입 가능</td><td>50인 미만 사업주, 화물지입차주 등 임의가입 가능</td></tr>
</table>

[표 7-14] 4대 사회보험의 보험료 부과기준 비교

<table>
<tr><th>구 분</th><th>국민연금</th><th>건강보험</th><th>고용보험</th><th>산재보험</th></tr>
<tr><td>소득의 범위</td><td>근로소득에서 비과세소득을 차감한 소득</td><td>해당 사업장에서 받은 총 보수를 기준으로 함</td><td colspan="2">근로소득에서 비과세소득을 차감한 소득</td></tr>
<tr><td>소득 재결정 (계속 적용시)</td><td>연 1회 정기 결정 (전년도 소득 기준)</td><td>연도 중에 소득이 확정되지 않으므로 전년도 소득을 기준으로 우선 부과한 후, 다음해 2월(개인대표자 5월)사업장에서 확정된 소득에 의해 전년도 보험료를 다시 산정하여 정산함</td><td colspan="2">• 연 1회 정기 결정(건설 및 벌목업)
– 개산보험료 : 해당연도 추정보수총액에 보험료율을 곱하여 산정한 금액을 그 보험 연도의 3.31까지 신고 · 납부(다만, 건설공사 등 70일 이내에 종료되는 사업은 종료일 전날까지)
– 확정보험료 : 전년도 확정보험료액을 다음 보험 연도의 3.31까지(보험 연도중 소멸한 경우 그 소멸한날부터 30일 이내)에 보고</td></tr>
<tr><td>적용기간</td><td>해당연도 7월 ~ 다음연도 6월</td><td>좌 동</td><td colspan="2">해당연도 1월 ~ 12월</td></tr>
<tr><td>부과소득 상한선</td><td>502만 원</td><td>상한선 있음
9,931만 원</td><td colspan="2">상한선 없음</td></tr>
<tr><td>보험료율</td><td>9%</td><td>6.84%(직장)</td><td>• 실업급여 : 1.6%
• 고용안정 · 직업능력개발사업 : 0.25 ~ 0.85%</td><td>매년 사업의 종류별로 고용노동부 장관이 고시</td></tr>
<tr><td>보험료 부 담</td><td>• 사업장가입자
– 사용자와 근로자가 각각 1/2씩 부담
• 지역가입자
– 가입자 본인</td><td>• 사업장가입자
– 사용자와 근로자가 각각 1/2씩 부담
• 지역가입자
– 가입자 본인</td><td>• 실업급여 : 사용자와 근로자가 각 1/2씩 부담
• 고용안정 · 직업능력개발사업 : 사업주 전액부담</td><td>사업주가 전액부담</td></tr>
<tr><td>납부방법</td><td>월납</td><td>월납</td><td colspan="2">• 비 건설업 : 월납
• 건설업 및 벌목업 : 연납(분할납부 가능)</td></tr>
<tr><td>납부 마감일</td><td>다음달 10일
(신고마감일은 15일)</td><td>다음달 10일
(신고마감일은 15일)</td><td colspan="2">• 비 건설업 : 다음달 10일(신고마감일은 15일)
• 건설업 및 벌목업 : 해당연도의 3.31까지(연도중 성립의 경우 성립일부터 70일)</td></tr>
<tr><td>납부 의무자 (사업장)</td><td>사용자</td><td>사용자</td><td>사업주</td><td>사업주</td></tr>
</table>

연습문제

1. 4년간 근무하던 직장에서 이직하게 되었다. 이전 직장에서 평균임금은 일당 5만 원이었다. 고용보험 피보험단위기간과 재취업활동의 조건을 만족한 경우 받는 구직급여는 얼마인가? 고용보험 홈페이지의 모의계산을 활용하시오.

2. 국민연금과 퇴직연금의 차이점을 설명하시오.

3. 고용보험과 산재보험의 가입조건과 특징을 설명하시오.

PART 3

생애관리: 재무관리와 건강관리

Job Selection and Personal Finance

CHAPTER
8
생애재무관리

학습목표

1. 생애재무설계의 필요성을 파악한다.
2. 개인재무 상태를 분석할 수 있다.
3. 투자설계를 제안한다.
4. 라이프사이클 포트폴리오를 이해한다.

❖ 직장인 월평균 저축액 '67만 원' … 남성보다 소득 적은 여성, 저축액은 더 많아
NH투자증권 발표 '2016년 대한민국 직장인 보고서' (2016-6-17 데이터뉴스)

NH투자증권이 발표한 '2016년 대한민국 직장인 보고서'에 의하면 직장인 1,152명에게 설문조사한 결과, 직장인의 월평균 저축액은 67만 원으로 조사됐다. 남성에 비해 소득이 적은 여성의 저축액이 더 많았다.

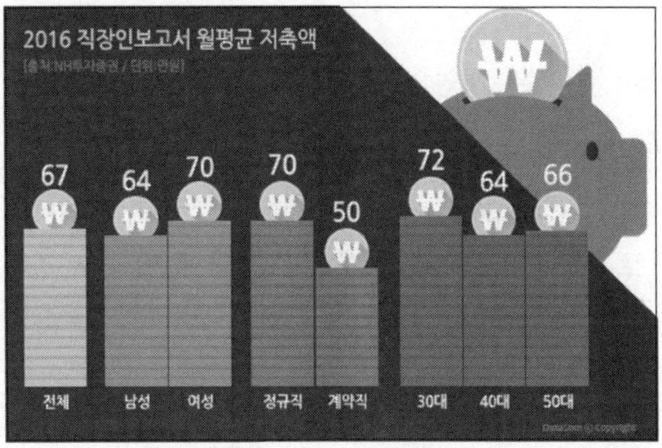

연령별로 소득이 가장 적은 30대의 저축액이 가장 많았는데, 아직 자녀 양육이나 교육과 관련한 비용이 크지 않은 연령대라서 저축에 여유가 있기 때문인 것으로 분석했다. 직장인들이 저축할 때 가장 많이 활용하는 금융기관은 은행이었다. 74.2%가 저축 시 은행을 이용한다고 응답했다. 이어 보험사(18.6%), 조합 · 금고(6.9%), 증권사(5.4%), 저축은행(3.8%) 순이었다.

한편 직장인들이 평생 모으려는 목표금액은 10.8억 원으로 조사됐다. 직장인 월평균 저축액 67만 원으로 134년이 걸리는 금액이다. 보고서는 "금수저를 물고 태어나지 않는 이상 저축액을 더 늘리고, 공격적인 투자를 통해 수익률 관리에 힘쓰는 등 자산관리에 적극적으로 나서야 한다"면서 "원하는 금액을 모으기 위한 목적이 아니라도 최근 같은 저금리 상황에서 자산관리는 필수"라고 강조했다.

1. 직장인들이 평생 10.8억 원을 모으려면 저축 이외에 어떤 방법이 있을까?
2. 평생 재무설계를 해야하는 이유는 무엇인가?

1 생애재무설계

생애재무설계는 인생의 재무목표에 맞추어 자금의 수입과 지출에 관한 계획을 세워서 단계별로 재무목표를 이룰 수 있도록 하는 자산관리이다. 즉, 돈이 필요한 때에 필요한 만큼의 자금이 준비되도록 돕는다.

재무설계를 시작하는 이유(미국 CFP 협회)는 은퇴자금 마련(재무설계의 최종 종착역), 비상예비자금 마련, 내 집 마련, 부채 관리, 자녀 교육자금 마련, 자산 증식, 휴가, 여행, 소득 및 현금관리 등이다.

라이프사이클 가설에서 개인은 평생에 걸친 수입의 변화를 고려하여 은퇴이후 수입이 하락하였을 때 개인 또는 가계가 원하는 만큼 소비할 수 있도록 저축한다. 최적 소비는 소비 니즈와 미래 수입을 기초로 결정한다. 유산을 물려주지 않는다고 가정할 경우 평생 동안 모든 자산이 부족하지 않고 소비할 수 있어야 한다. 저축은 근로활동기간에 평생의 표준생계를 보장할 수 있는 만큼 적립해야 한다. 연령과 영구소득이 개인의 저축활동을 결정한다.

라이프사이클가설에서 수입은 개인의 평생소득을 할인한 인적자산이다. 투자자의 사망일을 정확히 예측하고 유산을 고려하지 않으며, 시간의 변화에 따른 선호도가 변하지 않는 경우 무위험 금융자산에 투자한다. 개인의 라이프사이클은 시작 시점(t_0), 퇴직시점(t_1), 그리고 사망시점(t_2)으로 구성되고, 축적은 근로기간의 적립액(w)과 퇴직시점의 자산(p)으

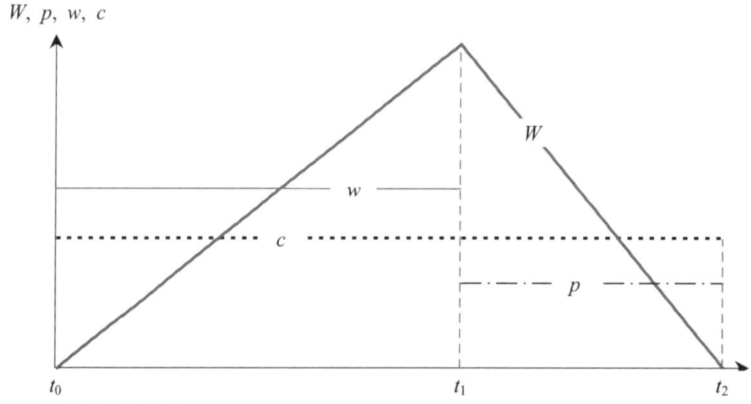

자료 : G. C. Clark 등

〈그림 8-1〉 라이프사이클 기간 부의 변화

로 구성된다. 적립한 자산(W)이 생애 기간의 소비(c)를 결정한다. 개인이 퇴직하는 t_1시점에서 자산은 최고이고, 사망하는 t_2시점에서 0이다.

라이프사이클에 근거하여 개인의 자산은 연령과 자산을 조합하여 구성할 수 있다. 청년기(21 ~ 35세)는 직장생활을 출발하는 시점으로 인적자산이 큰 반면에 금융자산은 작은 시점이다. 자산형성기(36 ~ 65세)는 금융자산이 성장하는 시기로 수입의 고저에 따라서 형성되는 재산규모에 차이가 존재한다. 따라서 고수입의 개인이 미래시점의 소비에 대응할 수 있는 여력이 더 커진다. 그리고 퇴직시기(66 ~ 85세)는 금융자산의 규모와 개인의 건강에 의하여 최종 잔존자산의 규모가 달라질 수 있다.

투자자는 각 연령대에 필요한 소비수준을 파악하여 필요한 저축으로 대비할 필요가 있다. 그리고 위험자산의 투자비중은 "100 - 나이"만큼 유지하고 필요한 유동성을 확보한다. 연령이 증가하면서 위험자산의 비중을 축소하고 안전자산으로 전환한다. ① 30대는 소득이 안정화되지만 주택구입에 따른 부채와 자녀교육비의 부담이 본격화된다. ② 40대는 기존부채의 정리와 자녀교육의 종결로 여유자금이 발생한다. ③ 50대는 노후준비를 위한 자금운용을 본격적으로 시작한다. 소비의 고급화와 자녀의 분가도 이루어진다. ④ 60대 이후 인적자산의 상실로 소득의 발생은 없고 여가생활과 의료서비스에 지출이 증가한다.

[표 8-1] 재무설계의 연령별 자금 흐름

연 령	연령별 자금 흐름
30세	- 사회초년생으로 일정 금액 저축 시작 - 미래를 위한 자기개발비 지출(승진, 유학) - 결혼 또는 독립으로 인한 부채 발생 - 자녀 출산에 따른 육아비용
35세	- 전세 대출금 상환 및 주택마련을 위한 저축 - 생활비 증가에 따른 신용카드 또는 은행 부채 증가 - 자녀 교육 비용 등 새로운 지출항목 발생 - 부부 맞벌이 소득원에 대한 고민
40세	- 모기지론을 통한 주택구입 - 자녀 교육비 지출 증가 - 자산 증식에 대한 관심 증대 - 조기 퇴직 우려에 대한 비상 자금 준비

연 령	연령별 자금 흐름
45세	- 노후 생활 불안에 따른 은퇴자금 준비 - 건강관련 비용(의료비 등) 증가 - 주택 확장 등 부동산에 대한 관심 증대 - 모기지론 등 부채 상환
50세	- 자녀 대학 자금 지출 - 퇴직 후 재취업 관심 증대 - 소득과 지출의 역리 현상 발생 - 모기지론 등 대출금 상환
55세	- 은퇴 후 노후생활 시작 - 퇴직금의 운용방안 모색 - 자녀 결혼 자금 지출 - 모기지론 대출금 상환
60대	- 모기지론 대출금 상환 완료 - 상속, 증여 준비 - 국민연금 수령 - 상속, 증여 준비
70세	- 남자 평균 사망 연령으로 상속 - 배우자 여명생활 시작
80세	- 여자 평균 사망 연령으로 상속

1.1 재무설계의 효과

재무설계는 부족한 자원을 사람들이 다기간에 걸쳐서 자원을 배분하는 방법에 관한 답을 제공해준다. 수익과 비용은 다기간에 걸쳐 배분되지만 미래현금흐름의 실제 발생시간과 크기는 단지 확률적으로 알 수 있다. 재무설계에 자원 관리, 사업관리, 재무분야의 경력 축적, 합리적인 선택, 재무에 대한 지적 탐구 등을 포함한다.

수학(Mathematics) + 화폐($$$) = 재무(Finance)

개인이 합리적이라면 명목가치에서 예상 물가변동을 제거하여 실질가치를 파악하고 투자한다. 화폐환상(Money Illusion)은 투자자가 화폐가치를 평가할 때 명목상의 가치와 실질적 구매가치를 혼동하는 현상이다. 물건의 가격이 100원 오르고 급여가 100원 올랐을

때 기뻐하는 화폐적 환상에 빠진다. 유동성이 낮고 거래비용이 높은 부동산 시장에서 재정능력 이상으로 주택을 구입하도록 자극하고, 주택가격이 꾸준히 상승할 것이라는 착각에 빠지게 한다. 모든 사람은 화폐환상에서 자유롭지 않다.

인생 전반의 재무설계를 통해 미래의 불확실성을 제거하여 심리적인 안정을 찾을 수 있다. 현재의 재무상황을 정확히 인식하여 재무운용의 방향을 제시하여 계획성 없고 불필요한 소비지출을 억제할 수 있다. 즉흥적인 투자가 아닌 장기적 관점에서 자산운용의 효율성을 증대시킨다. 또한, 미래 발생 가능한 위험을 효과적으로 관리할 수 있다.

1.2 재무설계를 위한 개인 재무제표

재무의사결정은 3가지로 요약할 수 있다. 자본예산(Capital Budgeting)은 장기투자와 투자대상을 결정한다. 둘째, 자본구조(Capital Structure)는 투자에 필요한 자금을 조달하는 방법을 결정한다. 셋째, 운전자본관리(Working Capital Management)는 단기적으로 신용관리와 현금관리를 어떻게 운영할 것인가를 결정한다.

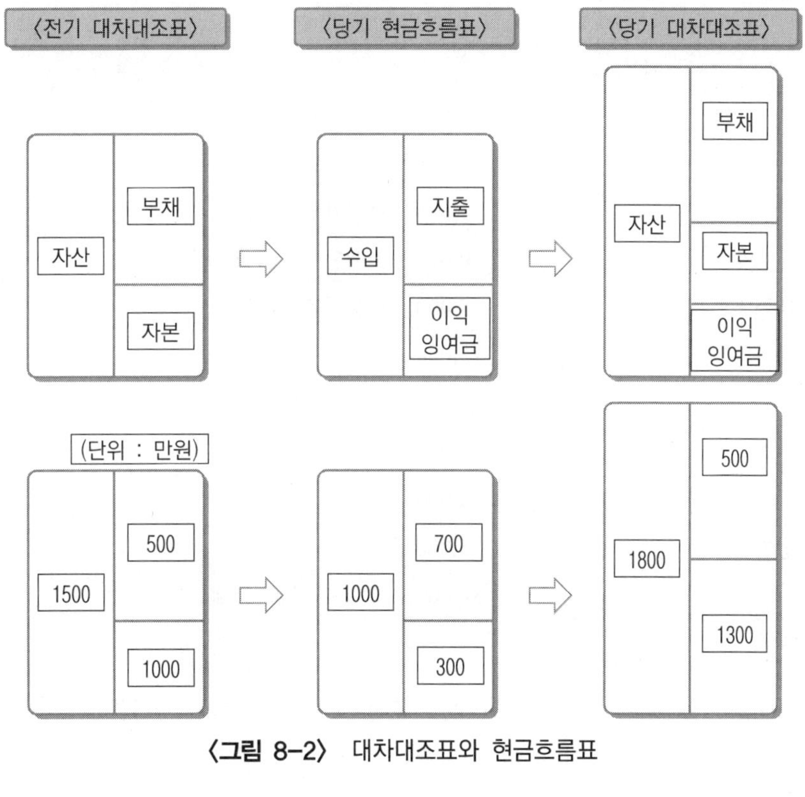

〈그림 8-2〉 대차대조표와 현금흐름표

재무상태표(Financial Statement) 또는 대차대조표는 일정 시점의 자산, 부채, 그리고 자기자본에 대한 보고서이다. 자산은 기업의 자원으로 1년 이내에 현금화할 수 있는 유동자산과 내용연수가 1년 이상인 고정자산으로 구분한다. 부채와 자본은 기업의 자금 조달을 어디서 얼마나 했는지 표시한다. 부채는 타인자본으로 상환 기간이 1년 이내인 유동부채와 1년을 초과하는 고정부채로 구성된다. 그리고 자본은 자본금과 잉여금으로 기업의 순자산 또는 장부가치를 나타낸다.

현금흐름표(statement of cash flows)는 현금 및 현금성 자산의 현금의 유입과 유출을 일목요연하게 나타낸다.

투자(investing)는 불확실한 미래의 수익을 얻기 위하여 현재의 소비를 희생하는 과정이다. 저축(saving)은 예금이나 대출을 해주고 이자를 받는 것이다. 재무목표를 달성하기 위한 방법은 수입 증대, 지출 축소, 보유자산 투자 수입 증대 등이라 할 수 있다. [표 8-2]와 같이 대차대조표에서 홍길동의 대차대조표는 총자산 8천4백만 원 중에서 부채가 3천1백3십만 원, 자본 5천2백7십만 원이다.

[표 8-2] 홍길동 대차대조표 검토

(단위 : 천원)

자 산		부 채	
현금 및 현금등가물	6,000	부채	31,300
저축예금	5,000	신용카드 잔액	300
MMF	1,000	자동차할부 잔액	1,000
투자자산	20,000	주택담보대출 잔액	20,000
주식 포트폴리오	5,000	신용대출 잔액	10,000
펀드	15,000		
사용자산	58,000	자본	
주택	50,000	자본금	52,700
자동차	3,000		
기타 개인자산	5,000		
자산 총계	84,000	부채와 자본 총계	84,000

[표 8-3]에서 보듯 홍길동의 현금흐름은 연간 소득 5백6십만 원인데 저축 1백만 원과 대출상환 8십만 원을 제외하면 소비성 지출이 3백8십만 원으로 다수를 차지한다. 따라서

불필요한 소비성을 지출을 줄이고 저축을 증가시켜서 소비성 지출과 비소비성 지출이 5 : 5수준을 맞출 필요가 있다.

[표 8-3] 홍길동 월간 현금흐름표 검토

(단위 : 만원)

수 입		지 출			
		소비성 지출		비소비성 지출	
근로소득 1	300	생활비	50	저축	100
근로소득 2	260	교통통신비	80	대출상환	80
		기타정기지출	110		
		식비	35		
		문화비	10		
		피복비	27		
		세금공과금	10		
		보건의료비	14		
		교육비	44		
		합계(소득대비 68%)	380	합계(소득대비 32%)	180
총수입	560	총지출			560

2 개인재무상태 분석

2.1 예비자금

예비자금은 사업에 문제가 생기거나 구조조정으로 조기퇴직시 필요하다. 따라서 반드시 예비자금을 확보해야 한다. 예비자금은 현금 및 예금 상품(저축, 보통 예금), MMDA, MMF, CMA, 6개월 미만 정기예금, CD 등으로 관리한다. 예비자금의 적정 규모는 맞벌이 가정의 경우 월간 평균 지출금액의 3배 이상, 홑벌이 가정의 경우 월간 평균 지출금액의 6배 이상, 소득이 불규칙하거나 자영업자의 경우 최소 6배 이상이 필요하다. 즉, 6개 이상을 사용할 수 있는 자금을 확보하고 있어야 한다.

2.2 적정 부채

부채가 없으면 가장 좋지만 현실적으로 불가능하다. 자기자본에 비해 과다한 부채를 보유할 경우 소득이 갑자기 줄거나 실직 등으로 소득이 중단되면 결국은 개인파산 가능성이 있다. 적정한 규모의 부채를 유지할 필요가 있다. 보통 소비자 부채는 신용카드 상환액, 개인신용 대출, 자동차 대출 상환금액 총소득의 20% 이내가 적당하다. 주거관련 부채는 주택담보대출 원리금 상환금, 재산세, 주택관리비 등으로 총소득의 30% 이내이다. 그리고, 총부채는 총소득의 40% 이내가 적당하다.

2.3 위험관리와 보험설계

개인에게 노출된 위험을 분석, 평가위험을 처리할 방법과 실행 및 모니터링을 통하여 위험을 최소화한다. 노출된 위험은 사망, 장애, 질병, 실직, 투자손실 등이다. 보험상품은 사망, 장애, 질병 위험 헤지에 이용할 수 있다. 예비자금을 확보하여 실직 위험을 해소하는데 사용할 수 있다. 투자위험은 다양한 투자 포트폴리오를 구성하여 손실을 최소화할 수 잇다.

보험설계는 노출된 위험, 위험요소 등을 분석한다. 위험을 최소화할 수 있는 보험 상품을 선정한 후 모니터링한다.

[표 8-4] 손실 유형별 위험처리 방법

구 분		발생빈도	
		고	저
손실규모	대	위험 회피 위험 축소	위험 이전(보험)
	소	위험 보유 위험 축소	위험 보유

3 투자설계 분석

개인이 투자의 목적, 우선순위, 투자기간, 위험허용도, 자산배분 전략 등을 고려하여 투자전략을 세우고 실행하는 과정이다. 특별히 고객의 위험허용 수준과 경제 여건에 따라 각각 다르게 설계된다. 위험을 최대한 분산하기 위해서 포트폴리오를 다양화한다. 투자는 개인의 재무상황, 경제상황을 고려하여 투자전략 및 자산배분 전략을 실행하되, 모니터링을 통하여 투자성과를 점검한 후 포트폴리오를 수정해야 한다.

재무설계의 프로세스는

1단계 전문가의 의견을 수렴한다.
2단계 재무목표 설정 및 자료를 수집한다.
3단계 재무상태 분석 및 평가를 실시한다.
4단계 재무설계를 실시한다.
5단계 재무설계를 실행한다.
6단계 재무설계에 대한 점검 및 수정한다.

3.1 세무설계

재무목표 달성을 위해서 저축을 더 많이 하는 것도 중요하지만 세액 공제를 이용하여 소득세를 최소화하는 것도 필요하다. 합법적인 범위에서 세금을 절세할 수 있는 전략과 방법이 요구된다.

3.2 은퇴설계

개인의 삶의 재무목표에 적합한 자금을 확보해야 한다. 노후를 풍요롭게 살아가기 위한 계획을 세우고 실행하고 점검하는 과정이다. 은퇴자금 마련은 보통 20 ~ 30년의 장기간에 걸친 저축과 투자를 통해서 가능한 계획이므로 일찍 은퇴자금 마련을 시작할 수 있어야 한다.

3.3 부동산설계

개인의 현재 또는 미래의 자산, 소득 등의 재원을 이용하여 원하는 부동산 재무목표를 달성하기 위한 과정이다. 국내에서 개인 자산의 80% 정도가 부동산으로 구성되어 있는데, 선진국처럼 부동산 비중이 50% 수준으로 낮춰질 수 있도록 큰 계획을 세울 필요가 있다.

3.4 상속설계

상속은 개인의 재산상 권리의무 또는 지위를 그 사람의 사망 후에 법률이나 사망자의 유언에 따라 특정인에게 포괄승계 시키는 것이다. 사망자를 피상속인, 사망한 자의 지위를 승계한 자를 상속인이라 한다. 피상속인이 소유하고 있는 부와 권리를 상속인에게 효율적으로 이전하기 위한 체계적이고 적극적인 대책을 검토하고 실행한다. 상속 시 발생되는 상속세를 최소화할 수 있도록 미리 계획을 세우고 실행한다.

4 생애재무설계 사례

주식투자에서 현명한 투자자는 강세 장세에서 고평가된 종목을 탐색하고 약세 장세에서 저평가된 종목을 탐색할 필요가 있다. 특히 가격이 조정을 받는 장세에서 확실히 하락하는 시점까지 기다려야 한다. 개인별 투자가치의 인식 차이로 특정 가격은 어떤 개인에게 적정 가격이지만 다른 사람에게 고가격일 수 있다. 자산관리(wealth manangement)는 수익관리와 위험관리의 두가지 측면에서 실시한다. 자산관리는 투자자에 매주 또는 매일 계속적 성과검토가 이루어지고 피드백한다.

4.1 자산배분

라이프사이클에서 자산배분은 목표만기일에 접근하면서 위험자산을 축소하는 보수적 구조로 개인의 부를 관리한다. 라이프사이클 자산배분은 목표만기형(target maturity)과 목표위험형(target risk)으로 구분된다. 목표만기형은 투자기간 경과 시 포트폴리오 내에서 자동으로 자산배분을 조정한다. 그리고 목표위험형은 투자자가 위험을 조정하면서 투자비중을 스스로 결정한다. 투자자의 위험성향이 변하지 않는다면 연령의 증가에 따라서 고위험자산에서 저위험자산으로 이동하게 된다.

투자자가 은퇴시점에서 과도한 위험자산에 투자하여 투자손실이 발생한다면 손실 자산의 회복이 불가능할 뿐만 아니라 미래 소비에 대비할 수 없다. 위험자산은 위험수용이 가능한 젊은 시절에 더 많이 할 수 있다. 그러나 연령이 증가하면서 위험 부담능력도 감소하기 때문에 퇴직 시기에 접근할수록 위험자산의 비중을 축소해야한다.

[표 8-5] 기간별 금융자산 포트폴리오 구성

기 간	목 적	핵심요소	상 품
단기자금 (2년 이내)	단기유동성 종자돈 형성	유동성	MMF, CMA 제1금융권 제2금융권
중기자금 (3년 ~ 7년)	종자돈 형성 주택구입	수익성	장기주택마련저축(펀드) 주식형적립식펀드 채권형적립식펀드 직접주식투자
장기자금 (10년 이상)	주택구입 자녀교육 노후은퇴	수익성 안정성	간접투자상품 변액유니버셜보험 변액연금

4.2 운용자산 분석

[표 8-6] 현 보유자산 현황

(단위 : 만원)

<table>
<tr><th colspan="3">자 산</th><th colspan="3">부 채</th></tr>
<tr><td rowspan="4">금융자산</td><td>청약예금</td><td>500</td><td rowspan="3">단기부채</td><td>신용</td><td>–</td></tr>
<tr><td>예금 / 적금</td><td>5,000</td><td>담보</td><td>–</td></tr>
<tr><td>투자자산</td><td>39,300</td><td>소계</td><td>–</td></tr>
<tr><td>소계</td><td>44,800</td><td rowspan="3">중장기부채</td><td>신용</td><td>–</td></tr>
<tr><td colspan="2">부동산자산</td><td>90,900</td><td>담보</td><td>–</td></tr>
<tr><td colspan="2">기타</td><td>–</td><td>소계</td><td>–</td></tr>
<tr><td colspan="2"></td><td></td><td colspan="2">기타부채</td><td>–</td></tr>
<tr><td colspan="2">자산총액</td><td>135,700</td><td colspan="2">부채총액</td><td>–</td></tr>
<tr><td colspan="3">순자산</td><td colspan="3">135,700</td></tr>
</table>

생애재무설계는 현 재산을 근거로 시작한다. 사례에서 자산은 1억3천5백7십만 원이고, 부채는 없다. 따라서 순자산은 자산총액인 1억3천5백7십만 원이다. [표 8-6]에서 보듯 보유자산은 대부분 부동산이지만 금융자산은 투자자산의 규모가 큰 것으로 분석된다.

월 현금흐름은 6백1십3만 원이고, 주식형 투자 1백1십1만 원, 연금과 보험료 1백5십2만 원, 교육비 1백5십만 원으로 불필요한 소비가 없다([표 8-7]).

[표 8-7] 월 현금흐름

(단위 : 만원)

<table>
<tr><th colspan="3">수 입</th><th colspan="3">지 출</th></tr>
<tr><td rowspan="9">월소득</td><td>근로소득</td><td>456</td><td rowspan="2">소비지출</td><td>생활비</td><td>200</td></tr>
<tr><td>사업소득</td><td>–</td><td>교육비</td><td>150</td></tr>
<tr><td>임대소득</td><td>–</td><td rowspan="4">고정지출</td><td>사적연금</td><td>100</td></tr>
<tr><td>금융소득</td><td>–</td><td>부채상환금</td><td>–</td></tr>
<tr><td>연금소득</td><td>–</td><td>각종 보험료</td><td>52</td></tr>
<tr><td>이자소득</td><td>157</td><td>효도자금</td><td>–</td></tr>
<tr><td></td><td></td><td rowspan="3">저축 / 투자</td><td>적금</td><td>–</td></tr>
<tr><td></td><td></td><td>채권형</td><td>–</td></tr>
<tr><td></td><td></td><td>주식형</td><td>111</td></tr>
<tr><td colspan="2">총수입</td><td>613</td><td colspan="2">총지출</td><td>613</td></tr>
<tr><td colspan="3">잉여자금</td><td colspan="3">–</td></tr>
</table>

4.3 재무목표와 예상 소요 자금

화폐의 시간가치는 시간의 흐름에 따라 화폐의 가치가 어떻게 달라지는지 계산하는 것이다. 화폐의 시간가치를 계산한다는 것은 이자율과 기간, 그리고 현재 금액과 미래금액의 관계를 이용한다. 또는 매기마다 주고(대출금을 갚아 나가거나 저축하거나) 받는(연금을 받거나) 금액을 대상으로 미래나 현재의 가치합계를 계산해 보는 것도 포함한다.

(1) 미래가치

당신은 현재 100만 원을 가지고 있다. 이 돈은 지금 소비할 수도 있지만 은행에 저축할 수 있다. 이자율(금리)가 3% 고정금리라면, 단리(매년 100만 원의 3%인 3만 원씩 이자가 붙는 경우)의 경우 5년 뒤

$$100만\ 원 \times (1 + 3\% \times 5) = 115만\ 원$$

복리(첫해 원금 100만 원의 3%인 3만 원, 다음 해 이자포함 103만 원의 3%인 3.09만 원 이자가 붙는 방식)의 경우 5년 뒤에

$$100만\ 원 \times (1 + 3\%)^{5} \fallingdotseq 115.93만\ 원$$

만일 복리로 3개월마다 이자가 붙는 경우라면 이자율이 매분기 0.75%이고 기간이 20(4번 × 5년)분기이므로 5년 뒤에

$$100만\ 원 \times (1 + 0.75\%)^{4\times5} \fallingdotseq 116.12만\ 원$$

복리로 매월 이자가 붙는 경우라면 이자율이 매월 0.25%이고 기간이 60개월이므로 5년 뒤에

$$100만\ 원 \times (1 + 0.25\%)^{12\times5} \fallingdotseq 116.16만\ 원$$

단리보다 복리가 복리 중에서도 자주 이자를 계산하는 경우가 미래에 많은 금액을 받게 된다. 일반적으로 은행에서 저축(수신)금리는 매월 또는 3개월 복리로, 대출(여신)금리는 매월 복리로 계산한다. 엑셀에서 = FV(이자율, 기간, 현재가치)을 계산하거나 계산기를 활용할 수 있다. 이자(원금 × 복리이자)와 원금(현재가치)의 합계는 미래가치를 구하는 것과 같다.

(2) 현재가치

미래에 원하는 금액을 받기 위해 현재 얼마를 저축해야 하는지를 보려면 현재가치를 구하면 된다. 미래가치 수식 중 복리이자를 현재가치에 곱하는 것이 아니라 미래가치를 복리이자로 나누어 계산한다. 5년 후 100만 원을 받고 싶으면 월복리의 경우

$$100만\ 원 / (1 + 0.25\%)^{60} = 880,869원$$

엑셀 수식으로 =PV(이자율, 기간, 매월지급액, 미래가치)를 입력하면 된다.

(3) 부금(매월저축)의 미래가치

매월 일정금액을 납입하여 미래가치를 구할 수 있다. 매월 말 1만 원씩 부금식으로 저축하면 연이자율 4%, 5년간 매월 복리로 계산하면 60만 원(1만 원 × 60개월)이 아니라 그 이상이 된다. 엑셀 수식으로 '= FV(이자율, 기간, 매월지급액)'이므로, '= FV(4/12, 5*12,10000)'을 입력해 보면 662,990원이다. 매월 초 납입하는 경우 '= FV(4/12, 5*12,10000,1)' = 665,200원이다. 기초에 납입한 경우 1개월치의 이자가 더 붙는다.

(4) 예상소요자금에 대한 계산

향후 필요한 자금 소요계획에 따라서 재무목표의 우선순위는 노후자금, 자녀교육자금, 자녀교육자금, 자녀결혼자금, 자녀결혼자금, 주택자금, 차량구입, 기타 등이다.

[표 8-8] 재무목표 우선순위

(단위 : 만원)

순 위	재무목표	필요시점	기 간	필요금액	비 고
1	노후자금	15년	30년	126,000	60세 은퇴, 월350만 원
2	자녀교육자금	7년	6년	6,000	아들 대학자금
	자녀교육자금	14년	4년	4,080	딸 대학자금
3	자녀결혼자금	19년	일시	32,000	아들 결혼자금
	자녀결혼자금	22년	일시	32,000	딸 결혼자금
4	주택자금	5년	일시	50,000	아파트
5	차량구입	10년	일시	3,500	–
6	기타	20년	일시	40,000	소규모 상점 개설

각 시기별 자금소요계획을 고려한 재무목표를 달성하기 위하여 필요자금을 분석해 본다. 현재 시점에서 산정된 금액은 물가상승률에 따른 화폐의 가치의 변화와 이자율을 고려할 경우 필요 시점에서 더 많은 금액이 필요하다. 현재 시점에서 필요한 자금의 총액은 2억9천3백5십8만 원이지만 해당 기간별 미래가치를 계산하면 5억5천7백7십8만3천 원이다([표 8-9]).

[표 8-9] 재무목표에 따른 필요자금 분석

(단위 : 만원, 물가상승률 4.0%, 이자율 3.5%)

년 도	연 령	재무목표	필요자금	미래가치
2020	48	주택구입자금	50,000	60,833
2022	50	첫째대학자금	6,000	7,896
2025	53	차량구입	3,500	5,181
2029	57	둘째대학자금	4,080	7,065
2034	62	첫째결혼자금	32,000	67,419
2037	65	둘째결혼자금	32,000	75,837
2040	58	노후자금	126,000	226,919
2050	68	소규모 상점 개설	40,000	106,633
총 계			293,580	557,783

필요자금 마련을 위한 월불입액은 수입이자에 따라서 달라진다. 이자가 높을수록 불입액은 낮아지고, 이자가 낮을수록 불입액은 높아진다([표 8-10]).

[표 8-10] 재무계획에 따른 월별 불입액

(단위 : 만원, 원)

연 령	재무목표	미래가치	기간(년)	수익률별 월 투자금액(복리)		
				3.5%	10%	20%
48	주택구입자금	60,833	5	929.2	785.6	597.8
50	첫째대학자금	7,896	7	83.1	65.3	43.7
53	차량구입	5,181	10	36.1	25.3	13.8
57	둘째대학자금	7,065	14	32.6	19.4	7.8
62	첫째결혼자금	67,419	19	208.6	99.7	26.5
65	둘째결혼자금	75,837	22	191.1	79.6	16.3
58	노후자금	226,919	15	960.4	547.5	203.4
68	병원개원	106,633	25	222.8	80.4	12.6
총 계		557,783		2664.0	1702.7	921.9

4.4 포트폴리오 재구성

기존 보유자산에서 나오는 수익은 개별 자산에 따라서 차이를 가지고 있다([표 8-11]).

[표 8-11] 기존 보유자산 운용현황

내 용	금액(만원)	수익률(%)	세율(%)	비 고
부동산	77,900	4.0	15.4	복리
청약예금	500	6.0	15.4	복리
정기예금	5,000	4.0	15.4	복리
ELS	4,500	6.0	15.4	복리
채권형	6,000	6.0	15.4	복리
부동산펀드	26,000	6.0	15.4	복리
주식형펀드	2,800	8.0	0	복리

기존 보유자산은 이자율이나 수익률에 따라서 수익의 성장 속도가 서로 차이를 가지고 있다. 따라서 재무계획을 충족시키기 위하여 기존 보유자산에서 일정한 소득이 창출될 경우 부족한 부분을 충족할 수 있도록 계획을 세워야 한다([표 8-12]).

[표 8-12] 기존 보유자산의 향후 증가 시뮬레이션

(단위 : 만원)

내 용	금 액	자산형성 시뮬레이션					
		3년	5년	10년	20년	25년	30년
부동산	77,900	86,120	92,178	109,550	156,399	187,684	225,748
청약예금	500	581	643	835	1,434	1,892	2,506
정기예금	5,000	5,528	5,916	7,031	10,038	12,046	14,490
ELS	4,500	5,227	5,788	7,511	12,903	17,032	22,558
채권형	6,000	6,970	7,717	10,014	17,203	22,710	30,078
부동산펀드	26,000	30,202	33,440	43,395	74,548	98,408	130,338
주식형펀드	2,800	3,527	4,114	6,045	13,051	19,176	28,175
총 액	122,700	138,164	149,796	184,381	285,576	358,949	453,893

따라서, 수정된 재무계획은 기존 보유자산의 부동산 3억원을 축소하고 이 자금을 수익률이 높은 주식형펀드로 전화하여 운영한다. 포트폴리오 비중을 재구성하여 목표 재무설계에 도달할 수 있도록 현금흐름을 조정한다([표 8-13]).

[표 8-13] 운용 제안 포트폴리오

내 용	금액(만원)	수익률(%)	세율(%)	비 고
부동산	47,900	4.0	15.4	복리
청약예금	500	6.0	15.4	복리
정기예금	5,000	4.0	15.4	복리
ELS	4,500	6.0	15.4	복리
채권형	6,000	6.0	15.4	복리
부동산펀드	26,000	6.0	15.4	복리
주식형펀드	32,800	8.0	0	복리

포트폴리오 비중을 재조정하면 기존 소득에 영향을 미치지 않으면서 현금흐름의 크기를 향상시킬 수 있다([표 8-14]).

[표 8-14] 운용 제안 자산형성 시뮬레이션

(단위 : 만원)

내 용	금 액	자산형성 시뮬레이션					
		3년	5년	10년	20년	25년	30년
부동산	**47,900**	**53,881**	**58,278**	**86,265**	**104,955**	**127,694**	**155,359**
청약예금	500	581	643	835	1,434	1,892	2,506
정기예금	5,000	5,528	5,916	7,031	10,038	12,046	14,490
ELS	4,500	5,227	5,788	7,511	12,903	17,032	22,558
채권형	6,000	6,970	7,717	10,014	17,203	22,710	30,078
부동산펀드	26,000	30,202	33,440	43,395	74,548	98,408	130,338
주식형펀드	32,800	41,388	48,194	70,813	152,880	224,630	330,055
총 액	122,700	143,707	159,975	210,503	373,960	504,412	685,384

따라서 기존 포트폴리오의 수익률이 향상되면서 수정 포트폴리오는 투자기간이 증가하면서 장기투자 효과를 얻을 수 있다([표 8-15]).

[표 8-15] 기존 포트폴리오와 수정 포트폴리오 시뮬레이션

(단위 : 만원)

내 용	시뮬레이션 결과					
	3년	5년	10년	20년	25년	30년
기존 포트폴리오	138,164	149,796	184,381	285,576	358,949	453,893
수정 포트폴리오	143,707	159,975	210,503	373,960	504,412	685,384
차 액	5,543	10,179	26,122	88,384	145,464	231,491

5 라이프사이클 재무설계

라이프사이클 포트폴리오는 시간의 흐름에 따라 자산배분을 조정하면서 투자리스크를 관리한다. 초기 위험자산에 투자하고 기간이 경과하면서 위험자산에 대한 비중을 축소하고 안전자산을 증가시킨다. 투자비중은 정기적으로 조정되지만 자산군내 개별자산을 조정한다. 위험자산의 비중을 축소하는 방법은 크게 4가지 유형으로 세분화할 수 있다. 각 라이프사이클 포트폴리오는 초기에 위험자산의 공격적 투자전략에서 만기에 접근할수록 보수적 투자전략으로 조정한다.

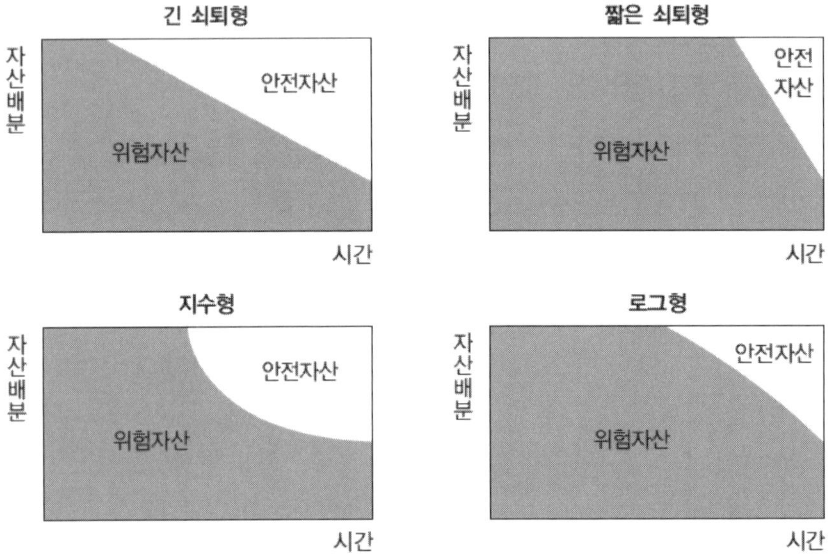

자료 : Fidelity

〈그림 8-3〉 라이프사이클 투자의 자산배분

5.1 목표만기형

목표만기형(Target-Maturity)은 시간의 경과에 따라서 자동으로 자산을 재배분하며(SIFT: set-it-forget-it), 위험 포트폴리오에서 안전 포트폴리오로 변경한다. 위험조정의 방법으로 글라이드패스(glide-path)방법은 목표 시기에 접근하면서 위험자산에서 안전자산으로 조정한다. 스텝다운(step-down)방법은 정기적으로 투자비중을 교체한다. 예를 들어 2045펀드에서 주식투자비중은 글라이드패스 모형의 경우 서서히 감소하지만 스텝다운 모형의 경우 일시에 감소시킨다.

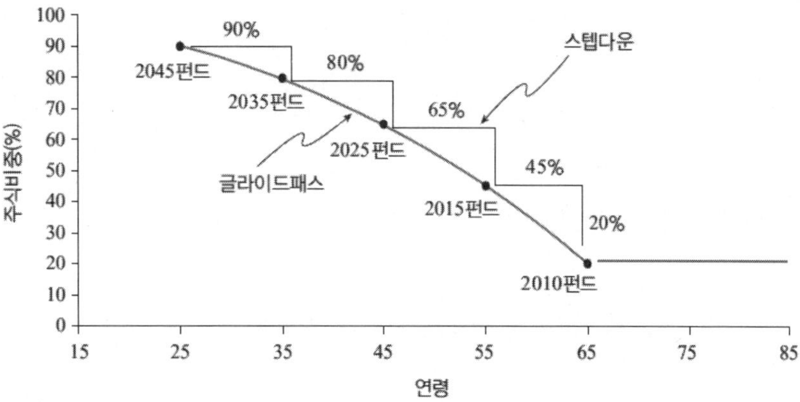

〈그림 8-4〉 글라이드패스 모형과 스텝다운 모형

5.2 목표위험형

목표위험형(Target Risk)은 시간이 경과하면서 투자자의 위험성향을 고위험에서 저위험으로 바꾸면서 포트폴리오(DIY: do it yourself)를 교체한다. 투자자가 위험성향에 따라서 포트폴리오를 변경한다. 위험성향별 표준자산배분은 투자 비중의 상한선과 하한선을 제시하여 자산배분의 범위를 결정한다. 목표만기형과 목표위험형은 목표기간에 가까울수록 안전자산의 비중을 증가시키거나 위험을 축소한다. 투자자가 자산관리 능력에 따라서 방법을 선택할 수 있다.

[표 8-16] 목표 만기형과 목표위험형의 비교

구 분	목표만기형	목표위험형
투자기준	목표시점	위험성향
자산배분주체	자동으로 자산배분변환	자동으로 적정위험의 유지
자산배분조정	포트폴리오를 자동배분	투자자의 주기적 조정
투자기간	만기목표일에 사전결정	투자기간의 유연성

자료 : www.vanguard.com

연습문제

1. 재무설계가 필요한 이유를 제시하시오.

2. 개인재무 대차대조표와 현금흐름표의 필요성을 설명하시오.

3. 라이프사이클 포트폴리오에서 목표만기형과 목표위험형간 자산관리 방안의 차이를 비교하여 설명하시오.

CHAPTER 9

현금관리와 신용관리

학습목표

1. 여러 가지 소비함수를 파악한다.
2. 신용카드, 선불카드, 직불카드, 현금사용의 장단점을 구별한다.
3. 신용관리에 필요한 신용평점제를 이해한다.

❖ 심각한 부채문제…전국 신용불량자 102만명, 130조원 연체중(2016-6-19 헤럴드경제)

가계 · 기업부채 문제가 갈수록 심해져 가는 가운데 금융채무불이행자(구 신용불량자)가 전국적으로 102만여 명에 불이행 금액이 130조원에 육박하는 것으로 나타났다. 특히 1000만 원 이하의 소액 연체자가 전체의 53%수준인 54만6265명으로 나타났으며, 100만 원 이하 연체자도 14만여 명으로 나타나 소액 연체자들에 대한 신용회복 프로그램 마련이 시급하다는 지적이다.

민병두 의원(더불어민주당 · 동대문을)은 한국신용정보원에서 제출한 '연체기간 / 금액별 금융채무불이자 현황'을 분석한 결과, 2016년 4월말 기준으로 금융채무불이행자는 102만 명, 연체금액은 130조원에 달하는 것으로 나타났다고 18일 밝혔다. 이중 1000만 원 이하의 금액을 연체하고 있는 금융채무불이행자는 54만 6265명으로 전체 연체자의 약 53% 수준이었다. 그러나 이들의 연체액은 약 1조8868억 원으로 전체 연체액의 1%에도 못미쳤다. 100만 원 미만의 소액 연체자들도 13만8728명으로 육박해 소액 연체자들이 대다수를 차지했다.

그러나 금액으로 따지면 1억 원을 초과하는 고액연체자 9만6288명이 총 116조 8172억 원을 연체하고 있어 전체 연체금액의 약 95%를 차지했다. 연체기간별로는 1년 초과 3년 이하 연체자는 37만 7053명으로 26조 2826억 원을 연체하고 있는 것으로 드러났다. 5년 넘게 장기연체하고 있는 금융채무불이행자는 13만 명이며, 이들이 연체하고 있는 금액은 54조 3000억으로 전체 연체금액의 약 42% 정도를 차지하고 있다. 1000만 원 이하 연체자 중 5년 이상 장기 연체자는 6만7600명으로 연체액은 2573억 원 정도였다.

민병두 의원은 "금융채무불이행자 2명 중 1명은 1000만 원 이하의 금액을 연체하고 있으며, 100만 원 이하의 소액을 연체하여 신용거래를 할 수 없는 사람도 약 14만 명에 이르고 있다"고 지적하며 "소액 장기 연체자에 대한 신용회복 프로그램이 시급히 마련되어야 할 것"이라고 강조했다.

1. 소액장기연체자들의 스마트폰 사용료나 신용카드 대금에서 연체가 발생하고 있다. 이러한 소액미납금을 연체하지 않기 위한 방안을 설명해 보자.
2. 소액연체자들을 구제하기 위한 국가차원의 신용구제정책의 방법을 토론해 보자.

1 소비와 지출

1.1 소비와 저축의 배분

사람은 얼마만큼 소비하면 행복해 질 수 있을까? 사람은 얼마만큼 재산을 갖고 있어야 마음이 편할까? 미래에 대한 준비 없이 버는 대로 다 소비하는 것도 위험하지만 저축을 위해 소비를 최소화하는 것도 문제가 될 수 있다. 일본에서처럼 거의 모든 국민이 과도하게 저축한 결과, 내수경기가 침체되었고 2016년 초에 (－)금리까지 등장했다.

1.2 고가사치품 구입

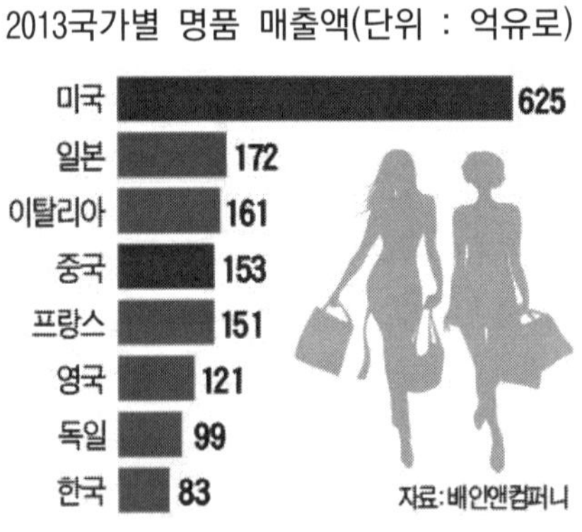

〈그림 9-1〉 2013년 국가별 명품매출액

한국은 2013년 GDP기준으로 세계 14위이고 PPP(구매력평가기준) 1인당 국민소득은 43위다(3만3천 달러). 반면 세계 명품시장에서 차지하는 순위는 매출기준 세계 8위이다. 이탈리아, 프랑스, 영국 등은 세계적인 관광수입 국가로서 외국인 관광객이 차지하는 면세점의 명품매출이 적지 않을 것으로 추정된다. 한국의 고가사치품 매출액은 2013년 83억 유로, 한화 12～13조원에 이른다.

중국, 브라질, 러시아, 인도는 우리보다 경제력(GDP)은 앞섰지만 구매력(PPP기준 국민소득)이 낮아 과소비가 적다. 미국, 일본, 독일, 영국, 캐나다, 호주 등 선진국들은 충분한 경제력과 우리보다 앞선 구매력을 갖췄지만 합리적인 국민성 덕에 과소비를 자제하는 편이다. 한국은 이 선진국들에 비해 2배 정도 명품에 대한 소비성향이 심하다. 경제력으로 중국에 비해 4배 정도 명품소비가 많다.

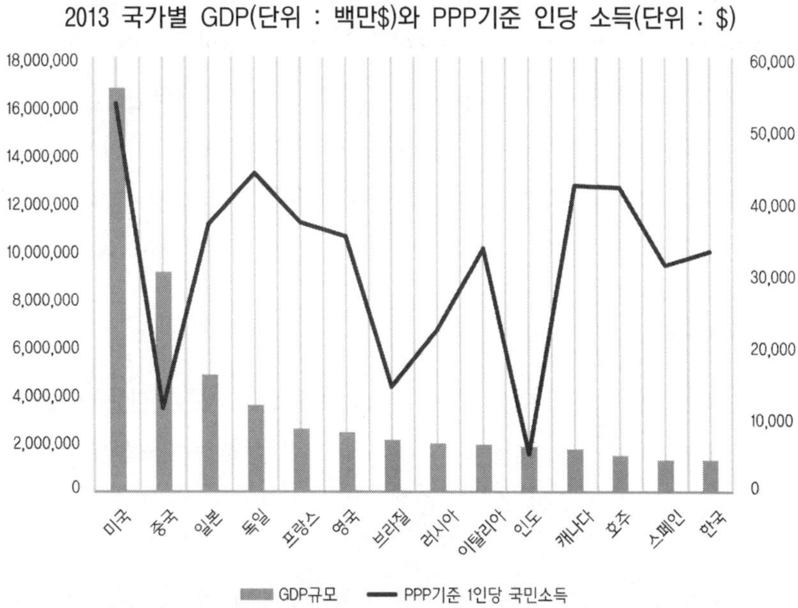

〈그림 9-2〉 2013년 주요 국가별 GDP와 PPP기준 인당 소득

이런 추세는 여성들이 선호하는 명품 시장에만 국한되는 것이 아니다. 남성들의 로망인 명품차를 살펴보자. 국내 동급차량에 비해 1.5~2배 높은 가격으로 팔리는 벤츠, BMW, 아우디 등 프리미엄 차량 매출액에서도 명품과 비슷한 현상을 보이고 있다. 2014년 BMW 전체 판매량 중 한국은 4만대 판매로 매출 2조 3천억원으로 세계 8위 시장이다. 5위인 프랑스와 1만대밖에 차이가 나지 않고, 한국 인구의 2.6배인 일본 시장과 견주어도 큰 차이가 없다.

한국인의 명품사랑은 왜 남 다를까. 남의 눈치나 체면을 보는 우리 문화의 병폐 때문인가? 땀 흘려 번 돈의 소중함을 느끼지 못하는 불로소득자와 졸부가 많아 때문일까? 미래에 대한 희망이 없기 때문일까? 열등감을 명품으로 가려보려는 베블렌효과, 속물효과가 영향을 미쳤을까? 아니면 소비에 대한 교육을 제대로 받지 못했던 까닭일까? 다음 절에서 소비와 저축과의 관계를 경제학의 소비함수를 중심으로 살펴본다.

1.3 소비이론

소비함수 이론은 소비에 영향을 미치는 요인들의 관계를 분석하는 이론이다. 소비(consumption)는 재화와 서비스를 구입하여 사용하는 것이고, 소비지출(consumption expenditure)은 재화와 서비스를 구입하는 것 자체를 의미한다. 라면, 음료수, 채소, 등과 같이 비내구재는 구입한 연도에 모두 사용하여 소비와 소비지출은 차이가 없으나, 냉장고, 세탁기, TV, 자동차, 등과 같은 내구재는 여러 해 사용함으로 양자 간의 차이가 있다. 따라서 경제전체 생산물의 총수요를 분석할 때는 소비보다 소비지출이 더 적절한 개념이다.

(1) 절대소득가설(J.M. Keynes)

일정기간 동안에 소비는 현재의 절대적인 소득수준에만 의존한다는 이론이다. 개인의 소비는 자신의 소득에 의해서만 결정되며, 타인의 소비행위와는 독립적이라고 보고 있다(소비의 독립성). 또한 소비지출이 소득수준에 따라 자유롭게 변한다고 본다(소비의 가역성).

케인즈의 소비함수에 따르면 소비는 현재의 가처분소득에 의존한다. 가처분소득을 단기간에 증가시키거나 감소시킬 수 있는 재량적인 재정정책과 조세정책이 매우 효과적이라고 보고 있다.

세율 인하 ⇒ 가처분소득 증가 ⇒ 소비 증가 ⇒ 총수요 증가 ⇒ 산출량 증가
세율 인상 ⇒ 가처분소득 감소 ⇒ 소비 감소 ⇒ 총수요 감소 ⇒ 산출량 감소

절대소득가설은 단기적인 소득과 소비의 관계를 잘 설명하고 있으나, 장기적인 소비의 움직임을 설명하지 못하고 있다.

(2) 상대소득가설(J.S. Duesenberry)

소비는 습관성이 있으므로 소득이 증가하면 소비가 증가하지만, 소득이 감소해도 소비를 다시 줄이기 어렵다(소비의 비가역성). 또한 개인의 소비는 자신의 소득뿐만 아니라 동류집단의 소비행위에 영향을 받게 된다(소비의 상호의존성).

따라서 소비의 상호의존성에 의하여 전시효과(demonstration effect)가 나타나며, 소비의 비가역성으로 인하여 톱니효과(경우에 따라 늘거나 줄지만 장기적으로 변하지 않음)가 나

타나게 된다. 상대소득가설은 소비함수가 비대칭적이며 소비자를 비합리적인 소비자로 가정한다.

(3) 항상소득가설(M. Friedman)

프리드만은 소득을 항상소득과 임시소득으로 구분하여 장 · 단기 소비함수를 설명한다. 항상소득은 소비자가 자신의 인적자산과 금융자산으로 매기마다 발생하리라고 예상하는 평균수입이다. 정기적으로 생기는 소득, 월급 생활자의 봉급이나 지주의 지대(임대료)수입 등이 있다. 항상소득은 현재 및 과거의 소득을 가중평균하여 구한다. 임시소득은 비정상적이고 일시적인 소득을 말하며, 그 예로 복권당첨 소득 등이 있다.

각 기간의 소비가 그 기간의 소득에 의해 결정되는 것이 아니라 생애 전체의 항상소득에 의해 결정되며, 항상소득을 생애 전 기간에 걸쳐 고르게 소비한다는 것이다. 어떤 기간에 일시적인 소득은 생애 전체적 관점에서 보면 작은 수준이다.

항상소득가설에서 사람들은 예상되는 생애 소득으로 소비를 결정하기 때문에 어떤 달에 100만 원의 복권당첨금을 받았다고 갑자기 소비수준을 늘리지는 않는다. 임시소득은 생애 관점에서 소비에 영향을 미칠만한 금액이 아니다. 그러나 복권당첨 금액이 몇 십억원에 이를 정도로 큰 경우 남은 생애 동안의 항상소득 자체가 바뀌면서 소비수준이 크게 상승할 가능성이 높다.

항상소득가설은 케인즈가 주장한 단기 재정정책은 임시소득을 변화시킬 뿐이므로 효과가 무력하다고 주장한다. 즉 일시적인 세율인하는 총수요 증가에 별로 효과가 없으나, 영구적인 세율인하는 일시적인 세율인하보다 정책효과가 커진다.

(4) 생애주기가설(A. Modigliani)

개인이 일생의 어느 단계에 있느냐에 따라 소득과 소비형태가 다르다는 점을 이용하여 장 · 단기소비함수를 설명하였다. 생애주기가설은 Life-Cycle가설 또는 평생소득가설이라고도 한다.

개인의 소비는 전 생애에 걸쳐 일정하거나 서서히 증가하지만 소득은 중년 때 가장 높고, 유년과 노년기에 낮다. 따라서 저축률은 중년에 가장 높고, 노년기는 낮거나 저축을 소비한다. 생애주기 가설은 덕분에 젊은 세대가 많은 사회와 노인 세대가 많은 사회의 저축률의 차이를 설명하고, 연금이 장래에 어떤 효과를 낼지 예측할 수 있게 되었다.

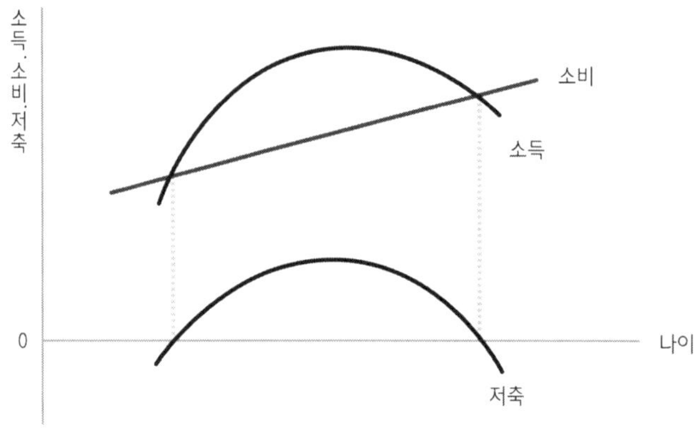

〈그림 9-3〉 생애주기가설

생애주기가설은 소비가 일생동안의 총소득에 의하여 결정되며 소득을 노동소득과 자산소득으로 설명하여, 항상소득의 모호성을 극복하였다. 또한 단기적인 조세정책이 평생소득에 큰 영향을 미치지 못하므로 그 효과가 미약하다고 설명한다.

(5) 랜덤워크가설(Hall)

개인들은 합리적 기대를 이용하여 매 시점에 항상소득을 예상하고 그에 따라 소비를 결정하게 된다. 랜덤워크(random walk)가설은 전통적인 소비함수이론과 달리 미래의 소비를 예측하기 위해서 전기의 소비만 알면 된다. 그러나 예상치 못한 충격은 합리적 기대를 이용해도 예측이 불가능하므로 소비의 정확한 예측도 불가능하다고 한다.

Hall은 소비함수이론에 적용하여 방정식을 도출했다. 예측할 수 없는 오차를 제외하면 항시 소비규모는 같아진다는 의미이다.

이번 기의 소비 = 지난 기의 소비 + 예측할 수 없는 오차

합리적인 소비자는 일생 자기가 벌어들일 금액을 모두 합한 자신의 총 부(wealth) 혹은 항상소득을 계산하고 그 소득을 자신의 생애 년수 혹은 월수로 나누어서 사용한다. 따라서 매년도의 소비는 일정하다. 그러나 특정 시점에서 예측할 수 없는 사건 때문에 실제 소비는 매년 같지 않고, 늘어나거나 줄어든다. 예상된 정책은 소비의 변화에 아무런 영향을 미칠 수 없으며, 예상되지 못한 정책만이 소비를 변화시킬 수 있다.

1.4 소비지출 줄이기

		필요	
		높음	낮음
욕구	높음	①	③
	낮음	②	④

〈그림 9-4〉 소비지출 매트릭스

소비를 줄이려면 먼저 필요와 요구가 낮은 것부터 줄여야 한다(④ → ③ → ② → ① 순서). 고가품(자동차, 골프채, 명품백, 고급형 스마트폰)을 구입하지 않는다(④). 지출빈도가 많은 것(기호품, 커피, 담배 등)부터 줄여나간다(③). 고정지출액(통신비 등)부터 줄여나간다(②).

매일 피우던 담배를 끊고 저축하면 매월 담배값(4천5백 원) × 30일 = 135,000원씩 10년간 적금을 적립한다고 하면, 연이자율 4% 매월 복리로 계산했을 때 19,944,986원이다. 그래프에서 원금보다 2배이상 미래가치를 만들려면 금리 4%일 때 <그림 9-5>에서 보는 것처럼 30년 정도 걸린다.

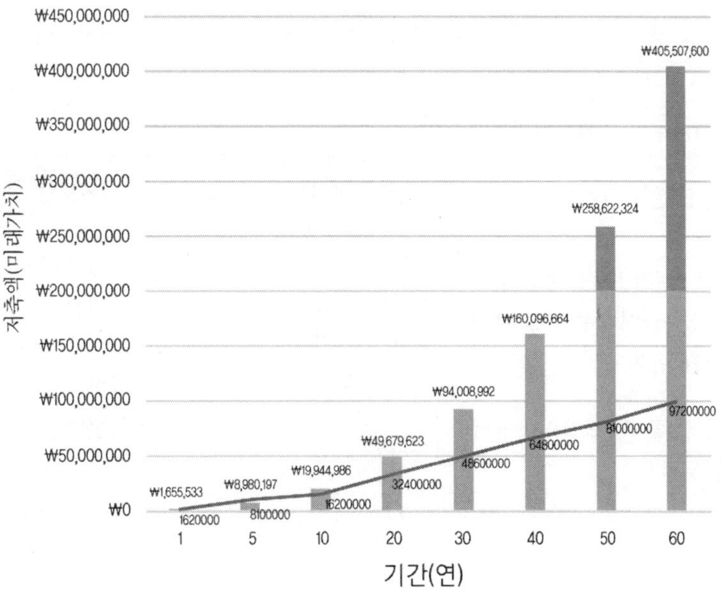

〈그림 9-5〉 금연의 경제학

2 학자금 대출과 상환

학자금 대출은 해당학기 등록금 및 생활안정을 위한 생활비로 구분된다. 등록금은 입학금 + 수업료 + 기성회비 등(기숙사비, 졸업앨범비 등 제외)이다. 생활비는 숙식비 + 교재구입비 + 교통비 등이 있다. 생활비는 등록금대출과 관계없이 독립적으로 별도 대출 가능하다.

든든학자금은 소득8분위 이하 대학생을 대상으로 한다. 일반학자금은 소득9분위 이상 대학생 + 대학원생(일반대학 4천만 원 한도)이 대상이다. 농어촌학자금은 소득분위와 무관하며 대학생을 대상으로 한다.

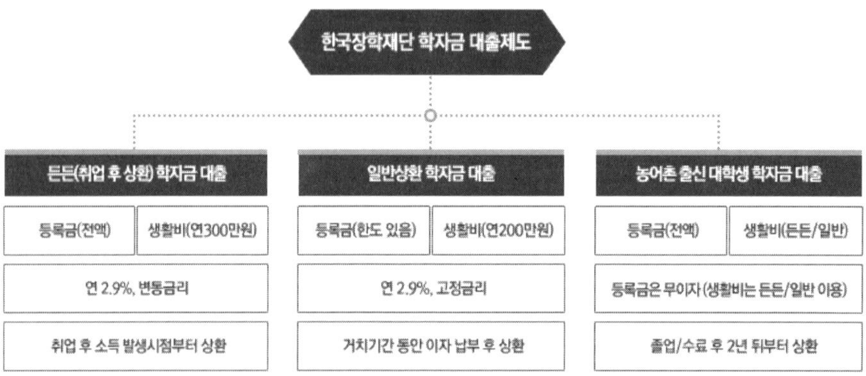

〈그림 9-6〉 한국장학재단 학자금 대출(2015년 일반상환 대출이자율은 2.7%)

[표 9-1] 학자금대출의 상환방법과 이자지원

구 분	든든학자금 대출	일반상환 학자금 대출	농어촌 출신 대학생 학자금 대출
상환방법	등록금 : 연간소득금액이 상환기준 소득금액을 초과할 때까지 상환 유예	• 거치기간(이자납부) 조건별 최장 10년 • 상환기간(이자 + 원금납부) 최장 10년	• 2012년이후 졸업자 : 2년 거치기간 • N학기 수혜자는 N년 동안 상환 • 상환방식 : 원금균등분할
이자지원	소득1 ~ 3분위 : 생활비 유예기간 무이자	이자지원 없음	

3 신용카드, 선불카드, 직불카드, 현금영수증

3.1 신용카드, 선불카드, 직불카드의 비교

신용카드는 일정 기간 동안 상품이나 서비스를 외상(신용)으로 구입하거나 현금서비스를 받은 후 매월 지정된 날에 대금을 갚는 지급수단이다.

선불카드는 사전에 일정금액이 저장된 카드를 선불로 구매하여 상품이나 서비스를 구입할 때마다 카드의 잔액범위 내에서 이용금액을 자동으로 차감하는 카드, 상품권, 공중전화카드, 교통카드, 복지카드 등이다. 기명식 또는 무기명식이 있고 기명식의 경우는 체크카드와 동일한 혜택을 받는다.

체크카드는 직불카드, debit카드라고 하며 상품이나 서비스를 구입 대금이 고객의 예금계좌에서 사업자의 계좌로 즉시 이체되어 지불되는 카드이다.

3.2 세제 혜택

신용카드 등 소득공제제도는 근로자, 배우자 및 생계를 같이하는 직계존비속(소득요건 있음, 연령요건 없음)이 신용카드 등을 사용하여 그 대가를 지급하는 경우에 일정액을 근로소득금액에서 공제한다.

[표 9-2] 소득공제금액

구 분	공제대상	공제액
① 공제액	(신용카드 등 사용금액 − 총급여액의 25%) × 15%(또는 30%)	Min[①, ②]
② 한도액	기본공제 Min[총급여액의 20%, 300만 원] 추가공제 Min[초과금액, 100만 원이내의 전통시장이용금액의 30%(50%) + 100만 원이내의 대중교통이용분의 30%(50%)]	

[표 9-3] 신용카드 등 사용금액 소득공제와 특별세액공제 중복 적용

구 분	특별공제 항목	신용카드공제
신용카드로 결제한 의료비	의료비세액공제 가능	신용카드공제 가능
신용카드로 결제한 보장성보험료	보험료세액공제 가능	신용카드공제 불가

구 분		특별공제 항목	신용카드공제
신용카드로 결제한 학원비, 지로납부한 학원 수강료	취학전 아동	교육비세액공제 가능	신용카드공제 가능
	그 외	교육비세액공제 불가	
신용카드로 결제한 교복구입비		교육비세액공제 가능	신용카드공제 가능
신용카드로 결제한 기부금		기부금세액공제 가능	신용카드공제 불가

혼인 전 배우자가 사용한 신용카드금액은 공제대상에 해당하지 않는다. 입사 전 사용한 신용카드 금액은 해당되지 않으며, 재직기간에 지출한 비용에 대해서만 가능하다.

맞벌이 부부는 각자의 사용금액을 각자 공제대상이다.

근로자 본인의 신용카드로 회사 경비를 지출한 경우 회사경비로 처리되는 신용카드 사용액은 공제대상에 해당하지 않는다.

3.3 현금영수증제도

현금영수증 홈페이지 회원가입, 현금영수증 발급번호 등록(휴대전화번호, 카드번호)하고, 현금영수증 홈페이지나 연말정산간소화 홈페이지에서 일괄 조회한다. 물품구입, 서비스 이용 후 현금 지급 시 현금영수증의 발급을 요청한다. 인증수단(핸드폰번호 등)을 제시하지 않아 가맹점이 국세청 지정코드로 현금영수증을 발급한 경우 현금영수증홈페이지 및 상담센터에서 본인 귀속으로 정정 가능하다. 현금거래 후 현금영수증을 발급받지 못한 때 거래일로부터 1개월 이내에 현금거래확인신청서와 증명서류를 제출하여 소득공제할 수 있다.

4 신용관리

4.1 신용의 중요성

신용은 미래의 특정일에 갚을 것을 약속하고 돈을 빌리거나, 상품, 서비스를 외상으로 획득할 수 있는 능력을 말한다. 돈을 빌려주는 사람은 빌리는 사람이 약정한 이자를 지불하고, 정해진 기간에 돈을 갚을 것을 믿고 자금을 제공한다. 모든 경제활동이 신용을 바탕으로 이루어진다. 신용은 사람의 지불능력을 평가하는 중요한 자산이기 때문에 신용을 잘

관리해야 한다.

4.2 신용거래

(1) 가계대출

소비자 금융은 금융회사에서 개인이나 가계에 자금을 빌려주고 미래의 정해진 시기에 빌려준 자금에 대한 지불이행을 약속받는 것이다. 금융회사의 담보부대출과 신용대출, 신용카드회사의 현금서비스, 대부업체를 통한 사금융 등이 일반 가계대출에 포함된다.

(2) 신용대출

신용대출은 부동산 담보를 사용하지 않고 자신의 신용만으로 금융회사에서 대출받는 경우를 말한다. 신용대출은 대출 절차가 간단하며 신속하지만 대출이자가 상대적으로 비싸다. 신용상의 제약이 있는 경우에 대출 금액이 제한될 수 있다고, 담보부대출에 비해 서류준비는 간단하지만 금리가 높다. 금리는 신용등급에 따라 달라진다.

신용등급이 낮은 사람들이 카드론이나 대부업체의 대출을 이용하게 되면 신용등급이 더욱 하락하고, 빚이 늘어나 감당을 할 수 없게 된다. 채무 불이행자가 되면 신용도 하락으로 경제생활을 정상적으로 유지하기 어렵다.

신용대출은 개인신용도에 따라 금리와 대출한도 차이가 매우 크므로, 신용조회를 해야 하지만 조회기록의 경우 신용관리에 감점요인이므로 유의해야 한다.

[표 9-4] 금융회사별 신용대출 한도, 대출금리 및 상환기간

구 분	신용등급	대출금리	상환기간
은 행	1 ~ 6등급	5 ~ 10%(국내은행) 6 ~ 18%(외국은행)	3년 5년
서민저축기관	6 ~ 8등급	10 ~ 25%	3년
법정 대부업체	8 ~ 10등급	27.9% 이내	2년

(3) 신용판매

신용판매는 판매업자가 상품이나 서비스를 판매하고 그 대가를 일정 기간 후에 결제 한다. 신용판매를 취급하는 금융회사에는 장기 할부로 자금을 빌려주는 할부금융회사나 캐

피탈회사, 제품과 서비스의 구입 대금을 일시불 또는 할부로 결제 받는 신용카드회사 등이 있다. 그밖에 판매업자가 제품이나 서비스를 판매할 목적으로 소비자에게 직접 신용판매 서비스를 제공할 수 있다.

4.3 신용거래의 장 · 단점

(1) 장점

신용거래는 반드시 미래의 기대소득에 근거해서 사용해야 한다. 가족 구성원의 사고나 질병으로 예기치 못한 큰 지출을 할 경우, 신용거래로 비상사태에 대비할 수 있다.

금리와 인플레이션 변동에 대비하여 소득 및 자산을 보호할 수 있다. 인플레이션과 금리 인상이 예상되면, 고정금리 장기대출을 받는 것이 유리하다. 만약 반드시 구입하는 물건이 있는데, 인플레이션이 예상되면 신용거래로 먼저 구매하여 이익을 볼 수도 있다.

해외에서도 간편히 구매에 이용할 수 있고, 개인의 신용도 축적에 도움이 된다. 대출받은 자금이나 신용카드 사용액을 연체 없이 성실하게 상환하면 신용도가 높아진다. 신용도가 높아지면 신용 이용 한도가 높아져서 만약의 사태에 대비한 비상자금 마련에 도움이 된다. 또한 신용카드 사용액은 소득공제의 대상이다.

(2) 단점

신용거래를 하면 현재 현금이 없더라도 제품이나 서비스를 구매할 수 있고, 여러 가지 편리함을 얻을 수 있지만 그러한 이익이 있는 만큼 큰 비용을 치르게 된다. 부담하는 이자, 서비스수수료, 그리고 결재지연으로 발생하는 연체료 등의 금융비용은 결코 만만하지 않다.

충동구매 및 과소비의 위험이 있다. 과거에 비해 대출이 쉬워지고, 신용카드사용이 보편화됨에 따라 쉽게 구매 결정을 해서 충동구매나 과소비를 유발하기도 한다. 반드시 필요한 물건이 아님에도 불구하고, 신용카드를 이용해서 구매하는 경우가 많다. 대금을 제때 지불하지 못하면 부채가 되고, 부채가 늘어갈 경우, 파산에 이를 수도 있다.

신용거래를 한 후에 대출금이나 카드대금의 연체를 관리하여, 신용등급이 떨어지지 않도록 주의해야 한다. 신용등급이 떨어지면 돈을 빌릴 수 있는 한도금액, 이자 등이 달라지기 때문이다.

미래의 소비지출 패턴에 부정적 영향을 줄 수 있다. 신용 대출을 하거나 신용카드 등으로 구매를 하면, 원금과 이자는 미래의 생활비를 줄여서 상환해야 한다. 결국, 부채상환액은 월평균 소득의 20% 이하로 유지하는 것이 바람직하다.

개인정보 노출의 위험이 있다. 인터넷 구매 시 해킹으로 신용카드정보를 도용하거나, 현금 인출기 등에서 비밀번호 등의 개인의 신용 정보를 도용하는 범죄가 증가하고 있다.

4.4 신용등급

신용등급은 금융위원회로부터 허가를 받은 신용조회회사나 금융회사들이 산정한다. 신용조회회사들은 개인신용 평가 모델을 통해 신용등급을 산정한다. 신용정보를 금융회사들이 가지고 있는 고객들의 정보를 기반으로 자체적인 기준에 맞춰 산정한다.

신용등급은 과거의 신용거래 경험이나 현재의 신용거래 상태를 바탕으로 산출된다. 이는 부채수준이나 연체정보, 신용형태, 거래기간과 관련되어 있다. 액수보다 돈을 기일에 맞춰 상환했는가, 이자나 카드결제납부액의 연체 여부가 더 중요하다. 재산이나 소득이 많다면 상환의지도 높은 것으로 평가되어 신용등급이 유리하게 산정되는데 영향을 미치기도 한다.

신용등급은 1등급에서 10등급으로 나뉜다. 1 ~ 2등급은 오랜 신용거래 경력으로 부실화 가능성이 매우 낮은 개인들에게 매겨지는 등급이다. 3 ~ 4등급은 1 ~ 2등급으로 상위등급 진입 가능성이 있는 등급이다. 5 ~ 6등급은 대부업과 같은 저신용 업체와 거래가 있는 고객으로 부실화가능성은 일반적인 수준으로 신용관리에 주의가 필요한 등급이다. 7 ~ 8등급은 저신용 업체와 거래가 많은 고객으로 단기 연체 경험이 있어 단기적인 신용도의 하락이 예상되는 주의가 요망되는 등급이다. 9 ~ 10등급은 위험등급으로 부실화가능성이 매우 높아 관리가 필요한 등급이다.

[표 9–5] 개인신용등급을 평가할 때 기준이 되는 항목

구 분	부채수준	연체정보	신용형태	거래기간
활용 비중	35%	25%	24%	16%
신용등급 하락 요소	• 소득 대비 부채 2 ~ 3배 • 카드 사용액 한도의 50% 이상 사용	• 3개월 이상, 50만 원 이상 연체 • 세금 · 공과금 100만 원 이상, 1년에 3차례 이상 연체 • 5일 이상(10만 원 이상) 연체 • 비금융권에서 3개월 이상(10만 원 이상) 연체 • 개인회생, 파산면책 • 신용회복위원회 지원	제2금융권(저축은행 · 캐피탈) 과다 이용	단기간(3개월 ~ 6개월)에 집중대출 및 연체 피해야 함

구 분	부채수준	연체정보	신용형태	거래기간
정보로 남는 기간	• 대출금 상환 · 카드이용실적은 1년 • 카드발급 · 해지,통장개설 · 해지 이력은 5년	채무를 다 갚고도 5년(개인파산 · 회생 제외)		

출처 : 코리아크레딧뷰로

4.5 신용정보

금융기관의 전산망이 구축되고 개인의 신용정보를 공유할 수 있는 제도가 마련됨에 따라 대출이자나 신용카드 결제대금의 연체내역 뿐만 아니라 세금 및 공과금의 연체실적, 전화요금의 연체 실적도 공유할 수 있게 되었다. 따라서 공과금이나 전화요금 등을 연체할 경우에도 대출시 추가이자 지불, 대출거절, 신용카드 발급 거절 등 금융거래상 불이익을 당할 수 있다.

(1) 관리되는 신용정보

식별정보는 성명, 주민등록번호이다. 신용거래정보는 금융거래 등 상거래와 관련하여 신용정보주체의 거래내용 및 신용도 등을 판단할 수 있다. 대상은 인대출(카드론, 신용카드현금서비스 포함), 기업의 대출, 지급보증, 법인채무보증 및 채무인수약정 등 신용공여 현황 등, 개인채무보증정보, 신용카드발급 및 해지사실, 당좌(가계당좌)예금 및 해지사실 등이다.

신용도판단정보는 금융거래 등 상거래와 관련된 거래내용 및 신용도 등을 판단할 수 있는 정보이다. 대상 정보로 연체정보(대출금, 신용카드대금연체, 할부금융대금 연체등 포함), 대위변제 · 대지급정보(학자금대출 관련대지급금, 졸업 후 24개월까지 등록 유예), 부도정보(어음, 수표, 가계수표 당좌수표 등), 관련인정보, 금융질서문란정보 등이다.

(2) 열람청구

본인의 신용정보를 열람하고자 하는 경우에 거래 금융기관 또는 한국신용정보원 민원서비스템에서 본인임을 확인할 수 있는 증표를 제시하고 신용정보의 열람을 요청하면 된다. 그러나 본인이 아닌 다른 사람에 관한 신용정보는 열람할 수 없다. 본인 확인이 어려운 전화 또는 인터넷은 신용정보의 내용을 제공하지 않는다. 신용조회업자를 직접 방문하거나 해당 신용조회업자의 홈페이지에 접속하여 본인의 신용정보를 확인할 수도 있으나 일부 조회서비스 이용료를 부담해야 하는 경우도 있다.

(3) 신용조회업자

본인의 신용등급은 신용조회업자 홈페이지를 방문하면 쉽게 확인할 수 있다. 기관별로 수수료 등이 발생할 수 있다. 대체로 2~3회 내에서 수수료 없이 신용등급을 조회할 수 있다.

- 한국신용정보 NICE지키미(www.mycredit.co.kr)
- 한국신용평가정보 크레딧뱅크(www.creditbank.co.kr)
- 코리아크레딧뷰로 올크레딧(www.allcredit.co.kr)
- 서울신용평가정보 사이렌24(www.siren24.com)
- 한국기업데이터 크레탑(www.cretop.co.kr)

본인신용정보 조회는 한국신용정보원의 대국민 서비스인 '크레딧포유(www.credit4u.or.kr)' 서비스를 시행하고 있다. 조회할 수 있는 내용은 [표 9-6]과 같다.

[표 9-6] 한국신용정보원에서 조회할 수 있는 본인신용정보

본인신용정보 조회 서비스	본인신용정보 관리 서비스
소비자신용보고서 · 대출정보 · 현금서비스정보 · 채무보증정보 · 연체정보 · 공공정보 · 신용개설/발급정보	신용정보 제공내역 · 공인인증서 관리 · 신용정보 제공사실 삭제 · 본인신용조회서 발급

(4) 정정청구와 시정요청

본인의 신용정보 등록내용이 사실과 다르게 관리되고 있는 경우 사실 여부의 확인에 필요한 최소한의 증빙자료를 갖추어 등록한 금융기관 등에 서면으로 정정을 요청할 수 있다. 제시된 증빙자료에 의하여 등록된 신용정보가 사실과 다름을 확인한 등록한 금융기관 등은 해당 신용정보를 즉시 정정 처리하고 그 처리결과를 요청받은 날로부터 7일 이내에 정정청구자에게 통보하고 있다. 다만 사실 확인 등에 상당한 시일이 소요될 것으로 예상되어 7일 이내에 처리할 수 없는 경우 우선 처리경과를 통보하고 정정처리가 완료된 날로부터 7일 이내에 그 처리결과를 통보한다.

한편 본인이 요청한 처리 결과에 이의가 있으면 '신용 정보의 이용 및 보호에 관한 법률' 시행령 제33조에서 정하는 바에 의하여 금융위원회에 시정을 요청할 수 있다. 시정요청을 하려면 처리결과의 통지를 받은 날(통지가 없는 때에 정정청구를 하고 7영업일이 지난 날)부터 15일 이내에 서류를 첨부하여 금융위원회에 제출 해야 한다.

- 신용정보회사등에 정정청구를 한 내용을 적은 서면
- 신용정보회사등으로부터 처리 결과를 통지받은 경우에는 그 통지 내용
- 시정 요청의 대상이 된 신용정보의 사실 여부를 확인할 수 있는 근거자료

(5) 소액연체정보의 관리 등

50만 원 이하의 연체, 대위변제 · 대지급(공단신용보증대지급금은 제외)는 종합신용정보집중기관 및 해당금융기관에서 관리하며, 금융기관에는 제공하지 아니한다.(단, 연체건수가 관리기준상 2건 이상일 경우와 관리기준에 의한 연체 등의 사유로 이미 정보가 등록되어 있는 경우는 예외로 한다.)

등록사유발생일로부터 7년이 경과하면 본인이 연체금을 상환하지 않더라도 자동적으로 동 정보가 해제된 후 기록이 보존 · 관리된다. 또한 기간경과 후 해제된 경우라도 차주가 실제 연체금액을 상환한 경우와 해제와 동시에 삭제되는 항목에 해당(금액기준에 부합)된다면 해당 기록이 삭제된다. 이때 해당 금융기관은 해제사유발생일로부터 실제 상환일로 정정처리 해야 한다. 다만, 어음부도거래처는 어음용지를 회수하거나 회수인정에 해당하는 사유가 되어야만 해제가 되기 때문에 7년 기간이 경과하여도 자동 해제되지 않는다.

4.6 개인의 신용 관리

(1) 연체와 현금서비스 축소

개인의 신용도를 높이기 위해서 연체가 없도록 관리하고, 신용카드 현금서비스 이용을 줄여야 한다. 또한 주거래은행을 집중적으로 이용하는 것이 좋다. 개인 신용도를 높이기 위해서 우선적으로 연체관리를 잘 해야 한다. 최근 3개월간의 신용카드 연체기록은 특히 문제가 될 수 있으며 연체기록을 기준으로 대출여부를 결정한다. 또한 현금서비스를 이용하면 개인 신용도에 마이너스 요인으로 작용하므로, 신용카드 현금서비스는 가능한 은행대출로 전환하는 것이 좋다.

(2) 연락처 변경

자신의 연락처가 변경되었을 경우 바로 금융기관에 통지해야 한다. 주소이전이나 휴대폰 번호변경 등으로 연체 사실을 통보받지 못한 책임은 자기 자신에게 있다. 본인의 연락처가 변경된 경우 금융기관에 변경사항을 알려서 청구서 등을 제때에 받아야 한다.

(3) 신용정보 조회

기록신용정보 조회 기록을 관리할 필요가 있다. 특정기간 동안 신용조회의 기록이 과다한 경우, 혹은 신용조회는 많으면서 신용거래가 거의 없을 경우 거래거절의 원인이 된다. 신용정보 조회를 많이 해서 불이익이 생기지 않도록 자신의 신용정보 조회기록도 관리해야 한다.

(4) 도용 및 분실 관련 신고

타인이 자신의 명의를 도용해서 신용거래를 했거나 신용카드를 분실 혹은 도난당했는데 25일 기간 이내에 신고를 하지 않아서 생기는 피해도 있다. 분실을 알게 된 즉시 카드사에 분실신고를 해서 카드 사용중지를 신청해야 도난이나 분실후 사용된 부정사용금액에 대해 카드사가 보상해 줄 수 있도록 조치해야 한다. 물론 거짓으로 분실신고를 신용카드 대금을 내지 않으면 형사 처분을 받게 된다.

(5) 상속 관련

사망으로 인한 상속에서도 신용관리가 필요하다. 사망한 시점부터 3개월 동안 상속포기나 상속의 한정승인 등의 법적조치를 취하지 않으면 사망자의 제1순위 상속자에게 재산과 부채가 상속된다. 상속으로 뜻하지 않은 채무나 보증관계 등에 따른 피해를 당하는 경우가 발생한다. 상속포기는 사망자의 재산과 부채에 대한 권리와 책임을 모두 포기한다는 것이고, 상속의 한정승인은 사망자의 재산과 부채를 따져봐서 재산이 많으면 상속을 받고 부채가 많으면 상속을 받지 않는 제도이다. 사망자가 보험에 가입한 경우에 상속포기를 하면 재산과 부채에 대한 모든 권리와 책임이 없어져서 보험금도 수령하지 못할 수도 있다. 상속인이 모르는 많은 재산이 있을 경우에도 상속을 받을 수 없게 되는 경우가 발생할 수 있다.

(6) 가족의 연체

가족이 대출연체가 된 경우에는, 가족구성원이 보증을 서지 않는 한 대출금을 대신 갚아줄 의무는 없다. 그러나 부부의 경우 대출금의 용도가 보통의 가사일로 인한 경우 부부가 공동의 책임을 져야 한다. 물론 대출금을 배우자 개인적인 용도로 사용한 경우라면 배우자가 갚을 의무는 없다. 신용카드 대금의 연체도 가족이 대신 결제할 의무는 없다.

(7) 가두판매나 방문판매를 통해서 물건 구입한 경우

대금청구서가 날아오고 이에 대한 지불을 하지 않게 되면 거래기록 정보가 등록된다. 판매인이 공짜로 제공하겠다고 말해서 그 말을 믿고 물건을 받았을 경우에도 그 사실을 증명해야 한다. 타인의 명의와 신분증을 도용해서 신용카드를 부정 발급하여 사용한 경우 명의인이 공모하지 않았다면 카드회사와 거래승인을 한 가맹점에서 부정사용금액에 대한 책임을 지게 된다. 이런 경우 신용카드사에 전화해서 신용불량정보를 삭제하도록 요청해야 한다. 신분증을 잃어버린 사람도 수시로 신용변동사항을 점검해서 자신도 모르게 카드발급이나 신용거래가 있었는지 알아보아야 한다.

(8) 신용불량자

금융거래 등에서 발생한 채무를 정당한 이유 없이 약정된 기일 안에 갚지 못한 사람이다. 30만 원 이상 채무를 90일 이상 연체하면 신용불량자가 되며, 연체 사실과 채무보증 현황 등은 은행연합회와 금융회사들이 공유 · 관리한다. 일단 신용불량자로 기록되면 해당 연체 금액을 모두 갚아 신용불량정보가 해제된다고 하더라도 일정기간 동안 기록은 보존된다.

(9) 개인 신용관리 방법

연초 신용등급을 체크해 본다(연 1 ~ 2회). 사회보험 등 각종 공과금, 통신요금, 카드 결제, 대출을 연체하지 않는다. 하나의 계좌로 자동이체를 등록해 놓는다. 대출금액이 많다면 금융상품의 약관대출 및 중도인출부터 활용한다. 연체가 우려될 경우 오래된 대출부터 갚는다. 자동이체일은 월급 다음 날로 지정하여 계좌 잔고에 유의한다. 가능한 현금서비스를 받지 말고 예금 출금을 이용한다. 주거래은행을 활용하여 장기간 거래한다.

연습문제

1. 생애주기가설에서 따른 소비의 행태를 설명하시오.

2. 매월 초 10만 원씩 은행에 적금을 납입하는 경우 이자율이 연리 4.8%라고 할 때 매월 복리 계산을 가정하면 5년 후 받게 되는 원리금의 합계는?

3. 신용관리에서 개인 신용등급 등의 산정에 사용하는 신용정보를 확인해 보시오.

Job Selection and Personal Finance

CHAPTER 10

저축관리, 위험관리, 연금관리

학습목표

1. 저축의 필요성을 이해한다.
2. 위험관리 방법을 파악한다.
3. 개인연금을 이해한다.

❖ 한국 PC통신(인터넷의 초기 형태)의 사랑 이야기 - 접속(1997)

1997년 대종상 6개부문(작품, 신인감독, 신인여우, 각색, 조명, 편집), 청룡영화상(최고흥행상), 백상예술대상(신인여우상)을 수상했다.

PC통신을 통해 사랑의 아픔을 가진 두 사람의 만남이 이루어진다는 내용의 로맨스 영화로, 국내에서 인터넷이 아직 활성화되기 전 PC통신을 소재로 했다. 작품 속에 나온 PC통신인 유니텔이 널리 홍보되어 사용자 수를 크게 늘게 하였다.

라디오 음악프로 담당 PD인 동현은 과거에 사랑했던 여인을 잊지 못하는 다소 냉소적인 성격의 소유자다. 한편 CATV 홈쇼핑 채널 쇼핑가이드인 수현은 룸메이트의 애인을 짝사랑하고 있었다. 두 사람은 벨벳 언더그라운드의 음악을 매개로 익명의 공간 사이버스페이스에서 대화를 나누게 되는데…

한국영화는 한국노래가 들어가야만 한다는 고정관념을 깨고 삽입곡으로 팝송 영화음악(OST)을 본격적으로 활용한 최초의 한국영화였다. 사라 본의 "A Lover's Concerto", 벨벳 언더그라운드의 "Pale Blue Eyes", "The Look of Love"등이 담긴 OST 앨범이 당시 한국에서 보기 드물게 70만 장이나 팔리는 히트를 기록했다.

서울에서 68만, 전국적으로 150만 명의 관객을 동원하면서 1997년 한국영화 흥행 순위 2위를 했던 작품이다.

1. 영화는 종합예술로 거대한 투자가 필요하다. 영화 투자 시 고려해야 할 사항은 무엇인가?

2. 인생은 영화와 같다. 당신의 인생을 영화처럼 만들기 위하여 무엇을 준비해야 하는가?

1 저축의 필요성

직장인이 되어 처음 급여를 받게 되면 그 동안 쓰고 싶었던 여러가지에 지출하게 된다. 부모님께 용돈도 드리며 친구에게 밥도 사고, 휴대폰도 최신으로 바꾸고 다른 IT제품이나 여행에도 지출하게 된다. 그러나 이런 날이 몇 달, 몇 년 지속된다면 소비의 과다로 부자되기가 힘들어진다.

부자가 되려면 저축이 정답이다. 저축은 미래의 결혼자금 · 내집마련자금, 창업자금 등을 마련하기 위해 가장 안전하고 유리한 방법이다. 물론 주식과 같은 고수익 · 고위험 투자도 있지만 위험자산에 대한 투자는 신중해야 한다.

저축금액은 월급여 중 최소 50%에서 80%수준이 적당하다. 물론 주거비는 부모와 함께 생활하며 지급할 필요가 없어야 한다. 자동차는 BMW(Bus + Metro + Work)면 충분하며, 주말에 BWM(Bicycle + Mountain + Walking)을 즐기면 된다. 새 차든 중고차든 자가용 자동차를 사는 순간 내 연봉이 줄어든다. 저축은 예금자 보호가 되는 한 가장 금리가 높은 상품을 선택하며, 매달 일정액을 불입하는 적금형태가 좋다.

2 추천 저축상품

좋은 저축상품은 내집 마련에 도움이 되고, 이자가 높고, 소득공제가 되며, 예금자 보호도 되어야 한다.

2.1 주택청약종합저축

총급여액 7천만 원 이하 무주택근로자(여러분 모두 해당됨)가 은행에 '무주택확인서'를 제출한 경우, 연간 납부액 240만 원(월평균 20만 원)까지 납부액의 40%인 최대 96만 원까지 소득공제되며, 소득세 최저세율인 6.6%를 적용하는 경우 6만 3,360원의 추가이자를 얻는다. 이 경우 연 이자율이 2%라면, 세전 3.12%의 추가 금리가 되므로 금리가 무려 5.12%가 된다. 5년 내에 해지할 경우 소득공제 전액 추징된다(해외이주나 국민주택규모 이하의 아파트 당첨으로 해지하는 경우 제외함).

[표 10-1] 주택청약종합저축의 상세

<table>
<tr><th>구 분</th><th colspan="4">상세내용</th></tr>
<tr><td>개 요</td><td colspan="4">적금형식 또는 일시예치식으로 납부 가능하며 국민주택등을 공급받기위하여 가입하는 저축</td></tr>
<tr><td>가입대상</td><td colspan="4">• 국민인 개인(국내에 거주하는 재외동포 포함)또는 외국인 거주자
• 전 금융기관을 통하여 주택청약종합저축, 청약예금, 청약부금, 청약저축 중 1계좌만 가입가능</td></tr>
<tr><td>가입서류</td><td colspan="4">• 국민인 거주자는 주민등록증 또는 운전면허증
• 재외동포는 국내거소 신고증, 외국인은 외국인 등록증</td></tr>
<tr><td>계약기간</td><td colspan="4">입주자로 선정시(당첨시) 까지</td></tr>
<tr><td>예금자 보호</td><td colspan="4">이 예금은 예금자보호법에 의하여 보호되지는 않으나, 국민주택기금의 조성 재원으로 정부가 관리하고 있음</td></tr>
<tr><td>적립금액</td><td colspan="4">매월 2만 원 이상 50만 원 이내에서 5천 원 단위로 자유롭게 납입
• 잔액이 1,500만 원 미만인 경우 월 50만 원 초과하여 잔액 1,500만 원까지 일시예치 가능
• 잔액이 1,500만 원 이상인 경우 월 50만 원 이내에서 자유적립</td></tr>
<tr><td rowspan="4">약정이율</td><td colspan="4">가입일로부터 해지일까지 저축기간에 따라 적용(2016.1.4 현재 세금 납부 전)</td></tr>
<tr><td>1개월 이내</td><td>1개월 초과~1년 미만</td><td>1년 이상~2년 미만</td><td>2년 이상</td></tr>
<tr><td>무이자</td><td>연 1.0%</td><td>연 1.7%</td><td>연 2.0%</td></tr>
<tr><td colspan="4">변동금리로서 정부의 고시에 의하여 변동 될 수 있으며 금리 변경 시 각 납부 회차별 변경일 기준으로 변경 후 금리 적용약정이율</td></tr>
<tr><td>세금우대 내용</td><td colspan="4">비과세종합저축 가입가능(본인한도 내)</td></tr>
<tr><td>명의변경</td><td colspan="4">가입자가 사망한 경우 그 상속인 명의로 명의변경 가능</td></tr>
<tr><td>청약자격 발생순위</td><td colspan="4">청약순위 산정 시 매회(매월) 납입금을 순차적 월부금으로 간주하므로 지연(연체) 납입 시 순위발생일이 늦어질 수 있으며, 미리 납입하는 경우는 횟수로 인정하지 않음
• 매월 정해진 날짜(신규일 당일)에 입금하지 않으면 지연일수가 적용되어 순위발생이 지연될 수 있음
• 미리 납부하는 경우 24회차 까지 가능하지만 청약순위는 해당 회차가 인정되는 일자에 도달 해야 발생함</td></tr>
</table>

2.2 개인자산종합관리계좌(ISA : Individual Savings Account)

(1) 개요

개인종합관리계좌(individual saving accoung)는 1개의 계좌에서 예금, 펀드, 주가연계증권(ELS) 등의 다양한 금융상품을 거래할 수 있고 발생한 소득에 대해 비과세 혜택을 부여한다. 예금, 펀드, 파생결합증권(ELS 등) 등 다양한 금융상품을 한 계좌에 모아 투자하면서 세제혜택도 받는 종합 자산관리 계좌이다. 이 상품은 금융전문가의 도움을 받아 개인별 성향과 투자목표를 반영한 맞춤형 포트폴리오를 설계하여 체계적인 자산관리가 가능하다.

(2) 신탁형과 일임형

신탁형은 가입자가 ISA에 포함할 금융상품들을 직접 선택하고 투자규모도 결정하며 금융기관은 가입자의 지시대로 상품을 편입하거나 교체한다. 직접자산을 운용하기 위하여 금융상품을 선택하는 투자자에게 적합하다.

일임형은 금융기관이 가입자의 위험성향과 자금운용 목표를 고려하여 제시하는 모델포트폴리오 중에서 하나를 선택하여 투자한다. 금융상품들은 가입자가 선택한 모델포트폴리오의 운용전략에 따라 금융기관의 전문운용인력이 가입자 대신 선정한다. 금융기관은 가입자의 지시가 없어도 매 분기별로 투자된 자산의 수익성 · 안정성을 평가하여 자산을 재조정(리밸런싱)한다. 전문가의 투자판단에 따라 운용하고 싶은 투자자에게 적합하다.

1인 1계좌만 허용되므로 가입자는 신탁형과 일임형 중 하나만 가입 할 수 있다. 신탁형 / 일임형을 함께 취급하는 회사, 신탁형만 취급하는 회사, 일임형만 취급하는 회사가 있으므로 투자자가 원하는 유형에 따라 금융기관을 선택해야 한다.

(3) ISA 내 투자상품

예금성 상품은 은행 · 저축은행 · 체신관서 등 예 · 적금, 상호금융기관(농 · 수 · 신협) 예탁금, 환매조건부채권(RP) 등이다. 투자성 상품은 국내 · 외 주식형 / 혼합형 / 채권형 등 다양한 공모펀드, 상장지수펀드(ETF), 리츠(REITS), 파생결합증권(ELS, ETN, ELB 등) 등이다.

(4) 세제혜택

ISA 가입기간(3 ~ 5년) 도중 계좌 내 모든 금융상품에서 발생한 수익에서 손실을 뺀 '순이익'과 소득수준에 따라 200 ~ 250만 원까지 비과세하고, 비과세 한도를 초과하는 순이익은 저율 분리과세(15.4% → 9.9%)한다.

[표 10-2] ISA의 세제혜택

가입자 구분	총급여 5,000만 원 이하/종합소득 3,500만 원 이하	총급여 5,000만 원 초과/종합소득 3,500만 원 초과
세 율	• ISA 계좌 내 순이익 중 - 250만 원까지 비과세 - 250만 원 초과분은 9.9% 분리과세	• ISA 계좌 내 순이익 중 - 200만 원까지 비과세 - 200만 원 초과분은 9.9% 분리과세

(5) 가입조건과 납입한도

근로 · 사업소득이 있는 근로자 · 자영업자, 농어민으로 직전연도 금융소득이 2,000만 원 이하인 경우 누구나 가입할 수 있다. 단, 직전연도 금융소득종합과세 대상자(금융소득 2,000만 원 초과)는 가입대상에서 제외된다. 직전연도 소득이 없는 신입직원도 ISA 가입 당해 소득이 확인되면 가입할 수 있다. 연간 2,000만 원씩 총 1억 원(5년)까지 납입이 가능하다.

(6) 의무 가입기간

세제혜택을 받기 위한 의무 가입기간은 가입자에 따라 3 ~ 5년이다. 다만, 퇴직, 폐업, 해외이주, 천재지변 등 불가피한 사유 발생시 과세특례 유지(가입자는 특별해지사유신고서 제출 필요)된다.

[표 10-3] ISA의 가입자유형

구 분	서민형	청년형 · 자산형성형	일반형
가입대상	- 총급여 5,000만 원 이하 근로자 - 종합소득 3,500만 원 이하 사업자	- 서민형 미충족자 중, 15세 이상 29세 이하 - 희망내일키움통장 가입자	- 서민형 · 청년형 · 자산 형성형 요건 미충족자
의무가입기간	**3년**	**3년**	5년
최대가입기간	5년	5년	5년
비과세한도	**순이익 250만 원**	순이익 200만 원	순이익 200만 원

(7) 가입방법과 운영

투자자는 신탁업 인가를 보유한 은행, 증권, 보험사를 방문하여 개인종합자산관리계좌 개설(신탁계약 체결)한다. 금융회사의 상품 중에서 계좌에 편입 또는 교체할 상품을 선택하여 신탁업자에게 운용을 지시한다. 그리고 신탁업자는 가입자의 지시에 따라 계좌 내

금융상품의 편입 · 교체, 원천징수 등 계좌 관리업무를 수행한다. 가입자별로 분기별 운용 보고서를 교부(이메일, 서면 등)하여 투자자가 운용현황을 점검할 수 있도록 한다.

가입 시 근로 · 사업소득 원천징수영수증, 근로 · 사업소득 지급 확인서, 소득금액증명원 또는 사업자등록증명원 중 1개를 금융기관에 제출한다. 서민형 ISA 가입은 서민형 가입용 소득확인증명서(국세청 홈택스(www.hometax.go.kr)에서 발급 가능)가 필요하다.

일임형 ISA는 가입자가 자신의 투자성향에 맞추어 금융기관이 제시하는 복수의 모델포트폴리오 중 하나를 선택한다. 금융기관은 투자자 유형을 5가지로 구분하고, 각 유형별 최소 2가지 이상의 모델포트폴리오(초저위험은 1가지 이상)를 가입자에게 제시한다. 금융기관은 가입자가 선택한 모델포트폴리오의 운용전략에 맞추어, 금융상품들을 선택하고 운용한다.

[표 10-4] 모델포트폴리오의 예

상품유형	자산배분	운용전략
초저위험	채권혼합형펀드 10%, 채권형펀드 60%, RP 30%	안정적 수익추구
저위험	주식혼합형펀드 10%, 채권혼합형펀드 40%, RP 20%, MMF 30%	펀드 중심 자산배분을 통해 초저위험 대비 초과수익 추구
중위험	주식혼합형펀드 20%, 채권혼합형펀드 20%, 채권형펀드 40%, RP 20%	
고위험	주식혼합형펀드 40%, 채권형펀드 50%, 주가연계증권(ELS) 10%	원금손실이 있더라도 수익추구 우선시
초고위험	주식혼합형펀드 50%, 채권형펀드 30%, 주가연계증권(ELS) 20%	

ISA 계약만료일(가입일로부터 3년~5년 후)에 일괄적으로 원천징수한 후 세후소득을 가입자에게 지급한다. 가입자에 따라 순이익 200~250만 원을 초과하는 순이익에 대해서만 9.9% 저율 분리 과세한다. 만기 전 사망, 해외이주, 퇴직 등 특별한 사유(특별 중도해지)없이 중도 해지하는 경우, 과세특례를 적용받은 소득세액을 납부한다. 일반 특정금전신탁 또는 일임계약으로 투자했을 경우와 동일하게 원천징수(징수 후 그 내용을 가입자에게 서면으로 즉시 통지)한다.

2.3 비과세 저축상품과 우대금리 저축상품

비과세상품은 저축상품의 이자소득세 15.4%(분리과세 이자소득세 14% + 지방소득세 1.4%)를 면제하고 대신 농특세 1.4%만 과세한다. 이에 비해 우대 금리상품은 9.5%의 이자소득세를 부담한다. 만일 1,000만 원을 정기예금에 1년 이자 3%로 저축했을 경우 이자가 30만 원이라면 4만 6천 2백 원이 원천징수하고 25.48만 원만 이자로 지급한다. 이 상품이 비과세라면 29.58만 원이 실제 지급 이자이다. 우대상품의 세금은 2만 8천5백 원이므로 27.15만 원이 실지급 이자가 되므로 1.67만 원 이득이다.

정부의 비과세 상품 축소 방침에 의해 65세 이상이나 장애인 등을 대상으로 비과세종합저축상품을 허용하고 있다. 따라서 직장 초년생들이 가입할 수 있는 상품범위가 많이 축소되었다.

[표 10-5] 근로자가 가입 가능한 비과세 상품 요약

상품명	비과세종합저축	장기저축성보험	개인종합자산관리계좌(ISA)
가입자격	만65세 이상, 장애인, 기초수급자, 국가유공자 등	–	근로소득자, 사업소득자 등(전년도 금융소득종합과세대상자 제외)
일몰시한	2019년 말	–	2018년 말
저축한도	계약금액 5천만 원	계약기간 10억 원 이상+납입보험료 2억 원 이하/월 적립식 적립기간 5년 이상 만 55세 이후 연금수령하는 종신연금보험	연간 2천만 원(5년간 1억 원) 200만 원 비과세(총급여 5천만 원 이하 근로자나 3천5백만 원 이하 사업자는 250만 원) 초과분 9% 분리과세
저축기한	–	10년 이상(종신연금제외)	5년 유지(청년, 250만 원 비과세 대상자는 3년)
금융상품	–	생명보험, 손해보험(공제), 우체국보험	예금, 적금, 예탁금, 펀드, ELS, REITS등
취급금융회사	금융기관, 6개 공제회	보험사. 우체국, 수협 / 신협 / 새마을금고	은행, 증권사
비 고		변액보험도 가능	손익통산 후 과세

회사의 우리사주나 지역별, 업종별 농업, 축산업, 수산업협동조합의 근로자 출자지분은 배당수익에 대하여 비과세한다.

[표 10-6] 근로자가 가입 가능한 비과세 투자상품

상품명	우리사주	농협 등 근로자 출자지분
가입자격	우리사주 조합원인 근로자	농축수협에 근무하는 근로자
저축한도 / 세제혜택	연 4백만 원 이내 출자금액을 소득공제 소액주주(지분 1% 또는 3억 원 미만)으로 액면가액 1천8백만 원 이하의 배당소득 비과세(소득세, 농특세)	소액주주(지분 1% 또는 3억 원 미만)로 액면가액 1천8백만 원 이하의 배당소득 비과세(소득세, 농특세)
금융상품	배당소득 비과세를 위해 우리사주를 증권금융회사에 1년 이상 예탁함	-

3 예금자 보호제와 이자소득세

3.1 예금자보호의 의의

금융회사가 예금가입자의 금융자산을 지급하지 못할 경우 예금보험공사에서 예금의 일부 또는 전액을 대신 돌려주는 제도이다. 금융회사의 경영이 부실화되더라도 고객의 재산을 안전하게 보호하여 집단 예금인출(bank run)이나 금융시스템 전체의 연쇄 파산(bankruptcy)을 방지할 목적에서 도입되었다. 현재 1인당 보호금액은 원금과 소정의 이자를 합하여 예금자 1인당 최고 5,000만 원이다. 소정의 이자는 금융회사의 약정이자와 시중은행 등의 1년 만기 정기예금 평균금리 중 적은 금액을 말한다. 보험금 지급은 세전 기준이며, 이자는 이자소득세+주민세 등의 세금을 납부해야 한다.

3.2 예금자보호의 범위

금융투자상품은 보호대상 금융회사에서 판매하더라도 보호대상에서 제외된다. 예를 들면 예금보험가입 금융회사라 하더라도 운용 결과에 따라 이익이나 손실이 투자자에게 귀속되는 수익증권, 실적배당형신탁 등은 보호대상에서 제외된다. 단위 농, 축, 수협은 중앙회기금으로 단위 조합별로 예금자보호제를 실시한다. 새마을금고 상품은 금고연합회에 자체적으로 기금을 조성하여 예금자보호제를 실시하고 있다. 우체국저축, 보험과 산업은행의 저축상품은 정부관리로 실제적으로 예금자 보호가 될 수 있다. 신협은 신협예금자보호기금을 조성하여 출자금을 제외한 저축상품을 보호하고 있다.

[표 10-7] 예금자보호 상품

구 분	보호금융상품	비보호금융상품
은 행	• 보통예금, 기업자유예금, 별단예금, 당좌예금 등 요구불예금 • 정기예금, 저축예금, 주택청약예금, 표지어음 등 저축성예금 • 정기적금, 주택청약부금, 상호부금 등 적립식예금 • 외화예금 • 원금이 보전되는 금전신탁 등 • 예금보호대상 금융상품으로 운용되는 확정기여형 퇴직연금제도 및 개인형 퇴직연금제도의 적립금	• 양도성예금증서(CD), 환매조건부채권(RP) • 금융투자상품(수익증권, 뮤추얼펀드, MMF 등) • 특정금전신탁 등 실적배당형 신탁 • 은행 발행채권 등 • 주택청약저축, 주택청약종합저축 등
증권	• 금융상품 등 증권의 매수 등에 사용되지 않고 고객계좌에 현금으로 남아 있는 금액 • 자기신용대주담보금, 신용거래계좌 설정보증금, 신용공여담보금 등의 현금 잔액 • 원금이 보전되는 금전신탁 등 • 예금보호대상 금융상품으로 운용되는 확정기여형 퇴직연금 및 개인형퇴직연금의 적립금 등	• 금융투자상품(수익증권, 뮤추얼펀드, MMF 등) • 선물 옵션거래예수금, 청약자예수금, 제세금예수금, 유통금융대주담보금 • 환매조건부채권(RP), 증권사 발행채권 • 종합자산관리계좌(CMA), 랩어카운트, 주가지수연계증권(ELS), 주식워런트증권(ELW) 등
보 험	• 개인이 가입한 보험계약 • 예금보호대상 금융상품으로 운용되는 확정기여형 퇴직연금 및 개인 퇴직 계좌 적립금 • 원금이 보전되는 금전신탁 등	• 보험계약자 및 보험료납부자가 법인인 보험계약 • 보증보험계약, 재보험계약 • 변액보험계약 주계약 등
종 금	• 발행어음, 표지어음, 어음관리계좌(CMA) 등	• 금융투자상품(수익증권, 뮤추얼펀드, MMF 등), 환매조건부채권(RP),양도성예금증서(CD), 기업어음(CP), 종금사 발행채권 등
상호저축은행	• 보통예금, 저축예금, 정기예금, 정기적금, 신용부금, 표지어음 등 • 상호저축은행중앙회 발행 자기앞수표 등	• 저축은행 발행채권(후순위채권 등) 등

* 정부 · 지방자치단체(국·공립학교 포함), 한국은행, 금융감독원, 예금보험공사, 무보금융기관이 가입한 금융상품은 보호되지 않음

3.3 예금자 보호의 한도

원금과 예금보험공사가 정하는 소정의 이자를 합하여 1인당 최고 5천만 원까지 예금을 보호하고 있다. 보호 금액 5천만 원은 예금의 종류별 또는 지점별 금액이 아니라 동일한 금융회사 내에서 예금자 1명이 보호받을 수 있는 총 금액이다. 예금액이 이자를 포함하여 5천만이 넘는 경우, 다른 금융회사에 분산 예치하는 것이 좋다.

3.4 예금 보험금 지급 절차 및 유의 사항

보험금 지급 절차는 예금보험금 지급 결정 → 보험금 지급 공고 → 예금 및 대출 등 확인 후 지급액 확정 → 예금보험금 지급(대행 기관)이다. 보험금 지급 개시일로부터 5년이 지나면 소멸 시효가 완성된다. 보험금 지급 공고를 통해 구비 서류 및 지참물 등 필요한 사항을 확인한다. 구비 서류로 ① 통장, 예금 거래용 도장, 주민 등록증 ② 예금 등 채권 양도 증서 및 관련 서류(지급 장소 비치) ③ 계좌이체를 받고자 하는 통장이다.

예금 보험금 지급 예상 소요기간이 3~6개월이 소요되므로, 예금보험금 지급에 앞서 예금보험공사가 예금자로부터 예금 지급을 요청할 권리를 매입하는 방식으로, 예금자의 예금보험금 지급한도 내에서 일부 자금을 지급한다.

3.5 이자소득세

채권 증권의 이자 및 할인액, 조건부 환매차익, 예금의 이자 및 할인액, 상호신용부금의 이익, 저축성보험의 보험차익, 이자부 파생금융상품거래에서 발생한 이익을 대상으로 한다.

저축성보험의 보험차익은 이자소득세 과세대상이다. 보장성보험의 보험차익은 과세에서 제외되는데, 계약기간 10년 이상의 월적립식 저축성보험, 55세 이후부터 지급받는 종신형 연금보험, 계약기간이 10년 이상이고 납입보험료 합계액이 2억 원 이하인 보험이다.

비과세 이자소득은 재형저축 이자, 61세 이상/장애인 생계형저축 이자, 농협 등 조합 예탁금에서 발생한 이자, 농어촌 목돈마련 저축에서 발생한 이자이다. 세금우대종합저축 9%, 기타 조건부과세대상(일반적인 금융상품)은 14%이다.

4 리스크관리

4.1 의의

리스크관리는 순수위험을 내포하는 상황을 평가하여 가능한 경제적 손실을 최소화한다. 2014년 세월호 침몰을 겪으면서 안전과 위기관리능력에 대한 사회적 관심이 증가되었다. 그러나 리스크를 없애는 것은 불가능하며 관리를 통하여 통제해야 한다. 리스크통제 방법으로 보험을 구입하면 리스크를 감소시키지만(Hedger), 구입하지 않는다면 리스크를 증가시킨다(Speculator).

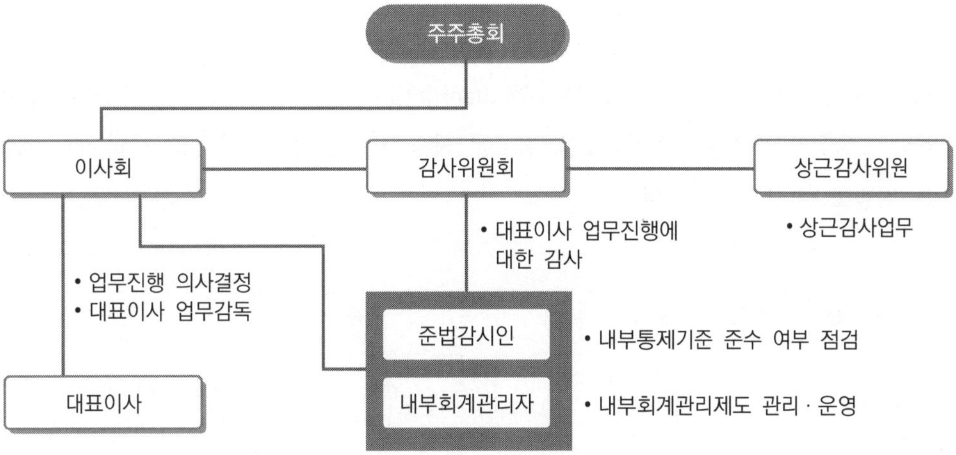

자료 : 금융감독원

〈그림 10-1〉 금융회사의 내부통제시스템

일반적인 리스크관리는 위험인식, 위험측정, 위험관리 기법의 선정, 실행 및 평가로 한다. 1단계는 리스크 인식이다. 어떤 리스크가 과소평가되어 헤징되지 않는 경우 리스크를 점검하고 대응한다. 리스크관리 조직을 설치하고 리스크관리 규정을 수립하며 데이터베이스를 구축한다.

2단계는 리스크의 평가로 인지된 위험을 계량화(변리사, 투자상담사)한다. 계량화는 VaR, 스트레스테스트, 시나리오분석 등을 사용하여 리스크를 측정하고, 일상적 경제환경의 변동뿐만 아니라 비정상적 급격한 변동도 감안한다. 또한 주기적으로 측정 방법을 점검하여 적정성을 모니터링한다.

3단계는 리스크를 통합하고 리스크관리 기법을 선택한다. 리스크 측정, 조정, 성과, 평가, 자본배분 등 전 과정을 효과적으로 통합한다. 리스크관리 기법은 총리스크, 리스크유형별, 유형별 세부 한도 등을 설정하고 관리한다.

4단계는 실행 및 평가를 통하여 포트폴리오를 최적화한다. 환경변화에 대응하여 리스크를 동태적으로 관리할 수 있도록 최적 포트폴리오를 구성한다. 또한 기존활동의 계속성과 유연성 등도 재고해야 한다.

5단계는 주기적 평가와 조정으로 리스크관리와 유연성을 유지한다. 리스크관련 사항을 점검하고, 그 결과를 평가한다.

4.2 리스크측정

VaR(value at risk)[10]는 정상적 시장상황에서 목표기간에 발생할 수 있는 포트폴리오의 예상되는 최대손실액이다. 분포의 분위수(quantile)로 극단적 가격변화에서 얻는 손실을 측정한다. 그리고 VaR는 위험에 대한 정보를 제공하면서 화폐금액으로 나타내기 때문에 상품간 위험도 비교할 수 있다.

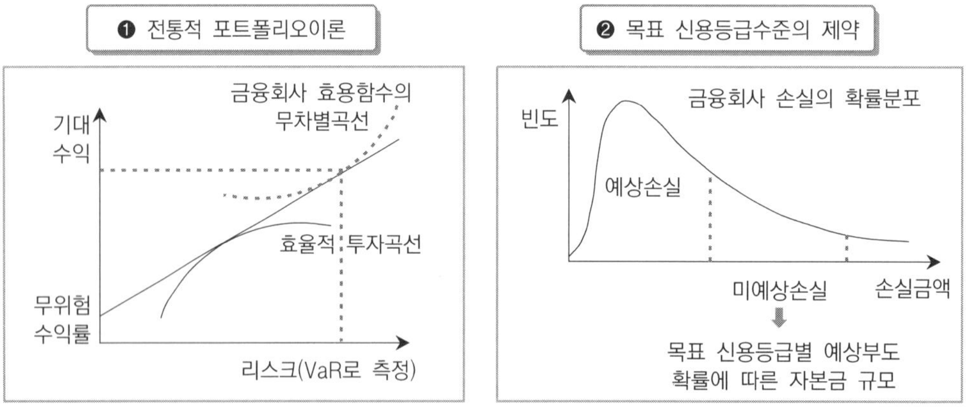

자료 : 김진호(2005)

〈그림 10-2〉 리스크 예산의 설정

예를 들어 현금, 부동산, 주식, 채권 등 여러 가지 자산을 소유하고 있다. 소유 자산을 일주일 유지할 때 자산가치가 상승과 하락할 경우 총가치를 w_i비율만큼 i자산에 대한 투

10) 위험예산(risk budgeting)은 과거 추적오차에 대해 목표 정보비율(IR)을 제시하여 적절한 기대초과수익률 추정

자비율을 조정한다.

$$0 \leq w_i \leq 1, \ \sum w_i = 1$$

이 포트폴리오를 n영업일 동안 유지하면 근사적으로 VaR는

$$\frac{\text{사업일 동안의 손익}}{(TC) \times \sigma \times \sqrt{n}} \sim N(0,\ 1^2)$$

신뢰구간은 정규분포에서 평균을 중심으로 어떤 구간의 확률이다. 신뢰수준이 99%라면 최악의 시나리오가 1%발생할 때 손실액수이다. 99%신뢰구간에서 Z= −2.33이다.

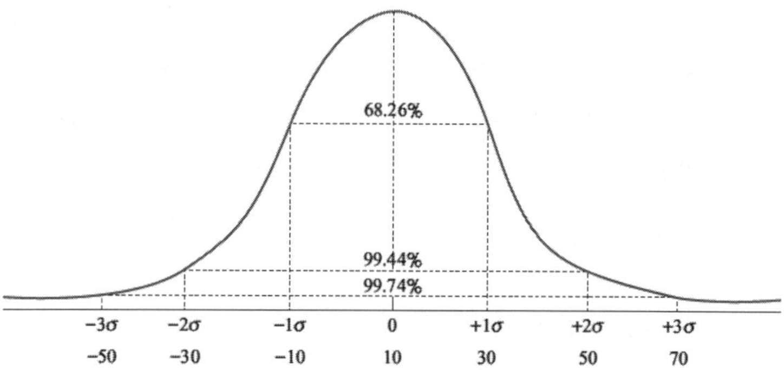

〈그림 10-3〉 손실의 신뢰구간

최상의 시나리오에서 99%미만이 발생할 때 포트폴리오의 손실은

$$VaR(99\%,\ n) = 2.33 \times TC \times \sigma \times$$

여기서 TC = 초기 총자산, σ = 1일투자수익률의 표준편차, n = 보유기간

4.3 리스크관리 방법

리스크관리 방법으로 리스크회피는 특정 위험에 노출되지 않기위하여 투자를 하지 않는다. 리스크 보유는 저축과 같이 소유한 자원을 활용하여 위험을 흡수하고 손실을 보완한

한다. 그리고 리스크전가는 위험자산을 다른 사람에게 팔거나 보험에 가입하여 리스크를 타인에게 이전한다. 가장 보편적인 리스크 전가는 헤징(hedging), 보험(insurancing), 분산투자(diversifying)로 구분한다.

첫째, 헤징은 기대하지 않은 리스크에 반대 행동을 취한다. 리스크를 줄이면서 이익의 가능성도 포기하여 리스크를 제거한다. 헤징 비용을 최소화할 수 있는 방법을 선택한다.

[표 10-8] 보증과 보험의 비교

구 분	보 증	보 험
관련법규	민 법	상 법
개 념	채무자가 그 채무를 이행하지 않을 경우 그 이행의무를 보증인에게 부담시키는 계약	보험자가 우연한 일정의 사고가 생긴 경우 상대방 또는 재3자에게 생긴 손해를 보상할 것을 약속하고 계약자는 이에 대한 일정의 보험료를 지불하는 것을 내용으로 하는 계약
계약당사자	채권자, 채무자, 보증인	보험자, 계약자
계약불이행조건	예정불가, 채무불이행	사고발생 예정, 우연성이 성립요소
계약성격	보완계약	독립계약
	무상계약	유상계약
계약해제권	불인정	인 정
기 능	채무불이행위험을 배재	손해의 전보

자료 : 보험개발원

둘째, 보험은 손실을 피하기 위해 프리미엄(보험료)을 지불한다. 손실의 가능성은 프리미엄으로 제거하고 이익의 가능성은 이용한다. 사전에 정한 사건이 발생할 경우 보험금을 받는다. 헤징은 스스로 보호하기 위해서 이익을 희생하지만, 보험은 이익을 유지하면서 손실 위험을 제거한다. 그리고 보험과 유사한 재무보증은 계약한 상대방이 파산할 수 있는 신용 위험에 대한 수단이다.

셋째, 분산투자는 다양한 자산에 전체 금액을 나누어 투자하여 고유위험을 제거하여 포트폴리오 위험을 제한한다. 부정확한 위험에 대한 분산투자는 기대수익률에 변화를 주지 않으면서 위험만 감소시킨다. 분산투자의 리스크는 완전 상관관계에서 성립되지 않으며 일정 수준까지만 감소시킬 수 있다.

5 보험 가입

5.1 보험의 가입

보험은 미래의 예측할 수 없는 재난이나 사고의 위험에 대비하여 미리 돈(보험료)을 내고 보장(보험금)을 받는 상품이다. 보험은 다른 금융상품에 비해 그 구조가 매우 복잡하며, 불확실성이 높고, 가입기간도 길게는 수십 년까지 유지된다. 따라서 적절한 보험가입은 질병, 사망, 사고, 노후에 대비하는 '안전망'이 되지만, 부적절한 보험 가입은 오히려 '경제적 손실'만 가져온다.

모든 사람은 예상치 못한 질병이나 사고로 곤경에 빠질 수 있다. 자유여행 중 짐을 분실하여 큰 손해를 입은 경험이 있다. 여행자보험에 가입할 기회를 놓쳐서 제대로 보상받지 못했다. 많은 경우에 질병이나 사고로 큰 곤란을 겪기도 한다. 더욱 심각한 것은 경제적인 어려움이다. 사회보장학회의 조사(2005)에 의하면 중산층이 빈곤층으로 전락하는 원인 중에 암이나 교통사고로 인한 치료비 부담이 크다. 국민 중 약 160만 명이 고통 받고 있는 4대 중증질환(암, 심장질환, 뇌혈관질환, 희귀난치성질환)의 경우, 환자 1인당 평균 400 ~ 1,000만 원의 진료비를 부담하면서 가계경제에 큰 어려움이 되고 있다(보건복지부, 2013).

[표 10-9] 연간 500만 원 이상 진료비 지출환자의 20대 질병

	병 명		병 명
1	만성신장질환	11	결장의 악성신생물(암)
2	뇌경색증	12	상세불명의 병원체의 폐렴
3	무릎관절증	13	뇌내출혈
4	기관지 및 폐의 악성신생물(암)	14	정신분열증
5	간 및 간내 담관의 악성신생물(암)	15	급성 심근경색증
6	유방의 악성신생물(암)	16	기타 척추병증
7	위의 악성신생물(암)	17	편마비
8	알츠하이머병에서의 치매	18	뇌혈관질환의 후유증
9	협심증	19	골수성 백혈병
10	대퇴골의 골절	20	직장의 악성신생물(암)

출처 : 건강보험공단,
주) 2011년도 500만 원 이상 진료비가 발생된 환자 중 가장 많은 진료비가 발생된 질환 50개 중 발췌

5.2 보험상품의 종류

보험상품은 일상적인 분류로서 보험계약의 성격과 내용에 따라 보장성보험과 저축성보험으로 나누기도 한다. 보장성보험은 보험 본래의 기능인 위험 보장에 중점을 둔 보험이고, 저축성보험은 위험 보장에 더하여 저축 및 투자 기능을 겸하는 상품이다.

법률은 크게 생명보험, 손해보험, 제3보험으로 구분한다. 생명보험은 사람이 생존 또는 사망시 사전에 약정한 보험금을 지급하는 보험이고, 손해보험은 계약자가 상해 · 교통사고 · 화재 등으로 신체 또는 재산상 손해가 발생할 때 그 손해를 보장해 주는 보험이다. 제3보험은 생명보험과 손해보험 어느 한 쪽으로 구별하기 어려운 중간적 성격의 보험으로 위험보장을 목적으로 사람의 질병 · 상해 또는 이에 따른 간병에 관하여 금전 및 그 밖의 급여를 지급할 것을 약속하는 보장이다.

- 생명보험상품 : 생명보험계약, 연금보험계약(퇴직보험계약 포함) 등
- 손해보험상품 : 자동차보험계약, 운전자보험, 보증보험계약, 책임보험계약, 화재보험계약, 해상보험계약, 해외여행자보험, 일상생활배상책임보험, 계약이행책임보험 등
- 제3보험상품 : 상해보험계약, 질병보험계약(암보험 · 실손보험 · 태아보험 · CI보험 · 치아보험), 고령자보험계약(간병보험계약, 치매보험, 상조보험, 실버보험, 노후대비 연금보험), 소외계층보험계약(장애인보험, 저소득층 우대 보험, 만성질환자보장성보험)

5.3 보험계약의 당사자

보험계약의 당사자는 보험자, 보험계약자, 보험대상자(피보험자) 및 보험금을 받는 자(수익자)가 있다. 보험자는 보험금 지급의무를 지는 보험회사이다. 계약자는 보험계약을 한 사람, 보험회사에 돈을 내는 사람이다. 피보험자는 보험사고 발생의 대상이 되는 사람이다. 수익자는 보험사고가 발생했을 때 보험금을 타는 사람이다.

동일한 보험계약의 목적과 동일한 사고에 대하여 여러 개의 실손보험에 가입하면 실제 손해를 초과하지 않는 범위에서 상품별로 나누어 보험금이 지급된다. 예를 들어 입원의료비 100%를 보상 하는 실손보험 2개에 가입한 뒤 치료비 50만 원을 지출하였다면 상품별로 25만 원씩 총 50만 원 보험금을 수령하게 된다.

5.4 보험모집인의 종류

보험모집인은 계약 체결을 돕는 자일 뿐 계약의 당사자가 아니다. 보험설계사는 보험회사 · 보험대리점 또는 보험중개사에 소속되어 보험 계약의 체결을 중개한다. 보험대리점은 보험회사를 위하여 보험계약의 체결을 대리하는 자이다. 보험중개사는 독립적으로 보험계약의 체결을 중개하고, 보험회사 임직원은 보험회사에 고용되어 보험회사의 업무에 종사한다.

5.5 보험상품 가입 시 주의 사항

(1) 보험상품 선택시 미리 고려할 점

보험계약자는 보험상품 선택 단계에서 적극적으로 본인의 상황을 파악하여 꼭 필요한 상품을 결정해야만 개개인의 목적에 맞는 보험 설계가 가능하며, 불필요한 보험료 지출을 막을 수 있다. 보험 가입 전에 그 상품이 본인에게 꼭 필요한지 한 번 더 판단해야 한다. 보장성보험은 저축성보험에 비하여 보험료 · 납입기간 · 보험기간 · 주요 보장내용 · 보험회사의 면책사유 및 면책사항 등을 확인해야 추후 사고발생시 적정한 보장을 받을 수 있다.

(2) 본인의 경제상황에 적합한 상품

미래의 위험을 대비하는 보장성보험의 경우, 현재 본인의 재산 상황에 비추어 무리하지 않은 수준의 보험료를 지출하도록 설계해야 한다. 즉, 지속적으로 납입이 가능한지, 가계에 무리한 부담이 되는 것은 아닌지 판단하여 가입해야 한다.

저축성보험의 경우 장기유지가 필수적이며, 연금보험과 같은 상품은 한번 가입할 경우 10년~20년 이상 유지해야 한다. 단기간 내 해지 시 사업비 및 기 지급보험금 때문에 원금에 미치지 못하는 해지환급금을 받게 될 뿐만 아니라 각종 세제혜택도 받지 못하게 된다. 저축성보험 가입은 장기계획 하에 접근해야 한다.

(3) 보험가입 시 확인사항

보험계약 체결시 보험회사 또는 보험모집인은 보험계약자에게 계약의 중요한 내용을 일반보험계약자가 이해할 수 있도록 설명해야 한다. '중요한 내용'은 보험료와 보장범위, 보험금지급 사유 및 지급제한 사유 등 고객의 이해관계에 중대한 영향을 미치는 사항이다.

첫째, 주계약과 특약을 확인한다. 주계약은 해당 상품의 기본이 되는 계약으로, 주로 보험상품명으로 확인이 가능하다. 특약은 주된 보장내용 외에 부수적인 보장을 원하는 경우 추가로 가입할 수 있다. 주계약의 보험료가 저렴하더라도, 여러 가지 특약을 추가하다 보면 전체 보험료가 상승할 수 있다. 필요 없는 특약을 다수 가입하여 보험료가 낭비되지 않도록 반드시 보장이 필요한 특약만 선별하여 가입하고, 주계약 및 특약별 보험료를 확인하여 최종적으로 납입해야 할 액수가 얼마인지 정확히 알아야 한다. 또한 해당상품이 갱신형인지 비갱신형인지도 확인해 보아야 한다. 갱신형의 경우 초기보험료는 저렴하지만 일정기간마다 보험이 갱신되어 보험료가 인상될 수 있다. 비갱신형은 초기 보험료가 비싸지만 만기까지의 보험료가 가입 시에 결정된다. 가입자의 나이와 상황에 따라 보험료를 절약할 수 있는 방향으로 결정해야 한다.

둘째, 보장범위와 보험금 지급제한 사유이다. 보험가입 후 가장 빈번한 분쟁유형의 하나가 최초 보험 가입 시에 상품의 보장범위와 면책사항에 대한 설명이 제대로 이루어지지 않아, 추후에 보험사고가 발생하였는데도 보장이 이루어지지 않는 등의 사례가 있다. 주계약 및 특약별로 보장되는 주요 위험(사망, 질병, 상해 등)과 보험금 지급제한 사유에 대하여는 특별히 더 상세한 확인이 필요하다. 보험계약 체결 시 이해가 되지 않는 사항을 묻고 최대한 상세히 설명해 줄 것을 적극적으로 요청해야 한다. 상품설명서 및 약관 기재내용을 중심으로 해당상품이 보장하는 사고의 종류와 예시, 사고가 발생하더라도 보험회사가 보험금을 지급하지 아니하는 경우, 보험사고 발생 시 지급받을 수 있는 보험금의 한도, 보험금이 감액 지급되는 경우 등을 확인하여 불이익을 입지 않도록 한다.

셋째, 보험기간과 보험료 납입기간이다. 보험기간은 질병이나 사고에 대해 보장받는 기간으로 보험기간 · 보장만기라고도 한다. 보험료납입기간은 보험료를 내는 기간이다. 보험료 납입기간이 끝났더라도 보험기간이 남아있다면 그 기간 중 발생한 보험사고에 대하여는 보장이 이루어지므로(만약 보험 기간이 10년이고 납입기간이 5년일 경우 보험료는 5년 동안만 내고 10년간 보장을 받음), 보험기간을 미리 확인해두어야 한다.

넷째, 해지환급금에 관한 사항이다. 보험계약의 해지, 효력상실 등의 경우 일정한 금액을 계약자에게 돌려주는데 이를 해지환급금이라 한다. 보험계약자가 납입한 보험료 중 일부는 불의의 사고를 당한 다른 가입자에게 보험금으로 지급되고, 다른 일부는 보험회사 운영에 필요한 경비로 사용된다. 따라서 중도해지 시 해지환급금은 납입한 보험료보다 적거나 없을 수도 있다. 가입설계서나 상품설명서상의 해지환급금 예시표 등을 통하여 해지환급금에 대한 상세한 설명을 받도록 한다.

다섯째, 청약의 철회, 계약의 취소 · 무효와 관련한 계약자의 권리이다. 현행법은 보험상품 불완전 판매 시 계약자가 주장할 수 있는 여러 가지 구제제도를 마련하고 있다. 보험계약자는 잘못 판매된 보험에 대하여 일정조건 하에 해당계약을 철회 또는 취소할 수 있다. 따라서 보험 가입 시에 해당 상품이 청약철회가 가능한지, 청약철회 또는 계약취소는 어떠한 방법으로 할 수 있는지, 철회 취소 시 납입보험료는 언제 돌려받을 수 있는지 등을 확인하여 사후적으로 권리를 행사하는데 지장 없도록 한다.

여섯째, 설명의무 위반의 입증책임 및 효과이다. 보험약관의 교부와 중요한 내용을 설명했다는 증명은 보험회사가 해야 한다. 또한 보험계약자나 대리인이 약관의 내용을 이미 잘 알고 있는 등의 사유로 설명의무가 면제될 경우, 그 사실에 대한 입증책임도 보험회사가 부담한다. 보험회사가 약관교부 · 설명의무를 위반한 경우 해당 약관조항을 보험계약 내용으로 주장할 수 없다. 상법상 보험계약자는 계약 성립일로부터 1개월 이내에 그 계약을 취소할 수 있으나, 보험약관은 계약자의 이익을 위하여 통상 청약일로부터 3개월 이내에 그 계약을 취소할 수 있도록 정하고 있다.

(4) 중요한 사항 고지의무

보험은 신의성실의 원칙상, 보험가입자에 대하여도 일정한 의무를 인정하고 있다. 대표적인 것이 “계약 전 알릴의무(고지의무)”로서, 보험계약자 또는 피보험자는 보험계약을 체결함에 있어서 보험회사에 대하여 ‘중요한 사항’을 알려야 할 의무가 있다.

중요한 사항의 내용은 대부분의 보험사가 동일하며, 주로 현재 및 과거의 질병이나 장애, 직업 등에 대한 사항으로, 보험회사가 보험사고 발생 개연성을 측정하여 보험계약 체결여부와 보험료 등을 정하기 위한 사항이다. 상법은 청약서에 기재된 사항을 중요한 사항으로 보고 있다.

특히 “최근 5년 이내의 진단 · 치료”에 대한 부분은 가장 많은 다툼의 여지가 되는 항목이므로, 청약서에 있는 (병력사항)질문표에 기재하여 알릴 의무를 이행해야 한다.

한 가지 주의할 점은 고지의 상대방은 보험회사 등 고지수령권이 있는 자이다. 보험회사나 체약대리점은 고지수령권이 있지만, 보험설계사에게 알리는 것은 인정되지 않으므로 주의를 요한다. 따라서 청약서에 서면으로 기재하여 보험회사에 대하여 고지가 이루어지도록 해야 한다.

고지의무를 이행하지 않을 경우, 보험사는 그 위반을 알게 된 날 로부터 1개월, 계약을 체결한 날로부터 3년 내에 계약을 해지할 수 있다. 보험약관은 고지의무 위반사실을 안 날부터 1개월, 보험금지급사유가 발생하지 않고 2년이 지난 경우 해지할 수 없다고 규정하여 보험회사의 권리행사기간을 더욱 제한하고 있다.

5.6 보험상품에 잘못 가입한 경우

(1) 청약철회제도

보험을 계약한 뒤 단순히 마음에 들지 않거나 변심에 의한 경우도 일정한 기간 내에 위약금이나 손해 없이 그 계약을 철회할 수 있다. 이는 장기 상품인 보험의 특성을 고려하여 다시 한번 신중히 재고할 기회를 부여하는 것이다. 청약철회가 가능한 보험종목은 생명보험 및 손해보험 중 가입기간 1년 이상인 가계성 보험(개인의 일상생활과 관련된 보험)이며, 자동차보험 · 화재보험 · 배상책임보험 등은 제외된다.

보험계약자는 청약을 한 날 또는 제1회 보험료를 납입한 날로부터 15일(전화, 온라인 등 비대면 거래 시 30일) 이내에 그 청약을 철회할 수 있다. 회사로 직접 방문하거나 전화, 우편, 컴퓨터 통신 등의 통신수단을 이용한 청약 철회도 가능하다. 보험회사는 청약의 철회를 접수한 경우 3일 이내에 기납입 보험료를 반환하며, 보험료 반환이 지체된 경우 일정한 이자(보험계약 대출이율을 연단위 복리로 계산)를 추가하여 지급한다.

NICE알앤씨의 금융소비자리포트에 따르면 사람들은 주로 자금이 필요하다(28%), 보험료가 부담된다(27.2%) 등의 경제적 사유로 보험을 해지한다. 경제적 사유 외에 보험이 마음에 안 들어 해지하는 사람들(11.1%)은 주로 보장항목(11.1% 중 37%)과 보장금액(11.1% 중 23.1%)을 해지사유로 제시했다.

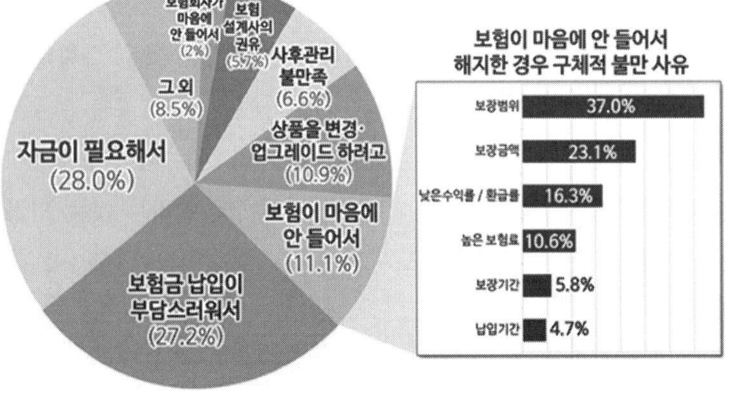

자료출처 : NICE알앤씨 금융소비자리포트

〈그림 10-4〉 보험상품 해지 사유

(2) 계약취소(품질보증)제도

보험 계약취소 제도는 보험 품질보증제도라고도 하며, 청약철회와 달리 일정한 사유에 해당할 경우 청약일로부터 3개월 내에 보험 계약을 취소할 수 있다. 일정한 사유는 ① 보험회사가 약관 및 청약서 부본을 주지 않거나, ② 약관의 주요내용을 설명하지 않은 때, 또는 ③ 계약자가 계약 체결 시 청약서에 자필서명을 하지 아니한 때를 의미하며, 이를 '3대 기본지키기'라고도 한다.

3대 기본지키기를 위반한 계약은 청약일로부터 3개월 이내에 계약취소가 가능하다. 보험계약자는 취소사유와 내용을 기재한 계약취소 청구서를 내용증명 우편으로 발송하거나 회사에 직접 방문하여 접수한다. 보험 계약취소 요청이 접수된 경우 보험회사는 보험계약자에게 이미 납입한 보험료를 돌려주어야 하며, 보험료를 받은 기간에 보험 계약대출 이율을 연단위로 계산한 금액을 더해 지급해야 한다.

5.7 주요 보험상품

(1) 정액보험과 실손보험

정액보험은 보험사고가 발생하면 약속했던 금액을 정액으로 지급하는 보험이다. 예를 들어 암진단비, 뇌졸중진단비 등을 병원비에 관계없이 약속한 금액을 지급한다. 실손보험은 비례보상이 원칙으로 여러 보험사에서 다수 상품에 가입하더라도 계약자가 실제 부담한 치료비 이상 보험금을 중복 수령할 수 없다. 실손보험은 실제로 손해를 보장해주는 보험이며, 대표적으로 실손의료 보험이 있다. 실손의료보험은 보험사고 발생시 피보험자가 실제로 입은 손해액을 지급하는 보험으로, 치료나 수술로 발생한 병원비를 돌려받는다.

(2) 정기보험과 종신보험

정기보험은 보험기간을 일정기간으로 정하고 있는 보험인 반면, 종신보험은 피보험자가 사망할 때까지를 보험기간으로 정한 보험을 말한다.

(3) CI 보험

CI(Critical illness)는 생명보험회사가 판매하는 중대질병보험으로 대개 암, 뇌졸중, 급성심근경색을 대상으로 한다. 암보험이나 종신보험에도 CI를 보장하는 기능이 있다.

(4) 연금보험

일정한 소득이 있는 젊은 시절부터 노후의 안정적인 생활자금을 마련할 목적으로 가입하는 보험상품이다. 연금 지급시기 이전에는 주로 위험을 보장하고, 연금지급시기 이후에는 노후생활을 보장한다.

(5) 무배당보험과 유배당보험

보험 상품명을 보면 회사명 뒤에 (무)라는 식으로 표시되어 있는 경우가 있는데, 이는 '무배당'을 의미하며 보험회사가 가입자에게 따로 배당을 하지는 않는다. 반대로 유배당보험은 보험료를 실제 경영 성과와 비교하여 이익의 일부를 보험계약자에게 사후 정산, 환급한다. 무배당 보험은 계약자 배당을 하지 않으므로 유배당 보험에 비해 보험료가 저렴하다.

(6) 변액보험과 유니버셜보험

변액보험은 가입자가 납입한 보험료의 일부를 주식이나 채권에 투자하는 펀드에 넣어서 운용실적에 따라 발생한 이익을 나누어주는 투자형 보험이다. 유니버셜보험은 수시로 입금과 출금이 가능한 보험상품이다.

(7) 자동차보험과 운전자보험

자동차보험은 자동차 운행으로 인적(대인) 물적(대물) 피해를 입힌 것을 보장하는 책임보험이다. 대인I과 대물I은 운행하는 자동차라면 곡 들어야 하는 강제보험이고, 대인II와 대물II는 책임보험의 배상범위를 넘어서는 손해를 담보하는 보험이다. 그 외에 해당 자동차의 파손을 담보하는 자기차량손해, 피보험자가 다쳤을 경우에 자기신체사고도 추가로 보장된다.

자동차 보험으로도 보장되지 않는 부문을 보완하여 담보하는 것이 운전자보험이며, 상해보험을 주계약으로 벌금이나 변호사선임비용 등의 부수적인 담보들을 특약형태로 추가한다.

5.8 보험가입 방법과 보험료 최소화

질병 · 실손의료비 · 상해보험에 우선 가입하는 것이 좋다. 질병 · 실손의료비보험은 병에 걸리거나 병 때문에 입원, 수술, 통원 등을 해야 할 경우 보험금을 준다. 상해보험은 교통사고처럼 갑작스런 외부의 사고로 부상을 입었을 경우 보상해준다.

사회초년생은 월급이 있지만 아직 목돈이 없다. 따라서 질병이나 사고가 생기면 소득이 불안정해질 뿐만 아니라 가족에게 치료비 부담마저 주게 된다. 따라서 치료비부담을 줄일 수 있는 보험에 우선 가입해야 한다.

또한 암 등 심각한 질병 · 사고를 보장해주는 중대질병(CI)보험도 필요하다. 젊은 나이에도 암, 뇌졸중, 급성심근경색 등이 발병하는 경우가 있다. 저축한 돈이 없는데 병 때문에 소득이 끊기게 되면 치료조차 제대로 받기 힘들다.

많은 직장이 종업원 단체보험을 가입해 보험료를 내 주는 경우가 많다. 이 보험의 경우 사망 뿐 아니라 후유장해, 암 진단, 입원의료비, 상해통원의료비, 처방조제비용까지 보상한다.

보험가입 시 매월 납입보험료가 월 소득의 5% 이상을 넘지 않도록 한다. 보통 사회 초년생들은 10년 내에 결혼, 주택마련 등을 위해 목돈이 필요하므로 장기간 납입해야 하는 보험료로 인해 목돈마련에 실패하지 않도록 한다. 보험료를 줄이기 위해 다음 사항들을 고려해 보자.

첫째, 순수보장형으로 가입한다. 보험에 만기환급금이 있다면 똑같은 보장을 받으면서 보험료를 더 내게 된다. 따라서 보장항목이나 보장금액을 그대로 유지하면서 보험료를 줄이고 싶다면 만기환급금이 없는 '순수보장형'보험에 가입하는 것이 좋다.

둘째, 실손보험은 표준형으로 하나만 가입한다. 실손의료비보험도 치료비 전액을 보상해주는 것은 아니다. 치료비 중 10 ~ 20%는 보험가입자가 내야 한다. 보험료를 줄이려면 20%인 표준형을 선택한다.

셋째, 납입기간은 수입이 있을 기간 내에서 최대한 길게 한다. 보험기간(만기)이 보험료 납입기간과 같은 실손의료비보험을 제외한 다른 보험들은 만기 내에서 보험료 납입기간을 조정할 수 있다. 그 기간은 소득이 있을 기간 내에서 가능한 길게 잡는 것이 좋다. 월 보험료가 적어지므로 납부 부담이 줄어들 뿐만 아니라, 납입기간 중에 병에 질병에 걸리거나 사고를 당했을 때까지 상대적으로 보험료를 적게 낼 수 있다.

6 연금저축

6.1 의의

노후의 기본적인 생활 보장을 위해서 국민연금이 실제 생활비로 부족하고 향후 연금재원이 고갈될 경우를 고려하면 사적 연금이 필요하다. 근로자의 경우 국민연금과 퇴직연금이 있지만 여유로운 노후를 보내기 위해 저축차원에서 사적 연금을 가입한다. 사적연금 중 세제혜택이 있는 연금저축은 연금저축펀드, 연금저축신탁, 연금저축보험이 있다. 또한 세제비적격인 연금보험, 변액보험도 있다. 다양한 연금상품 중 선택과정을 그려보면 <그림 10-5>와 같다.

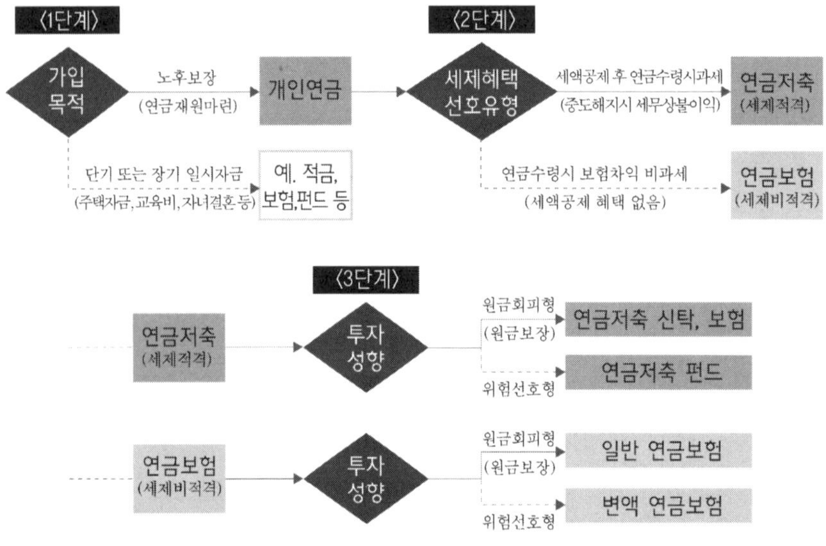

〈그림 10-5〉 연금상품 선택하기

6.2 연금저축의 종류

금융회사 유형별 세제적격 연금저축상품의 특성을 비교하면 [표 10-10]과 같다. 이중 예금자보호가 되는 것으로 은행의 연금저축신탁과 보험회사의 연금저축보험이 있다. 한편 계좌내 자유로운 펀드이동이 가능한 연금저축펀드도 있다. 연금저축펀드에 확정기여형(DC) 퇴직연금보다 주식에 더 많은 비중(최대 70%)으로 투자할 수 있는 '성장형'은 고위험 고수익을 원하는 위험선호형 가입자들이 선호한다.

[표 10-10] 연금저축 : 신탁 vs. 펀드 vs. 보험

	연금저축신탁	연금저축펀드	연금저축보헌
금융회사	은행	증권회사	보험회사, 은행
수익률	실적배당	실적배당	공시이율
운 용	안전자산 위주 투자	상대적으로 공격적 운용	안정적 운용
종 류	안정형 (채권 90%, 주식 10%), 채권형(채권 100%)	성장형(주식 70% 이상, 안정성장(주식 40~70%), 안정형(주식 40% 미만), 채권형(채권 100%)	종신형(생명보험사), 정기형
특 징	원금보장, 예금자보호	고수익 추구, 계좌 내 자유로운 펀드이동	원근보장, 예금자보호, 종신연금 수령가능 (생명보험사)

정부는 국민연금과 노후 대비 수단을 장려하기 위해 연금저축에 절세 혜택을 준다. 연간 400만 원 한도 내에서 납입액의 13.2%(최대 52만8000원), 총급여 55백만 원 이하의 경우 16.5%(최대 66만 원)를 환급받는다. 주요 생명보험사 연금저축 가입자의 경우 10년 전 가입자의 계약 유지율은 58%이다. 주요 은행의 경우도 10년 전 가입자의 계약 유지율이 51%이다. 연금저축 가입자의 절반정도가 10년을 넘기지 못하고 중도 해지하고 있다.

첫째, 중도 해지할 경우 다른 금융 상품보다 손실이 크다. 중도 해지할 때 기타소득세(지방소득세 포함 16.5%)를 내야 한다.

둘째, 연금저축 신탁이나 펀드 상품은 납입 총액에 대해 매년 0.5 ~ 0.6% 정도를 사업비로 지급하기 때문에(1000만 원 납입 시 연간 5만 ~ 6만 원) 원금 손실이 적다. 반면 보험형 상품은 보험모집인 수당이 많이 나가는 특성상 매달 납입액의 7 ~ 10%가 사업비로 수익률이 떨어질 수 있다.

셋째, 연금저축펀드는 예금자보호가 되지 않고 성장형을 선택한 경우에 원금손실도 가능하다.

연습문제

1. 예금자 보호제도를 설명하시오.

2. 보험과 보증의 차이점을 설명하시오.

3. 개인연금은 연금신탁, 연금펀드, 연금보험을 선택하여 가입할 수 있다. 각각의 상품과 금융기관 이용의 장단점을 설명하시오.

CHAPTER 11

건강관리와 노화관리

학습목표

1. 건강관리와 질환의 개념을 파악한다.
2. 건강검진제도를 이해한다.
3. 유전질환과 뇌건강을 이해한다.
4. 노화에 따른 질환관리를 설명한다.

❖ 도청과 국가의 정보독점의 위험 - 에너미 오브 스테이트(Enemy Of The State, 1998)

로버트 딘은 강직한 변호사다. 자신이 맡은 노조 관련 사건의 의뢰인을 위해 마피아 보스와의 위험한 협상도 거리낌 없이 해나가는 인물이다. 국가안보국(NSA)이 공화당 소속의 하원의원 필을 제거하려는 음모가 진행되고 있다. NSA의 감청 및 도청 행위를 합법적으로 승인하는 법안에 그가 강력하게 반대하는 입장을 표명했기 때문이다.

한편, 조류 사진작가이자 로버트 딘과 대학 동창인 다니엘은 우연히 필 하원의원의 피살 현장을 카메라에 담게 된다. 그 이유로 다니엘은 NSA로부터 살해당할 위험에 놓이게 된다. 아내의 크리스마스 선물을 사러 란제리 숍에 들렀던 딘은 마침 쫓기던 다니엘과 마주친다. 다급해진 다니엘은 딘의 쇼핑백에 디스켓을 집어넣고 도망치다가 차에 깔려 죽는다. 딘은 다니엘이 자신의 쇼핑백에 뭔가를 집어넣었다는 사실도 모른다. 딘과 다니엘이 마주쳤던 순간을 숍의 감시 카메라를 통해 분석한 NSA는 이제 딘이 갖게 된 녹화 테이프를 빼앗기 위해 딘을 추격한다. NSA의 음모로 법률회사에서 해고당하고 모든 금융거래마저 차단당한 딘은 아내한테 의심받는다.

벼랑 끝에 몰려 쫓기던 딘은 그동안 변호사 일과 관련하여 그에게 비밀정보를 제공해주고 돈을 챙기던 비밀정보원 브릴을 찾아간다. 브릴도 전직 NSA 출신으로 냉전이 종식된 이후, 자신이 맡았던 국제적 도청행위를 그만 둔 전직 정보요원이다. 처음엔 자신의 정체가 노출될 것을 꺼리던 브릴도 딘과 함께 NSA으로부터 목숨을 위협당하자 둘은 역습을 착수한다. 그러나 필 의원을 죽인 장본인이자 NSA의 도청임무 지휘자인 레이놀즈는 만만하지 않았다. 결국 브릴이 레이놀즈를 독대하려고 접근한다. 그러나 이미 배치된 NSA요원들에 의해 브릴은 최악의 궁지에 몰리고 딘 또한 숨어있던 아지트에서 발각된다. 이때부터 딘은 레이놀즈에게 치명적 일격을 가하는 치밀한 함정을 준비한다.

1. 바이러스는 해커처럼 들어와서 모든 것을 순식간에 전염병을 퍼뜨린다. 해커가 사회적인 건강에 미치는 영향은 무엇인가?
2. 바이러스가 몸에 침투하여 건강을 위협할 때 항체나 공격세포가 면역을 담당한다. 우리 몸의 면역력을 높이는 방법은 무엇인가?

1 질환의 개념과 원인

1.1 질환의 개념

건강(health)은 인체가 생명 기능을 정상적으로 수행하는 상태이다. 항상성(homeostasis)은 인체의 기관계가 체온, pH, 혈액조성, 체액을 정확한 범위 내에서 유지하고 건강을 위협하기 전에 바로 잡아준다. 그렇지만 질환(disease)은 인체의 정상적인 구조나 기능에서 벗어나 생명 기능을 수행하는 것을 방해하거나 변동시킨다. 질환의 징후(signs)는 비정상적인 맥박이나 호흡수, 발열, 땀 등의 인체검진으로 관찰된다. 증상(symptoms)은 환자에게 통증, 어지럼증, 가려움증 등으로 나타난다. 한편, 장애(disorder)는 특정한 원인이나 인체 이상과 반드시 연관된 것이 아닌 기능의 이상이다.

진단(diagnosis)은 질환이나 장애를 확인하는 과정이다. 치료는 그 징후와 증상의 심각성을 줄이면서 병을 낫게 하는 것이다. 모든 질환이 치료될 수 있는 것은 아니며 일부 질환은 그 원인을 알지 못할 경우도 있다. 대부분 특정 약물을 사용하여 징후와 증상을 치료하거나 완화시킨다. 또는 수술이나 시술은 종양을 제거하거나 치료에 필요하다.

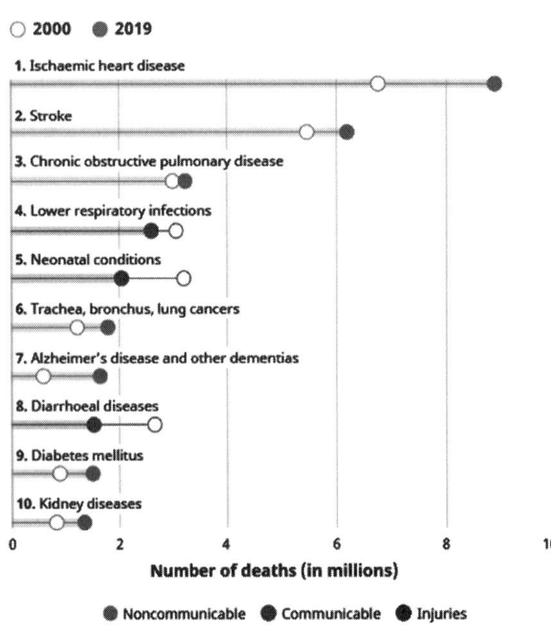

자료: www.who.int/news-room/fact-sheets/detail/the-top-10-causes-of-death, 검색일자: 2021.05.05.

〈그림 11-1〉 전세계 20대 사망원인

1.2 질환의 원인

역학(epidemiology)은 질환의 발생, 전파, 분포, 통제를 연구한다. 1347년 10월 12척의 제노바 무역선이 시칠리아의 메시나에 도착했는데 배의 선원들이 모두 흑사병으로 죽었다. 그후 5년동안 흑사병이 유럽 인구의 3분의 1인 2천5백만명을 목숨을 빼앗았다. 그렇지만 흑사병의 원인과 전염경로, 예방과 치료법을 찾지 못했다. 1918 ~ 1919년에 발생한 유행성 스페인독감은 전세계적으로 2천만 ~ 4천만 명이 사망했다. 건강한 어른도 사망할 정도로 높은 사망률을 기록했다.

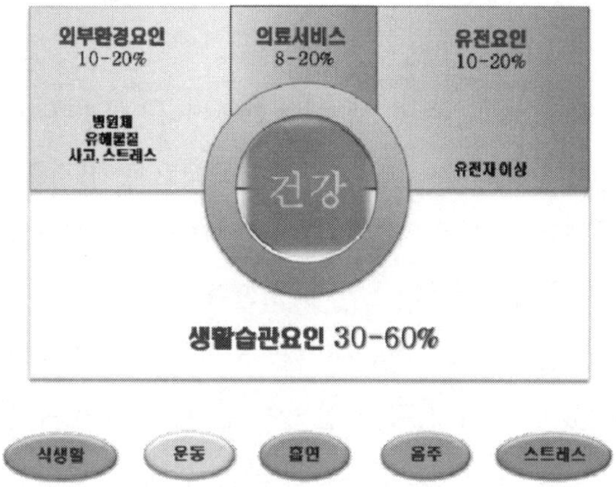

〈그림 11-2〉 건강영향 요인

보통 질병은 소화기계와 호흡기계에서 오는 경우가 많다. 소화기계는 뇌의 영향을 받기 때문에 마음만 먹으면 충분히 관리할 수 있다. 그리고 식사는 거르지 않고 규칙적으로 해야 한다. 소장에서 영양을 흡수하고 대장에서 수분을 흡수하기 때문에 음식물이 대장에 머물면 독소가 흡수되면서 머리가 아프다.

치매는 순화기계의 문제로 발생할 확률이 높다. 피 속의 혈전이나 색전은 돌아 다니면서 콜레스테롤과 엉켜서 동맥경화를 발생시킨다. 폐와 심장은 근육이기 때문에 쓸수록 강해져서 더욱 건강해진다. 그렇지만, 스트레스는 아세틸콜린을 분비시켜서 혈전과 색전을 일으킨다. 한편, 노화에 따라서 체력관리가 어렵고 감정조절능력이 떨어진다. 체력관리는 운동과 근력강화로 유지해야 한다. 감정조절능력의 하락은 뇌의 혈액순환 문제로 운동을 하면서 최대한 잊지 않는 연습을 해야 한다. 그리고 치매를 예방하려면 많은 사람을 만나야 한다.

질환의 원인을 알고 적절하게 관리하면 오래 건강하게 살 수 있다. 첫째, 스트레스는 만병의 근원이다. 스트레스는 설사와 변비, 불면증, 가슴앓이, 탈모, 피로, 고혈압, 당뇨병 등과 목의 통증, 두통, 성기능장애, 소화장애, 궤양 등을 발생시킨다. 스트레스를 받으면 방어 호르몬이 몸을 보호하기 위해 부신에서 아드레날린을 방출하여 위기상황이 발생한다.

둘째, 기억력의 감퇴이다. 뇌 활동 에너지는 심장에 필요한 에너지의 세 배이다. 뇌에 영양공급이 부족하면 뇌 신경세포의 수와 크기가 줄고 신경 전달 물질의 생산을 감소시키며, 기억장애 · 언어장애 · 신체장애 및 감정 상태에 영향을 미친다.

셋째, 마음의 감기인 우울증이다. 신경전달물질인 세로토닌이 부족하면 우울증과 무기력감을 느낀다. 세로토닌을 만드는 아미노산, 철, 아연, 비타민 B_6가 풍부한 음식을 섭취하는 것이 좋다.

넷째, 답답한 가슴을 묻고 살다 보면 생기는 화병이다. 화병은 분노를 건강하게 표현하지 못하고 쌓여서 생긴다. 마음을 가라앉혀 주는 음식으로 파강회는 알리신 같은 디설파이드(disulphide)계 화합물로 신경의 흥분을 가라앉힌다. 알리신(allicin)은 비타민 B_1의 흡수를 도와서 피로를 풀어 주고 스트레스를 해소한다.

다섯째, 세월을 붙잡고 싶은 노화(aging)이다. 노화는 끝까지 자신의 인격과 지혜를 건강하게 가꾸면서 살 수 있도록 뇌 건강을 살펴야 한다. 인간의 수명이 증가하면서 노인성 인지기능의 이상이 점점 더 많아지고 있다. 노화는 몸속의 활성산소에 의하여 발생하고 피부를 통하여 알 수 있는데 자외선, 흡연, 스트레스 등이 주요 원인이다.

2 건강보험제도와 암관리

2.1 건강검진제도

건강검진은 건강보험가입자들의 건강을 유지 · 증진하고, 경제적 손실을 최소화하며 장기적으로 보험급여비의 지출을 줄이고자 1980년에 시작했다. 이후 1988년에 직장피부양자 건강검진, 1990년에 공무원 및 사립학교교직원(이하공교) 피보험자 건강검진(특정암검진 포함), 1995년 지역조합 피보험자 건강검진, 2000~2001 특정암검사, 2007년 생애전환기 건강진단 및 영유아건강검진, 2016년 학교 밖 청소년 건강 검진 등의 생애주기별 건강검진체계를 통해 평생 건강관리체계의 기반을 구축했다.

일반 건강검진 대상자는 지역세대주, 직장가입자, 만 20세 이상 세대원과 피부양자, 만 19세~64세 의료급여수급권자이다. 매 2년마다 1회, 비사무직은 매년 실시한다. 공통 검사항목으로 진찰, 상담, 신장, 체중, 허리둘레, 체질량지수, 시력, 청력, 혈압측정, AST(SGOT), ALT(SGPT), 감마지티피, 공복혈당, 요단백, 혈청 크레아티닌, 혈색소, 신사구체여과율(e-GFR), 흉부방사선촬영, 구강검진이다.

성 · 연령별 검사는 남자 만 24세 이상, 여자 만 40세 이상으로 4년 주기(남자 만 24세, 28세, 32세…, 여자 만 40세, 44세, 48세… 만 해당)로 실시한다. 검사항목은 이상지질혈증(총콜레스테롤, HDL콜레스테롤, LDL콜레스테롤, 트리글리세라이드), B형간염검사(만 40세, 보균자 및 면역자는 제외), 치면세균막검사(만 40세), 골다공증(만 54 · 66세 여성), 정신건강 우울증(만 20 · 30 · 40 · 50 · 60 · 70세), 생활습관평가(만 40 · 50 · 60 · 70세), 노인신체기능검사(만 66 · 70 · 80세), 인지기능장애검사(만 66세 이상 2년에 1회) 등이다.

건강위험평가(HRA)는 질환의심자에 대하여 실시한다. 고혈압 · 당뇨병 질환의심자는 일반건강검진결과표와 신분증을 지참하고 가까운 병 · 의원(상급종합병원 및 종합병원 제외)에서 확진검사 및 진료를 실시한다. 폐결핵 질환의심자는 일반건강검진결과표와 신분증을 지참하고 가까운 병 · 의원에서 확진검사 및 진료를 실시한다.

확진검사 항목은 고혈압 – 진찰 및 상담, 혈압측정, 당뇨병 – 진찰 및 상담, 공복혈당검사, 폐결핵 – 진찰 및 상담, 객담검사이다. 검진기간은 매년 1.1.~12.31.(확진검사는 다음 연도 1.31까지)로 매년 12.31.로 종료되며 연장은 없다. 다만 전년도 미수검자가 공단에 요청 시 금년도 검진대상으로 추가등록은 가능하다. 성, 연령별 검사항목은 해당하는 자에 한하여 당해년도만 검사할 수 있다.

[표 11–1] 일반건강검진

구 분	일반건강검진 대상자		비 고
	대 상	주 기	
지역가입자	세대주 및 만 20세 이상 세대원	2년에 1회	
직장피부양자	만 20세 이상 피부양자	2년에 1회	
직장가입자	사무직 근로자 중 격년제 실시에 따른 대상자, 비사무직 대상자 전체	사무직 : 2년에 1회, 비사무직 : 1년 에 1회	
의료급여수급권자	만 19세~64세 의료급여 수급권자, 만 65세 이상은 노인복지법에 의한 검진실시로 제외	2년에 1회	66세 이상은 “의료급여 생애전환기검진” 실시

주) 일반건강검진결과 고혈압 · 당뇨병 질환의심자에 한하여 병의원에서 확진검사 실시

[표 11-2] 성 · 연령별 검진

구 분	검진항목(대상연령 등)	
공통항목	문진 및 체위검사, 흉부방사선 검사, 혈액검사(혈색소, 공복혈당, AST, ALT, γ-GTP, 혈청크레아티닌, e-GFR), 요검사(요단백), 구강검진 등	
성 · 연령별 항목	혈액검사(이상지질혈증 검사), 총콜레스테롤, HDL 콜레스테롤, 트리글리세라이드, LDL콜레스테롤	남성 만 24세 이상, 여성 만 40세 이상 4년 마다
	B형간염	만 40세
	골다공증	만 54세, 66세 여성
	인지기능장애	만 66세 이상(2년에 1회)
	우울증	만 20, 30, 40, 50, 60, 70세
	생활습관평가	만 40, 50, 60, 70세
	노인신체기능	만 66, 70, 80세
	치면세균막검사	만 40세

주 1) 의료급여 생애전환기검진 : 66세 이상 의료수급자를 대상으로 검진 실시
2) 검사항목으로 공통 검사 : 문진 및 진찰(혈압측정 제외), 시력, 청력검사
3) 성 · 연령별 검사 : 골다공증, 우울증, 생활습관평가, 인지기능장애, 노인신체기능

의료급여 생애전환기검진은 만 66세 이상의 의료급여수급권자로 2년마다 대상이다. 의료급여생애전환기검진(검진기관)은 공통항목으로 진찰, 상담, 신장, 체중, 허리둘레, 체질량지수, 시력, 청력이 있다. 성 · 연령별 항목은 골다공증(만 66세 여성), 정신건강검사_우울증(만 70세), 생활습관평가(만 70세), 노인신체기능검사(만 66 · 70 · 80세), 인지기능장애검사(만 66세 이상 2년에 1회)이다.

2.2 암검진제도

(1) 암의 발생

인체는 성인이 된 이후 대부분의 세포들은 죽거나 노후한 세포를 대체하고, 손상부위를 치료하는 경우에만 분열한다. 세포분열이 통제되지 않거나 죽어야 할 세포가 죽지 않고 필요없는 상황에서 새로운 세포가 생성된다. 종양(neoplasm)은 통제되지 않은 세포분열의 결과로 나타난 비정상적인 세포의 성장으로 양성과 악성으로 구분할 수 있다. 양성종양은 생명을 위협하지 않고 느리게 자라며 국소적으로 분포한다. 악성종양은 생명을 위협하고, 혈액 또는 림프액을 통해 인체의 다른 부위로 전이될 수 있다.

암세포는 인체에서 다른 세포와 다르게 자기 스스로 성장한다. 이 때 인체의 NK자가면

역세포가 암세포를 공격하여 방어한다. 스트레스는 교감신경을 긴장상태로 만들어서 면역력을 저하시키고 NK세포를 억제시키고 암세포를 만든다. 암세포는 무제한 증식과 전이, 주위를 침범하고 본래의 성질을 잃어버린다.

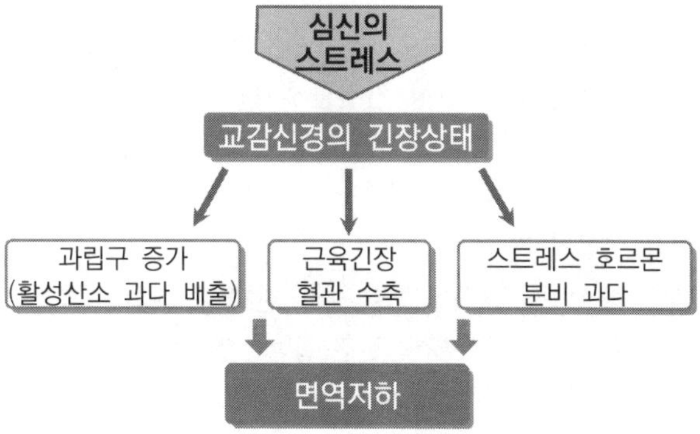

〈그림 11-3〉 스트레스에 의한 질병

암의 위협요인은 연령(55세 이상), 흡연, 바이러스, 방사선, 면역억제제, 스트레스, 자외선, 발암물질, 활성산소 등이다. 매일 수천 개씩 암세포가 생성되지만 면역세포에 의해 매일 제거되며, 면역기능이 저하되거나 암세포의 면역 회피가 가능할 때 암을 유발한다. 따라서 암을 극복한 사람들은 극복에 대한 자신감, 스트레스 조절, 금연, 건강한 체중 유지와 신체적 활동, 건강한 식단, 음주, 피부보호, 예방접종, 정기검진 등으로 관리하고 있다.

자연면역(내제면역)은 일차방어세포(macrophages)에 의하여 감염 방어에 결정적 역할을 한다. 타고난 면역세포들은 일차 숙주방어, 적응면역 유도 기능 및 적응면역에 의하여 병원균을 제거한다. 그리고, 적응면역은 특정 항원에 대한 특정 항체간의 항원 항체반응이다(B세포). 면역세포들은 주위 환경에 따라 암세포들을 사멸시키기도 하고, 암세포들을 도와서 살려주는 면역편집(cancer immunoediting)을 한다.

악성종양이 상피표면에서 시작되면 일반적으로 용종(polyp)이라고 하며, 상피세포에서 기원했을 때 암종(carcinoma)이라 한다. 주로 림프를 통해 전이된다. 상피가 아닌 연골, 뼈나 근육에서 시작되면 육종(sarcoma)이라 하며, 암종보다 발생빈도는 낮지만 성장속도가 빠르며 주로 혈액을 통해 전이된다. 암의 진단은 혈액검사, 영상진단 검사(방사선 촬영, CT, MRI, 초음파), 생검(조직검사)로 확인한다. 암치료는 외과적 수술, 방사선 치료, 화학요법 치료, 호르몬 치료, 면역치료 등으로 한다.

[표 11-3] 암검진

구 분	대상	검진주기	대상유예
위 암	만 40세 이상인 자	2년	암산정특례 적용자 또는 암검진 실시기준에 따른 대장내시경 검사 후 5년이 경과하지 않은 자는 해당 암검진 대상에서 유예
유방암	만 40세 이상 여성인 자	2년	
대장암	만 50세 이상인 자	1년	
간 암	만 40세 이상인 자 중 해당연도 전 2년간 보험급여내역간암발생 고위험군(간경병증, 만성 간질환자 등 해당자) 또는 과거년도 일반건강검진의 B형 간염표면항원 검사 또는 C형 간염 항체 HCV Antibody 검사결과가 '양성'인 자	6월	
자궁경부암	만 20세 이상 여성인 자	2년	
폐 암	만 54~74세 폐암발생 고위험군인 자로 현재 흡연중인 자로 해당연도 전 2년 내 국가건강검진(일반 · 생애) 시 작성하는 문진표로 흡연력이 30갑년 이상으로 확인되는 자 또는 해당연도 전 2년 내 건강보험 금연치료 사업참여를 위해 작성하는 문진표로 흡연력이 30갑년 이상으로 확인되는 자	2년	

(2) 암검진

만 40세 이상 남녀는 증상이 없어도 2년마다 위내시경 검사를 받는다. 위내시경검사가 어려운 경우, 위장조영검사를 선택할 수 있다. 검사결과 소견이 있을 경우 조직검사를 실시한다.

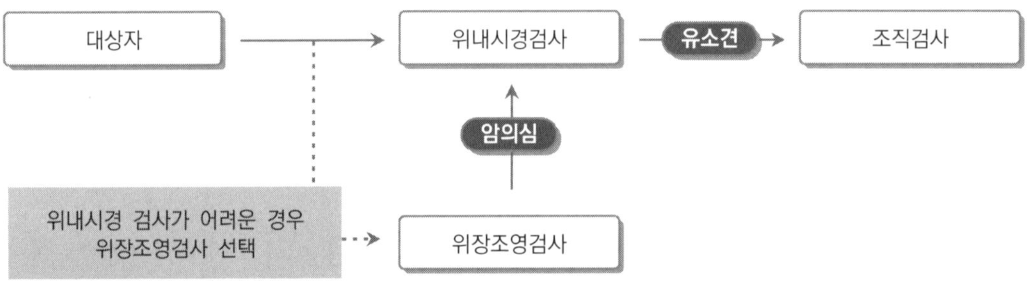

자료: 건강보험공단

〈그림 11-4〉 위암검진

대장암검진은 만 50세 이상 남녀는 1년마다 분변잠혈검사(FOBT)를 받은 후 양성판정자는 대장내시경 검사를 받는다. 대장내시경 검사가 어려운 경우 대장이중조영검사를 할 수 있다. 대장암 산정특례적용자 또는 국가대장암검진 대장내시경검사 수검자는 검진대상에서 5년간 유예한다.

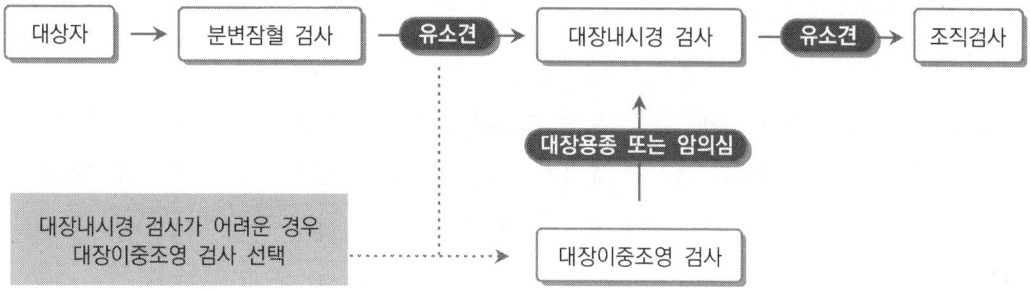

자료: 건강보험공단

〈그림 11-5〉 대장암검진

간암검진은 만 40세 이상 남녀 중 간암발생 고위험군에 해당되는 아래 대상자는 상반기 1회, 하반기 1회로 6개월마다 간 초음파검사와 혈액검사(혈청알파태아단백검사)를 받는다. 간암 산정특례적용자 검진대상에서 유예한다. 간암 고위험군은 해당년도 이전 2개년도 보험급여 내역 중에 간경변증, B형 간염 바이러스항원 양성, C형 간염 바이러스 항체 양성, B형 또는 C형 간염 바이러스에 의한 만성 간질환 환자이다. 또는 과거년도 일반건강검진 결과 B형 간염 바이러스 표면항원 양성자 또는 C형 간염 바이러스 항체 양성자이다.

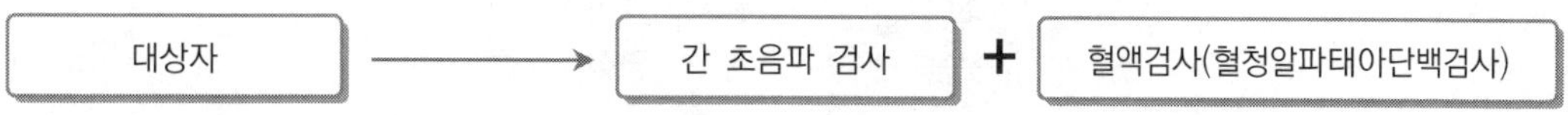

자료: 건강보험공단

〈그림 11-6〉 간암검진

그 밖에 유방암검진은 만 40세 이상 여성을 대상으로 2년마다 유방 촬영 검사를 받는다. 자궁경부암검진은 만 20세 이상 여성이 2년마다 자궁경부세포검사를 받는다. 그리고, 폐암검진은 만 54세 ~ 74세 이상의 남녀 중에서 폐암발생 고위험군 대상자는 2년마다 저선량 흉부CT검사와 사후 결과상담을 받는다. 폐암의 고위험군은 해당연도 전 2년 내 국가건강검진과 금연치료지원사업의 문진표 자료 중 30갑년 이상 흡연경력의 현재 흡연자이다.

갑년 = 1일 흡연량(갑) × 흡연기간(년)

(3) 암치료

암치료는 수술(기원전 1600년), 방사선 치료(1896년) 및 항암제(1942년)를 사용하지만 방사선 / 약물에 대한 내성이 생기면 효과가 없다. 암치료 방법은 유전자 치료와 면역치료가 있다. 면역치료는 진행되는 암에 대하여 면역세포 주사, 세포 백신, 단클론 항체 주사, 저용량 항암요법 등을 사용한다.

암은 극복할 수 있다는 신념을 가지고 합리적인 치료 계획과 기본에 충실한 치료로 극복할 수 있다. 심신증가 방법은 명상 / 요가, 운동치료, 식사요법, 온열요법, 아로마 마사지 등이다. 명상 / 요가는 심리안정, 이완, 피로개선, 스트레스 감소, 숙면 등을 취한다. 중강도의 운동은 면역기능을 향상시키고 질병 발생률을 낮춘다. 식사요법은 유기농 위주의 항암 면역식단(항산화, 항염증, 항암, 면역 증강)을 사용한다.

온열 치료는 반신욕, 족욕, 온천, 스파 등으로 항상 몸을 따듯하게 한다. 체온이 1도 높아지면 단백질과 체내 효소가 활성화되고 신진대사가 활발해진다. 반대로 체온이 1도가 낮아지면 면역력은 36%, 기초대사는 12%가 저하되며 체내 효소의 움직임은 50%가 저하된다.

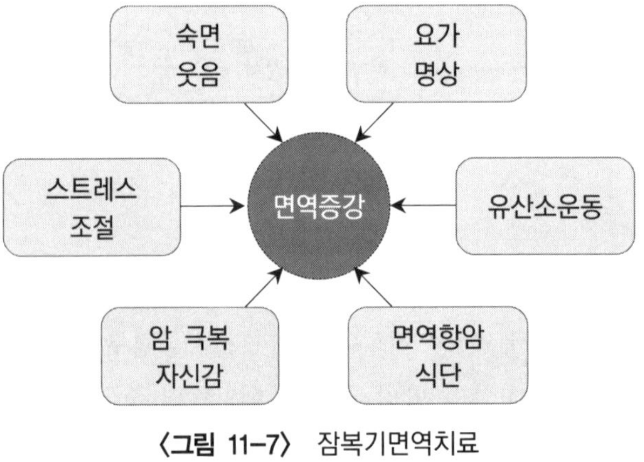

〈그림 11-7〉 잠복기면역치료

3 유전질환과 뇌건강

3.1 DNA와 유전질환

(1) DNA

염색체는 DNA를 주성분으로 유전을 가능하게 한다. DNA 분자에 포함된 유전정보(genetic information)는 피부색이나 혈액형(blood group)과 같은 유전형질이 부모세대에서 자녀세대로 전달되고 발현되는 과정을 결정한다. DNA 분자는 길고 좁은 사다리와 같은 모양으로 축을 따라 꼬여 있는 나선형 계단과 비슷한 이중나선(double helix) 구조이다.

유전자(gene)는 염색체 속의 특정 염기쌍 마디(segment)를 가리킨다. 유전의 결정은 각 염색체 속 개개의 유전자에 포함된 염기서열이다. DNA 분자는 DNA 복제(DNA replication)로 자신과 똑같은 복제물을 만들 수 있다. 복제가 일어나지 않을 때의 DNA는 단단하게 꼬인 이중나선 구조로 나타난다. 그러나 복제가 시작되면서 DNA 분자의 한 부분에서 이중나선 구조가 풀리고, 두 DNA 가닥의 마주한 염기쌍은 서로 분리되어 멀어진다.

(2) 유전질환

조지 헌팅톤은 1872년 뉴욕 이스트 햄튼에 거주하는 주민들의 여러 세대에 걸쳐 가족에게 영향을 미친 질환에 대한 연구를 발표했다. 헌팅톤병은 유전적인 퇴행성 신경질환으로 행동 및 성격변화, 인지장애, 우울증, 자살경향 등이 나타난다. 1979년 낸시 웩슬러가 베네수엘라 지역사회를 연구하여 퇴행성 신경질환에 걸릴 위험이 있는 유전자 표지를 제시했다. 1986년부터 잠복기 및 태아 유전자 검사가 전세계적으로 가능해졌다.

유전질환은 DNA에서 시작된다. 세포의 핵(nucleus)은 매우 단순한 모양으로 세포 중심에 위치한 작은 구형의 구조물이다. 핵은 어떤 특수한 세포의 경우 세포질의 한쪽으로 치우쳐 있거나 눌려서 납작한 형태로 보이기도 한다. 그러나 이 단순한 모양에 자신이 담당하는 중요하고 복합적인 역할을 가지고 있다. 핵은 유전 정보의 대부분을 가지고 있으며, 궁극적으로 세포질의 모든 소기관, 복잡한 세포생식(cell reproduction) 과정을 조절한다.

건강의 '백세연구'에서 수명은 담배나 술보다 유전적인 요인이 크다는 결론을 얻었다.

100세의 부모를 가지면 15%정도는 동일한 수명을 유지하는 것으로 분석되고 있다. 물론 쌍둥이가 서로 다른 곳에서 성장하면 수명이 완전히 달라진다.

DNA에 의한 유전질환으로 상염색체 우성질환은 단일 상염색체 우성 대립유전자를 물려받아서 발생한다. 결함이 있는 우성 대립유전자는 한 쪽 부모에 의해 전달되기 때문에 한쪽 부모가 정상이면 자녀는 50%의 영향을 받는다. 모든 세대의 가족에게 나타나며 남성과 여성이 동일하게 영향을 받는다. 퇴행성 신경질환인 헌팅톤병, 다지증, 왜소증(연골형성부전증), 마르팡증후군(혈관과 관절, 시력약화), 가족성 고콜레스테롤혈증 등이 있다.

상염색체 열성질환은 특정 대립유전자가 각각 부모로부터 물려받는 경우에 발현된다. 2개의 열성 대립유전자를 물려받을 확률은 근친혼일 때 더욱 높아진다. 이 질환은 낭성섬유증, 혈색소증, 페니케톤뇨증(PKU), 갈락토오스혈증, 장애인 겸상적혈구빈혈, 테이－삭스병, 백색증 등이 있다.

성연관유전(반성유전)은 결함이 있는 대립유전자가 X염색체에 위치하기 때문에 남성이 X염색체에서 발견된 결함있는 우성 유전자를 물려받았을 때 그 형질이 발현된다. 여성은 질환의 보인자로 영향을 받지 않으며, 대립유전자를 아들과 딸에게 전달될 확률은 50%이다. 엄마는 아들에게 아빠는 딸에게 유전하는데 여성이 2개 모두의 결함이 있는 X염색체를 물려받아야하기 때문에 여성에게 흔하지 않다. 이 질환은 뒤센근이영양증, 색맹, 혈우병, 여린 X증후군 등이 있다.

가족성 질환은 가족에게 일관적으로 특정 질병이 나타날 때 가족력으로 기술한다. 이러한 질환의 원인이 단지 하나의 유전자에 의해서 나타나는 것이 아니라 여러 개의 유전자가 함께 작용하여 영향을 준다. 또는 가족 구성원이 공유하는 독특한 환경 조건이나 행동으로 나타날 수도 있다.

3.2 뇌의 노화와 치매

노화관리의 목표는 알츠하이머병과 다른 원인에 의한 치매를 찾는 것이다. 노화는 자연스럽게 기억, 운동활동, 기분, 수면양상, 식욕, 신경내분비 기능의 변화를 일으킨다. 뇌의 노화는 기억이나 문제해결 능력과 같은 전뇌(전두엽)가 담당하는 기능의 쇠퇴로 짜증과 공격성을 높인다. 나이는 다양한 신경퇴행성 질환의 가장 주된 발병인자이다. 뇌의 변화를 이해하면 개인이 삶의 질과 병적인 변화를 관리할 수 있다.

각 대뇌반구는 4개의 엽으로 나누어진다. 첫째, 전두엽(frontal lobe)은 이마 뒤에 위치하고, 지적 능력과 계획, 문제 해결, 그리고 수의적인 근육의 제어를 담당한다. 둘째, 두정엽(parietal lobe)은 전두엽의 뒤쪽에 있고, 음성언어와 같은 감각정보를 전달받고 해석한다. 셋째, 측두엽(temporal lobe)은 전두엽과 두정엽 아래에서 감각적 경험을 해석한다. 넷째, 후두엽(occipital lobe)은 반구의 뒤쪽으로 시각적 이미지와 문자를 해석한다.

사람의 행동 변화는 신경계에 근본적인 변화가 있다는 것을 의미한다. 뇌의 무게는 20대부터 매년 평균 0.2%정도 감소하고, 70대에 매년 0.5%정도 감소한다. 노화가 어떻게 신경계에 영향을 미치는지 두 가지 연구결과가 있다. 첫째, 노화를 유발하거나 억제하는 생화학적 매커니즘이 뉴런의 변화를 일으켜서 인지기능의 쇠퇴를 유발한다. 둘째, 동물연구는 약리학적으로 유전적인 경로를 조절하여 생명 또는 건강 수명을 연장할 수 있다.

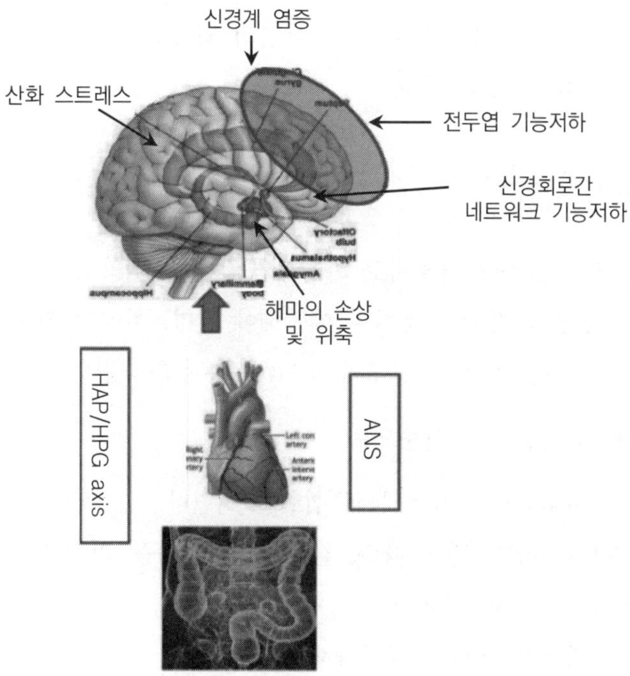

〈그림 11-8〉 뇌의 기능

경도인지장애(MCI)는 인격의 변화가 수반되지 않고 기억력만 저하되는 상태이다. 경도인지장애환자 10명중 8명이 7년 내에 알츠하이머 치매로 진행된다. 65세 이상에서 정상인지기능을 가진 경우 알츠하이머형 치매는 연간 1 ~ 3%에 불과하다. 그러나 동일한 경도인지장애라도 정상적인 뇌파곡선이 진행되면 치매는 서서히 진행되고, 경도인지 장애는 조기에 발견하여 조치하면 치료할 수 있다.

치매(dementia)의 증상은 단기 기억상실증, 문제 해결력 저하, 혼란 등이 있다. 치매의 중요한 신호는 서성거리는 것과 같은 부적절한 행동이나 일상생활, 인간관계에서 지적 기능의 손상이다.

첫째, 노인성 치매(senile dementia)는 노화의 정상적인 부분이며 특정한 질병도 아니다.

둘째, 알츠하이머병(alzheimer disease은 65세 이상 인구의 10%, 85세 이상 인구의 50%가 앓고 있다. 뇌의 기억과 인지 관련 신경세포가 비정상적인 단백질 덩어리와 매듭으로 대체된다.

셋째, 혈관성 치매(vascular dementia)는 뇌와 연결된 동맥이 동맥경화증에 걸려 뇌에 산소가 부족할 때 서서히 나타난다. 뇌졸중을 겪으면 혈관성 치매가 발생할 수 있다.

넷째, 전 · 측두엽 치매(frontotemporal dementia, FTD)는 뇌에서 계획과 판단, 감정, 말하기, 이해 등을 제어하는 전두엽과 측두엽의 뇌세포 퇴화로 발생한다. 전체 치매의 10~15%는 65세 이하의 젊은 층이다.

3.3 건강한 뇌관리

뇌가 노화되면 굴곡이 심해지고 환경오염 물질에 취약해 진다. 치매가 오기 전에 건강을 관리하고 건전한 습관을 통하여 예방해야 한다. 치매 환자의 두뇌는 마그네슘(Mg)이 결핍되고 다량의 칼슘(Ca)과 알루미늄(Al)이 축적되어 간다.

치매를 예방하는 9가지 기준으로

① MSG, aspartam, cystein 등의 섭취를 피한다.
② 밀가루반죽, 라면, 냉면 육수, 김치, 막걸리 등을 피한다.
③ 외식하고 나면 Mg 250mg 먹는다.
④ 산화스트레스를 피하고 항산화제를 복용한다.
⑤ 비타민 C, E, 폴리페놀 등을 섭취한다.
⑥ 저혈당 유발을 조심한다.
⑦ Homocystein 농도를 낮게 유지한다.
⑧ 엽산함유 음식(푸른 잎 채소, 해조류, 현미)을 먹는다.
⑨ 알루미늄이 함유된 제산제를 피한다.

칼로리 제한은 섭취되는 칼로리를 제한하는 식이요법이다. 영양 문제가 발생하지 않는 범위에서 실시하면 건강을 개선시키고, 노화과정을 늦춰서 콜레스테롤, 공복기 혈당, 혈압 등을 낮춘다.

4 노화에 따른 질환관리

항상성(homeostasis)은 비교적 안정된 내적 상태를 유지하는 것을 말한다. 인체의 세포는 일반적으로 소금이나 이온이 물과 결합된 내적 환경에 살고 있다. 인체는 이러한 내적 환경을 유지하기 위해 열 공급, 산소 공급 등을 한다. 인체의 장기는 노화에 따른 퇴화로 각종 질환이 발생하면서 정상적인 기능을 수행하지 못하게 된다.

4.1 골근육계 노화질환

뼈의 양, 밀도, 강도는 나이가 들수록 꾸준히 감소하는데 부분적으로 골모세포 활동이 나이가 들수록 감소한다. 폐경기에 뼈손실이 가속화되어 여성들은 골다공증에 걸리기 쉽다. 또한 관절부위의 연골이 뻣뻣해지고 인대는 유연성과 탄력성을 잃는다. 윤활막은 섬유화 되고 딱딱해져서 윤활액을 덜 분비하므로 관절의 기동성이 줄어든다. 근육은 자극에 덜 민감해져서 자극이 주어져도 수축하는데 시간이 더 걸린다. 나이가 들면서 근섬유의 수가 줄어들고 얇아져서 근력과 관절운동 범위도 줄어든다.

[표 11-4] 골근육계 노화질환

질 환	주요 병인	징후와 증상	진 단	치 료	예 방
골연화증	비타민D결핍	근 쇠약, 체중감소, 뼈통증, 골절	X-선	비타민D강화, 우유, 햇빛, 칼슘보충제	햇빛, 간유
골다공증	칼슘결핍, 골밀도저하	키감소, 척추측만, 골절	골스캔, X-선	통증완화, 골절치료	칼슘보충제, 체중부하운동
류마티스관절염	자가면역	관절통증, 경직, 부종, 화끈거림	혈중 류마토이드인자의 존재	항염증제, 스테로이드	없음
통풍	관절에 고농도 요산축적	통증, 열, 부기	요산수치, X-선	진통제, 압박, 약물	식이문제 해소

질 환	주요 병인	징후와 증상	진 단	치 료	예 방
중증근무력증	자가면역	피로, 근육마비	항체수치, 근전도	흉선절제술, 항콜린에스테라아제, 면역반응억제제	없음

4.2 심혈관계 노화질환

면역계의 기능은 나이가 들면서 감소하여 감염위험이 커지고, 질환과 싸우는 능력도 저하된다. 심혈관계 질환은 나이가 들면서 수축기 혈압과 좌심실 질량이 점차 증가하고 심실 충전, 심박수 및 심박출량, 운동 능력 및 심박수의 반사 반응이 감소한다. 동맥의 세포, 효소 및 분자 변화는 동맥 팽창, 동맥 내박의 두꺼워짐 및 혈관 경화로 나타난다.

[표 11-5] 심혈관계 노화질환

질 환	주요 병인	징후와 증상	진 단	치 료	예 방
고콜레스테롤혈증	비만 및 당뇨병, 포화지방	혈청 콜레스테롤 상승	혈액검사	콜레스테롤저하제	식이요법과 운동
죽상경화증	비만 및 당뇨병, 포화지방	동맥폐색	심전도, 관상동맥조영술	항고혈압제, 콜레스테롤저하제	식이요법과 운동
말초동맥질환	비만 및 당뇨병, 포화지방	다리 아래쪽 피부가 얇아짐, 피부궤양	피부위축, 맥박, 초음파검사	항고혈압제, 콜레스테롤저하제	식이요법과 운동
관상동맥질환	죽상경화증, 당뇨병, 비만, 고혈압, 비만	협심증, 심근경색	스트레스검사, 혈관조영술	관상동맥우회술, 혈압강하제, 이뇨제	다이어트, 운동
울혈심부전	심장질환 합병증	호흡곤란, 피로, 부종	X-선, 심장초음파, 혈압	이뇨제, 항고혈압제, 항부정맥제	기저 심장질환의 치료

혈액질환인 빈혈은 노령화에 따라서 출혈과 영양결핍, 만성신부전으로 나타나면서 인체적 수행 능력 약화, 정신상태의 변화, 사망률의 증가에 영향을 미친다.

[표 11-6] 노화에 따른 빈혈

질 환	주요 병인	징후와 증상	진 단	치 료	예 방
철결핍빈혈	철분손실	피로, 운동내성 감소, 호흡곤란	혈액검사	철분보충	철분식단과 철분 제제
신장질환 빈혈	적혈구 생성 결함	피로, 운동내성 감소, 호흡곤란	혈액검사	적혈구 생성인자와 철분	기저질환의 치료
비타민B_{12}결핍 빈혈	섭취나 흡수장애	복부불쾌, 오심, 구토	혈액검사, 병력	비타민 B_{12}보충	흡수장애 기저 상태 해소
호중구감소증	약물, 암, 화학요법, 면역질환	발열, 피부염증	혈액검사	항생제	예방불가

4.3 호흡계 노화질환

노화에 따라서 폐의 탄성 조직이 악화되고 폐용량이 줄어든다. 폐렴(pneumonia)은 폐의 마지막 부분인 폐포에 고름과 체액이 채워지면서 호흡이 고통스럽고 산소 흡수가 제한된다. 폐렴의 위험요인은 연령(65세 이상), 면역결핍, 특정 만성질환, 흡연 및 인공호흡기 사용 등이다. 만성질환자의 대다수는 폐렴으로 사망한다.

[표 11-7] 호흡계 노화질환

질 환	주요 병인	징후와 증상	진 단	치 료	예 방
폐렴	세균, 바이러스	기침, 열, 오한, 흉통	병력, 객담	항생제, 휴식, 수분섭취	예방접종, 위생관리
만성폐쇄성폐질환	흡연	호흡곤란, 기침, 빈호흡	폐활량, X-선, CT	금연, 수술	금연
만성기관지염, 폐암	흡연	기침, 피로, 열, 오한	폐활량, X-선, CT	금연, 항생제, 수술	금연
폐색전증	혈전이동	호흡곤란, 흉통, 객혈	병력, 영상검사	항응고제, 혈전용해제	장기착석 금지, 빠른 보행, 압박스타킹신기

4.4 소화계 노화질환

연령에 따라서 소화기계의 점막이 얇아지고 근육의 운동성이 감소한다. 암과 같은 일부 질환들은 나이가 들면서 발병률이 높아진다. 그리고 식도암의 위험률은 60세 이상에서 최고로 높고 음주와 흡연과 밀접한 관련이 있다.

대장암은 45세 이후에 발병률이 증가한다. 간 기능이 감소하여 혈액 내에 유독물질과 약물의 농도가 높아지면서 응고인자의 감소에 따른 출혈 위험이 증가한다. 해독은 나쁜 물질(독)이 들어오는 것을 막고 이미 들어온 나쁜 물질을 몸 밖으로 내보낸다. 간의 해독은 독성물질을 수산화기와 결합시키는 1단계 해독 과정과 여섯 가지 경로를 거치는 2단계 해독 과정이 있다.

[표 11-8] 소화계 노화질환

질 환	주요 병인	징후와 증상	진 단	치 료	예 방
식도암	흡연과 음주	연하곤란, 구토, 체중감소	생검	방사선치료, 화학요법	흡연과 음주 축소
위암	자극적 음식섭취, 헬리코박터	식욕감퇴, 혈변, 통증	위내시경, 생체검사	수술, 화학요법	육식과 소금 섭취 축소
간경화증, 간암	알코올 간손상, 간염	복부팽만, 출혈, 부종, 지방 흡수불량	병력, 간효소수치	식이개선, 간이식	금주와 간질환 치료
췌장염, 췌장암	음주, 흡연, 당뇨	복통, 황달, 구토	초음파, CT, 생검	진통제, 화학요법	금주, 금연, 당뇨병치료

4.5 비뇨기계 노화질환

성인은 수년간 당뇨병 후 당뇨병성 신장병에 걸릴 위험이 크다. 또한 요도 괄약근이 배뇨조절을 통제하지 못하고, 방광의 근육감소로 소변을 완전히 비우기 어렵다. 전립선 비대증이 있는 경우 결석과 요로감염의 위험이 증가한다. 신장암은 60세 이후 크게 증가하고, 방광암의 발생률은 70세 이후에 증가한다.

[표 11-9] 비뇨기계 노화질환

질 환	주요 병인	징후와 증상	진 단	치 료	예 방
당뇨성신장염	고혈압, 혈당	가려움증, 소변 거품, 딸꾹질	신장생검	항고혈압제, 투석	당뇨조절
고혈압성신장질환	신장동맥경화증	심장두근거림, 심근경색	초음파, 신장동맥조영술	혈관성형술, 고혈압관리	저지방식, 저나트륨
만성사구체신염	급성신장손상, 루푸스	고혈압, 요도증	소변검사, CT	항고혈압제, 투석	루푸스치료
요실금	노화, 신경학적 손상	긴급뇨	방광경검사	식이요법, 골반운동	위험인자 축소

4.6 내분비계 질병

내분비계 내분비선은 뇌하수체, 흉선(가슴샘), 부갑상선, 부신, 내분비 췌장, 성선이 있다. 호르몬은 내분비선에서 필요할 때 혈액으로 방출되어 세포의 활동에 영향을 미친다. 노화는 성장호르몬을 감소시켜서 체지방을 증가시키고 당뇨병, 심장질환, 그리고 암을 증가시킨다. 여성은 노화에 따른 갑상선의 기능저하로 자가면역질환이 증가한다. 인체는 혈압 변화, 탈수, 질환과 같은 스트레스에 대처하는 능력이 떨어진다.

수천년 전부터 당뇨병(diabetes)은 치료법이 없어서 합병증으로 죽거나 불구가 되었다. 19세기 췌장이 제거된 개가 당뇨병에 걸린다는 것을 관찰하여 단백질 호르몬인 인슐린을 밝혀냈다. 초기 개의 췌장에서 추출한 인슐린이 치료제였고, DNA제조합 기술의 발달로 인슐린을 합성하고 있다. 그렇지만, 당뇨병의 완전한 치료법은 아직도 개발되지 않았다.

[표 11-10] 내분비계 질병

질 환	주요 병인	징후와 증상	진 단	치 료	예 방
갑상선기능저하증	자가면역질환	피주건조, 탈모, 기억장애, 우울 등	혈액검사, 자가항체검사	갑상선호르몬대치	없음
에디슨병	자가면역, 암	구토, 설사, 졸음	혈액검사, 자극검사	글루코코르티코이드와 광물코르트코이드 대치	없음

질 환	주요 병인	징후와 증상	진 단	치 료	예 방
1형당뇨병	췌장세포의 손상	다뇨증, 다식증, 체중감소	소변검사, 혈당검사	인슐린, 혈당모니터링	없음
2형당뇨병	과체중과 신체활동 저하	다뇨증, 다식증, 시야흐림	소변검사, 혈당검사	인슐린, 혈당모니터링	체중감소, 운동

4.7 신경계 노화질환

나이가 들수록 신경계의 퇴행성 질환은 알츠하이머병, 파킨슨병, 본태떨림, 뇌졸중, 매독이 있다. 알츠하이머병은 기억과 다른 중요한 뇌기능의 점진적 파괴를 초래한다. 85세 이상의 약 절반이 이 병을 앓고 있다. 유전성일 경우 40대나 50대 초반에 시작된다. 치료법은 없지만 운동은 치매와 알츠하이머병에 걸릴 위험을 줄인다. 나이가 들면 평생 습관이 될 수 있도록 운동해야 한다.

뇌졸중은 뇌의 혈관이나 혈관 파열로 혈류가 갑자기 중단되면서 나타난다. 산소가 부족하면 뇌세포가 뇌졸중 발병 후 몇 분 이내에 죽는다. 증상은 무감각, 시력상실, 얼굴이나 몸 한쪽의 근육 약화, 혼돈 · 걷기 · 말하기 · 이해의 어려움 등이 있다.

[표 11-11] 신경계 노화질환

질 환	주요 병인	징후와 증상	진 단	치 료	예 방
다발성경화증	바이러스, 자가면역	근육손상, 평형감각 소실, 저림과 무감각, 감정변화	병력, MRI	물리치료, 근이완제, 스테로이드	없음
헌팅톤무도병	유전질환	불수의적 뒤틀림, 말하기 장애, 성격변화, 부주의, 판단력 결여	병력, 신체검진	우울증치료, 가족상담	없음, 유전검사와 자녀계획 의사결정 상담필요
뇌졸증	외상	두통, 한쪽 마비, 말하기 장애, 의식소실	혈관조영술, MRI, CT	약물, 수술, 동매내막절제술	당뇨병, 고혈압, 고콜레스테롤 조절, 체중감소, 금연

질 환	주요 병인	징후와 증상	진 단	치 료	예 방
알츠하이머병	유전, 특발성	기억소실, 인지 결함, 정서 변화, 혼돈	병력, 신체검진	지지적 돌봄, 우울증 치료	없음
파킨슨병	도파민과 노르에피네프린 부족	떨림, 경직, 말하기 곤란	병력, 신체검진	우울증 치료	없음

4.8 특수감각 노화질환

노안은 굴절장애로 가까운 물체에 초점을 맞출 수가 없으며, 백내장은 렌즈가 흐릿해지는 질환이다. 녹내장은 눈의 내부 압력이 증가하는 질환으로 60세 이상의 연령과 가족력으로 발생할 수 있다. 노화에 따른 난청은 고주파에서 연령의 증가, 노인성 난청의 가족력, 큰 소리의 반복 노출, 흡연, 특정 의학적 상태로 나타날 수 있다.

[표 11-12] 특수감각 노화질환

질 환	주요 병인	징후와 증상	진 단	치 료	예 방
노안	초점조절능력 감소	가까운 시야가 흐림	시력검사	교정렌즈	없음
녹내장	안압	시신경 손상과 시야축소	안압계, 검안경검사, 시야검사	체액관리 안약	정기검사
백내장	수정체혼탁	시각왜곡, 흐림, 눈부심	검안경검사	수술	정기검사
황반변성	혈류손상, 감염이나 상처	시력손상	검안경검사	레이저치료	정기검사
당뇨망막병증	1형과 2형 당뇨병	시각장애	검안경검사	레이저치료	정기검사
노인성난청	청력소실, 지속적 소음노출	청력정확도 감소와 높은 음조의 소리를 구별못함	청각검사	청각보조기구	귀마개
메니에르병	특발성	현기증, 청력상실, 이명	청각검사, MRI, CT	약물치료	외상이나 자가면역질환 최소화

5 건강관리를 위한 수칙

5.1 운동과 건강수칙 준수

21세기는 19세기와 다른 건강 관리법이 필요하다. 비만이 문제이지만 더 큰 문제는 고령화이다. 고령화에 따른 문제점이 지속적으로 발생하고, 의사들이 경험하지 못한 질병으로 대처능력이 떨어지고 있다. 미래는 급성질환이 아니라 만성질환의 관리시대이다. 장수한 사람은 7~8시간 수면, 매일 아침먹기, 간식하지 않기, 적정 체중, 규칙적인 운동, 절제나 금주, 금연 등을 지켰다. 5가지 이상을 준수하는 사람은 수명을 11년 이상 연장할 수 있다.

질환을 줄이고 건강한 삶을 촉진하기 위하여 몇 가지를 실천하면 유익하다.

첫째, 근력운동과 유산소 운동을 해야 한다. 근육이 없는 사람은 빨리 춥고, 덥고, 배고프다. 모든 사람이 근육을 필사적으로 늘려야 한다. 나이가 들어도 포기하지 말고 팔굽혀펴기 50회, 스쿼드 자세 3분의 충분한 운동을 해야한다. 특히, 60세가 넘으면 지방이 많아지고 근육이 적어지기 때문에 빨리 걷기와 근육운동을 해야 한다. 세계적인 추세는 관절에 무리가 가는 뛰는 운동이나 등산을 추천하지 않는다. 규칙적인 신체활동이 우울증, 당뇨병, 심장병, 고혈압, 비만, 뇌졸중, 그리고 암을 감소시킨다.

둘째, 현명한 균형 잡힌 식습관이다. 가능한 야채와 단백질 음식을 위주로 섭취해야 한다. 채소는 그 색에 따라서 영양소가 달라지기 때문에 무지개색으로 먹어야 한다. 육류는 필수 아미노산이 들어있는 단백질로서 면역체계를 보호한다. 건강관리 식품으로 야채, 잡곡 빵, 견과류, 달걀, 과일을 많이 먹고, 소량의 육류를 섭취하면서 동물성 지방을 피해야 한다.

셋째, 건강한 체중을 유지한다. 적절하고 안정적인 몸무게를 유지한다. 그러나, 체중을 줄이기 위한 단식은 수명을 단축시킬 수 있고, 50세 이후 1개월에 1kg 이상을 감소시키면 위험하다. 비만은 심장병, 뇌졸중, 당뇨병, 그리고 암의 주요 위험요인이다.

넷째, 금연해야 한다. 담배의 각종 유해한 성분이 질환, 장애, 사망에 관여하며, 암, 심장병, 뇌졸중, 폐렴을 유발한다.

다섯째, 음주를 제한해야 한다. 술은 당뇨와 심장병에 좋지만 과다하면 사고를 불러올 수 있다. 술은 간경화, 췌장염, 고혈압, 그리고 암을 포함한 광범위한 질환의 원인이다.

여섯째, 정기 건강검진과 예방 접종을 받아야 한다. 독감접종, 폐렴접종, 파상풍균 접종을 실시해야 한다. 특히 50세 이후는 파상풍균 예방접종을 실시해야 한다.

일곱째, 스트레스를 관리해야 한다. 적당한 스트레스와 한가지 질병이 장수를 돕는다. 균형 잡힌 삶, 오감의 균형을 유지하고 신체적인 접촉을 많이 해야 한다. 스트레스는 우울증, 심장병, 그리고 암을 유발시키고 면역능력을 약화시킨다.

5.2 비타민과 음식물 섭취

비타민은 노화방지에 도움이 되는 영양소로 비타민C가 콜라겐 합성을 촉진하고, 비타민B는 비타민C의 기능을 도와주고, 비타민A는 활성산소를 없애고 상피세포의 건강을 유지시켜 주며, 또한 비타민 B는 에너지 대사를 촉진하여 활력을 증진시켜 준다.

비타민B는 인체에서 가장 부족한 영양소 중의 하나로 피로와 스트레스를 억제시킨다. 나이가 들면서 비타민 B_{12}를 흡수하는 능력이 떨어지기 때문에 악성빈혈에 걸리기 쉽다. 특히 채식을 하면 주요 비타민 공급원인 동물성 식품의 부족으로 심해질 수 있다.

비타민C가 부족하면 괴혈병을 유발한다. 대부분 채소에 풍부하므로 괴혈병에 걸리지 않고, 항산화제의 역할로 몸을 건강하게 한다. 사람이 음식을 잘 먹지 못하면 자동차의 매연과 같이 활성산소가 나온다. 활성산소는 몸의 면역체계를 공격하여 병을 유발한다. 비타민C는 활성산소를 막아서 몸의 면역체계를 유지할 수 있게 한다. 각종 염증을 예방하면서 항산화 작용을 돕고 장내 좋은 세균을 유지하도록 한다.

좋은 항산화 물질들은 심장병 질환, 치매 등의 각종 퇴행성 질병들을 예방한다. 강황은 커큐민이라는 물질이 있어서 항염증을 일으키고 치매 예방에 좋다. 강황이 든 카레를 먹는 인도인은 치매환자가 적다. 토마토는 그냥 생으로 먹지 않고 올리브에 튀겨서 먹으면 전립선에 좋다. 이태리 사람들이 스파케티나 파스타에 토마토(라이코펜 물질)를 넣어서 먹기 때문에 전립선암이 별로 없다. 적포도주는 폴리 하이드록실이란 폴리페놀이 항산화 효과를 가진다. 그리고 초콜릿의 코코아는 카카오 폴리페놀이라는 항산화제가 굉장히 많이 들어 있어 항암, 치매 예방에 좋다.

순환의 핵심인 호흡은 횡격막으로 만들기 때문에 제대로 움직일 수 있도록 해야 한다. 모든 충격은 횡격막을 통해서 지나가며, 횡격막의 긴장은 전신에 영향을 준다. 인체에서 횡격막 외의 가로막은 골반 아래의 근육과 뇌의 소뇌천막이 있다. 세 개의 가로 막은 서로 연결되어 있으므로 발만 따뜻하게 해도 순환문제를 해결할 수 있다. 좌욕(坐浴)과 족욕(足浴), 심호흡(深呼吸)은 횡격막을 활성화시킬 수 있다.

연습문제

1. 건강검진에 따른 검진사항을 기술하시오.

2. 유전에 따른 질환이 발생하는 이유를 설명하시오.

3. 노화에 따른 신체계통별 질병을 설명하시오.

PART 4

경력관리와 비즈니스

Job Selection and Personal Finance

CHAPTER 12

연봉계약, 승진, 경력경로, 이직 등

학습목표

1. 연봉계약서를 작성해 본다.
2. 승진, 승급, 승격을 구별한다.
3. 자신의 경력경로를 계획해 본다. 이직을 위한 최선의 시기를 생각해 본다.
4. 경력기술서를 검토해 본다.

❖ Cinenomics 내일을 위한 시간(Deux jours, une nuit, 2014)

원제목은 프랑스어로 1박 2일이다. 병가 후 복직하기 전 주말, 산드라는 회사로부터 청천벽력 같은 전화를 받는다. 사장이 제안한 '그녀의 복직 승인'과 '보너스 1,000유로 안'을 대상으로 그녀의 동료들에게 선택하게 한 결과, 동료들이 보너스 1,000유로를 선택하여서 복직이 무산되었다. 태양열판 제조업에서 아시아의 경쟁자들의 저가 공세로 회사 형편이 어려워졌고 인원 절감 대신 나머지 직원에 대한 보너스를 약속했다. 사장은 그녀의 휴직 기간 동안 나머지 직원이 주 3시간씩 연장근무해도 작업 진행이 순조로웠고, 일부 직원은 추가 수입을 원하고 있다는 것을 알았다.

산드라는 뷔페 요리사인 남편과 두 아이를 돌봐야 하고 집세를 내야 하므로 복직이 꼭 필요했다. 친한 동료 줄리엣의 제보에 투표할 때 작업반장이 회유 공작을 했고 사장과의 만남을 주선했으며, 사장은 줄리엣이 제안한 월요일 아침 비밀재투표를 승인했다.

1박 2일 동안 산드라는 동료 16명을 차례차례 방문하여 설득했다. 한 명은 만나기를 거부했고, 그녀 대신 보너스를 택한 이들에겐 각자 사정이 있었다. 마지막 알퐁소를 남긴 상태에서 결과는 7 : 7이었다. 알퐁소는 계약직 신분으로 곧 계약 연장에 들어가야 하기에 작업반장의 인사고과 저평가를 두려워하여 그녀의 복직을 거부했다.

드디어 월요일 아침에 투표가 이루어졌고 결과는 8 : 8. 알퐁소가 복직 찬성으로 돌아섰지만, 과반수가 되지 않아 결국 복직 안은 무산되었다. 마지막 면담에서 사장은 직원 간의 감정대립 해소를 위해 보너스와 그녀의 복직을 함께 승인한다. 다만 계약직 알퐁소의 계약기간 만료가 끝나는 2개월간 추가 휴직을 조건으로 했다. 그녀는 남을 해고시키면서까지 복직할 수 없다고 말했고 사장은 해고가 아니라 재계약하지 않는 것이라고 했다. 결국 그녀는 인사를 하고 자리를 떴다.

1. 당신은 알폰소의 계약직 재계약 거부가 실질적으로 해고와 다름없다고 생각하는가?
2. 동료들이 주당 3시간씩 추가근무수당을 얻기 위해 산드라의 복직을 반대하는 것이 타당한가?

1 연봉계약

1.1 의의

연봉계약은 근로계약과 별도의 절차이지만 어떤 기업은 근로계약서에 임금에 관한 조항을 삽입하여 동시에 진행하기도 한다. 어떤 경우든지 연봉계약은 기본연봉과 성과연봉만을 계약하고 법정수당과 퇴직금은 별도로 지급받는다.

연봉계약서는 매년 새로 작성하는 것이 일반적이다. 즉, 근로계약 기간이 없거나 1년 이상으로 정해져 있더라도 매년 연봉계약을 맺는다. 그 이유는 지난 1년간의 업무성과를 평가하고 이를 연봉에 반영하기 위해서이다. 연봉계약금액과 진척 상황은 직원마다 달라서 연봉 및 연봉계약에 따른 사항은 일체 비밀로 하는 것이 의무이며 불이행 시 인사상의 불이익을 받을 수 있다.

연봉계약은 사내 내규에 특정된 경우를 제외하고 근로자와 사용자의 합의에 따라 결정되며, 그 내용을 서면으로 작성하는 것이 연봉계약서이다.

1.2 연봉제의 유형

단일연봉액(성과연봉)은 기본급과 모든 수당을 포함한 총액이다. 기본연봉(종합급) + 성과연봉은 근무연수 · 자격 · 직무내용 및 각종 수당을 포함한 금액을 기본연봉으로 하고, 업무성과에 따라 성과연봉을 지급한다. 기본연봉(직능급) + 성과연봉은 개인의 직무수행 능력 정도를 고려하여 기본연봉을 정하고, 업무성과에 따라 성과연봉을 지급한다. 기본연봉(직능급 + 직무급) + 성과연봉은 개인의 직무수행 능력 정도와 직무의 중요도 및 난이도를 고려하여 기본연봉을 정하고, 업무성과에 따라 성과연봉을 지급한다. 기본연봉(직능급 + 기초급) + 성과연봉은 개인의 직무수행 능력 정도와 급여기본액(종래의 기본급과 제수당 포함)을 고려하여 기본연봉을 정하고 업무성과에 따라 성과연봉을 적용한다.

1.3 연봉제 급여 규정

연봉계약에 포함할 사항은 연봉액 및 그 대상 기간, 대상 기간에 있어서 소정근로일과 소정근로시간, 연봉의 구성항목, 계산 방법, 지급 방법, 마감일, 지급일, 각종 수당의 종류와 처리 방법, 특히 시간외 근로의 가산임금에 대한 처리 방법, 상여금 해당분의 처리와 계산 방법, 결근, 지각, 조퇴의 처리와 계산 방법, 연봉 대상 기간 도중에 퇴직하였을 때 상여금 등 연봉의 계산 방법, 그리고, 퇴직금의 처리와 계산 방법이다.

1.4 연봉제에 대한 근로기준법의 제한

임금이 연간단위로 결정되더라도 그 지급은 월 1회 이상 일정 기일에 지급되는 형태를 취 해야 한다. 연봉제를 시행하더라도 연장 · 야간 · 휴일근로에 대한 임금 및 가산 수당은 지급되어야 한다. 그러나, 포괄임금제가 유효하게 도입되었으면 연봉액에 이러한 임금 및 가산수당이 포함된 것으로 볼 수 있다. 다만, 이 경우에도 예정된 연장 · 야간 · 휴일근로를 초과하여 근로하였으면 임금 및 가산 수당이 정산 · 지급되어야 한다.

연봉제 계약은 근로 계약기간과 관계없이 임금액의 산정을 연 단위로 하기로 하고 그 금액을 매년 변경하는 것에 불과하다. 따라서 연봉제의 시행과 별개로 근로자의 근로계약을 계약직으로 한다는 별도의 계약을 체결하지 않는 한, 연봉계약 기간의 종료가 곧바로 근로 계약기간의 종료를 의미하는 것은 아니다.

따라서 기존에 지급되던 상여금과 각종 수당이 통폐합되어 연봉액을 책정한 경우 통상임금이 증가하는 효과가 발생할 수 있다. 그러나 연봉제 실시 이후 개별 임금 항목이 통상임금 또는 평균임금에 해당하는지 개별 임금 항목이 갖는 성격에 따라 판단한다.

연봉제도 근로기준법상의 퇴직금에 관한 규정을 동일하게 적용한다. 퇴직금이 연봉에 포함되어 사전에 지급되었다면 해당 근로자가 퇴직금 지급조건을 충족하지 못한 상태에서 퇴직하더라도 기 지급된 퇴직금을 임금에서 일방적으로 공제하여서는 안된다.

1.5 연 · 월차유급휴가 근로 수당

연 · 월차 유급휴는 근로자의 재직기간 및 출근율에 따라 그 발생 여부가 결정된다. 연 · 월차유급휴가 근로 수당도 연 · 월차유급휴가의 사용 여부에 따라 결정되며, 근로자의 휴가가 소멸한 후 지급 청구할 수 있다.

포괄임금제의 형태로 당사자가 미리 소정의 근로 제공을 전제로 연 · 월차유급휴가 근로 수당을 매월의 임금액에 포함해 지급하는 것이 불가능한 것은 아니다. 이처럼 연 · 월차 유급 근로 휴가 수당이 미리 지급되었다고 하더라도 근로자의 휴가 청구권 자체가 없어지는 것은 아니며, 사용자는 근로자가 휴가를 청구하는 경우 이를 거부할 수 없다.

2 승진

2.1 의의

승진(promotion, 昇進)은 현재 담당하고 있는 직무보다 책임과 권한이 한층 무거운 상위의 직위로 이동하는 것이다. 승진은 상위의 직위로 이동한다는 점에서 동일한 책임과 권한의 다른 직위로 수평적으로 이동하는 배치전환(transfer, 전직 또는 전보라고도 함)과 구별된다. 승진은 권한과 책임의 증대뿐만 아니라 위신의 증대, 급여나 임금의 증가 등이 뒤따른다. 따라서 승진은 종업원에게 동기를 부여하여 근로의욕을 증진시키고, 종업원의 잠재능력을 발휘하는 기회를 제공하는 중요한 수단이 된다.

승진기준은 본질적으로 과거 업적 및 성과와 장래의 능력 발휘에 대한 기대가능성이다. 이러한 기준이 적용되면, 능력주의 내지 실력주의에 따른 인사가 이루어질 수 있다. 승진 결정의 기초로 정실주의 · 연공주의 · 학력주의 · 능력주의 등이 있다. 한국에서는 연공주의와 학력주의를 기반으로 하는 연공승진제도가 주로 채택됐다. 근무연수와 학력은 객관적인 척도라 할 수 있기 때문이다.

그러나 근래에 능력주의의 도입이 급속하게 진전되어 과장까지 승진은 연공과 학력이 아직도 큰 비중을 차지하고 있으나, 관리직으로 승진한 이후 능력주의가 지배적이다. 그러나 공평과 객관성을 유지하기 위해서 근속연수와 개인의 능력에 따라 승진경로를 미리 계획하는 계획적 승진제도(planned promotion system)를 확립해야 한다.

2.2 승급

연령 · 근속연수 · 고과성적 등 임금의 결정요소의 변화에 따라 기본급을 인상시키는 것을 말한다. 연령과 근속연수가 기준이 되는 것을 자동승급이라 하고, 인사고과성적이 기준이 되는 것을 사정승급(査定昇給)이라 한다. 승급은 직무수행 능력 향상 등에 따른 보통승급과 특수 직무의 공로 등에 따른 특별승급으로 나누는 분류도 있다.

승급은 ① 연령 · 근속연수 · 직무수행능력 등의 변화와 임금 간 조정기능, ② 정액급이 갖은 자극성 결여를 보충하는 노동 의식의 자극기능, ③ 근로자 생활비의 증가에 대응하는 생활 수준의 유지기능, ④ 임금의 계획적 증액을 할 수 있는 기업의 안정기능 등이 있다. 이 밖에 임금수준을 개정해서 전 근로자 임금을 일제히 올리는 베이스업 방법도 있다.

사업주는 임금총액이 대폭적으로 증가하는 베이스업보다 임금총액을 장기적으로 안정화할 수 있는 승급을 선호한다. 대부분 기업은 베이스업을 억제하고 승급에 중점을 두고 있다.

2.3 승격

기업은 종업원의 직무수행 능력을 체계적으로 평가하고 그 결과에 따라 적정한 처우를 하는 직능자격제도를 가지고 있다. 직능자격제도는 그 기업의 직무수행 능력 담당직무에 따라 나눈 후, 각 직무를 여러 종류의 자격으로 유형화시키고, 이를 각 자격 내에서 등급화 시킨다.

기본급의 전부 또는 상당 부분이 자격과 등급에 따라 결정된다. 관련 제도 중에서 자격의 상승이 '승격', 등급의 상승이 '승급'이다. 승격 · 승급은 전체 기본급의 상승을 초래하고, 또한 상여금(일시금)이나 퇴직금에도 영향을 미친다. 직책이나 직위가 일정한 자격과 대응 관계에 있는 경우에 승격은 승진의 전제 조건으로 근로자에게 매우 중요하다.

승격은 인사고과 권한 있는 자의 평가, 승격 항목 · 기준 · 방법 등의 취업규칙이나 그 관련(부속) 규정으로 정하고 있다. 승급 · 승격의 결정은 사용자의 종합적 · 재량적 판단에 따른 사용자의 발령으로 효력이 발생한다.

2.4 승진

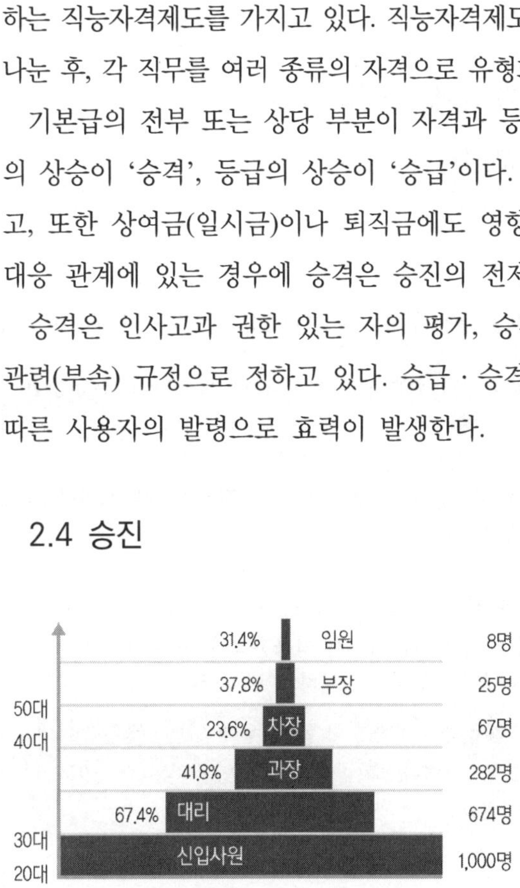

자료 : [승진 승진관리 실태조사], 한국경영자총협회

이 그림은 직급에 따른 승진률을 보여준다. 각 직급에서 그 위 직급으로 승진할 확률은 다음과 같으며 괄호 안은 신입사원이 해당 직급까지 승진할 확률을 의미한다.

신입사원 → 대리 : 67.4%
대리 → 과장 : 41.8%(28.2%)
과장 → 차장 : 23.6%(6.7%)
차장 → 부장 : 37.8%(2.5%)
부장 → 임원 : 31.4%(0.8%)

〈그림 12-1〉 승진실태조사(2011)

보통 취업하면 사원으로 5 ~ 6년간 근무한다. 이직자를 제외하면, 거의 모든 신입사원이 대리로 승진한다. 과장은 중간관리자로 기초단위 부서의 책임자가 된다. 보통 과장 승진까지 업종경기와 인력수급에 따라 달라지지만 입사 후 6 ~ 10년이 소요된다. 승진을 앞두고 근로자가 이직하기도 한다.

2.5 상과 벌

회사는 조직의 목적 달성을 위해 근로자가 목적에 부합되는 행위를 한 경우 표창하고 위배되는 행위를 한 경우 징계한다. 보통 상 · 벌에 대한 규정은 회사의 취업규칙이나 내규에 포함되어 있다.

[표 12-1] 상 · 벌 실시 규정의 예

상벌실시방법과 벌칙에 관한 규정

(이상 생 략)

제16조 【징계의 효력】 ① 징계의 효력은 다음과 같다.

1. 면직 : 파면처분한다.

2. 정직

가. 정직은 1월 이상 6월 이내의 기간으로 출근이 정지되며, 동기간은 근속연수에 포함하지 아니한다.

나. 정직기간 중에는 기본급의 100분의 20을 차감지급하며, 동기간은 근속연수에 포함하지 아니한다.

다. 정직기간 및 동기간 만료 후 12개월간 승격, 승급을 실시하지 아니한다.

라. 정직기간에는 상여금을 지급하지 아니하며, 징계일로부터 1년 중 정직기간을 제외한 잔여기간은 상여금의 100분의 50을 지급한다.

3. 감봉

가. 감봉은 1개월 이상 6개월 이내의 기간으로 하고 1회에 한하여 평균임금 1일분의 50%를 감액 지급한다. 다만, 감급 금액은 1임금 지급기에 있어서 임금총액의 10% 이내로 한다.

나. 감봉기간 및 동기간 만료 후 12개월간 승격, 승급을 실시하지 아니한다.

> 취업규칙에서 근로자에 대하여 감급(減給)의 제재를 정할 경우에 그 감액은 1회의 금액이 평균임금의 1일분의 2분의 1을, 총액이 1임금지급기의 임금 총액의 10분의 1을 초과하지 못한다.(근로기준법 제95조)

4. 견책

① 징계일로부터 6개월간 승격, 승급을 실시하지 아니한다.

② 정직이하 의 징계처분을 받은 직원에 대하여는 동일 직급(자격등급)에 한하여 상벌위원회 위원장이 따로 정하는 바에 따라 종합근무평정 시 감점평정한다.

③ 제①항의에 의하여 승격, 승급 제한기간 중에 있는 직원이 다시 징계처분을 받았을 경우의 승격, 승급제한기간은 전 처분에 대한 제한기간이 종료된 날로부터 기산한다.

④ 제①항의 승급제한은 종료된 날로부터 기산한다.

⑤ 승격, 승급제한기간 중에는 내 · 외부 포상대상에서 제외한다.

(이하 생 략)

3 경력관리

3.1 의의

경력경로(career path)는 개인이 경력을 쌓아가면서 경험하게 될 직무를 시간 순서대로 배열한 것을 의미한다. 이것은 조직에서 경험할 승진과 경력 기회에 대한 직무배열의 정보를 제공한다. 여기에 승진과 같은 상향식 경력경로가 있고, 전보 · 전환배치와 같은 수평적 경력경로가 있다. 수직적 경력경로는 단일 직무나 기능식 조직에서 선호하며, 수평적 경력경로는 중간관리자 이상의 관리자들에게 다양한 직무 경험을 쌓게 하려는 방법으로 활용된다.

효과적인 경력경로는 경력 계층의 시점과 최종 시점의 경로를 명확히 해야 하며, 각 경로에서 요구되는 자격요건을 구체적으로 명시해야 한다. 경력경로는 수직적인 상승만을 의미하는 것이 아니기 때문에 전환배치를 위한 수평적 경로 역시 마련되어야 한다.

3.2 경력계획

경력계획은 개인이 경력목표를 설정하고 이를 달성하기 위한 경력경로를 구체적으로 선택하는 과정이며, 조직이 인력개발을 보다 효율적으로 실천할 수 있도록 돕는 계획과정이다. 포괄적으로 자아, 기회, 제약, 선택, 결과를 인식하고 경력과 관련된 목표를 설정하며, 직업, 교육, 개발 경험을 계획하는 과정이다. 또한 특정한 목표 달성에 필요한 방향, 시간관리, 일련의 단계를 제공하기 위한 의도적인 과정이다.

경력계획의 목적은 조직의 인력개발뿐만 아니라 각 구성원 개인의 경력개발 욕구도 충족시켜야 하지만, 조직의 경력 기회에 개인의 경력 욕구가 적합하도록 설계되어야 한다. 조직의 경력계획이 개인의 경력계획보다 우선한다.

3.3 경력개발

경력개발은 직업적 또는 전문적 숙련도와 인식 등을 발전시키기 위한 개인의 의식적이고 구조화된 개발 노력이다. 이 경력개발에서 기업이 구성원 개개인의 경력을 기업 내에서 개발하도록 격려하면서, 그 과정에서 기업의 목표 달성에 필요한 능력개발을 촉진한다.

따라서 개인은 경력개발을 위해 조직, 고용주, 전문가 집단의 도움과 지원을 구할 수 있다. 또한 기업 내 구성원 개개인이 경력목표(예를 들면, CEO)를 설정한 후, 이 경력목표를 달성하기 위한 수평적, 수직적 경력경로를 설정하고 구체적인 경력계획(직업 선택, 사내외교육, 자기 개발, 능력개발계획 등)을 수립한다. 이 경력계획을 효과적으로 달성하기 위하여 기업 내의 모든 개인과 조직이 함께 참여하는 것이 필요하다.

3.4 경력개발계획

경력개발계획(career development program, CDP)은 경력관리제도, 직력개발제도 등으로 불린다. 경력은 일시적인 직무 경험, 직무 전환보다 생애에 걸쳐 직력(職歷)을 형성해 간다. CDP는 개인의 장기적인 경력개발을 지원 · 촉진하는 프로그램이다.

경력경로(career path)는 직무영역마다 어떤 직무에서 어떤 직무로 이동하고 장래에 어떤 능력을 높일 것인지 경로를 명확히 한다. 사전에 능력, 적성, 경력평가 분석기법 등으로 개인의 현재 상태를 평가한다. 단계적 교육훈련 프로그램 직무 경로와 연동해서, 그 시점에 필요한 능력 개발을 계획적이고, 체계적으로 인재를 육성한다. 경력상담 전문상담사 혹은 상사와 본인의 경력개발을 상담하면서 준비한다.

3.5 성공적인 경력경로 계획하기

"내 목표는 최고경영자인데 그럼 어떤 보직을 거치고 어떤 능력을 가지고 어떤 경력이 있어야 할까?"

경력경로의 성공적인 계획은 목표설정이다. 그리고 목표를 어떻게 달성하기 위하여 현재 본인이 생각한 목표에 도달한 사람들이 어떤 과정을 거쳐서 그 자리에 있게 되었는지 사례를 연구하는 것이 가장 효과적이다. 시대의 흐름에 따라 경력경로도 변하기 때문에 주기적으로 경력경로를 점검해야 한다. 그런데 실질적으로 그런 목표에 도달한 분들을 직접 만나서 조언을 듣는 것은 쉽지 않다. 임원이나 CEO를 만나서 어떻게 경력을 쌓았는지 얘기를 듣기 위해서 노력이 필요하다.

본인이 목표한 경력에 계신 분들에게 조언을 듣는 것이 현실적으로 어렵다면 헤드헌터나 채용 · 창업컨설턴트를 통해 조언을 듣는다. 헤드헌터나 컨설턴트는 이미 수많은 성공적인 경력을 쌓아 온 분들과 대화를 하고 이력서를 통해 어떤 경로로 그 자리에 올랐는지 알고 있다.

3.6 직무변경 노하우

(1) 직무(보직)변경의 의미

직무는 단위업무들이 모여 만들어진 작업(job, work)을 의미하며 업무의 명칭이라고 볼 수 있다. 대학에서 적성 및 취업을 고려하여 전공을 바꾸는 것처럼 처음 입사한 회사에서 부여받은(나중에는 자기가 선택한) 직무를 전환 할 경우가 생긴다. 그런데 이미 어느 정도 한 가지 직무로 경력을 쌓은 상태에서 다른 직무로 변경하는 것은 생각처럼 쉽지 않다.

(2) 경력관리 측면의 직무이동

인적자원 관리체계가 갖추어진 기업은 직원 개개인의 경력 패스를 설정해 주고 그에 따라 사내에서 직무를 이동시켜서 관리자가 되었을 때 능력을 발휘할 수 있도록 하고 있다. 그렇지 않은 경우 스스로 직장생활의 목표와 경력 패스를 설정하고 여러 가지 방법을 통해 경력을 관리해야 한다.

(3) 보직 변경 요청 그리고 이직

기업의 인적자원관리시스템에 따라 다르지만 보직 변경 요청이 받아들여지는 회사에 다니고 있다면 직장 내 보직 변경이 가장 효율적이고 손쉬운 방법이다.

이직을 통해 직무변경을 할 경우에 미리 준비해야 할 것들이 많고, 경력이 100% 인정되지 않을 위험이 있다. 그러므로 이직을 희망하는 사람들은 헤드헌터 등 채용컨설턴트의 조언을 듣고 이직을 준비하는 것이 유리하다.

(4) 직무관련 교육

'교육 사항'을 기재한 이력서도 있지만 기재되지 않은 이력서도 많다. 그러나 대체로 회사마다 직무 관련 교육을 지원해 주는 곳이 많다. 직무능력은 실무경력뿐 아니라 관련 교육을 적극적으로 이수한 후보자의 경력에 더 좋은 점수를 줄 수 있다.

직무 교육은 직무변경을 원할 때도 힘을 발휘할 수 있다. 물론 실무경력이 항상 우선되지만, 관련 경력은 없더라도 관련 교육의 이수는 열정과 의지에 대한 표현으로 판단되어 채용에 영향을 미치기도 한다.

따라서 본인의 경력 경로를 스스로 개척하기 위해 해당 직무 관련 교육을 이수하는 것도 좋다. 교육, 세미나를 다녀온 후에 해당 내용을 기록해서 경력사항에 추가하여 관리할 필요가 있다.

4 이직과 헤드헌팅

4.1 의의

이직은 직장을 옮기는 것과 직업을 바꾸는 것이 있다. 자영업자가 되는 경우도 있고 직장과 직업 모두 바꾸는 경우도 있다. 직접 구직을 하는 경우도 있지만 고급직종의 경력직에 헤드헌팅 업체를 활용하기도 한다.

4.2 (직장을 옮기는)이직

경력 1년 미만은 기존 경력을 인정받지 못하므로 신입직원 공채나 특채를 거친다. 경력이 1년~3년 정도인 경우에 경력직 특별채용이나 공채를 이용한다.

기업이 선호하는 경력 연차로 보통 3년에서 5년 경력이다. 주니어급의 경력직 채용에 가장 선호하는 연차이다. 어느 정도 기본적인 업무처리가 가능하면서 새로운 조직문화에 쉽게 적응할 수 있어서 기업들이 선호한다.

경력 6년 이상이면 보통 과장급으로 본인의 업무에서 전문성을 발휘할 수 있다. 기업은 연봉 대비 생산성을 고려하므로 과장급을 선호하는 경향이 있다.

그리고 팀장급 이상이 되면 기업의 수요가 급격히 감소한다. 필요 인재는 내부승진으로 채용하고, 꼭 필요한 경우가 아니면 최소한으로 실시한다.

이직은 차장급 이상이 되면 기회 자체가 많이 줄기 때문에 과장급에서 신중하게 결정하는 게 좋다.

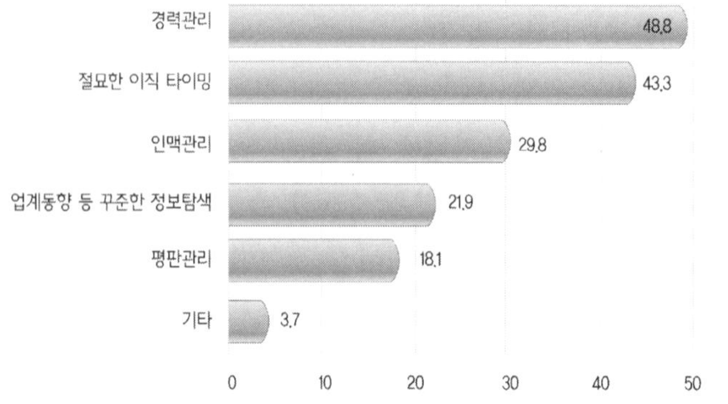

출처 : 커리어/단위 : %

〈그림 12-2〉 이직의 성공 요인

이직을 결정하고 대상기업을 선정할 때 몇가지 사항을 점검해야 한다.

첫째, 연봉 / 처우 / 복리후생이다. 이 사항들은 매우 중요하지만, 실제 정보를 얻기가 쉽지는 않다. 헤드헌터를 통해 정보를 요청하여 그 내용을 확인할 수 있다.

둘째, 기업의 안정성과 자신의 경력패스(경로)이다. 연봉협상에서 1 ~ 5백만 원 내외의 연봉조정이 안되어 입사를 포기하는 경우를 종종 있다. 장기적인 관점에서 기업의 안정성과 본인의 경력경로를 어떻게 만들어 갈 수 있을지 고민하는 것이 현명하다.

셋째, 출퇴근거리이다. 지나치게 먼 거리 출퇴근은 업무 몰입도를 방해하고 다시 이직을 고민하게 된다.

넷째, 회사 규모이다. 특수한 기술이나 경력을 가진 인재 급이 아니라면 보통 현재 직장보다 소규모 회사로 이직한다.

다섯째, 재무제표이다. 최소한 최근 3 ~ 5개년 간 기업의 매출액 추이, 순이익 정도를 확인한다.

4.3 헤드헌팅

(1) 헤드헌팅에 의한 이직

기업 스스로 적합한 인재를 확보하기 어려운 경우, 효과 대비 비용이 많이 드는 경우, 대외적으로 보안이 필요하다고 판단될 때 헤드헌터에게 인재 추천을 요청한다. 헤드헌터는 주문을 받은 후 여러 경로를 통해 후보자를 찾아서 채용 후보자들을 접촉한다.

헤드헌터는 기업으로부터 주문을 받아 그 주문을 완수하기 위해 노력해야 한다. 통상 한 기업이 복수의 헤드헌터에게 주문하기 때문에 헤드헌터 간에 채용후보자 확보 경쟁을 한다. 기업은 헤드헌터에게 채용 수수료를 지급하며, 채용후보자는 수수료 비용을 부담하지 않는다.

헤드헌터는 주로 취업 사이트에 등록된 인력풀 검색과 헤드헌팅용 채용공고, 인맥 등을 통하여 후보자를 찾고, 요즘에는 LinkedIn과 같은 SNS를 통해서 인재를 탐색하기도 한다. 따라서 이직을 희망할 경우 이력서를 취업 사이트에 공개해 놓으면 헤드헌터의 연락을 받을 수 있다.

(2) 경력직의 이력서 작성

채용담당자는 3년을 기준으로 경력을 판단한다. 한 회사에서 3년 이상 근무하면 그 기간 동안 자기 업무를 완전히 실행하고 어떤 조직이든지 잘 적응하며 지냈다고 판단한다. 그러므로 1년 미만이나 1~2년 정도의 경력은 상황에 따라 이력서에 넣어야 할지 판단해야 한다.

특히 6개월 미만의 직장경력은 조직 부적응 또는 책임감 결여나 실무능력 부족으로 판단될 수 있다. 경력 사항이 비교적 없는 경우에 퇴사 사유를 미리 준비하면 좋다. 반면 경력 사항이 복잡하면 채용 검토대상에서 바로 제외될 수 있다.

조금 비용이 더 들어도 좋은 사진관에서 증명사진을 찍는 게 좋다. 이력서 사진은 최대한 세련되고 지적으로 보이도록 이미지를 연출하는 게 좋다. 남녀 구분 없이 정장을 입고 증명사진을 찍는 게 일반적이다. 채용담당자가 면접대상자를 선별할 때 이력서 사진을 생각보다 많이 고려한다.

이력서에서 최근의 경력 사항이 중심이기 때문에 최근 경력부터 기록한다. 중요도가 낮은 경우 기타경력으로 분류하여 경력 사항란 밖에 별도로 기재한다.

경력직 채용기업의 입장에서 많은 비용을 주고 채용했는데 단기에 퇴사하면 큰 손실이기 때문에, 채용담당자들은 이직이 잦은 이력서를 선호하지 않고, 왜 이직 사유를 중요하게 본다.

직장 내 인간관계, 회사와의 문제 등의 부정적인 내용은 이직 사유에 적지 말고, 경력과 연관된 이직 사유를 적는 것이 좋다. 예를 들면, '경력개발을 위하여', '업무영역을 확대하기 위하여', '새로운 직무에 도전하기 위하여' 등이 가장 무난하다. 면접에 대비하여 구체적인 사연을 준비하는 게 좋다.

헤드헌터가 연봉에 대한 사전 정보를 미리 제공할 수 있도록 희망 연봉을 이력서에 기재하는 게 좋다. 희망 연봉이 내가 받고 싶은 금액이고, '최종연봉'은 내가 현재 직장 또는 가장 최근에 근무했던 직장에서 받은 연봉이다. 일반적으로 희망 연봉은 최종연봉의 10%~15% 상향된 수준으로 쓰는 경우가 많지만, 직무의 희소성, 지원자의 개인 이력, 업종에 따라 다를 수 있다. 지원자 본인의 최종연봉이 업계에서 동일 직무를 노동하고 있는 지원자들 중에서 저평가되었는지 정확히 파악해야만 합리적인 희망 연봉 수준을 결정할 수 있다. 연봉 수준은 지금보다 낮지만 경력 관리상 꼭 입사하고 싶은 기업에는 '면접 후 협의'라고 적어 여지를 남기고 면접 후 연봉협상으로 마무리하면 된다.

(3) 경력직의 자기소개서 작성법

자기소개서는 일반적으로 '성장 과정', '성격의 장단점', '지원동기', '입사 후 포부' 등으로 구성된다. 신입사원 지원자가 자라온 환경, 학창시절, 특별한 경험, 성향을 파악할 수 있다. 반면 경력직은 성장배경이나 성향보다 해당 포지션을 얼마나 잘 수행할 수 있는지에 더 큰 비중을 둔다.

경력직 자기소개서는 지원자의 직무 특성, 업종 등을 고려하여 작성하며, 다음 두 가지 항목은 반드시 들어가는 것이 좋다.

본인의 경력 사항 중 특별히 강조하고 싶은 부분이나 업무상 강점, 커뮤니케이션 능력 등을 사전에 직무명세서를 참고하여 채용기업에서 어떤 인재를 원하는지 파악하고 이에 부합하도록 작성하면 좋다.

그리고, 지원동기는 지원자의 채용기업에 관한 관심을 보여줄 수 있도록 기록한다.

(4) 경력기술서 작성법

경력기술서는 신입과 경력직 이력서의 큰 차이 중의 하나이므로 경력직 이직을 준비할 때는 경력기술서의 작성에 노력을 기울여야 한다. 경력기술서는 다음의 내용을 포함한다.

첫째, 경력회사 소개는 일반적인 내용(회사명, 상장 여부, 매출, 직원 수, 사업내용 등)과 간단한 어필한다. 채용담당자는 주로 사업내용과 규모에 관심이 있다.

둘째, 경력 소개는 담당했던 업무를 '기본업무', '수행프로젝트', '(수치화된)업무성과', 이렇게 크게 세 가지로 구분하여 작성한다. 채용담당자는 지원자가 입사 후 바로 성과를 낼 수 있는지 파악하기 때문에 가장 세심하게 다듬고 빠진 내용이 없도록 신경 써야 한다.

셋째, 이직 사유이다. 이직 사유를 이력서에 기재하는 경우도 있지만, 경력기술서 하단에 그 회사에서 퇴사하는 사유를 쓰기도 한다.

넷째, 입사가능일, 연봉사항, 기타사항 등을 기록한다.

4.4 이직전략

(1) 재직 중 이직

회사를 일단 그만두고 몇 달간 쉬면서 제대로 준비하여 좋은 곳으로 옮기고 싶은 경우가 종종 있다. 현재 직장생활에서 너무 많은 스트레스를 받아서 잠시 쉬고 싶다는 마음이 더 강한 경우가 많다.

경력직 채용에서 3개월 공백은 채용담당자가 판단하기에 큰 문제는 없다. 다만, 시간이 갈수록 지원자의 마음이 조급해지게 되고 좋은 직장의 선택이 어려워질 수 있다. 또 6개월, 1년이 되어 가는데도 마음에 드는 회사의 채용 오퍼가 없다든지 원하는 포지션에 탈락하게 되는 경우가 많은데, 6개월 이상의 공백은 채용에 영향을 미치게 되어 탈락의 악순환이 되기도 한다.

또한, 연봉협상 및 처우 조정을 하는 순간에 재직 중인 경우와 그렇지 않은 경우의 협상력에 차이가 존재한다.

(2) 동종 업계 이직

일반적인 직무를 수행하는 경력직은 현재 재직 중인 기업에 비하여 더 좋은 곳으로 이직하기 쉽지 않다. 주위에서 좋다고 평가되는 회사가 채용공고를 내면 경쟁률도 높고, 채용기업보다 큰 기업 출신의 지원자가 우선 선발되는 경우가 많기 때문이다.

경력직 채용의 핵심은 입사 후 성과로 동 업계 경쟁사의 경력자를 우대하고 있다.

업종에 구애받지 않는 직무는 규모가 상대적으로 큰 기업 출신을 선호한다. 즉, 이직은 타업종보다 동 업계 또는 경쟁회사 중 더 작은 규모의 회사에서 기회를 찾는 것이 더욱 수월하다.

하지만 동종업계의 이직은 '동종업계 이직 금지 서약서' 때문에 법적인 다툼이 발생할 수 있다.

(3) 연봉협상 유리하게 진행하기

경력직의 연봉 수준은 그 사람의 실력을 대변해 준다. 그래서 평소에 경력뿐만 아니라 연봉 수준도 관리해야 이직 시 더 인정받을 수 있다. 따라서 연봉 수준이 경력에 비해 정체되고 있다면 이직을 고려해야 한다.

연봉협상은 최종합격 후에 하는 것이기 때문에 면접 진행 중에 "제 경력에 맞는 회사 기준에서 협의하고 싶습니다. 다른 직원들과의 형평성을 저해하지 않는 수준에서 결정되기를 희망합니다."로 진행하는 게 유리하다. 최종합격 통보를 받았다면 그때는 적극적으로 협상해야 한다. 사전에 채용기업의 연봉 수준을 파악하면 도움이 된다.

(4) 연봉협상의 기술

중요한 사항은 '누가 먼저 카드(제안)를 꺼냈는지 여부'이다. 이력서에 적은 희망 연봉 기재란이 구직자의 선택이다. 즉 기업과의 연봉협상에서 항상 구직자가 먼저 본인의 선택을 제시할 수밖에 없는 불리한 구조이다.

먼저 나의 카드를 보여주지 않기 위해서 상대방의 선택(회사의 연봉 수준이나 연봉 테이블)을 미리 아는 게 중요하다. 상대방의 선택을 확인한 후 연봉에 대해 무관심한 척하는 것이 좋다. 최종면접 합격 소식과 함께 연봉 제안을 받고 협상을 시작한다.

(5) 평판 조회(reference check)

경력직 채용 시 이전 근무지에서 해당 지원자에 대한 근무태도, 인간관계 등을 조사를 한다. 취업포털 '사람인'의 조사 결과에 따르면 "기업 인사 담당자 중 62%가 경력사원 채용할 때 평판 조회를 해본 적이 있다."고 응답했다.

평판 조회는 임원급 이상의 채용이나 공기업, 교육기관 등에서 주로 사용하고 있으며, 회사 인사 담당자가 직접 하기보다 평판 조회 전문업체, 서치펌 등의 유료서비스를 많이 이용하고 있다.

평판 조회가 의미가 있으려면 지원자가 모르게 임의로 상사, 동료, 부하직원에게 연락하여 정직한 피드백을 받아야 하는데 현실적으로 쉽지 않다.

평판 조회에 나쁜 영향을 미치는 이직 태도로 응답자의 71.2%(복수 응답)가 '급작스러운 퇴사 통보'를 꼽았고, 56.5%가 '제대로 인수인계 안 하기', 45.1%가 '진행 중이던 업무 마무리 안 하기', 44.3%가 '업무 분위기 흐리기', 17.1%가 '경쟁사로 이직'을 꼽았다.

(6) 공백 기간

신입사원 채용은 고등학교 졸업 이후 대학교 진학 사이의 공백, 대학 졸업이 다른 사람보다 늦은 경우의 공백, 대학 졸업 이후 취업준비생으로서의 공백 기간 등이 대상이다. 경력직 이직은 경력과 경력 사이의 공백이 의미가 있다. 학업으로 인한 공백, 재취업의 지연에 따른 공백 등이 있다. 공백 기간의 경력단절은 업무적응에 시간이 오래 걸릴 것으로 예상하기 때문이다. 공백 기간으로 나이와 직급의 괴리가 발생할 수 있다.

일반적으로 6개월 이상이면 공백이 생겼다고 보기 때문에 공백이 6개월 미만에 이직을 해야 하며 6개월이 지나면 합당한 사유를 만들어야 한다.

(7) SNS 활용

온라인 취업 사이트를 통한 공개채용이 가장 큰 비중을 차지하고 있지만, SNS를 통한 경력직 채용이 늘어가고 있다.

페이스북은 주로 채용 소식을 전달하고 소통하는 방향으로 이용되고, 링크드인, 히든 스카우트 등의 소셜 인맥 연결 사이트는 인사담당자가 적합한 인재를 찾는 데 활용된다. 페이스북은 관심 기업의 채용담당자가 운영하는 계정에 친구 신청 또는 팔로우를 통해 해당 기업의 수시채용 정보를 얻을 수 있다.

링크드인, 히든 스카우트 같은 소셜 취업용 SNS는 경력 사항을 등록시켜 놓으면 채용을 희망하는 기업의 인사담당자나 헤드헌터가 프로필을 확인하고 연락을 한다. 따라서 본인이 생각하는 경력경로에 따라 이직할 시기가 되면 취업 사이트와 SNS에 이력서를 공개한다. 취업 정보도 얻고 이직 기회의 확대에도 도움이 된다.

(8) 이직 시 추가 제출서류

경력증명서 또는 국민연금가입내역확인서는 이력서에 기재된 경력 사항이 실제로 맞는지 확인하기 위해 제출을 요구한다. 그런데 근무했던 회사가 폐업하여 경력증명서를 발급받지 못한다면 국민연금가입내역확인서로 대신한다. 하지만 국민연금가입내역확인서는 근무회사와 기간만 나오고 직무(보직)에 대한 내용은 기재되어 있지 않다.

원천징수영수증은 경력직 입사자의 최종연봉을 확인할 수 있다. 원천징수영수증에 근로소득의 합계가 명시되어 있어서 영수증을 보면 대략적인 연봉 수준을 알 수 있다.

전 직장의 최종연봉은 실제 회사와의 연봉계약서상의 금액을 요구하는 것이 아니라 원천징수영수증의 총급여를 기준으로 파악한다.

(9) 입사준비기간(최종합격 후 입사까지 걸리는 기간)

재직 중에 회사를 옮길 때 항상 문제가 되는 부분은 입사 준비기간이다. 이직할 회사는 하루라도 빨리 오기를 바라고, 재직 중인 회사는 회사 내규, 인수인계 등의 여러 이유로 1개월을 채우고 나가기를 요구한다.

채용기업의 입장에서 입사 준비기간이 길어지면 변수가 생길 가능성이 커진다. 입사 준비기간에도 최종합격자는 다른 회사의 면접을 열심히 볼 수 있고 고민 끝에 그냥 재직 중인 회사에 남는 일도 있다. 일반적으로 재직 중인 지원자가 채용을 결정한 경우 입사까지 2~4주 소요된다.

연습문제

1. 이직을 위한 이력서와 경력기술서를 작성해 보시오.

2. (주)U플러스에 취업하여 현재까지 5년간 영업 및 영업관리 업무에서 대리로 일하고 있다. 만일 승진할 경우 받게 되는 혜택은 무엇인가?

3. 직무변경에 필요한 준비사항을 열거하여 보시오.

[보충자료 12-1]

표준 연봉계약서

연 봉 계 약 서

주식회사__________(이하 "갑"이라 한다.)와__________(이하 "을"이라 한다.)는 다음과 같이 연봉계약을 체결하고 상호 성실히 이행할 것을 약정한다.

제1조(근로계약기간)
"을"은 "갑"을 위하여 20 년 월 일부터 퇴사일 까지 근로를 제공하고, "갑"은 근로의 대가로 제 2조에서 정한 연봉을 지급한다.

제2조(연봉계약기간 및 연봉)
① "갑" 과 "을"의 연봉계약기간은 20 년 1월 1일부터 20 년 12월 31일까지로 한다.
② "갑" 은 "을"의 근로에 대한 대가로 본 연봉계약 기간 동안 일금 __________________원 (이하"연봉"이라 한다) 을 지급한다.
③ "갑"은 전항의 "연봉"에서 상여금을 제외한 금액을 12등분하여 12개월 동안 매월 5일에 각 1/12씩을 현금으로 지급하며, 후급으로 한다.
④ 제3항의 연봉에는 야간 및 휴일근로 등 시간외 수당, 연차수당. 식대 등 일체의 수당을 포함한다.

제3조(임금지급일)
매월 1일부터 기산하여 당원 말일 마감하여 익월 ____일 지급한다.

제4조(수습기간)
입사일로부터 ___월 ___일까지 수습기간을 적용하며, 수습기간동안 급여의 ____%를 지급한다.

제5조(근로시간 및 휴게시간)
① 근로시간은 1일 8시간, 주 40시간으로 한다. 다만, 파견근무의 경우 파견근무지의 규정에 따른다.
② 시업시간은 09:00시, 종업시간은 18:00시로 한다.
③ 휴게시간은 12:00시부터 13:00시까지 1시간으로 한다.
④ 제 3항의 당사자 "갑"과 "을"의 합의에 따라 법정한도 내에서 연장근로할 수 있다.

제6조(직종, 전직)
① "을"이 종사할 직종은 ______________이다.
② "갑"은 경영상의 필요, 업무수행능력, 적격성 등 제반 사정을 고려하여 "을"로 하여금 전항의 업무 이외의 업무를 담당하게 할 수 있다.

제7조(비밀유지의무)
① "을"이 업무와 관련하여 취득한 사항은 본 계약기간 중은 물론 본 계약 종료 후 에도 제3자에게 누설하여서는 아니 된다.
② "을"은 "갑"과 본 계약을 체결한 전후를 불문하고 "갑"과의 사이에서 합의된 연봉 및 근로조건 일체를 누구에게든지 어떤 명목으로든지 공개하여서는 아니 된다.

20 년 월 일

(사업주) 사업체명 : (전화 :)
주 소 :
대 표 자 : (인)
(근로자) 주 소 :
연 락 처 :
성 명 : (인)

[보충자료 12-2]

경 력 기 술 서

경력 요약(총 경력 : 00년 00개월)

근무기간	회사명	직급	부서명	담당업무

핵 심 역 량

......

경 력 사 항

0000.00 ~ 0000.00 ㈜ ○○ / ○○○○○○

• 주요업무
○○○○: 0000년 00월 ~ 0000년 00월
○○○○: 0000년 00월 ~ 0000년 00월
○○○○: 0000년 00월 ~ 0000년 00월
....

기 타 사 항

병 역: 육군 ○○ 전역
언어활용 :
정보활용 :
연수사항 :
수상내역 :
자 격 증 :
보훈대상 :

이직 및 지원 동기

....

연 봉 사 항

......

입사가능일

......

자료출처 : KS컨설팅(헤드헌터)

Job Selection and Personal Finance

CHAPTER 13

퇴직금, 퇴직연금, 퇴직/연금소득세

학습목표

1. 퇴직금과 퇴직연금의 차이를 이해한다.
2. 퇴직연금제도 중 확정기여형(DC)과 확정급여형(DB)을 구별한다.
3. 퇴직 후 연금 수급 단계에서의 재취업에 관련된 정보를 파악한다.

❖ Cinenomics 인턴십(The Internship, 2013)과 인턴(Intern, 2015)

이 영화들은 퇴직 후 새로운 삶을 살아가기 재취업 전선에 나선 40대 전직 영업사원들과 70세의 전직 임원의 재취업 수이다.

'인턴십' – 아날로그시계를 팔던 영업사원인 닉과 빌리는 핸드폰 보급으로 시계의 수요가 줄어드는 바람에 다니던 회사가 파산해버려 실직자가 된다. (심지어 할머니인 사장 비서도 시계 대신 핸드폰으로 시간을 가르쳐 준다) 당장 먹고살 일이 막막한 두 사람은 빌리의 제안으로 컴퓨터를 처음 배워 구글 사이트에서 일자리를 검색하다가 구글사의 인턴십에 지원한다. 인턴십에 지원하기 위해 대학 물리학 과정에 등록하는 등 각고의 노력 끝에 참여하게 됐지만, 수십 명의 인턴 동기 중 오직 승리한 한 팀만이 정규직원이 된다. 설상가상으로 그들이 속한 팀원들은 모두 자신감이 없었다. 전 세계에서 온 컴퓨터 천재, 공부벌레들 사이에서 두 사람은 낙천적이고 독특한 발상, 인간미와 팀워크를 발휘하여 인턴십에 종합 우승을 하여 팀원들과 함께 정직원 승진의 행운을 얻을 수 있었다.

'인턴' – 40여 년 근무한 직장에서 퇴직하고 부인마저 사별하게 된 베는 70의 나이에 의류 인터넷 쇼핑몰 벤처기업의 인턴사원으로 취업한다. 사장인 '줄스'는 모든 회사 일이 자기 손을 거치지 않으면 안 된다며 일에 전념하고 남편이 집에서 전업주부로 돕지만, 외동딸 양육 문제와 일로 힘들어한다. 한편, 벤은 풍부한 인생 경험과 배려심으로 주변 동료들의 멘토가 된다.

줄스는 비서실에 소속된 벤에게 일조차 주지 않는다. 어느 날 알코올 중독인 전 기사 대신 줄스의 운전기사를 맡은 벤은 사장과 사장의 딸의 전담 운전기사로 일하게 된다. 완벽주의자 사장이 일을 끝내지 못해 퇴근하지 않자 벤도 함께 남는다. 줄스는 점차 마음을 열고 SNS를 통해 벤과 대화하게 된다.

1. 미래에 퇴직 후 연금 생활을 할 것인지, 재취업할 것인지 고민해 보자. 당신의 선택은 무엇인가?
2. 재취업자에 대한 국민연금, 퇴직연금, 개인연금의 지급 제한 여부와 세금 제도를 파악하자.

1 퇴직급여

1.1 퇴직급여제의 의의

퇴직급여제도는 근로자퇴직급여보장법에 따라 근로자의 안정적인 노후생활 보장을 위한 제도로써 확정급여형퇴직연금제도(DB형), 확정기여형퇴직연금제도(DC형), 퇴직금제도가 있다.

1.2 퇴직급여제의 변화

(1) 퇴직금제도의 도입과 문제점

퇴직금제도는 근로자의 퇴직 이후 생활 보장을 위해 1961년 이후 근로기준법에 강제하는 방식으로 도입했다. 그렇지만, 근로자의 잦은 이직, 중간정산 등으로 퇴직금이 은퇴 이전에 소액 생활자금으로 소진되어 노후 재원으로 활용되지 못하고 있다. 근로자 평균 근속연수는 6.2년(2012년), 중간정산 실시 비율이 70.8%('2008년)에 달했다. 사업주가 퇴직금을 장부상으로만 적립함에 따라 기업 도산 시 근로자의 퇴직금이 체불되는 문제를 개선할 필요가 있었다. 저출산 · 고령화의 급속한 진행으로 노인 인구가 급격히 증가함에 따라 은퇴 후 노후 소득보장의 중요성은 증가하나, 근로자들의 노후 대비책은 국가적으로 미흡하다.

(2) 퇴직보험 · 신탁제도, 퇴직연금제도의 도입

1996년에는 퇴직보험 · 신탁제도가, 2005년에는 퇴직연금제도가 도입되었다. 기존 근로기준법의 퇴직금제도는 퇴직급여제도(퇴직금 + 퇴직연금)로 확대 개편되었다.

(3) 퇴직연금 적용대상의 확대

2012년 7월 26일 이후에 설립된 회사의 경우에만 퇴직연금 의무가입이 규정되어 있었으며, 그전에 설립된 회사는 선택사항이었다. 그러나 2016년에 300인 이상 사업장에 대해 퇴직연금 가입을 의무화했다. 의무화 확대 일정은 2022년까지 확대되어 모든 사업장이 의무가입 대상이 된다. [표 13-1]은 2016년 이후 연차별 퇴직연금의 확대 대상 사업장 규모와 확대 대상 사업장 수(기존 실시업체는 제외함)이다.

[표 13-1] 퇴직연금 적용대상의 확대 일정

일 정	사업장규모	기업수
2016년	300인 이상	672개
2017년	100인 이상	4,936개
2018년	30인 이상	3만609개
2019년	10인 이상	11만2,227개
2022년	10인 미만	127만6,659개

2 퇴직금

2.1 퇴직금의 지급조건

퇴직금은 근로자를 사용하는 모든 사업에 적용되지만 동거하는 친족만을 사용하는 사업 및 가구 내 고용 활동에는 적용되지 않는다. 공무원, 군인, 사립학교 교직원 등 관련법에 따라 별도의 퇴직급여제도를 적용받으면 적용이 제외된다.

첫째, 근로기준법상의 근로자여야 한다. 근로자가 기간제 근로자나 파견근로자에 관계 없이 적용된다. 다만, 계속근로기간이 1년 미만인 근로자, 단시간 근로자(4주간 평균하여 1주일 근로시간이 15시간 미만인 경우)는 퇴직금제도가 적용되지 않는다.

둘째, 1년 이상 계속 근로한 자라야 한다. 일용 임시근로자의 경우에도 근로하지 않은 날이 상당 기간 계속되지 않는 한, 사실상 계속하여 근로한 경우 계속 근로로 인정된다.

셋째, 퇴직이라는 사실관계가 있어야 한다. 퇴직의 사유는 근로자의 일방적 의사표시뿐만 아니라 근로자의 사망 또는 기업의 소멸, 일의 완료, 정년의 도래 및 해고 등 근로계약이 종료되는 모든 경우를 말한다. 퇴직 사유도 제한을 받지 않기 때문에 징계해고이든 직권 면직된 자이든 모두 퇴직금이 지급되어야 한다.

[표 13-2] 계속근로기간 산정에 포함되는 기간 해당 여부

계속근로기간 산정 시 포함되는 기간	계속근로기간 산정 시 제외되는 기간
• 사업주 귀책 사유에 의한 휴업 기간 • 산전후휴가 및 육아휴직 기간 • 업무상 부상 또는 질병으로 요양을 위해 휴업한 기간 • 개인 사유로 사업주 승인하에 이루어진 휴직 · 휴업 기간(취업규칙 등 규정으로 포함하지 아니할 수 있음) • 수습사용 기간, 노조 전임 기간 • 쟁의행위 기간, 부당해고 기간 • 일용근로자로 근무하다 정규사원이 된 경우 • 일용근로자로 근무한 기간 • 영업의 양도 · 양수 관계에 따른 이전 근로기간	• 퇴직금을 미리 정산하여 지급한 기간 • 근로계약을 체결하지 않고 실제 근로하지 않은 방학 기간 • 별도 고용승계에 대한 약정이 없는 상태에서 용역업체 변경에 따른 이전 근로기간 • 정년 후 재입사한 경우 이전 근로기간 • 병역법상 군 복무로 인한 휴직 기간

2.2 퇴직금 산정

(1) 의의

퇴직금은 계속근로년수 1년에 대하여 30일분 이상의 평균임금을 지급 해야 한다. 하나의 사업에 포함되는 본사 · 지사 · 공장 사이에 퇴직금 지급조건을 달리하는 제도를 둘 수 없다. 하나의 사업 내에서 직위 · 직종별로 차등을 두거나 누진율을 달리하는 것도 금지된다. 근속기간과 평균임금으로 개인별 퇴직금을 산정하도록 하고 있다. 퇴직금 산정 관련 규정은 강행규정이므로 당사자의 합의나 노사협의회의 합의 또는 단체협약의 규정이 있더라도 그 기준 이하의 퇴직금 계산은 효력이 없다.

(2) 계속근로년수 산정

계속근로연수는 계속하여 근로를 제공한 기간이다, 근로계약을 체결하여 해지될 때까지의 기간을 말한다. 기산일은 입사일, 근로계약체결일 등 출근 의무가 있는 날이며, 마감일은 근로관계의 자동소멸, 임의퇴직, 합의퇴직, 정년퇴직, 정리해고, 징계해고 등 근로계약이 끝나는 날이다. 근로계약 기간을 갱신하거나 동일한 조건의 근로계약을 반복하여 체결한 경우에 갱신 또는 반복 기간을 모두 합산하여 계속근로년수로 계산해야 한다. 휴직 기간은 원칙적으로 계속근로년수에 포함된다. 다만, 개인적인 사유에 의한 휴직 기간에 대해 단체협약, 취업규칙 등의 규정으로 계속근로기간에 합산하지 않을 수 있다. 군 복무기간은 계속근로년수에 산입하지 않아도 된다.

근속 기간에 근로 형태의 변경이 이루어져도 변경 전후의 기간을 합산한다. 임시고용원으로 채용되어 공백 기간 없이 근무한 경우에 통산한 기간을 계속근로년수로 보아야 한다. 1년 이상으로 1년이 안 되는 단수가 있는 경우에 월별로 나누어 퇴직금을 계산해야 한다.

(3) 평균임금 산정

퇴직금 산정의 기초가 되는 평균임금은 근로기준법에서 정한 평균임금을 말한다. 단체협약이나 취업규칙상의 평균임금 산정이 일부 흠이 있더라도 퇴직금 산정이 법정퇴직금을 상회하는 경우에는 유효하다.

[표 13-3] 퇴직금 계산 사례

퇴직금 계산 예제
- 입사일자 : 2014년 10월 2일 - 퇴사일자 : 2017년 9월 16일 - 재직일수 : 1,080일 - 월기본급 : 2,000,000원 - 월기타수당 : 360,000원 - 연간 상여금 : 4,000,000원 - 연차수당 지급기준액 : 60,000원 - 연차수당은 퇴직 전전년도(2015년)에 발생한 휴가중 퇴직 전년도(2016년)에 미사용한 휴가 일수분의 합계

① 퇴직전 3개월간 임금총액(세전금액)

기 간	기간별일수	기본급	기본수당
2017.6.16 ~2017.6.30	15일	1,000,000원	180,000원
2017.7.1 ~2017.7.31	31일	2,000,000원	360,000원
2017.8.1 ~2017.8.31	31일	2,000,000원	360,000원
2017.9.1 ~2017.9.15	15일	1,000,000원	180,000원
합 계	92일	6,000,000원	1,080,000원

② 평균임금의 산정 연간상여금

- 총액: 4,000,000원
- 연차수당: 300,000원(60,000원 × 5일)
- A. 3개월간 임금총액: 7,080,000원 = 6,000,000원 + 1,080,000원
- B. 상여금 가산액: 1,000,000원 = 4,000,000원 × (3개월 / 12개월)
- C. 연차수당 가산액: 75,000원 = (60,000원 × 5일) × (3개월 / 12개월)
- 1일 평균임금 = 퇴직일 이전 3개월간에 지급받은 임금 총액
  (A + B + C) / 퇴직일 이전 3개월간의 총 일수
- 88,641.31원 = (7,080,000원 + 1,000,000원 + 75,000원) / 92

③ 퇴직금 = 1일 평균임금 × 30(일) × (재직일수 /365)

1일 통상임금이 1일 평균임금보다 클 경우 1일 통상임금을 기준으로 퇴직금을 계산함

퇴직소득세는 [보충자료 13-1]에서 제시함.

2.3 퇴직금 중간정산제

퇴직금제는 퇴직 전 3개월간 평균임금에 근무연수를 곱해 책정되는데 임금피크제를 시행했다면 퇴직금이 줄어들 수 있다. 퇴직금의 노후소득 보장기능을 강화하기 위해 퇴직금 중간정산을 금지하고 일부 사유에 해당하는 경우에만 지급 가능하다. 이 경우 미리 정산하여 지급한 이후 퇴직금 산정을 위한 계속근로년수는 정산시점부터 새로 기산한다. 근속연수와 관련 있는 여타 근로조건(승진, 승급, 호봉, 상여, 연차유급휴가 등)은 변동되지 않는다.

무주택자인 근로자가 본인 명의로 주택을 구입하는 경우이다. 무주택자인 근로자가 주거를 목적으로 전세금 또는 보증금을 부담하는 경우 근로자가 하나의 사업 또는 사업장에 근로하는 동안 1회로 한정한다.

근로자, 근로자의 배우자 또는 생계를 같이하는 부양가족이 질병 또는 부상으로 6개월 이상 요양을 하는 경우이다. 퇴직금 중간정산을 신청하는 날부터 역산하여 5년 이내에 근로자가 파산선고 또는 개인회생절차 개시 결정을 받은 경우이다. 임금피크제를 시행하여 임금이 줄어드는 경우이다. 그 밖에 천재지변 등으로 피해를 입는 등 고용노동부장관이 정하는 사유와 요건에 해당하는 경우이다.

기타 중간정산에 맞는 특수한 요건도 갖추어야 한다. 퇴직금 중간정산은 '근로자의 요구가 있는 경우'에만 할 수 있다. 근로자의 요구가 없는 경우에 사용자가 일방적으로 지급한 퇴직금 중간정산은 효과가 없다. 후일 근로자의 퇴직 시 지급하는 퇴직금에서 미리 지급한 금액만큼은 부당이득으로서 공제할 수 있으나, 기업합병이나 영업양도에서 중간퇴직처리의 무효를 알고서도 회사의 필요에 따라 강행하였다면 변제기간 전의 퇴직금에 대한 기한의 이익을 포기한 것으로 이자나 이득의 공제를 주장할 수 없다.

사용자가 퇴직금 중간정산을 승낙해야 한다. 사용자가 반드시 중간정산을 해야 하는 것은 아니다. 사용자는 정당한 경영상의 사유 등이 있을 경우에 근로자의 중간정산 요구를 거절할 수 있다.

근로자의 동의에 따라 퇴직금을 중간정산하였을 때 정산 후 퇴직금 산정을 위한 계속근로년수는 중간정산 시부터 새로 계산한다. 퇴직금 중간정산을 하였더라도 근로자가 퇴직한 것은 아니기 때문에 연차유급휴가의 산정이나 경력증명 기타 내부승진 등의 인사관리에서 근속기간은 중간정산으로 단절되지 않는다.

3 퇴직소득세 계산

3.1 퇴직소득의 범위

퇴직소득은 사용자부담금을 원천으로 하고, '현실적인 퇴직'을 원인으로 지급받는 소득이다. 일반적인 퇴직소득은 퇴직한 날 발생하는 것으로 보며, 퇴직급여를 실제로 지급받는 것과 상관없이 현실적인 퇴직으로 보고 퇴직 처리한다. 단, 종업원이 임원이 된 경우, 합병 · 분할 등의 조직변경, 사업양도, 직 · 간접으로 출자 관계에 있는 법인으로 전출 또는 동일 사업자가 경영하는 다른 사업장으로 전출이 이루어진 경우, 법인의 상근임원이 비상근임원이 된 경우에 퇴직급여를 실제로 받지 아니한 경우일 때 '현실적인 퇴직'으로 보지 않는다.

퇴직소득은 퇴직금. 퇴직공로금, 퇴직위로금, 국민연금 반환 일시금, 반환일시금 지연이자 등을 포함한다. 비과세퇴직소득은 국민연금 반환일시금(사망 사유), 퇴직 시 또는 퇴직 후 받은 비과세 퇴직소득(근로소득과 동일, 예를 들면 월 식대 10만 원 등)이다.

3.2 수입 시기

퇴직금의 수입시기는 (현실적) 퇴직한 날, 퇴직소득 중간지급 시 지급받을 날을 퇴직한 것으로 본다. 국민연금일시금은 지급받은 날이다.

3.3 퇴직소득세 계산구조

퇴직소득금액 = 퇴직급여 - 비과세퇴직소득
(−) 근속연수 공제
과세표준
(÷) 근속연수 (×) 12
환산급여
(−) 차등 공제
과세표준
(×) 종합소득세율
연평균 산출세액
(×) 근속연수 (÷) 12
퇴직소득 산출세액
?

근속연수 공제

근속연수	공제액
5년 이하	30만 원 × 근속연수
5년 초과 10년 이하	150만 원 + 50만 원 × (근속연수 − 5년)
10년 초과 20년 이하	480만 원 + 80만 원 × (근속연수 − 10년)
20년 초과	1,200만 원 + 120만 원 × (근속연수 − 20년)

차등공제

환산급여	공제액
800만 원 이하	800만 원 + 50만 원 × (근속연수 − 5년)
7천만 원 이하	800만 원 + (800만 원 초과분의 60%)
1억 원 이하	4,520만 원 + (7천만 원 초과분의 55%)
3억 원 이하	6,170만 원 + (1억 원 초과분의 45%)
3억 원 초과	15,170만 원 + (3억 원 초과분의 35%)

예 2012년 10월 20일에 입사하여 2021년 10월 7일에 퇴사하여(근속연수 8년 11월 18일) 퇴직소득은 3,600만 원이다. 퇴직소득산출세액은?(보충자료 13-1 참조)

퇴직소득금액 = 퇴직급여	3,600만 원
(-) 근속연수 공제	150만 원 + 50만 원 × (9년 – 5년) = 350만 원
과세표준	3,250만 원
(÷) 근속연수 (×) 12	(÷) 9 (×) 12
환산급여	43,333,333원
(-) 차등공제	'800'만 원 + [(43,333,333원 – 8,000,000원)의 60%] = 29,200,000원
과세표준	14,133,333원
(×) 종합소득세율	72만 원 + (14,133,333원 – 1,200만 원) × 15%
연평균 산출세액	104만 원
(×) 근속연수 (÷) 12	(×) 9 (÷) 12
퇴직소득 산출세액	78만 원

3.4 이연퇴직소득세

퇴직연금제도(DB형, DC형)에 가입한 근로자가 재직 중에 IRP계좌를 개설하여 개인자금을 추가로 불입 · 운용하거나 퇴직하면서 수령한 퇴직금의 전부 또는 일부를 납입하면 연금급여 수령 전까지 퇴직소득세가 이연된다. 퇴직일 현재 연금계좌에 지급되거나, 퇴직금을 지급받은 후 60일 이내에 퇴직금을 IRP에 입금하고 과세이연계좌신고서를 작성하여 원천징수의무자에게 제출하는 경우에도 이연된다.

> 이연퇴직소득세 = 퇴직소득산출세액 × 이연퇴직소득 / 퇴직소득금액

이연퇴직소득을 연금외수령하는 경우 원천징수의무자는 계산식에 따라 계산한 이연퇴직소득세를 원천징수 해야 한다.

> 원천징수할 이연퇴직소득세 = 연금외수령 당시 이연퇴직소득세 ×
> (연금외수령한 이연퇴직소득 / 연금외수령 당시 이연퇴직소득)

연금외수령 당시 이연퇴직소득세 = 해당 연금외수령 전까지의 (이연퇴직소득세누계액 × (1 − 인출한 이연퇴직소득누계액 / 이연퇴직소득누계액))

이연퇴직소득은 연금으로 수령 시 일시금 수령 대비 30% 세액을 경감해 준다. 또한 연금을 수령하는 동안 세금을 분할납부할 수 있다. 연금저축과 IRP에서 수령하는 연금소득이 연간 1,200만 원을 초과하는 경우 종합과세한다. 예를들어 퇴직금이 1억, 퇴직소득세 실효세율 3.55%일 때 일시금 수령 시 355만 원을 모두 내야 하지만, 10년간 연금수령을 선택하면 355만 원 × 70% = 249만 원을 10년에 나누어 24만9천 원씩 납부한다.

4 퇴직연금

4.1 의의

퇴직연금은 사업장에서 관리하는 확정급여형 퇴직연금(DB), 확정기여형 퇴직연금(DC), IRP특례형 및 근로자가 직접 관리하는 개인형 퇴직연금(IRP)으로 구성된다.

4.2 확정 급여형 퇴직연금(defined benefit, DB)

확정급여형 퇴직연금은 근로자가 받을 퇴직급여(퇴직금과 동일, 근속기간 1년에 대해 30일분 평균임금)가 확정된 제도이다. 사용자는 매년 부담금을 금융기관에 사외적립하여 운용하며, 근로자는 사전에 확정된 급여 수준만큼의 연금 또는 일시금을 퇴직 시 수령한다. 사용자는 매년 최소적립금 이상을 적립하고 적립금 운용 방법을 결정하며 자산 운용 결과에 대한 책임을 진다. 근로자는 수급권을 담보로 대출받을 수 있으나, 중도 인출은 불가능하다.

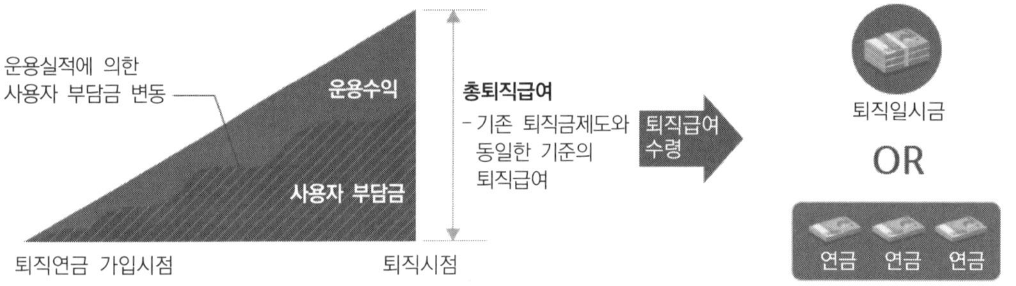

출처 : 근로복지공단

〈그림 13-1〉 확정급여형 퇴직연금의 운영구조

4.3 확정 기여형 퇴직연금(defined contribution, DC)

사용자는 금융기관에 개설한 근로자 개별계좌에 부담금을 불입하고 근로자는 자기 책임하에 적립금을 운용하여 퇴직 시 연금 또는 일시금으로 수령(급여 수준은 운용성과에 따라 변동)한다. DB와 달리 근로자의 중도 인출, 담보대출, 추가납부가 가능하며, 개인연금저축과 합산하여 700만 원까지 소득공제 혜택(연간 12%의 세율로 세액공제)이 있다.

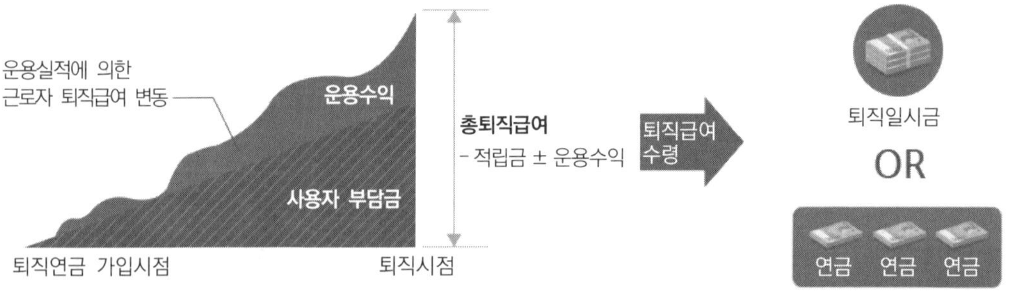

출처 : 근로복지공단 퇴직연금

〈그림 13-2〉 확정기여형 퇴직연금의 운영구조

4.4 개인형 퇴직계좌(individual retirement pension, IRP)

근로자가 퇴직 시 수급한 퇴직 일시금을 은퇴 시점까지 적립 · 운영할 수 있는 유형이다. 퇴직연금 가입 근로자가 이직 시 퇴직급여를 IRP 계좌로 이전하고, 연금수령 시점까지 적립된 퇴직급여를 과세이연 혜택을 받으며 운영하다 일시금 또는 연금으로 수령할 수 있다. 이직 등으로 퇴직급여를 받은 근로자, 자영업자 및 퇴직연금 가입자도 임의 가입할 수 있으며, 연간 1,200만 원 한도에서 추가 납입이 가능하다.

일반적으로 소규모 사업장(근로자 10인 미만)에서 근로자의 동의하에 근로자별 IRP를 개설하고, 사용자가 기여금을 납입한다. 그 결과는 확정기여형 퇴직연금과 유사하다.

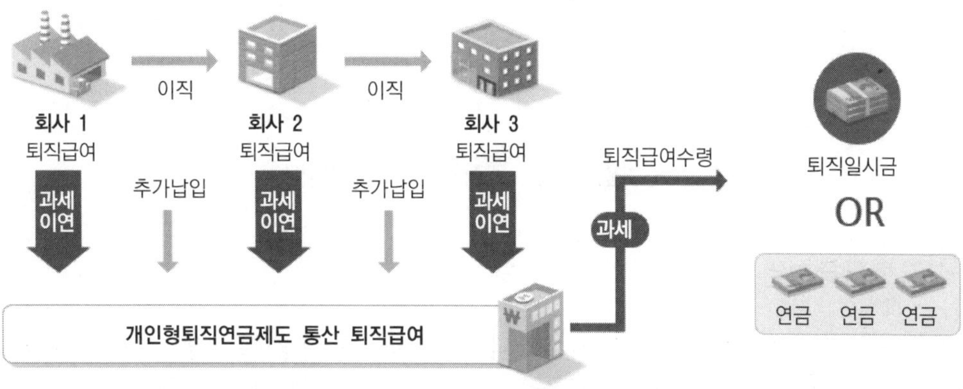

출처 : 근로복지공단 퇴직연금

〈그림 13-3〉 개인형 퇴직계좌의 운영구조

4.5 퇴직연금의 운영

퇴직연금사업자가 운용관리 및 자산관리 업무를 수행하며, 사용자 또는 근로자의 운용지시를 받아 적립금을 운용한다. 운용 · 자산관리 수수료는 사용자가 부담하며 추가 납입금에 대한 수수료는 가입자가 부담한다.

퇴직연금의 자산관리는 보험업법에 따른 보험계약이나 자본시장법 시행령에 따른 특정금전신탁 계약으로 해야 한다. 운용관리기관은 ① 운용 방법 정보제공, ② 제도설계 및 연금계리(DB형에 한함), ③ 적립금 운용현황의 기록 · 보관 · 통지, ④ 운용 방법의 전달 등을 한다. 자산관리기관은 ① 계좌 설정 및 관리, ② 부담금의 수령, ③ 적립금의 보관 및 관리, ④ 운용 지시의 이행, ⑤ 급여의 지급 등을 한다.

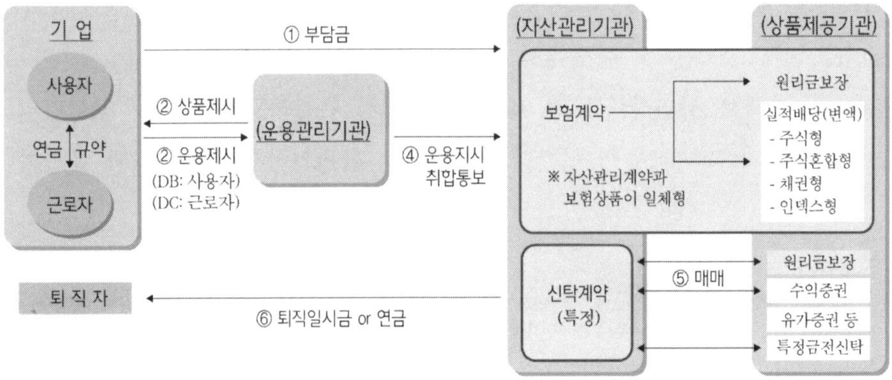

〈그림 13-4〉 퇴직연금제도 운영형태

4.6 연금유형별 운용

사용자가 퇴직급여제도를 설정하거나 퇴직급여제도를 변경하는 경우 근로자대표의 동의를 받아야 하며, 근로자대표의 동의를 받지 못하면 원칙적으로 퇴직금제도를 적용한다. 근로자대표는 근로자의 과반수로 조직된 노동조합, 없는 경우 근로자의 과반수로 한다.

가입 기간은 퇴직연금제도 설정 이후 해당 사업에서 근로를 제공하는 기간이지만, 퇴직연금제도 설정 전에 해당 사업에서 제공한 근로기간도 가입 기간으로 정할 수 있으며, 퇴직금을 미리 정산한 기간은 제외한다.

퇴직연금제도 가입 기간을 소급하지 않은 경우 퇴직연금제도 설정 전의 기간은 근로자 퇴사 시 퇴직금제도로 퇴직급여를 계산하여 지급한다.

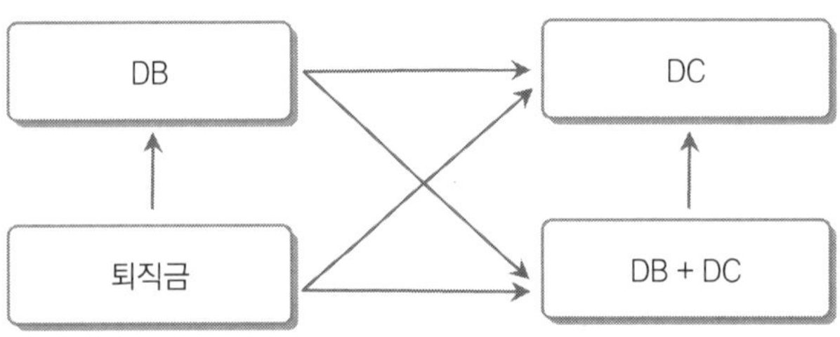

〈그림 13-5〉 제도유형별 변경 여부

총적립금액은 확정급여형(DB), 확정기여형(DC), 개인형 퇴직연금(IRP)의 순으로 선로하고 있다. 총적립금액 중 원리금 보장형 비중이 높았다.

5 퇴직연금에 대한 소득세 과세 체제

5.1 특징

퇴직금이 퇴직연금소득으로 처리하며 퇴직금으로 받을 경우 사용자기여금은 퇴직소득, 나머지는 기타소득으로 처리한다. 사용자가 납입하는 퇴직연금 뿐만 아니라 사용자와 근로자가 함께 기여하는 국민연금, 근로자만 기여하는 IRP 및 연금계좌에 동일한 방식을 적용한다. 납입단계 및 운용수익이 발생하는 단계의 과세를 이연하여 퇴직연금급여 수급 시 과세하는 체계(E-E-T(세액공제 – 과세이연 – 과세))이다.

연금계좌(연금저축 + 퇴직연금) 세액공제는 개인의 납입금 중에서 연 400만 원 한도(종합소득 1억 원 초과는 300만 원, 50세 이상 종합소득 1억 원 이하는 600만 원)로 세액공제 가능하다. 퇴직연금의 추가 납입액은 연 300만 원까지 추가 세액공제 가능한데 연금계좌 납입금이 없는 경우 퇴직연금의 추가 납입액은 연 700만 원(또는 900만 원)까지 세액공제할 수 있다. 총 700만 원에 대해 13.2%(지방소득세 포함, 종합소득 4천만 원 이하 또는 총급여액 5,500만 원 이하 16.5%)를 세액 공제한다.

[표 13-4] 총급여액별 공제 한도 및 공제 비율

<table>
<tr><th>종합소득금액 (총급여액)</th><th>50세 미만 (퇴직연금 포함)</th><th>50세 이상 (퇴직연금 포함)</th><th>공제율</th></tr>
<tr><td>4천만 원 이하 (5.5천만 원)</td><td rowspan="2">400만 원 (700만 원)</td><td rowspan="2">600만 원 (900만 원)</td><td>15%</td></tr>
<tr><td>1억 원 이하 (1.2억 원)</td><td rowspan="2">12%</td></tr>
<tr><td>1억 원 초과 (1.2억 원)</td><td>300만 원 (700만 원)</td><td>300만 원 (700만 원)</td></tr>
</table>

연금저축 및 퇴직연금(DC형 및 IRP) 연금계좌의 총 납입한도는 연간 1,800만 원이다. 단, IRP의 납부한도는 연 1,200만 원까지이다. 또는 700만 원 또는 900만 원 초과분은 세액공제가 없는 대신 연금급여 수령 시 과세하지 않는다.

〈그림 13-6〉 E-E-T 과세체계

5.2 퇴직연금 연금 수령 시 과세체계

연금수령은 연금소득세를 종합과세 또는 분리 과세한다. 그렇지만, 원천징수되지 않은 DC형 / 개인 IRP 퇴직연금, 연금계좌에 납입한 연금보험료 중 연금계좌세액공제를 받은 연금계좌납입액, 연금계좌의 운용실적에 따라 증가한 금액, 그 밖에 연금계좌에 이체 또는 입금되어 해당 금액에 대한 소득세가 이연된 소득은 연금 형태 등으로 인출하면 '연금수령', '연금수령' 외로 인출하면 '연금외수령'에 따라서 과세를 달리한다.

5.3 연금외 수령 시 과세체계

퇴직급여의 연금외수령은 소득원천별 과세 대상으로 퇴직소득세를 과세한다. 퇴직급여 외 소득(가입자추가적립금 / 부담금, 운용수익 등)은 기타소득 과세(부득이한 경우 연금소득세 분리과세)를 적용하고, 세액공제를 받지 않은 가입자부담금은 과세 제외된다.

[표 13-5] 퇴직연금의 연금외수령시 과세 방법

<table>
<tr><th colspan="2" rowspan="2">소득원천</th><th colspan="3">연금외수령(2013년 이후)</th></tr>
<tr><th>DB형 가입자</th><th>DC형 가입자</th><th>개인 IRP가입자</th></tr>
<tr><td colspan="2">사용자부담금</td><td rowspan="2">퇴직소득</td><td rowspan="2">퇴직소득</td><td>퇴직소득</td></tr>
<tr><td colspan="2">사용자부담금 운용수익</td><td>기타소득</td></tr>
<tr><td rowspan="3">본인부담금</td><td>소득공제받은 금액</td><td rowspan="3">해당 없음</td><td>기타소득</td><td>기타소득</td></tr>
<tr><td>본인부담금 운용수익</td><td colspan="2">기타소득</td></tr>
<tr><td>소득공제받지 않은 금액</td><td colspan="2">과세제외</td></tr>
</table>

[표 13-6] 부득이한 사유 발생 시 연금외수령시 과세 방법

소득원천	일반 사유	부득이한 사유
퇴직급여	**퇴직소득세**	해당 없음
세액공제받은 추가적립금	**기타소득세(분리과세)**	**연금소득세(분리과세)**
적립금운용수익		

주) 부득이한 사유로 천재 · 지변, 가입자의 사망 또는 해외이주, 가입자 또는 그 부양가족의 질병 · 부상에 따라 3개월 이상 요양 필요한 경우, 가입자가 '채무자회생 및 파산에 관한 법률'에 따른 파산의 선고 또는 개인회생절차 개시의 결정을 받는 경우, 연금계좌 취급자의 영업정지, 영업 인 · 허가 취소, 해산결의 또는 파산선고 등이다.

6 연금소득세

6.1 의의

소득세법에서 연금보험료 납부 시 종합소득에 대해 전부(국민연금 보험료 근로자 부담분) 또는 일부(연금저축)를 과세하지 않고 대신에 수령 시에 연금소득세로 과세한다. 국민연금은 납부 시 회사부담분은 회사의 비용으로 소득에서 차감되고, 개인부담금은 연금보험료공제로 납입액 전액을 근로소득 공제한다.

국민연금공단에서 운용한 후 인출단계에서 연금으로 수령할 경우에 연금소득으로 과세하고 반환일시금인 경우에 퇴직소득이 된다. 회사가 부담하는 퇴직연금불입액은 퇴직소득세가 이연되고, 개인이 부담하는 연금저축불입금은 13.2%(종합소득 4천만 원 또는 총급여 5,500만 원 이하는 16.5%)로 연금계좌세액공제가 된다.

금융기관에서 운용한 후, 인출단계에서 연금으로 수령할 경우에 연금소득으로 과세하고 퇴직연금의 일시금 인출인 경우에 퇴직소득이 되며, 개인불입분과 운용수익의 일시금 인출은 기타소득이 된다.

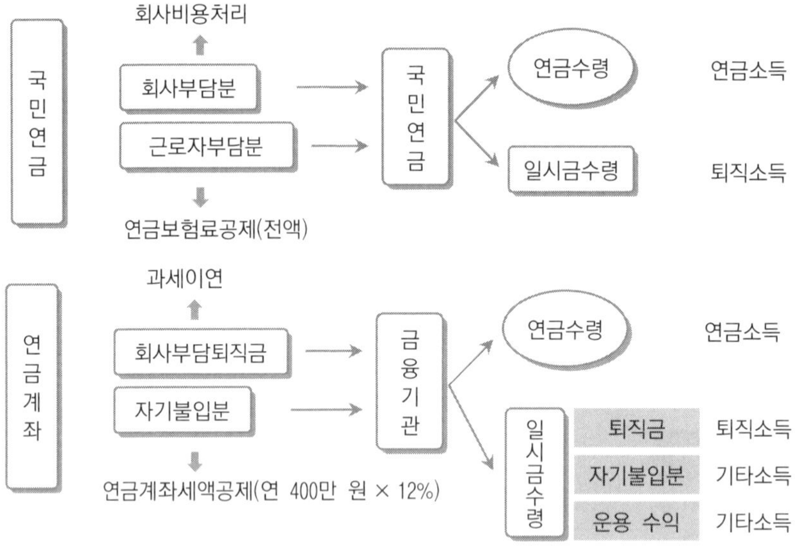

〈그림 13-7〉 연금소득세 과세체계

6.2 연금소득과 과세체계

연금소득은 국민연금, 사적연금계좌 (퇴직연금, 연금저축계좌)를 대상으로 한다. 비과세 연금소득은 국민연금 유족, 장애, 장해 연금 등이나 산업재해보상보험법에 따른 각종 연금이 해당된다.

가입자가 55세 이후 연금계좌취급자에게 연금수령 개시를 신청한 후 인출한다. 연금계좌 가입일부터 5년 경과 후 인출한다. DB형과 DC형 퇴직연금의 경우 연금 가입기간이 10년 이상 가입을 규정하고 있지만, IRP는 최소 가입기간 규정이 없다. 연금 형태의 인출은 과세기간 개시일 현재 다음의 계산식에 따라 계산된 금액(이하 '연금수령한도') 이내에서 인출하는 경우로 연금소득세율 3.3 ~ 5.5%를 적용한다. 한도초과액은 기타소득세율 16.5%를 적용한다. 단 연금수령금액이 1,200만 원을 초과할 경우 전액 종합과세된다.

연금수령한도 = [연금계좌 평가액 / (11 – 연금수령연차)] × 120%

연금수령연차가 10년 이상이면 수령금액 전체가 한도금액이 된다.

[표 13-7] 연금수령연차와 연금수령한도

연금수령 개시연령	연금수령연차	연금수령한도 적용기간
55세	1	11 - 1 = 10년
60세	6	11 - 6 = 5년
65세	11	11 - 11 = 0년(한도 미적용)

연금계좌에서 부득이한 사유로 연금외수령 시 연금소득으로 분리과세된다. 해당하는 경우 사유가 확인된 날부터 6개월 이내에 사유를 확인할 수 있는 서류를 갖추어 연금계좌 취급자에게 제출한다. 연금소득을 지급하는 자는 일정 세율을 적용하여 원천징수하고, 소득자는 원칙적으로 종합소득과세표준에 합산하여 과세한다. 무조건 분리과세 하는 연금소득과 선택적으로 분리과세 하는 연금소득도 있다.

[표 13-8] 분리과세대상 연금소득

사적연금	원천징수세율	과세방법
(1) 이연퇴직소득을 연금 수령하는 연금소득	• 해당 연금수령액에 대한 이연퇴직소득세 70%	무조건 분리과세
(2) 세액공제 받은 연금계좌납입액과 운용수익을 연금수령	• 연금소득자 연령에 따른 세율 ① 70세 미만 : 5% ② 70세 이상, 80세 미만 : 4% ③ 80세 이상 : 3% • 사망때까지 연금 수령하는 종신계약에 따라 받는 연금소득 : 4%	선택적 분리과세
(3) 위 (2)와 동일한 소득원 천을 의료목적, 천재지변이나 그 밖의 부득이한 안출요건을 갖추어 연금계좌에서 인출하는 연금 소득	• 연금소득자 연령에 따른 세율 ① 70세 미만 : 5% ② 70세 이상, 80세 미만 : 4% ③ 80세 이상 : 3% • 사망 때까지 연금 수령하는 종신계약에 따라 받는 연금소득 : 4%	무조건 분리과세
위 (2)의 사적 연금소득 합계액이 연 1,200만 원 이하인 경우 그 연금소득은 납세의무자의 선택에 따라 종합소독과세표준에 합산하지 아니하고 분리과세를 적용 받을 수 있음.		

총 연금액	공적연금 사적연금(퇴직소득 재원 연금수령액 및 연 1,200만 원 이하의 연금소득(선택적 분리과세 제외)의 연간 연금 수령액

(-) 비과세소득

연금소득

(-) 연금소득공제

총연금액	연금소득공제액(연간 900만 원 한도)
350만 원 이하	총연금액
700만 원 이하	350만 원 + (350만 원 초과분의 40%)
1,400만 원 이하	490만 원 + (700만 원 초과분의 20%)
1,400만 원 초과	Min(900만 원, 630만 원 + (1,400만 원 초과분의 10%)

연금소득금액

(+) 기타 종합소득금액 이자소득 + 배당소득 + 사업소득 + 근로소득 + 가타소득

종합소득금액

(-) 종합소득금액

종합소득 과세표준

(×) 종합소득세율

과세표준	기본세율
1,200만 원 이하	과세표준 × 6%
1,200만 원 초과 ~ 4,600만 원 이하	72만 원 + (과세표준 - 1,200만 원) × 15%
4,600만 원 초과 ~ 8,800만 원 이하	582만 원 + (과세표준 - 4,600만 원) × 24%
8,800만 원 초과 ~ 1억5천만 원 이하	1,590만 원 + (과세표준 - 8,800만 원) × 35%
1억5천만 원 초과	3,760만 원 + (과세표준 - 1억5천만 원) × 38%

종합소득 산출세액	종합소득과세표준 × 종합소득세율 - 세액공제

〈그림 13-8〉 연금소득세의 계산

6.3 국민연금의 원천징수

국민연금은 매월 지급시기에 기본세율로 원천징수(연금소득 간이세액표 이용)하고, 다음 해 1월분 지급 시 연말정산을 실시한다. 원칙적으로 종합과세 대상이지만 국민연금 소득만 있는 경우 종합소득세 신고를 생략할 수 있다.

연습문제

1. 확정기여형 퇴직연금, 확정급여형 퇴직연금, 개인형 퇴직연금계좌 중 자신에게 가장 적합한 제도를 선택해 보시오.

2. 확정급여형 퇴직연금과 확정기여형 퇴직연금의 차이는 무엇인가?

3. 국민연금이나 퇴직연금은 소득에 대하여 과세하는가? 그 이유를 설명하시오.

[보충자료 13-1]

2021년 귀속 퇴직소득 세액계산 프로그램

1. 기본사항 입력 탭

- 퇴직소득원천징수영수증 / 지급명세서 결과 탭에서 결과를 보기 위해 필요한 입력을 해야 하는 곳으로 최소한 3. 퇴직금 지급(영수 내역)중 ※필수입력(빨강 글자) 표시된 열의 최종근무처에는 자료가 입력되어 있어야 함.
- 나머지 항목들은 자료가 있으면 입력하여 결과 탭에서 확인 가능
- 사전에 퇴직급여를 계산해야 함
- 과세이연계좌가 있는 경우 퇴직소득세가 변경됨

이 프로그램은 원활한 퇴직소득세 신고 업무를 돕기 위하여 참고용으로 제공하는 서비스입니다.
따라서 상업용 목적으로 사용하여서는 안되며, 원천징수의무자의 책임하에 퇴직소득세를 신고, 납부하셔야 합니다.

1.인적사항

입력사항		근무처구분	최종(퇴직)	중간지급 등
	징수의무자	사업자등록번호	111-11-11111	
		법인명(상호)	㈜신구	
		대표자(성명)	신구	
		주민(법인)등록번호	411111-1234567	
		소재지(주소)	경기 성남시	
		징수의무자구분	사업장	
		관할세무서	성남세무소	
	소 득 자	성명	홍길동	
		주민등록번호	791111-1234567	
		임원여부(여/부)	부	
		주소	서울	

2. 퇴직사유

퇴직사유	자발적 퇴직

3.퇴직금 지급(영수)내역

※ 날짜 입력시 "yyyy-mm-dd" 의 형식으로 입력

근무처구분	입사일	기산일 ※ 필수입력	퇴사일 ※ 필수입력	지급일 ※ 필수입력	제외월수	가산월수
최종		2012-10-20	2021-10-07	2021-10-10		
중간지급 등						

근무처구분	퇴직급여 ※ 필수입력	비과세 퇴직급여	기납부세액	세액공제
최종	40,000,000	4,000,000		
중간지급 등				

※ 중간정산 지급일 = 퇴사일 = 퇴직소득 귀속시기 [소득세법 시행령 제43조 2항]

※ 중간지급 등의 기산일과 퇴사일을 기재하면 반드시 퇴직급여를 입력하여야 합니다.

4. 과세이연계좌 - 해당사항이 없는 경우 입력 금지

* 「소득세법」 제146조제2항에 따라 퇴직급여액을 연금계좌에 입금(이체)하여 퇴직소득세 징수를 하지 아니한 경우에 작성합니다.(거주자인 경우만 작성합니다)

과세이연계좌	퇴직연금사업자명	사업자등록번호	계좌번호	계좌입금금액	입금(이체)일
(1)					
(2)					

[보충자료 13-1] 2021년 귀속 퇴직소득 세액계산 프로그램(계속)

2. 퇴직소득원천징수영수증/지급명세서 결과 탭

■ 소득세법 시행규칙[별지 제24호서식(2)] <개정 2020. 3.13.>

관리번호		거주구분	거주자1 / 비거주자2
		내외국인	내국인1/ 외국인9
		종교관련종사자 여부	여 1/ 부 2
		거주지국	거주지국코드
		징수의무자구분	사업장

퇴직소득원천징수영수증/지급명세서

([ ] 소득자 보관용 [ ] 발행자 보관용 [ ] 발행자 보고용)

징수의무자	①사업자등록번호	111-11-11111	②법인명(상호)	㈜신구	③대표자(성명)	신구
	④법인(주민)등록번호	411111-1234567	⑤소재지(주소)	경기 성남시		
소득자	⑥성 명	홍길동	⑦주민등록번호	791111-1234567		
	⑧주 소	서울			(9) 임원여부	부
	(10) 확정급여형 퇴직연금 제도 가입일				(11) 2011.12.31.퇴직금	

귀속연도	2021-01-01	부터	(12) 퇴직사유	[ ]정년퇴직 [ ]정리해고 [●]자발적 퇴직
	2021-10-07	까지		[ ]임원퇴직 [ ]중간정산 [ ]기 타

퇴직급여현황	근무처구분	중간지급 등	최종	정산
	(13) 근무처명		㈜신구	
	(14) 사업자등록번호		111-11-11111	
	(15) 퇴직급여	-	40,000,000	40,000,000
	(16) 비과세 퇴직급여	-	4,000,000	4,000,000
	(17) 과세대상 퇴직급여(15-16)	-	36,000,000	36,000,000

근속연수	구 분	(18)입사일	(19)기산일	(20)퇴사일	(21)지급일	(22)근속월수	(23)제외월수	(24)가산월수	(25)중복월수	(26)근속연수
	중간지급 근속연수					-	-	-		-
	최종 근속연수		2012-10-20	2021-10-07	2021-10-10	108	-	-		9
	정산 근속연수		2012-10-20	2021-10-07		108	-	-	-	9

과세표준계산	계산내용	금액
	(27)퇴직소득(17)	36,000,000
	(28)근속연수공제	3,500,000
	(29) 환산급여 [(27-28) × 12배 /정산근속연수]	43,333,333
	(30) 환산급여별공제	29,199,999
	(31) 퇴직소득과세표준(29-30)	14,133,334

퇴직소득세액계산	계산내용	금액
	(32) 환산산출세액(31 × 세율)	1,040,000
	(33) 퇴직소득 산출세액(32 × 정산근속연수 / 12배)	780,000
	(34) 세액공제	-
	(35) 기납부(또는 기과세이연) 세액	-
	(36) 신고대상세액(33 - 34 - 35)	780,000

이연퇴직소득세액계산	(37) 신고대상세액(36)	연금계좌 입금명세					(39) 퇴직급여(17)	(40) 이연 퇴직소득세 (37 × 38 / 39)
		연금계좌취급자	사업자등록번호	계좌번호	입금일	(38)계좌입금금액		
	-					-	-	-
						-		
		(41) 합 계				-		

납부명세	구 분	소득세	지방소득세	농어촌특별세	계
	(42) 신고대상세액(36)	780,000	78,000		858,000
	(43) 이연퇴직소득세(40)	-	-		-
	(44) 차감원천징수세액(42-43)	780,000	78,000	-	858,000

위의 원천징수세액(퇴직소득)을 정히 영수(지급)합니다.

년 월 일

징수(보고)의무자 (서명 또는 인)

세무서장 귀하

화면설명 | 기본사항 등 입력 | 퇴직소득원천징수영수증 | (공지)프로그램변경이력

[보충자료 13-1] 2021년 귀속 퇴직소득 세액계산 프로그램(계속)

3. 화면 설명 탭

가. 본 프로그램은 소득세법 시행규칙 [별지 제24호서식(2)]<개정 2020.3.13.>을 반영한 프로그램입니다.

나. 입력화면 「기본사항 등 입력」 시트의 "1.인적사항" ~ "3.과세이연계좌" 중 "노란색" 부분(해당 부분만)을 입력하고

다. '중간지급 등'에 기재할 사항은 해당 과세기간 중 최종 퇴직분 외에 중간정산이 있거나
해당 과세기간 외에 중간정산이 있는 경우 이를 통산(합산)하여 기재하며,
해당 과세기간 중에 중간정산만 있을 경우 이를 최종분에 기재합니다.

※ 주(현)근무지의 중간정산과 종(전)근무지(근무처가 다른 회사)에서 해당 과세기간에
지급받은 퇴직금이 있는 경우 이 프로그램을 사용할 수 없고 퇴직소득 확정신고 대상임

라. 다음의 기본사항 등 입력 방법, 세액계산방법 요약 및 유의사항을 충분히 읽어보시고 입력하시기 바랍니다.

2. 「기본사항 등 입력」 이용방법 (반드시 노란색 시트의 노란색 셀에만 입력할 것)

가. 인적사항 : 원천징수의무자(회사) 및 소득자의 인적사항을 빠짐없이 입력
- 징수의무자구분 : 사업장 '1', 공적연금사업자 '3'을 구분하여 적습니다.

나. 지급명세서상 퇴직급여 현황의 구분
- 퇴직급여 : 퇴직으로 인하여 지급되는 급여(법정외 퇴직급여 포함)
- 비과세 퇴직급여 : 소득세법 제12조 제3호에 해당하는 비과세 퇴직소득

다. 과세이연 계좌부분
- 퇴직연금사업자명 : 연금계좌의 연금사업자명
- 사업자등록번호 : 연금계좌 연금사업자의 사업자등록번호
- 계좌번호 : 연금계좌의 계좌번호
- 계좌입금금액 : 연금계좌에 입금한 금액
- 입금(이체)일 : 연금계좌에 입금한 날짜

3. 세액계산방법 요약 및 유의사항

* 중간지급 등 : 최종 퇴직분 외의 중간 지급 등이 있는 경우 기재
* 최종분 : 최종 퇴직분에 대한 내용 기재 (※ 당해년도에 중간정산분만 있을 경우에는 최종분으로 기재)

· 중간정산 지급일 = 퇴사일 = 퇴직소득 귀속시기 [소득세법 시행령 제43조 2항]

(적용례) 중간정산시점 20.12.31., 지급일 21.1.25.인 경우 → 귀속시기 2021년
→ 퇴사일 2021.1.25.입력, 근속연수 계산시 중간정산 퇴직급여 산정에 포함되지 않은 기간은
제외월수에 1월(21.1.1.~21.1.25.) 기재
→ 추후, 최종 퇴직분 퇴직급여 근속년수 산정 시 근속년수에 가산월수 1월(21.1.1.~21.1.25.) 기재

* 정산(합산) : 중간지급분과 최종분의 정산(합산)내용 기재

가. 세액계산 방법

① 퇴직소득 과세방식 변경
- 정률공제(퇴직소득의 40%를 일률적으로 공제) -> 차등공제(환산급여구간별로 차등공제)
- 환산급여 : {(퇴직소득 - 근속연수공제) / 근속연수} x 12

② 환산급여 공제

환산급여	차등공제
8백만원 이하	환산급여의 100%
7천만원 이하	8백만원+(8백만원 초과분의 60%)
1억원 이하	4천520만원+(7천만원 초과분의 55%)
3억원 이하	6천170만원+(1억원 초과분의 45%)
3억원 초과	1억5천170만원+(3억원 초과분의 35%)

③ 산출세액
- {(환산급여 - 환산급여 공제) x 기본세율} / 12 x 근속연수

나. 이연퇴직소득세액계산
- 신고대상세액 * 계좌입금금액 / 퇴직급여(최종분 퇴직급여)

CHAPTER 14

비즈니스 : 창업과 개업

학습목표

1. 직장인이 부자가 될 방법을 확인한다.
2. 창업자금 조달 방법을 살펴본다.
3. 창업한 후 법인전환 방법을 이해한다.
4. 중소기업 취업지원금 등 각종 청년지원금에 대해 알아보고 신청하자.

❖ Cinenomics 조이(Joy, 2015)

미국의 유명한 발명가, 벤처기업가이자 미국 최대 TV홈쇼핑인 HSN의 주요 진행자인 '조이 망가노'의 전기 영화이다. 망가노의 역할을 맡은 '제니퍼 로렌스'는 영화 '엑스맨'시리즈 파란색 돌연변이인 2대 '미스틱'과 영화 '헝거게임' 시리즈의 주인공 '케네스 에버딘'역으로 유명하며, 2012년 '실버라이닝 플레이북'의 '티파니' 역할로 22살에 최연소 아카데미 여우주연상을 받은 미국 최고인기 여배우다.

조이는 자상하고 항상 격려해 주는 외할머니, 이혼한 부모와 조이와 이혼하고 지하실에서 사는 가수 지망생 전남편, 2자녀의 생활비를 벌기 위해 항공사 지상 근무 요원 등으로 근무하고 있다. 주택담보대출이자는 자동차 정비소를 하는 아버지가 도와주지만, 일곱 식구의 생활비를 조이 혼자 책임져야 했다. 소녀 시절부터 새로운 것을 만드는 데 재능과 열정이 있었고 우수한 고교성적으로 페이스대학 경영학과에 합격했고 부모의 이혼으로 아버지의 차 정비소에서 경리로 근무했다. 대학을 졸업하자마자 결혼하는 바람에 전문직 여성의 길을 포기하고 줄줄이 낳은 아이들과 무능한 전 남편으로 생활을 책임지게 되었다.

1990년 아버지의 새 여자친구(상속녀)의 요트에 놀러 갔다가 와인잔이 깨져 걸레질을 하다가 손이 베인 후 자동으로 짤 수 있는 걸레(미라클 몹)를 두 번째로 발명한다.(첫 번째는 고등학교 때의 안전장치와 벼룩 방충 기능을 갖춘 반려견 목줄이고, 어머니의 반대로 특허를 내지 않음)

미라클 몹을 상품화하기 위해 자신의 저축과 가족 · 친지들의 도움, 그리고 아버지의 여자친구로부터 5만 달러를 투자받아 시제품을 만들었으나 판매에 어려움을 겪는다. 1991년에 전남편의 인맥을 통해 지역 TV홈쇼핑업체인 QVC에 소개되어 50,000개의 상품을 납품했으나 남자 진행자의 실수로 단지 1,000개만 팔렸다. 그 후 직접 출연해서 반시간 미만에 18,000개를 팔았고, 2000년까지 매년 천만 달러의 매출을 올렸다.

1. 조이는 어떤 방식으로 창업자금을 마련했을까?
2. 창업자는 국가, 지방자치단체나 창업보육센터에서 어떤 도움을 받을 수 있는가?

1 부자가 되는 방법

급여생활자가 부자가 되는 데는 세 가지의 경로가 있다. 첫째는 대기업에 들어가 열심히 일해서 최고경영자까지 승진하는 것이다. 임원의 급여와 퇴직금은 주주총회에서 결정되며 보통 상당한 연봉을 받는다. 물론 회사의 주주들에게 큰 손해를 끼치는 의사결정 사안에 대해 회사와 연대해서 손해배상을 해야 한다(집단소송에서 패할 경우).

다음으로 벤처기업에 들어가 스톡옵션을 받는 경우이다. 회사에 결정적으로 중요한 신기술을 개발한 엔지니어나 탁월한 영업전문가, 일반 경영진들을 대상으로 스톡옵션 계약을 부여한다. 미래 회사 주가가 오른 뒤에 스톡옵션을 행사하여 돈을 벌 수 있다.

주식투자나 기타 재테크의 경우 주식이나 기타 금융자산, 부동산에 투자해서 매매차익을 실현할 수 있다.

한편, 봉급생활자는 창업자금이 마련되면, 자신의 노하우나 기술, 정보를 활용하여 기술창업을 할 수 있다.

인기 높은 회사의 근속연수가 평균 4년밖에 안 된다는 이야기로 있다. 회사의 업무 로드가 심해 중도 퇴사하고 이직하는 사람도 있고, 좋은 사업아이디어를 잡아 기술창업에 뛰어드는 사람도 많다. 창업할 아이템이나 목돈이 있다면 언제든 미련 없이 회사를 떠나 창업에 나서기도 한다. 창업에 필요한 3요소는 창업자, 아이템, 그리고 자금이다.

2 창업자금 준비방법

창업자금은 창업을 구상하고 기업을 설립하는 단계에서 가장 중요하다. 자금이 부족한 창업자들은 외부에서 사업자금을 지원받을 수 있다. 정부가 창업지원이나 벤처복합지원시설을 지원하고, 벤처캐피털에서 직접 투자받을 수 있다.

정부의 신용보증 및 자체 담보로 은행에서 융자를 받기도 하고, 기업이 도약단계에서 주식을 발행하거나 기업을 공개(IPO)하기도 하며, 성숙기에 상장하거나 회사채를 발행하여 자금을 조달하기도 한다.

〈그림 14-1〉 창업 라이프 사이클과 위험도에 따른 창업자금 조달 방법

2.1 창업자금 조달

(1) 자기 자금이나 친지의 지원

창업 구상 단계에서는 자기 자금이 가장 중요하며 가족과 친구의 지원도 필요하다. 예를 들어 창업에 1억 원이 필요하다면 이 중 50% 이상을 자기 자금, 나머지를 가족과 친구의 지원을 받는다. 개인기업이라면 자금지원자와 금전대차 계약이나 출자 공동사업자 계약을 하고 법인기업이라면 투자대금과 반대급부로 지분양도계약이 필요하다.

자기 자금은 직장생활에서 획득한 급여를 저축하는 것이 가장 일반적이다. 예를 들어 연봉 2,000만 원인 경우, 실수령액 월 181만 원, 이중 100만 원을 매월 연금리 4%로 적립하면 5년 후에 세후 5,690만 원이다. 그리고, 부모나 친지의 투자지원을 추가하면, 창업 / 구상단계에서 필요한 자금인 1억 원을 마련할 수 있다.

(2) 엔젤투자가나 개인투자조합

엔젤투자가나 개인투자조합은 창업 직후 생존을 위해 필요한 자금을 지원한다. 엔젤투자가는 창업 또는 창업 초기 단계의 기업에 필요한 자금을 제공하고, 경영에 대해 자문을 해 주어 투자이익을 회수하는 개인투자자이다. 엔젤투자가가 지원하는 자금을 에인절캐피털(angel capital)이라고 한다. 엔젤클럽은 엔젤투자에 관심이 있는 개인투자자들이 자발적으로 모임을 결성하여 공동으로 투자기업을 발굴하여 투자한다. 그리고 개인투자 조합은 조직적이고 체계적으로 투자클럽을 운영한다.

(3) 벤처캐피탈

벤처캐피털은 소수의 투자자에게 자금을 모아서 창업기업에 투자하고, 수익을 내는 기관투자가이다. 이러한 펀드(집합투자기구)에서 벤처기업 주식의 매매차익과 평가차익은 투자자에게 배당할 때 과세하지 않는다.

[표 14-1] 엔젤클럽과 개인투자조합의 비교

구 분	엔젤클럽	개인투자조합
구성원 제한	회원수 제한 없음	조합원 2인 이상~49인 이하
출자의무	출자의무 없음	조합원 출자금 총액 2억 원 이상
존속기간	기간의무 없음	5년 이상
등록의무	등록의무 없음	중기청 등록의무 있음
구성원	엔젤회원	출자한 조합원
구속력	구속력 낮음	출자금 구속력 없음
투자결정권	엔젤 개인	조합(업무진행조합원 또는 조합총회)
투자회수	엔젤 개인	조합규정의 결산 / 청산
투자관리	엔젤 개인	업무집행 조합원
소득세 감면	3000만 원 이하 100% 3000만 원 초과 ~ 5000만 원 이하 70% 5000만 원 초과 30%	3000만 원 이하 100% 3000만 원 초과~5000만 원 이하 70% 5000만 원 초과 30%
모집방식	제한 없음	사모방식(불특정 다수모집 금지)
근거법	없음	벤처기업육성에 관한 특별조치법

* 소득공제는 벤처기업에 투자한 경우 적용

[표 14-2] 벤처캐피탈과 엔젤(엔젤클럽과 개인투자조합)의 비교

구 분	벤처캐피탈	엔젤
투자단계	창업 후 주식공개까지의 후기 성장단계(Later Stage) 선호	사업구상에서 발아 또는 성장초기단계(Seed 또는 Early Stage)선호
투자동기	고수익성	고수익성 · 친분 · 인연 중시
지원내용	자금지원 중심	자금지원 및 다양한 전문 노하우 제공
투자재원	투자자를 모집하여 펀드 조성	개인 자산
자격요건	일정한 법적 자격요건 존재	자격요건 없음
위험 허용도	상대적으로 작음	상대적으로 큼
투자수익성	상대적으로 작음	상대적으로 큼
피투자자의 위치	거리제한 없음	근거리 선호(160km 이내)
신분노출 정도	공개적	익명을 선호
투자자와 피투자자의 만남	사전적으로 공지	우연성이 큼

2.2 개인투자자(엔젤)의 조세감면

(1) 공제대상

개인이 직접 또는 개인투자조합을 통하여 벤처기업 등에 투자하거나 온라인 소액투자중개의 방법으로 지분증권에 투자하거나, 벤처투자조합, 신기술사업투자조합 또는 전문투자조합, 벤처기업투자신탁의 3년 이상 수익증권, 창업 · 벤처 전문 PEF(경영참여형 사모집합투자기구)에 투자할 경우에 해당된다.

[표 14-3] 종합소득 공제

구 분	현 행(2020년)
투자금액 중 소득공제 비율	㉮ • 3천만 원 이하 : 100% • 3천만 원 초과 5천만 원 이하 : 70% • 5천만 원 초과 : 30% ㉯ 10% → 투자한 해부터 2년 내 신청한 해 소득공제
소득공제 한도	소득공제 신청 해당 과세 연도의 종합소득금액의 50%
공제가 가능한 투자 대상	• 벤처기업 • 기술성 평가 통과 창업 중소기업 등(3년 미만)
특별공제 종합한도 초과	• 2,500만 원 초과분 적용 제외

양도소득 비과세는 창업 후 3년 이내인 벤처기업 또는 벤처기업으로 전환한 지 3년 이내인 벤처기업에 대한 투자로서, 투자일로부터 3년이 경과된 후에 양도할 경우 양도소득세(10 ~ 20%)를 비과세한다.

(2) 소득공제 절차

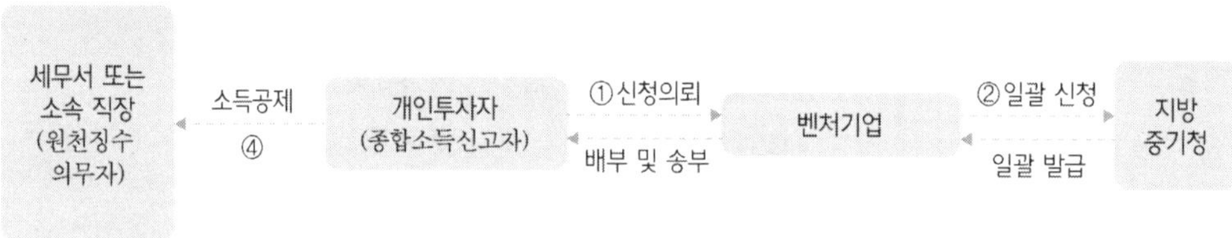

〈그림 14-2〉 투자조합출자 등 소득공제

① 개인이 소득공제를 받기 위해서 투자한 벤처기업에 투자확인서 발급을 의뢰한다.
② 벤처기업은 투자자들의 투자확인서 발급을 일괄하여 소재지 관할 지방중소기업청(제주특별자치도는 광주전남지방중기청)에 구비서류를 갖추어 신청(on-line 또는 공문 송부)한다.
③ 투자한 벤처기업이 폐업 등의 사유로 투자확인서 발급이 곤란한 경우, 개인이 직접 직장 소재지 관할 지방중소기업청(제주도는 제주특별자치도지사)에 구비서류를 갖추어 투자확인서 발급을 신청한다.
④ 투자확인서를 발급받은 후 투자자는 소득공제 신청서와 함께 원천징수의무자 등에게 제출한다. 투자 당시 벤처기업이 아니거나 타인의 출자지분이나 투자 지분을 양수하는 경우는 제외된다.
⑤ 사후관리로 투자 후 3년 동안 지분을 유지해야 한다. 3년 경과 전에 지분변동이 있는 경우 세액추징한다.

(3) 중소기업창업투자조합 등 출자 소득공제

개인이 벤처기업에 직접 투자한 경우 뿐만 아니라 엔젤클럽, 개인투자조합 구성원들이 종합소득신고가 가능한 거주자이면 일정 투자액에 대해서 소득공제 혜택을 받을 수 있다.

예를 들어 종합소득이 6천만 원인 거주자가 벤처기업에 3천5백만 원을 투자한 경우 3,000만 원 + 350만 원(= 500 × 70%) = 3,350만 원 중 종합소득의 50%인 3,000만 원까지,

투자한 해부터 3년 중 선택한 해에만 소득공제할 수 있다. 그러나 주택자금공제, 주택청약 종합저축, 신용카드 등 사용금액, 우리사주조합 출자(이상 근로소득자자만 가능), 소기업 · 소상공인 공제부금(사업소득자만 가능) 등의 소득공제금액과 합산하여 2,500만 원 한도,에서 종합소득공제한다.

종합소득금액 6천만 원(총 급여 7,250만 원인 경우임)
- 근로소득공제
- 인적(기본)공제 450만 원(3인 가족 × 150만 원)
- (국민)연금보험료공제 234만 원
- (건강, 고용)보험료공제 283만 원
- 신용카드소득공제 300만 원 가정

종합소득과세표준이 4,733만 원
근로소득세 + 지방소득세가 675.3만 원
벤처기업 투자로 2,200만 원을 추가로 소득공제 받으면 종합소득과세표준이 2,533만 원이 되므로 총 세금이 총 299만으로 감소(375만 원 절감)한다.
자녀세액공제 16.5만 원, 연금계좌세액공제 52.8만 원, 보험료세액공제 13.2만 원, 의료비세액공제 ?원, 교육비세액공제 49.5만 원, 기부금세액공제 ?원과 근로소득세액공제 122.7만 원을 빼면 근로소득세와 지방소득세는 (44, 3만 원 - 의료비 및 기부금 세액공제 등)로 근로소득세 등을 거의 낼 필요가 없다.

2.3 융자와 신용보증(정부, 지방자치단체의 창업자금 지원)

창업자금 융자는 정부(중소벤처기업진흥공단), 지방자치단체(서울과 경기만 설명함)와 금융기관이 기업의 시설 및 운영자금의 대출을 집행하고 원금과 이자를 회수한다. 창업 시 금융기관에서 신용대출과 담보대출을 받을 수 있다. 신용대출의 경우 정부, 신용보증기관과 지자체의 신용보증 지원이 필요하다.

(1) 창업자금 저리융자

청년전용창업자금(중소벤처기업진흥공단)은 청년층의 창업 초기 운영자금을 지원하여 혁신성장 창업 생태계를 조성하고, 일자리 창출을 목적으로 한다. 지원대상은 대표자 만 39세 이하인 예비창업자 또는 업력 3년 미만 기업으로 제조업(2억 원), 기타(1억 원)를 융자한도로 한다. 융자금리는 2.0% 고정금리이며, 상환기간은 시설 10년(거치기간 3년 포함), 운전 6년(거치기간 3년 포함)이다.

〈그림 14-3〉 지원절차

① 융자신청 : 전국 18개 청년창업센터에 신청한다.

② 사전멘토링 : 현장실사로 창업자 역량평가 실시(전문위원)한다.

③ 심의위원회 : 심의위원회 공개심사를 통해 최종 선정한다.

④ 심화멘토링 : 사업계획서 세부항목에 대한 심화멘토링 및 보완한다.

⑤ 창업 : 예비창업자는 대출실행 전 사업자 등록을 완료한다.

⑥ 대출 : 전국 18개 청년창업센터 직접 · 신용대출을 받는다.

⑦ 사후관리 및 연계지원 : 1대1 멘토링 및 중진공 타 지원사업(청년창업사관학교, 수출마케팅, 투융자금융 등) 연계지원을 받는다.

창업기업 자금 융자와 이자 지원(서울신용보증재단)은 창업 1년 이내 사업자들의 초기 안정적인 사업 정착을 위한 운영자금이다.

[표 14-4] 서울신용보증재단의 보증내역

분 류	내 용
지원 규모	500억 원 - 컨설팅기반 창업기업, 일반 창업기업 한도 통합운용
지원 금리	고객이 부담해야 할 대출은행 금리에서 0.8% ~ 1.3% 이자지원(협조융자) ※ 이차보전(이자지원) : 0.8% ~ 1.3% 이차보전(5,000만 원 이하 1.3%)
상환 조건	1년 거치 2(3, 4)년 균등분할상환 또는 2년 만기 일시 상환, 2년 거치 3년 균등분할상환
지원 한도	업체당 1억 원 이내 - 사업장 임차자금 : 업체 당 50백만 원 이내 - 컨설팅 기반 창업기업 자금 : 업체 당 50백만 원 이내 - 일반 창업기업 자금 : 업체당 30백만 원 이내 (1인 창조기업 및 청, 장년 창업자금은 50백만 원 이내)

<table>
<tr><th>분 류</th><th>내 용</th></tr>
<tr><td>지원
대상</td><td>재단 또는 유관기관의 창업교육을 이수하고 창업 후 1년 이내의 소상공인
1) 컨설팅기반창업
- 서울시 자영업지원센터(서울신용보증재단) 등의 창업교육 + 서울신용 보증재단 자영업 지원센터의 컨설팅(1단계 컨설팅(창업이전) + 2단계 컨설팅(창업 이후)을 모두 이수한 창업 후 1년 이내 기업 및 소상공인
2) 일반창업
- 서울시 자영업지원센터(서울신용보증재단) 등의 창업교육을 받은, 창업 후 1년 이내 기업 및 소상공인
- 1인 창조기업(신청일 현재 1인 창조기업) 및 청 · 장년 창업</td></tr>
</table>

(2) 창업자금 신용보증 지원

예비창업자 사전보증(기술신용보증기금)은 창업준비단계에서 기술평가를 시행하여 창업자금 지원가능금액을 제시한다. 지원대상은 일반창업(우수기술 · 아이디어를 보유한 예비창업자), 최근 2년 이내 등록(출원 포함)된 특허권 · 실용신안권(전용실시권 포함) 사업화 예정인 자이다. 기금에서 따로 정한 혁신성장산업을 사업화하려는 자, 지식문화, 이공계챌린저, 기술경력 · 뿌리창업, 첨단 · 성장연계 창업 예정인 자, 정부 · 지방자치단체 · 공공기관 등에서 주관하는 창업교실, 창직 · 창업인턴 수료 및 창업경진대회 입상자, 예비창업자 지원사업(시제품 제작지원 등)에 선정된 자, 창조경제타운 추천 우수아이디어 사업화 주체 등도 해당된다.

보증지원한도는 CCC등급 1억 원, B, BB등급 3억 원, BBB, A등급 이상 5억 원이다. 보증비율 · 보증료 등은 100% 전액보증, 0.7%p 보증료가 감면된다. 기술평가료는 200,000원(기술평가 신청 · 접수 시 납부, 신청금액 1억 원 이하는 면제)이다.

청년창업기업 우대 프로그램(기술신용보증기금)은 대상기업은 창업 후 5년 이내로 경영주가 만 17 ~ 39세 이하인 기술창업기업이다. 대상자금은 창업 및 운영을 위한 운전자금, 사업장 임차자금 및 시설자금이다. 같은 기업당 지원한도는 보증금액 3억 원 이내이다. 보증료는 연 0.3% 고정요율 적용하고, 창업 후 5년 초과 및 경영주 나이 만 39세 초과 시 산출 보증료율을 적용한다. 부분보증비율은 95% 적용하며, 창업 후 1년 이내 기업 또는 보증금액 1억 원 이하는 100% 적용 가능하다.

예비창업보증(신용보증기금)은 창업 이전 예비창업자가 창업을 위해 소요되는 부족자금을 사전심사를 통해 보증예정통지를 받은 후, 실제 창업 이후에 해당 자금을 지원받는다.

지원대상은 창업 전 6개월이다. 보증비율 · 보증료 등은 100% 전액보증하며, 0.7%p 보증료를 감면한다. 신청기업이 청년창업기업에 해당하는 경우, 최저보증료율인 0.3% 고정보증료율을 적용한다.

청년창업기업은 ① 대표자(실제 경영자 포함)의 연령이 만 17세 ~ 만 39세 이하, ② 창업 후 7년 이내 기업, ③ 신청 건 포함 일반보증금액(기보, 재단보증 포함) 3억 원 이하 ④ 보증금지, 보증제한 또는 선별지원 대상이 아닌 기업이다.

보증한도는 10억 원(운전자금, 시설자금)으로 인건비, 원자재 구입비용, 마케팅 비용, 임차료, 제세공과금 및 그 밖의 부대비용 등에 사용할 수 있다. 지원내용은 신청기업이 "창업교육" 또는 "경영 컨설팅" 등 비금융 지원 요청 시 우선 지원한다.

경기신용보증재단 신용 보증은 신기술기업 창업 및 경쟁력 강화 자금으로 신기술 기술창업자로 대학졸업 후 3년 이내인 자(예정 포함)가 신청할 수 있다. 벤처창업기업 창업 및 경쟁력 강화 자금은 경기도에서 조성한 벤처센터 입주기업이다. 여성창업기업 창업 및 경쟁력 강화 자금은 창업 7년 이내의 '여성기업 지원에 관한 법률'에 의한 여성 기업으로 주된 사업의 업종이 지원제외 업종에 해당하지 않는 기업이다. 청년혁신 창업기업 신용보증은 도내중소기업으로 대표자(실제 경영자 포함)가 만 20세 이상 ~ 39세 이하 업력 7년 이내의 아래 하나에 해당하는 기업이다.

[표 14-5] 창업자금 신용보증

구분	한도
Track 1(혁신형 창업기업) ⑥ 창업경진대회 입상기업 : 보증신청 접수일 현재 최근 2년 이내 정부, 도, 또는 시 · 군, 공공기관, 대학 등에서 주관한 창업경진대회 입상기업	업체당 5억 원 이내
Track 2(벤처형 창업기업) ① 창업지원기관 입주기업 : 경기도 내 벤처센터, 테크노파크, 창조경제혁신센터, 스타트업캠퍼스, 창업보육센터 등 공공지원 기관 입주기업 ② 도 주관 창업 지원사업을 정상적으로 완료한 기업 ③ 새로운 성장 동력 창출이 기대되는 기업	업체당 3억 원 이내

(3) 소상공인 창업지원

중기부의 소상공인 창업지원은 창업을 준비중인 예비창업자로 사업자등록을 하지 않은 자이다. 경기도 소상공인 종합지원(경기기장상권진흥원 www.gmr.or.kr), 서울시 소상공인

종합지원(서울특별시 소상공인 종합지원포털 www.seoulsbdc.or.kr) 등이 있다.

2.4 중기부과 정부기관, 서울/경기의 예비창업자 사업화 등 지원 프로그램

예비창업자는 창업보육센터에 입주하거나 중기부 등의 사업화, R&D, 마케팅 지원프로그램에 직접 응모하여 필요한 자금을 지원받을 수 있다.

[표 14-6] 2021년 정부와 지자체의 창업지원 사업 축약

사업명	사업개요	지원내용	지원대상	전담(주관) 기관	규모 (억원)	사업 공고	소관 부처
사회적기업가 육성사업	사회적경제기업 창업을 준비하는 팀을 선발하여, 사회적 목적 실현부터 사업화까지 창업 전과정을 원스톱으로 지원	① 창업공간 ② 창업자금(차등지급) ③ 교육 · 멘토링 ④ 사후관리 등 후속지원	예비창업팀 또는 창업 2년 이내 사업자	한국사회적기업진흥원 (창업지원팀)	298.5	21.1월	고용부 (사회적기업과)
창업성공패키지 (청년창업사관학교)	유망 창업아이템 및 혁신기술을 보유한 우수 창업자를 발굴하여 창업사업화 등 창업 全 단계를 패키지 방식으로 일괄지원하여 성공창업기업 육성	① 청년 기술창업 One-Stop 패키지 지원시스템 운영	만 39세 이하, 창업 3년 이내 기업	중소벤처기업진흥공단 (창업지원처)	968.48	'21.1월	중기부 (기술창업과)
재도전 성공패키지	성실 실패 (예비)재창업자에게 사업화 자금 및 교육, 멘토링 등을 패키지식으로 지원하여, 사회적 자산의 사장 방지 및 재창업 성공률 제고	① 사업화 자금 ② 교육 및 멘토링 ③ 보육공간 등 패키지식 지원	예비 또는 재창업 3년 이내 기업의 대표(TIPS-R은 예비 또는 재창업 7년이내)	창업진흥원 (재도전창업팀)	140.3	'21.1월	중기부 (재도약정책과)
창업기업 지원서비스 바우처사업	창업 3년 이내의 청년 창업자에게 세무회계, 기술임치 등 서비스 바우처를 지원하여 사업 초기 안정적인 경영활동을 지원	① 세무회계 및 기술보호 지원	만 39세 이하 청년, 창업 후 3년 이내 중소기업	창업진흥원 (창업촉진과)	173.3	'21.2월	중기부 (창업촉진과)
창업성공패키지 (글로벌창업사관학교)	D.N.A.(데이터, 네트워크, 인공지능) 분야 유망 창업아이템 및 혁신기술을 보유한 우수 창업자를 발굴하고, 글로벌 수준의 기술교육 및 보육 프로그램을 제공하여 글로벌 창업기업으로 육성	① D.N.A.분야 특화교육 ② 글로벌 액셀러레이팅, 국내외 네트워킹 ③ 프로젝트형 교육 ④ 사업화자금 및 창업공간 지원	업력 3년 이하 D.N.A. 분야 (예비)창업팀	중소벤처기업진흥공단 (창업지원처)	108.69	'21.2월	중기부 (기술창업과)
사내벤처 육성	대기업 등 민간의 혁신역량을 활용하여 창업기업(팀)의 사업화와 성장지원을 통해 개방형 혁신 창업생태계 조성	① 사업화 · 후속 지원 ② 액셀러레이터 연계 등	사내벤처팀 및 창업기업	창업진흥원 (창업혁신전략실)	200.0	'21.2 ~ 3월	중기부 (창업생태계조성과)
지역기반 로컬크리에이터 활성화	지역의 자연환경 · 문화적 자산을 소재로 창의성과 혁신을 통해 사업적 가치를 창출하는 로컬크리에이터를 발굴 · 육성	① 성장단계별 맞춤형 프로그램 제공	예비 창업자 또는 업력 7년 이내의 로컬크리에이터	창업진흥원 (생태계조성부)	88.0	'21.2 ~ 3월	중기부 (창업생태계조성과)
초기창업패키지	창업지원역량을 보유한 주관기관을 통해 업력 3년 이내 창업기업에 아이템 사업화를 위한 자금 및 창업기업 수요 기반의 맞춤형 프로그램을 제공하여 초기창업기업의 성장을 지원	① 사업화 자금 ② 특화프로그램 제공	업력 3년 이내 창업기업	창업진흥원 (초기창업부)	1,002.6	'21.3월	중기부 (기술창업과)

사업명	사업개요	지원내용	지원대상	전담(주관) 기관	규모 (억원)	사업 공고	소관 부처
예비창업패키지	혁신적인 기술을 갖춘 예비창업자에게 사업화 자금과 창업교육 및 멘토링 등을 지원하는 창업준비 단계 전용 프로그램	① 사업화 자금지원 ② 창업교육 및 멘토링 등	예비창업자	창업진흥원 (예비창업 재도전부)	1,002.46	'21.3월	중기부 (기술창업과)
지역연계형 청년 창업 지원사업(넥스트로컬)	지역 탐색프로그램 운영을 통한 지역자원연계 아이템 발굴 지원, 사업화 단계에서 사업비 지원 뿐 아니라 분야별 교육 컨설팅 및 멘토링 프로그램 운영	① 사업화 자금 ② 교육 · 멘토링 등	만 19～39세 이하 서울 거주 청년, 예비창업자 및 3년 이하 기창업자 대상 우선선발(10%내외 업력 관계없이 기창업자 선발 예정)	미정	23.0	'21.3～4월	서울특별시 (지역상생경제과)
경기 기술창업 지원프로그램 운영	우수 아이디어 또는 아이템을 가진 창업자의 기술과 아이디어를 구체화하고 사업화 지원을 통한 기술창업 성공 및 일자리 창출에 기여	① 사업화자금 지원 ② 프로그램 지원	창업 3년 이내의 도내 (예비)초기창업자	경기도경제 과학진흥원 (창업지원팀)	13.3	'21.2월	경기도 (창업지원과)
재도전 사업자 지원	우수한 재기 (예비)창업자를 발굴하여 체계적인 교육, 멘토링 및 사업화 지원을 통해 성공적인 재창업 유도	① 재창업자 사업화 지원 ② 재도전 성공센터 운영	도내 예비 재창업자 및 재창업 3년 이내 기업	경기도경제 과학진흥원 (창업지원팀)	5.4	'21.2월	경기도 (창업지원과)
권역별 대학을 특화산업과 연계 창업 역할 강화	도내 대학 창업보육센터를 권역별 특화산업과 연계하여 특화창업보육센터로 지정하고 특화산업과 관련한 기업을 집중 지원하여 특화산업 육성	① 창업(입주) 공간 및 장비 지원 ② 단계별 창업지원프로그램 운영 등	도내 대학교 창업보육센터 중 8개소 및 8개 기업	경기도경제 과학진흥원 (창업지원팀)	4.5	'21.2월	경기도 (창업지원과)
반려동물산업 창업지원	반려동물 산업 관련 우수 아이디어 또는 아이템을 보유한 예비 · 초기 창업자에 대한 사업화 지원을 통한 창업 성공률 제고 및 일자리 창출에 기여	① 사업화 자금 ② 교육 및 멘토링 ③ 창업공간 제공	예비창업자 및 3년 이내 창업자	경기도경제 과학진흥원 (창업지원팀)	4.5	'21.2～3월	경기도 (동물보호과)
경기도 대학생 융합기술 창업지원	경기도 내 대학(원)생의 우수 창업 아이디어가 창업으로 이어질 수 있도록 맞춤형 기술창업 지원	① 창업인프라 및 프로그램	경기도 거주 또는 경기도 소재 대학(원) 재학생	차세대융합 기술연구원 (지역확산팀)	5.8	'21.3월	경기도 (창업지원과)
학생 창업유망팀 300	잠재력이 높은 전국의 학생 창업팀 300개를 선발하여, 성숙도에 따른 체계적 교육 · 멘토링을 통해 스타트업으로 성장할 수 있도록 지원	① 창업 기초교육 ② 팀 빌딩 등 단계별 창업교육 및 멘토링	전국의 초 · 중 · 고등학생, 대학(원)생(휴학생 포함) 및 학교 밖 청소년 등(단, 원격대학 소속 재학생 참여를 제한함)	한국연구재단 (산학협력 지원팀)	16.0	'21.1～2월	교육부 (산학협력일자리정책과)

2.5 크라우드 펀딩

크라우드 펀딩(crowd funding)은 군중을 뜻하는 '크라우드'와 자금 마련을 뜻하는 '펀딩'이 합쳐진 단어다. 개인이나 기업, 단체가 자금을 여러 사람으로부터 마련한다는 뜻이다.

창업 초기 기업 또는 예비창업자, 아이디어나 사업계획을 가진 프로젝트제안자 등이 크라우드 펀딩 플랫폼에서 다수의 후원자 및 투자자에게 자금을 조달받고, 조달받은 자금으로 개인 및 기업의 성장을 도모할 수 있다. 후원 및 자금 공급자는 기업의 성장을 통한 이익을 공유할 수 있다.

(1) P2P(person to person) 대출: 팝펀딩, 머니옥션

P2P 대출은 금융기관을 통하지 않고 온라인으로 직접 금융거래를 하는 방식이다.

대출형 크라우드 펀딩은 투자자들이 자금수요자의 정보를 가지고 대출을 결정하며, 크라우드 펀딩 플랫폼이 자금수요자와 투자자들의 자금관계의 권리를 결정한다. 투자에 따른 위험은 전적으로 투자자들이 부담해야 한다.

- 머니옥션(http://www.moneyauction.co.kr)
- 키핑펀딩(http://keefun.kr/index.php)
- 팝펀딩(http://www.popfunding.com)
- 펀딩트리(http://fundingtree.co.kr)
- 8퍼센트(https://8percent.kr)
- 렌딧(https://www.lendit.co.kr)
- 어니스트펀드(https://www.honest-fund.com)
- 펀다(https://www.funda.kr)

(2) 지분형 크라우드 펀딩

자금조달 기업이 발행하는 증권(보통주, 우선주, 사채)과 프로젝트형 투자계약증권에 투자하고, 투자자는 해당 지분 및 채권을 수취하여 후에 이익을 배분받을 수 있다. 기업과 투자자가 상호 유기적인 관계속에서 투자자는 마케터 및 소비자의 역할을 하고 기업을 응원하는 후원자가 된다. 인터넷을 통해 펀딩 과정이 공개되고 SNS 방식의 직접적인 소통과정을 통해서 투자자는 신뢰성 기반 위에서 투자에 참여할 수 있다.

- 오픈트레이드(http://www.opentrade.co.kr)
- 오퍼튠(http://www.opportune.co.kr)
- 메이크스타(http://www.makestar)

(3) 후원형 크라우드 펀딩

후원형은 주로 창작활동, 문화예술상품, 사회공익활동 등을 지원한다. 영화 · 연극 · 음반 제작, 전시회, 콘서트 등의 공연, 스포츠 행사, 기타 다양한 사회공익 프로젝트 등에 자금을 후원하고, 공연티켓, 시제품, 기념품을 받거나 기여자 명단에 이름을 올리는 방식으로 보답을 받는다.

- 굿펀딩(http://www.goodfunding.net)
- 더꿈(http://www.theggum.com)
- 아이디어오디션(http://www.ideaaudition.com)
- 씨펀(http://www.cfun.co.kr)
- 아이시드(http://www.i-seed.co.kr/index)
- 오마이컴퍼니(http://www.ohmycompany.com)
- 와디즈(http://www.wadiz.kr)
- 위제너레이션(http://wegen.kr)
- 키다리펀딩(http://www.keedari.com)
- 텀블벅(http://www.tumblbug.com)
- 텐스푼(http://www.tenspoon.co.kr)
- 펀딩21(http://www.funding21.com)
- 펀루(http://funroo.net)
- 노킹온(http://www.knockingon.me)

3 법인전환을 활용한 자금 조달

3.1 의의

개인기업으로 창업한 후 성장단계로 들어서면 소득 규모가 커져서 높은 소득세율을 적용받게 된다. 엔젤투자를 받거나 정부나 은행융자를 받을 때, 개인이 마음대로 자금을 인출할 수 있는 개인기업과 거래하기를 싫어한다. 또한 주식을 발행하여 조달하거나 회사채를 발행할 수 없다.

법인전환은 엔젤투자가의 지분참여를 통한 투자가 가능해지고 금융기관의 대출이 원활해지며, 기타 장외시장에서 주식과 사채를 발행하여 회사에 필요한 외부자금을 조달할 수 있다.

3.2 개인기업

개인기업은 기업 운영에 필요한 자본 전액을 개인 또는 그 가족이 출자하고 경영의 책임을 지는 기업이다. 개인기업은 창업이 쉽고 이익 발생 시 이익을 독점할 수 있으며, 업무상 비밀유지가 쉽고, 경영활동이 자유롭고 신속하다. 반면에 경영에 대한 무한책임(부도가 나면 개인재산을 전부 잃을 수 있음)으로 경영 능력 및 자금 조달에 한계가 있고, 대외공신력이 일반적으로 낮다.

사업체에서 얻는 사업소득 외에 이자 수익, 임대소득과 같은 개인의 소득까지 종합과세되어 지방소득세를 포함하면 최대 49.5%까지 높은 세율을 적용받게 된다. 그뿐만 아니라, 4대 보험과 주민세 등의 간접세까지 합하게 되면 소득의 절반 수준에 이르는 세금과 공과금을 부담하게 된다.

법인기업은 지방소득세 포함 11%, 22%, 24.2% 3단계의 세율을 가지며, 배당의 경우에도 배당소득세를 공제받을 수 있다. 이 외에도, 등기자산 취득세 면제, 양도소득세 과세이연 등의 혜택이 있다. 대표이사의 자동차, 대표나 임원의 퇴직금과 급여는 비용처리 할 수 있다.

3.3 개인사업자 법인전환 방법

개인사업자에서 법인사업자로 전환하는 방법은 다양하다. 일반사업양수도, 세감면 사업양수도와 현물출자에 의한 법인전환, 중소기업통합(M&A) 등의 방법으로 전환이 가능하다. 일반사업양수도는 개인의 회사를 법인으로 설립한 후 다른 법인회사에 매각하는 방식이다. 다만 일반사업양수도는 양도소득세와 취득세 등이 발생하므로 양도소득세와 취득세 납부 대상이 적은 기업에 유리하다.

세감면 사업포괄양수도는 법인 설립 후 개인의 회사 자산을 포괄 사업 양수도의 형태로 법인에 매각한다. 현물출자보다 법인전환 절차가 간편하며, 부동산 자산이 낮을수록 유리하다.

현물출자는 개인사업자가 사용하던 사업상의 고정자산을 법인 전환 시 현물출자의 자본 형태로 편입하는 방식이다. 부동산 자산이 많은 개인사업자가 조세 혜택을 가장 많이 받을 수 있다, 사업장을 분할하여 그중 일부만을 전환하는 경우는 세금감면을 받을 수 없다. 중소기업 간 통합을 통한 법인전환은 개인사업자가 법인으로 전환한 후 타 중소기업과 합병하는 것이다.

[표 14-7] 개인사업자의 법인전환 절차

단 계	절 차
① 준비단계	㉮ 개인기업의 자산 가액 추정 ㉯ 자본금 결정 ㉰ 법인 설립
② 실행단계	㉮ 사업양수도 계약 등 ㉯ 법인설립신고 및 사업자 등록 신청 ㉰ 자산의 감정 ㉱ 개인기업 결산
③ 마무리단계	㉮ 개인기업 폐업 신고 ㉯ 부가가치세 확정신고 ㉰ 명의이전 ㉱ 각종 법인전환 방법에 따른 후속조치

3.4 주식회사 설립 절차 및 요건

주식회사는 1인 이상의 발기인이 발기인 조합을 구성하여 상법이 정하는 방법에 따라 정관 작성, 주식 인수 및 주금납입 등 일정한 절차를 거쳐 법원에 설립등기를 완료하여 설립된다.

① 발기인은 정관을 작성하고 기명날인 또는 서명한 자로서 실질적으로 주식회사의 설립을 기획하고 그 설립사무를 집행하는 사람이다.

② 발기설립은 1인 이상 발기인, 주식취득 발기인이 모든 주식 인수, 자본금 제한은 없다. 주금납입증명서가 필요하며 자본금 10억 미만은 은행 예금잔고증명서로 대체한다. 정관 및 의사록 공증은 자본금 10억 미만은 발기인 기명날인 또는 서명으로 대체한다. 임원선임은 이사 2인, 감사 1인 이상이다. 자본금 10억 미만은 1인 또는 2인을 이사로 선임할 수 있고 감사는 선임하지 않을 수 있다.

③ 상호결정은 사용하고자 하는 상호를 여러 개 준비하여 대법원 홈페이지(www.iros.go.kr)의 법인 상호 찾기 메뉴를 통해 관할등기소 내 동일 상호를 사용하는 법인이 있는지 조사한다.

④ 발기인은 상호, 본점소재지, 자본금 규모 등 회사의 근본 규칙을 확정하는 등 회사의 조직과 활동에 관한 기본규칙을 기재한 정관을 작성하고 발기인 전원이 기명날인 또는 서명을 해야 한다. 절대적 기재시항을 기대하지 않은 경우 법인설립은 무효이다.

절대적 기재사항

- 목적, 상호, 회사가 발행할 주식의 총수, 1주의 금액 - 1백원 이상, 회사의 설립 시에 발행하는 주식의 총수의 1/4 이상, 본점의 소재지, 회사가 공고를 하는 방법, 발기인의 성명, 주민등록번호 및 주소

4 취업지원금

기업의 업무효율 극대화 추구로 신입사원 채용이 대폭 줄면서 양질의 일자리가 많이 줄어들고 청년실업이 심화되고 있다. 정부는 공무원 채용 확대, 공기업 채용 비리 근절 및 채용 증가 독려, 중소기업 취업자의 근로소득세 감면 등을 실시하고, 정부와 지방자치단체가 구직 청년들에 대한 취업지원금 제도를 시행하고 있다.

4.1 취업지원준비금

(1) 고용노동부 청년구직활동지원금

자기 주도적으로 취업을 준비하는 청년(만 18세 ~ 34세)에게 월 50만 원씩 최대 6개월간 취업 준비 비용을 지원하는 제도이다. 구직활동지원금은 월 50만 원 씩 6개월간 최대 300만 원을 지원한다. 취업성공금은 취업 후 3개월 근속한 경우 현금 50만 원을 지급한다. 단, 6개월 전액 지원 받은 경우 제외된다. 고용센터 및 지방자치단체는 다양한 취업 지원 프로그램으로 고용서비스를 지원한다. 지원 대상자를 위한 청년특화 취업특강, 멘토링, 직무교육 등을 운영한다. 요청 시 1 : 1 맞춤형 상담, 심리상담 등을 제공한다.

신청 대상은 만 18세부터 34세까지의 졸업 · 중퇴 이후 2년 이내의 미취업자이면서 기준 중위소득 120% 이하 가구의 청년이다.

[표 14-8] 기준중위소득

가구원 수		1인	2인	3인	4인	5인	6인
기준 중위소득 (원 / 월)	'20년	175만7194	299만1980	387만577	474만9174	562만7771	650만6368
	'21년	182만7831	308만8079	398만3950	487만6290	575만7373	662만8603

신청은 온라인청년센터(www.youthcenter.go.kr)에서 한다. 신청 시 준비서류는 졸업증명서 또는 제적증명서, 기타 졸업학점 이수를 증명할 수 있는 공식적인 서류(졸업 요구 학점 및 학점이 표기된 성적증명서), 근로계약서 또는 근로를 입증할 수 있는 서류(주 20시간 이하 근로 확인용), 가족관계증명 관련 서류(결혼 여부, 부모 생존 여부 등에 따라 제출 서류 상이)이다.

(2) 서울시 청년수당

서울시에 거주하는 만 19세 ~ 34세의 미취업 청년들의 구직 활동을 촉진하는 수당이다. 매월 50만 원씩, 최소 2개월에서 최대 6개월간 지급한다. 지급방법은 지정된 신용카드로 지급한다. 수령된 금액은 직접비인 구직활동비(학원 수강료, 시험 응시료 등)와 간접비인 식비, 교통비, 통신비 등으로 구별하여 사용할 수 있다. 직접적 구직 활동을 위해 불가피하게 드는 비용을 광범위하게 인정한다.

신청 대상은 만 19세부터 34세까지의 구직 활동 및 사회 참여 의지가 있는 청년으로 공고일 이전 주민등록상 주소가 서울시민 미취업 청년(고용보험 미가입자)이다. 신청 제외 대상은 이전 청년수당 참여자(생애 1회만 지원 가능함), 재학생(휴학생 포함, 단, 졸업예정자, 방송통신대학 및 사이버대학 재학생은 신청 가능), 최종학교 졸업 / 중퇴 / 제적 / 수료 후 2년 이내인 자, 주 26시간 초과 정기소득이 있는자, 건강보험료 본인부담분이 지역 254,909원, 직장 237,652원 미만인 이상인 세대주나 세대원, 최저임금 이상 소득이 있는 창업자, 고용노동부 청년구직활동지원금, 취업성공패키지, 실업급여, 청년내일채움공제사업 참여자 등, 기초생활수급 생계급여자, 중위소득 150% 이상 가구 소득 청년 등이다. 신청은 서울 청년 포털(youth.seoul.go.kr)에 접수한다.

(3) 경기도 청년면접수당

경기도 거주 만 18~39세의 미취업 청년을 대상으로 최대 21만 원, 면접 1회당 3만 5,000원(최대 6회, 21만 원)을 지원하는 프로그램이다. 2020년 1월 1일 이후 면접 응시 기준 주 30시간 이상 상시 근무 가능한 일자리에 지원해 시행된 면접에 응시한 지원자이며 희망하는 지역의 '경기도 지역화폐'로 지급된다. 신청은 경기일자리재단(thankyou. jobaba.net)하고, 제출서류는 경기도청년면접수당신청서 · 개인정보활용동의서 · 주민등록등본 · 해당 면접 채용공고문 · 면접확인서 등이다.

4.2 청년 기본소득 또는 청년배당

이 제도는 취업지원금이 아니고 미취업청년들의 소비활동을 지원하기 위한 생계급여이다. 행복 추구, 삶의 질 향상, 건강 수준 향상 등 청년의 사회적 기본권 보장을 위해 분기별 25만 원(연 100만 원)을 지급한다. 경기도에 거주하는 만 24세 청년을 대상으로 매 분기 초일 현재 만 24세 달하면 신청할 수 있다. 신청기간(매우 불규칙하므로 꼭 확인 바람) 동안 신청 받은 자를 심사하여 지역화폐(카드 또는 모바일)로 지급한다. 신청 및 제출서류는 일자리지원사업 통합접수시스템(apply.jobaba.net)에 주민등록초본을 제출한다.

4.3 중소기업 취업자 지원금

중소기업은 대기업과의 임금 격차가 있어 우수한 인력 확보는 커녕 최소한의 운영인력 확보에도 어려움이 많다. 취업 희망 청년들이 대기업의 좁은 취업문을 뚫고자 몇 년간 취업 준비를 하지만 중소기업에는 큰 관심을 보이지 않고 있다. 정부는 중소기업 취업 청년들에게 90%까지 소득세를 감면하고 있지만, 실제 근로소득세의 효과가 많지 않기 때문에 유인책이 되지 못하고 있다. 이에 정부와 자치단체는 중소기업 취업자를 직접 지원하는 제도를 제공하여 대기업과 중소기업 간의 임금 격차를 줄이기 위해 노력하고 있다.

경기도 중소기업 재직자가 직접 체감할 수 있는 임금 차액을 지원하고 저임금, 열악한 복지를 해소하여 청년 구직자의 신규 유입 및 장기근속을 유도한다. 지원자격은 경기도에 거주하는 만 18~34세 청년 중 경기도 내 중소기업에서 최소 3개월 이상 근무하면 입사 6개월 이내에 누구나 신청할 수 있다. 신청은 경기도일자리재단 청년노동자지원사업(youth.jobaba.net)이다.

[표 14-9] 청년마이스터 통장

<table>
<tr><td colspan="2">사업기간/지원내용</td><td>2년 / 최대 720만 원의 경기지역화폐 지급(분기별 지급)</td></tr>
<tr><td colspan="2">선발규모</td><td>5,000명(2020년 4월 모집)</td></tr>
<tr><td rowspan="4">자격요건</td><td>연령</td><td>만 18세 ~ 만 34세 청년 근로자</td></tr>
<tr><td>거주지</td><td>경기도(주민등록상 거주지)</td></tr>
<tr><td>근무조건</td><td>경기도 소재 중소제조업 재직자 중 주 36시간 이상, 3개월 이상 근무자
※ 4대 사회보험 미가입자 신청 불가</td></tr>
<tr><td>기준소득</td><td>3개월 평균 건강보험료 86,710원(월 급여 260만 원) 이하</td></tr>
<tr><td colspan="2">선발기준</td><td>자격요건을 충족한 신청자 종합평가 후 선발
→ 3개월 평균 건강보험료가 낮은 순으로 선발</td></tr>
<tr><td colspan="2">비고</td><td>청년 마이스터 통장 신청은 '홈페이지 > 참여접수 > 청년 마이스터 통장' 메뉴에서 결과보기 확인 후 신청가능</td></tr>
</table>

[표 14-10] 청년복지포인트

<table>
<tr><td rowspan="4">자격요건
(신청당월
1일 기준)</td><td>연령</td><td>만 18세 ~ 만 34세 청년 근로자</td></tr>
<tr><td>거주지</td><td>경기도(주민등록상 거주지)</td></tr>
<tr><td>근무조건</td><td>경기도 소재 중견 · 중소기업, 소상공인업체, 비영리법인 재직자 중 주 36시간 이상, 3개월 이상 근무자
(단, 비영리법인 중 국가 · 지방자치단체, 공공기관 재직자는 신청 불가)
※ 4대 사회보험 미가입자 신청 가능
※ [중복참여 가능] 내일채움공제, 청년재직자내일채움공제, 청년내일채움공제 사업 참여자도 신청 가능</td></tr>
<tr><td>기준소득</td><td>3개월 평균 건강보험료 86,710원(월 급여 260만 원) 이하</td></tr>
<tr><td colspan="2">사업기간 / 지원내용</td><td>1년 / 120만 원 복지포인트 지급(분기별 지급)</td></tr>
<tr><td colspan="2">선발규모</td><td>연간 총 17,000명 모집</td></tr>
<tr><td colspan="2">선발시기</td><td>5월, 8월, 11월 모집(시작일 09:00 ~ 마감일 18:00)</td></tr>
<tr><td colspan="2">선발기준</td><td>자격요건 충족한 신청자 종합평가 후 선발 → 3개월 평균 건강보험료가 낮은 순으로 선발
(4대 사회보험 미가입자의 경우, 3개월 평균 급여에 건강보험요율을 적용하여 4대 사회보험 가입자와 함께 선발)</td></tr>
<tr><td colspan="2">비고</td><td>청년 복지포인트 신청은 '홈페이지 > 참여접수 > 청년복지포인트' 메뉴에서 결과보기 확인 후 신청 가능</td></tr>
</table>

4.4 청년내일채움공제

미취업 청년(만 15세 이상 34세 이하)의 중소 · 중견기업 유입을 촉진하고, 청년 근로자의 장기근속과 자산 형성을 지원하기 위해 2016년 7월부터 시행해 오고 있다. 5인 이상 중소 · 중견기업(3년 평균 매출액 3천억 원 미만인 기업)에 취업한 청년이 2년간 300만 원을 적립하면, 정부가 600만 원, 기업이 300만 원을 공동 적립하여 만기 시 1,200만 원과 이자 등의 목돈을 마련할 수 있다. 온라인 중소기업진흥공단(www.sbcplan.or.kr), 워크넷(work.go.kr)에서 한다.

청년근로자는 최소 2년 이상 동일 사업장에서 근무하면서 실질적 경력 형성의 기회를 얻을 수 있다. 본인 납입금 대비 4배 이상을 수령하여 미래설계의 기반을 마련하실 수 있다. 만기 후 중소벤처기업부의 내일채움공제(3 ~ 5년)로 재가입 또는 연장 가입 시 장기적인 목돈마련이 가능하다.

중소기업은 잦은 이직으로 인해 인력난이 심한 중소기업은 우수인력을 고용할 기회를 얻는다.

연습문제

1. 대학교 창업보육센터의 규모, 입주 요건, 중점 지원 분야, 관리비 수준, 각종 지원책 등을 조사하고 이를 활용할 수 있는 방법을 토론해보자.

2. 신용보증이 필요한 이유는 무엇인가?

3. 창업지원금 제도를 활용할 때 고려해야 할 사항은 무엇인가?

[보충자료 14-1]

창업사업화 지원사업 표준사업계획서(일반)

항 목	세부항목
일반 현황	- 대표자, 아이템명 등 일반현황 및 제품(서비스) 개요
창업아이템 개요(요약)	- 창업아이템 소개, 차별성, 개발경과, 국내외 목표시장, 창업아이템 이미지 등을 요약하여 기재
1. 문제인식 (Problem)	**1-1. 창업아이템의 개발동기** - 창업아이템의 부재로 불편한 점, 국내 · 외 시장(사회 · 경제 · 기술)의 문제점을 혁신적으로 해결하기 위한 방안 등을 기재 **1-2. 창업아이템의 목적(필요성)** - 창업아이템의 구현하고자 하는 목적, 국내 · 외 시장(사회 · 경제 · 기술)의 문제점을 혁신적으로 해결하기 위한 방안 등을 기재
2. 실현가능성 (Solution)	**2-1. 창업아이템의 사업화 전략** - 비즈니스 모델(BM), 제품(서비스) 구현정도, 제작 소요기간 및 제작방법(자체, 외주), 추진일정 등을 기재 **2-2. 창업아이템의 시장분석 및 경쟁력 확보방안** - 기능 · 효용 · 성분 · 디자인 · 스타일 등의 측면에서 현재 시장에서의 대체재(경쟁사) 대비 우위요소, 차별화 전략 등을 기재
3. 성장전략 (Scale-up)	**3-1. 자금소요 및 조달계획** - 자금의 필요성, 금액의 적정성 여부를 판단할 수 있도록 사업비(정부지원금 + 대응자금(현금))의 사용계획 등을 기재 **3-2. 시장진입 및 성과창출 전략** - 내수시장 : 주 소비자층, 시장진출 전략, 그간 실적 등 - 해외시장 : 글로벌 진출 실적, 역량, 수출망 확보계획 등 **3-3. 출구(EXIT) 목표 및 전략** - 투자유치 : 엔젤투자, VC(벤처캐피탈), 크라우드 펀딩 등의 투자처, 향후 투자유치 추진전략 및 방법 등 - 인수 · 합병(M&A) : M&A를 통한 사업확장 또는 출구전략에 대한 중 · 장기 전략 - 기업공개(IPO) : 기업의 경쟁력 강화, 투자자금 회수 등을 위한 IPO 중 · 장기 전략 - 정부지원금 : R&D, 정책자금 등 정부지원금을 통한 자금 확보 전략
4. 팀구성 (Team)	**4-1. 대표자 및 팀원의 보유역량** - 대표자 및 팀원(업무파트너 포함) 보유하고 있는 경험, 기술력, 노하우 등 기재 **4-2. 사회적 가치 실천계획** - 양질의 일자리 창출을 위한 중소기업 성과공유제, 비정규직의 정규직화, 근로시간 단축 등 사회적 가치 실천계획을 기재

출처 : 중소기업벤처기업부(창업진흥원) k-startup.gp.kr/common

참고문헌

1. 2019 사업체노동력조사, 고용노동부, 2020
2. 2019 퇴직연금통계 결과 보도자료, 통계청, 2020.12
3. 2020 산재 · 고용보험 가입 및 부과업무 실무편람, 근로복지공단
4. 2020 근로소득간이세액표, 국세청, 2020.2
5. 2020.8 고용통향, 통계청, 2020
6. 2020년 귀속 원천징수의무자를 위한 연말정산 신고안내, 국세청
7. 2020년 근로장려금 · 자녀장려금 안내(브로셔), 국세청
8. 2021 사업장업무편람, 국민건강보험공단
9. 2021 창업지원사업 통합공고, 중소기업청
10. 2021년 알기쉬운 국민연금 사업장 실무안내 책자, 국민연금공단
11. 고용보험법(법률 제174295호 시행일 2020.12.10.)
12. 고용보험법 시행령(대통령령 제31324호 시행일 2021.01.01.)
13. 고용형태별근로실태조사(1993 ~ 2020), 통계분류포털, 통계청, 2020
14. 국민노후보장패널 8차 조사, 국민연금공단 국민연금연구원, 2020.
15. 근로기준법(법률 제17326호 시행일 2020.05.26.)
16. 근로기준법 시행령(대통령령 제30509호 시행일 2020.03.03.)
17. 근로기준법 시행규칙(고용노동부령 제281호 시행일 2020.01.31.)
18. 근로자퇴직급여 보장법(법률 제17326호 시행일 2020.05.26.)
19. 금융상품과 세금, 김용민외 2인, 조세금융신문, 2019.
20. 나에게 꼭 맞는 직업을 찾는 책, 폴 타커, 바바라 배런 – 티거, 황금가지, 2002.
21. 대한민국 창업교과서, 김형로, 김혜선, 도서출판 정일, 2013
22. 두루누리 사회보험 무엇이든 물어보세요!, 국민연금공단, 2013
23. 모자보건법(법률 제17007호 시행일 21.01.01.)
24. 엔젤투자 알아야 성공한다. 한국엔젤투자협회, 2012
25. 이력서, 자기소개서, 경력기술서 샘플, KS컨설팅, 2014
26. 임금채권보장법(법률 제17604호 시행일 2020.12.08.)
27. 승급, 승진관리 실태조사, 한국경영자총협회, 2011

28. 최저임금법(법률 제17326호 시행일 2020.05.26.)
29. 최저임금법 시행령(대통령령 제29469호 시행일 2019.01.01.)
30. 최저임금법 시행규칙(고용노동부령 제240호 시행일 2019.01.01.)
31. 취창업가이드, 신구대학교, 2019
32. 한국표준산업분류, 통계분류포털, 통계청, 2017
33. 한국표준직업분류, 통계분류포털, 통계청, 2017
34. 퇴직급여제도 업무처리 매뉴얼, 고용노동부, 2013.12
35. 퇴직연금 세무가이드, 고용노동부, 2016

찾아보기

저자 **김 경 섭**

연세대학교 상경대학 경영학과 경영학사
연세대학교 대학원 경영학과 경영학석사(전공 : 경영정보시스템)
한국과학기술원 경영정보학박사(전공 : 회계 / 재무정보시스템)
공인회계사(Delaware주, 미국)

현) 신구대학교 경영학과 교수

저자 **구 기 동**

경희대학교 경영학과 학사, 석사
고려대학교 통계학 석사
영국 University of Liverpool MBA
경희대학교 의과학박사 수료(전공 : 신경과학 / 노화의학)
서강대학교 경영학박사(전공 : 행동재무 / 경영과학)

현) 신구대학교 보건의료행정학과 교수

직업선택과 개인재무관리

지 은 이 ▮ 김경섭 · 구기동
펴 낸 이 ▮ 최 재 범
펴 낸 곳 ▮ 도서출판 탐진

등록 1-996호(倫). 1990. 1. 12.
서울시 마포구 신수로 27-1
Tel. 02) 715-1092 ~ 3
Fax. 02) 701-6391
E-mail. tamjin1990@hanmail.net
Homepage. www.tamjin.co.kr

저자와의 협의하에 인지 생략

2021. 8. 30. 초 판 발행

ISBN 978-89-5540-677-1 13320 정가 18,000원